SNAI 智能财务师系列教材

智能财务师初级教程

FINANCE enabled by AI

编 著 ◎ 王纪平 刘梅玲 吴忠生 杨 寅 李昕凝

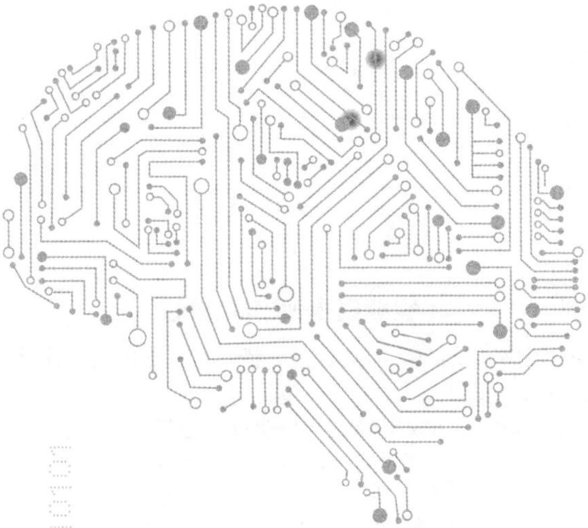

上海财经大学出版社

图书在版编目(CIP)数据

智能财务师初级教程/王纪平等编著．—上海：上海财经大学出版社，2020.12
（智能财务师系列教材）
ISBN 978-7-5642-3445-4/F·3445

Ⅰ.①智…　Ⅱ.①王…　Ⅲ.①财务管理-管理信息系统-教材
Ⅳ.①F275-39

中国版本图书馆 CIP 数据核字(2019)第 298000 号

□ 责任编辑　黄　荟
□ 书籍设计　贺加贝

智能财务师初级教程

王纪平　刘梅玲　吴忠生　杨　寅　李昕凝　编著

上海财经大学出版社出版发行
（上海市中山北一路 369 号　邮编 200083）
网　址：http://www.sufep.com
电子邮箱：webmaster@sufep.com
全国新华书店经销
上海新文印刷厂印刷装订
2020 年 12 月第 1 版　2020 年 12 月第 1 次印刷

787mm×1092mm　1/16　17.25 印张　409 千字
定价：100.00 元

前 言

数字化的洪流势不可挡。

毫无疑问,这股巨浪牵动了千千万万财会弄潮儿和教育培训者的敏感神经。英国 BBC 预测,传统会计岗位将大幅度消失,这在财会人员和会计专业学生中形成了强烈的危机感。以数字化、智能化为代表的技术变革已经重构了经济社会的存在和发展模式。“互联网+”、智能制造、人工智能、数字化转型已经成为世界各国的发展共识。移动即时通信、移动支付、人脸识别、机器学习等技术应用场景变得越来越普遍,对人们的日常生活和组织管理,乃至社会管理方式产生了巨大的影响。财会行业从整体到个体都难以置身于这股大潮之外。恰恰相反,从会计电算化、信息化到智能化,财会这个被称为“终身学习”的行业也在为这股大潮推波助澜。然而,在这股摧枯拉朽的大潮面前,财务人员难以坐享其成,刚刚放下厚厚的会计准则讲解,又要捧起厚厚的内部控制规范和管理会计应用指引。这还不是财会人员最悲惨的场景,因为还要面临更加巨大的挑战:沦为“数字难民”! 这些挑战就如惊涛拍岸,层出不穷。

如何才能避免沦为“数字难民”呢?

财务工作要适应一系列新技术在财务领域的应用场景,了解移动支付、银企互联、网络报销、财务共享、语音交互、自动生成凭证、电子发票、电子会计档案、金税三期、数字驾驶舱、数字化董事会议厅等全新的业务场景,了解企业数字化的发展趋势、路径和工具,以及财务如何应对企业数字化的浪潮。

上海国家会计学院作为高端财会人员培养的平台,以培养国际化和数字化人才作为未来的聚焦点。一方面,始终牢记创始人、时任总理朱镕基当年到学院视察时题写的“不做假账”的校训;另一方面,始终铭记学院的使命,通过学院的教育帮助并赋能财会人员去履行他们的使命。基于这样一个理念,学院从 2017 年开始联合国际、国内的协会和知名企业开展研发,推出了“CFO 数字化领导力”项目,希望通过此项目,能够在智能财务人才培养方面起到一定的引领作用,因地制宜地推动数字化转型。2019 年,学院和合作伙伴一起推出“智能财务师专业能力认证”项目。

根据我们对智能财务人才培养的研究成果，我们针对智能财务人才的能力框架制订了“分级培养”的智能财务师培养方案。《智能财务师初级教程》就是针对智能财务师（初级）的指定学习资料。智能财务师（初级）面向基层财务人员以及需要掌握智能财务基础知识和概念框架的学员。本书主要解决两大问题：第一，智能财务是什么？第二，智能财务系统如何解决会计核算的自动化问题，把会计人员从繁重的会计账务工作中解放出来，从而做更有价值的事情？因此，所有财会人员都有必要学习和掌握这两块内容。

在获得初级证书的基础上，学员可选择继续参加中级智能财务师的学习，以便进一步培养在智能化条件下如何对企业进行管控、如何为企业决策提供支持。做到参与所在单位智能财务系统建设，向数字时代的高级财务管理人员迈进。作为高级智能财务师，就是要具备数字化思维，成为能够引领本单位智能化系统建设的财务领导人。这个级别会对接上海国家会计学院“CFO数字化领导力”项目。

智能财务是新鲜事物，也是未来发展的趋势。

智能财务系统必定在正确的理念和理论的指导下，在有效的环境支撑下，正确且逐步应用智能技术，通过不断实践摸索，向智慧财务发展。同时，完成在现代信息技术环境下，业财高度融合的财务模式变革的伟大历史使命。我们每个财务人都应该主动迎接智能时代的到来，积极接受智能时代的挑战，适应财务模式的变革，完成向智能财务人的蜕变。

本书从结构上分为基础知识和基本技能两大板块，共12章。第一板块是基础知识，包括会计信息化概论、智能财务体系、财务共享服务、财务数字化转型、智能财务与新技术、智能会计核算概论，共6章，为大家勾勒出智能财务的基本轮廓。第二板块是基本技能，包括营运活动、税务、资金、资产智能会计核算，商旅与费用报销智能会计核算，最后一章是智能会计报表与电子会计档案，共6章，为大家详细阐述企业主要业务活动的智能会计核算内容。作为本书的配套，我们还将开发一系列的线上智能财务理论和实操课程。

本书的第一章和第十二章由刘梅玲博士编著，第二章、第三章、第四章由杨寅博士编著，第五章和第十一章由吴忠生博士编著，第六章、第七章、第九章、第十章由王纪平博士编著，第八章由李昕凝博士编著。

在本书的写作过程中，得到了刘勤教授、杨周南研究员、胡仁昱教授、刘凤委教授、王文莲教授、黄长胤博士、金源先生、俞洋先生的大力支持，特此致谢！对于本书在写作中的不到之处，由作者负责。欢迎各位学员提出宝贵意见！

目　录

前言 ………………………………………………………………………………（1）

第一章　会计信息化概论 ………………………………………………（1）

第一节　会计信息化发展历史 ………………………………………（1）

第二节　会计信息化体系 ……………………………………………（12）

第三节　会计信息化发展趋势 ………………………………………（20）

第四节　会计信息化政策法规 ………………………………………（21）

第二章　智能财务体系 …………………………………………………（32）

第一节　智能时代的财务转型 ………………………………………（32）

第二节　智能财务的框架 ……………………………………………（39）

第三节　智能财务的变革路径 ………………………………………（44）

第四节　管理型财务的智能化 ………………………………………（49）

第五节　财务全流程融合的智能化 …………………………………（51）

第三章　财务共享服务 …………………………………………………（52）

第一节　财务共享服务的起源与发展 ………………………………（52）

第二节　财务共享服务的概念与特征 ………………………………（55）

第三节　财务共享服务的范围与模式 ………………………………（56）

第四节　财务共享服务的建设与运营 ………………………………（58）

第五节　财务共享服务的价值与效益 ………………………………（73）

第六节　财务共享服务的风险与应对 …………………………………………………… (74)

第四章　财务数字化转型 …………………………………………………… (76)

第一节　财务数字化转型意义 …………………………………………………… (76)

第二节　财务数字化转型规划 …………………………………………………… (80)

第三节　财务数字化转型路径 …………………………………………………… (83)

第四节　财务数字化转型关键因素 …………………………………………………… (87)

第五节　财务数字化发展趋势 …………………………………………………… (91)

第五章　智能财务与新技术 …………………………………………………… (93)

第一节　企业新兴战略技术 …………………………………………………… (93)

第二节　新技术在财务中的运用现状 …………………………………………………… (97)

第三节　新技术在财务中运用的未来趋势…………………………………………………… (125)

第六章　智能会计核算概论…………………………………………………… (132)

第一节　智能会计核算的产生背景…………………………………………………… (132)

第二节　智能会计核算的意义…………………………………………………… (133)

第三节　智能会计核算的特征…………………………………………………… (135)

第四节　智能会计核算系统的设计原则…………………………………………………… (142)

第五节　智能会计核算的应用范围…………………………………………………… (144)

第七章　营运活动智能会计核算 …………………………………………………… (148)

第一节　销售活动的智能会计核算…………………………………………………… (148)

第二节　采购活动的智能会计核算…………………………………………………… (153)

第三节　智能生产活动会计核算…………………………………………………… (156)

第四节　营运活动的智能应用场景…………………………………………………… (164)

第八章　智能税务会计核算…………………………………………………… (176)

第一节　增值税会计核算流程…………………………………………………… (176)

第二节　企业所得税会计核算流程…………………………………………………… (183)

第三节　个人所得税扣缴会计核算流程…………………………………………… (188)
第四节　其他税会计核算流程…………………………………………………… (190)
第五节　税收申报缴纳流程……………………………………………………… (191)
第六节　税务会计核算的智能化场景…………………………………………… (194)

第九章　智能资金会计核算………………………………………………… (203)
第一节　资金会计核算概述……………………………………………………… (203)
第二节　智能化场景……………………………………………………………… (209)

第十章　智能资产会计核算………………………………………………… (214)
第一节　资产会计核算概述……………………………………………………… (214)
第二节　智能固定资产会计核算………………………………………………… (215)
第三节　智能存货会计核算……………………………………………………… (220)

第十一章　商旅与费用报销智能会计核算………………………………… (232)
第一节　智能商旅平台的应用…………………………………………………… (232)
第二节　智能费用报销核算系统………………………………………………… (239)
第三节　智能化场景……………………………………………………………… (244)

第十二章　智能会计报表与电子会计档案………………………………… (248)
第一节　会计报表编制流程……………………………………………………… (248)
第二节　财务报表智能化场景…………………………………………………… (253)
第三节　会计档案管理工作要点………………………………………………… (255)
第四节　会计档案管理智能化场景……………………………………………… (258)

参考文献…………………………………………………………………………… (261)

第一章

会计信息化概论①

第一节　会计信息化发展历史②

自 1979 年财政部在长春第一汽车制造厂启动会计电算化试点工作以来，我国会计信息化经历了 40 年的发展历程，这 40 年也恰逢中国改革开放大潮。会计管理从电算化到信息化(狭义)，再到目前方兴未艾的智能化，这是我国广义会计信息化(包含会计电算化、狭义会计信息化和会计智能化，以下统一简称为会计信息化)发展的缩影，也是中国会计行业不断转变思想、创新管理、再造组织、培养人才、探索新技术应用，以服务财政中心工作、服务中国经济发展的辉煌历程。

我国的会计信息化之路始于改革开放初期，当时的会计工作主要关注会计核算制度的恢复。20 世纪 80 年代初期，由于计算机硬件和软件昂贵，处理技术相对落后，我国计算机应用处于起步阶段，会计电算化还没有得到企业的重视。随着信息技术的发展，我国开始大量应用微型计算机，解决了传统计算机使用不便和价格昂贵的问题，企业掀起了在会计领域应用计算机的热潮。该阶段，由于企业对会计工作具有不同要求，会计软件多以定点化开发为主。改革开放深化了我国经济体制，在激烈的市场竞争环境下，企业必须借助信息化手段处理会计工作。随着会计电算化在我国不断深入开展，企业对会计电算化的规范要求越来越高，1988 年开始，财政部陆续颁布了会计软件商品化的管理制度，我国会计软件进入商品化阶段。经济高速发展，证券、期货、金融、保险等衍生工具的出现，使我国一些企业逐步演变成为集生产经营、投融资和资本运作于一体的集团企业。1998 年，中国软件行业协会举办的“向 ERP③ 进军”发布会，拉开了我国会计核算软件向管理软件转型的序幕。随着互联网进入我国，会计工作远程处理和会计报告实时呈现为网络财务提供了新的契机。

进入 21 世纪，我国积极扩大内需，拉动经济快速增长，企业集团业务规模不断扩张。我

---

① 在学术界，通常称为会计信息化；在实务界，通常称为财务信息化。

② 本节的核心观点摘自刘勤和杨寅发表在《会计研究》2019 年第 2 期上的文章《改革开放 40 年的中国会计信息化：回顾与展望》。

③ 企业资源计划(Enterprise Resource Planning)。

国加入世界贸易组织后，企业在国际化进程中的财务管理出现了效率低下、成本上升、管控难度增加等问题。基于此，自2005年开始，以中兴通讯为代表的大型集团企业开始建立财务共享服务中心。经济一体化使全球经济规则、技术规则趋同，会计信息化标准成为企业解决财务管理问题的关键技术。2008年XBRL（eXtensible Business Reporting Language）中国地区组织成立，我国会计信息化进入了标准化阶段。

大数据时代的到来，要求企业具有经营管理敏捷性和信息决策实时性，现代企业以数据驱动来带动业务发展，需要从大数据环境下获取决策信息。企业借助人工智能技术智能化地处理会计工作，挖掘数据背后隐含的秘密，让数据通过洞察变成信息和知识，辅助管理决策。2016年，德勤和Kira Systems联手宣布将人工智能引入会计、税务、审计等工作中，标志着我国进入了会计智能化阶段。

刘勤和杨寅运用霍尔三维结构模型建立了会计信息化40年发展历程的理论模型，尝试扩展并构建"四维映射"发展框架，如图1—1所示。时间维上，将会计信息化40年发展历程划分为会计电算化、会计信息化和会计智能化三个阶段，具有显著的时间序列特征；政策维上，通过标记政府和行业协会颁布的系列政策，体现政策在引导会计信息化事业发展中的关键作用；知识维上，将其划分为人才体系、理论体系、信息技术等内容，以体现会计信息化的基本知识要素的发展；实践维上，表现每个阶段所经历的市场，以及相对应的产品及其应用的发展。

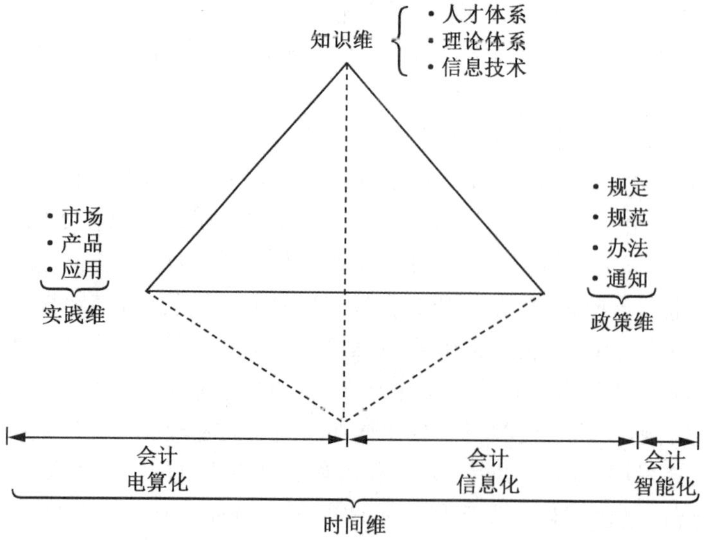

图1—1 "四维映射"发展框架

一、时间维度

我国会计信息化40年发展经历了会计电算化、会计信息化（狭义）和会计智能化，三个阶段的详细划分与阶段内容如表1—1所示。

表 1-1　　会计信息化 40 年发展历程时间维度的划分及阶段内容

阶段名称	阶段内容及时间
会计电算化	会计电算化实验探索阶段(1979—1981 年)
	会计电算化定点化软件阶段(1982—1987 年)
	会计电算化商品化软件阶段(1988—1997 年)
会计信息化	会计信息化产生阶段(ERP)(1998—1999 年)
	会计信息化初步应用阶段(网络财务)(1999—2004 年)
	会计信息化推进与发展阶段(会计信息化标准和财务共享)(2005—2015 年)
会计智能化	会计智能化初步阶段(局部智能化)(2016 年至今)

我国会计信息化是以 1979 年财政部资助 500 万元从东德购进一台 EC-1040 计算机给长春一汽对会计核算进行试点开始的。1981 年,"会计电算化"概念首次在"财务、会计、成本应用电子计算机问题研讨会"中被提出,我国进入了会计电算化的探索阶段。随后几年,广州、上海、北京等地的企业开始定点化开发会计软件产品。直到 1988 年,"首届会计电算化学术研讨会"讨论了会计软件的商品化,财政部也在 1989 年颁布了《会计核算软件管理的几项规定(试行)》,明确了商品化会计软件的基本要求。

中国软件行业协会财务及企业管理软件分会在 1998 年召开了"向 ERP 进军"发布会,改变了商品化会计软件的功能以会计核算为主的局面,管理型软件开始受到企业的关注。与此同时,"会计信息化"概念首次在深圳市财政局和金蝶公司联合举办的"会计信息化理论专家座谈会"中被提出。随着互联网的成熟,2000 年用友和金蝶分别推出了自己的网络会计软件服务,我国也开始进入网络财务阶段。经济全球化使规则、流程、制度进一步趋同,上海国家会计学院 2005 年召开 XBRL 在中国应用与发展研讨会,拉开了中国会计信息化标准的序幕。经济全球化也使企业面临着成本上升、创新不足、风险管控难度大的困境,一种新型的财务管理模式——财务共享服务——应运而生。

人工智能的快速发展触发了新的应用场景。德勤和 Kira Systems 在 2016 年宣布将人工智能引入会计、税务、审计等工作中,随后以四大为代表的会计师事务所和以金蝶、用友、元年为代表的软件厂商纷纷推出了自己的财务机器人方案。

二、政策维度

会计信息化发展得到了政府相关部门及行业协会的指导和大力支持,本节将有关政策演变划分为 5 个阶段,以描述会计信息化 40 年发展历程的政策维度,如表 1-2 所示。

表 1-2　　会计信息化 40 年发展历程政策维度的划分

政策指导方式	政策指导时间
政府投资引导	1979—1980 年
任由企业自由发展	1981—1987 年
利用行政手段控制	1988—2000 年
在 WTO 规范下进行监管	2001 年至今
会计信息化标准建设	2005 年至今

会计信息化40年发展历程的主要政策如表1—3所示。

表1—3　　会计信息化40年发展历程的主要政策

政策名称	工作内容	开始时间（年）	废止时间（年）
《关于在本市国营工业企业中推广会计电算化应用工作的若干规定》	上海市财政局开展会计电算化工作	1986	1997
《关于国营企业推广应用电子计算机工作中的若干财务问题的规定》	使用微型电子计算机开展会计电算化工作	1987	1997
《会计核算软件管理的几项规定（试行）》	商品化会计核算软件的要求	1989	有效
《关于会计核算软件评审问题的补充规定（试行）》	会计核算软件的评审	1990	1994
《会计电算化管理办法》	会计电算化工作管理	1994	2014
《商品化会计核算软件评审规则》	商品化会计核算软件的质量	1994	2014
《会计核算软件基本功能规范》	深化会计核算软件的功能	1994	有效
《关于大力发展我国会计电算化事业的意见》	会计电算化与社会主义市场经济相匹配	1994	有效
《会计电算化知识培训管理办法（试行）》	会计电算化知识培训工作	1995	2008
《会计电算化工作规范》	明确开展会计电算化单位的规范要求	1996	有效
《关于对申报重新评审会计核算软件加强管理的通知》	申报重新评审会计核算软件的条件和程序	1997	有效
《关于会计核算软件评审问题的补充规定（试行）》	加强外国会计核算软件应用的监督管理	1997	2011
《财务软件数据接口标准》	制定会计软件标准	1998	2004
《关于大力推进企业管理信息化的指导意见》	明确国家重点企业管理信息化的要求	2002	有效
《中国加入世界贸易组织法律文件》	WTO的条款以及我国的经贸法规和政策	2002	有效
《信息技术 会计核算软件数据接口规范》	明确会计核算软件的标准化	2005	有效
《会计从业资格管理办法》	明确会计信息化是会计从业人员考试内容	2005	2013
《会计人员继续教育规范》	推动会计信息化职业教育	2006	2013
《2006—2020年国家信息化发展战略》	明确国家信息化发展方向	2006	有效
《财政部关于全面推进我国会计信息化工作的指导意见》	明确会计信息化的工作方向	2009	有效
《关于发布企业会计准则通用分类标准的通知》	规范编制XBRL财务报告	2010	2015

续表

政策名称	工作内容	开始时间（年）	废止时间（年）
《关于企业会计准则通用分类标准实施若干事项的通知》	实施企业会计准则通用分类标准	2011	有效
《关于继续做好企业会计准则通用分类标准实施工作的通知》	进一步明确企业会计准则通用分类标准	2012	2016
《关于开展可扩展商业报告语言(XBRL)技术规范系列国家标准符合性测试工作的通知》	明确会计标准化工作	2012	有效
《企业会计准则通用分类标准编报规则》	保证企业会计准则通用分类标准一致实施	2013	2016
《企业会计信息化工作规范》	明确信息化环境下的企业会计工作的规范	2013	有效
《关于全面推进管理会计体系建设的指导意见》	建立财务共享中心，加快会计职能转变	2014	有效
《关于发布2015版企业会计准则通用分类标准的通知》	确保采用XBRL编报财务报告的质量	2015	有效
《会计档案管理办法》	加强会计档案管理	2015	有效
《会计改革与发展“十三五”规划纲要》	关注技术对会计工作的影响	2016	有效
《新一代人工智能发展规划》	抢抓人工智能发展战略机遇	2017	有效
《会计人员管理办法》	明确会计人员专业能力要求	2018	有效

20世纪80年代，我国政府以计划经济为主，政府对经济干预性较强，企业是政府部门的附属品，政府主要通过财政拨款的方式推动会计电算化的起步和发展。1983年，国务院成立电子振兴领导小组，引导电子计算机的应用。上海市财政局在1986年颁布《关于在本市国营工业企业中推广会计电算化应用工作的若干规定》和财政部在1987年颁布《关于国营企业推广应用电子计算机工作中的若干财务问题的规定》，提出了企业自行定点化开发会计核算软件的意见，广州、上海、北京等地的企业根据需求自行开发定点化会计软件。为了避免会计软件行业的无序化发展，1989年财政部颁布《会计核算软件管理的几项规定(试行)》，并在随后几年相继颁布相关政策引导会计软件行业发展，该阶段具有典型的行政管理监督特点。2001年我国成功加入世界贸易组织，随之全国人大常务委员会公布了《中国加入世界贸易组织法律文件》(中文本)的公报，我国的会计信息化发展也将服从WTO(世界贸易组织，World Trade Organization)规范的监管。2004年，国家质检总局和国家标准委颁布《信息技术 会计核算软件数据接口规范》，并于2005年1月1日生效，使会计核算软件进入标准化阶段；2005年，上海国家会计学院召开XBRL在中国应用与发展研讨会。随后几年，财政部相继颁布了《关于发布企业会计准则通用分类标准的通知》、《关于企业会计准则通用分类标准实施若干事项的通知》、《关于发布2015版企业会计准则通用分类标准的通知》等政策，使我国进入了会计信息化标准建设阶段。

三、知识维度

(一)人才体系

从1982年公开出版第一本高等财经院校教材开始,我国会计电算化教育分别经历了本科生、硕士研究生、博士研究生三个阶段。1994年财政部颁布《关于大力发展我国会计电算化事业的意见》,明确提出了会计从业人员关于会计电算化知识的初、中、高三级培训计划。1998年教育部颁布《普通高等学校本科专业目录》,在管理学门类下只设置会计学和财务管理两个二级专业,全国大部分院校取消了会计电算化专业的招生,但大部分院校仍然有会计电算化方向。2004年,为了培养会计人才同时具有理论与实务的知识,教育部和国务院学位办批准设立会计硕士专业学位(MPAcc)。为了迎接现代信息技术对会计工作的冲击,财政部2009年提出未来将全力打造会计信息化人才队伍。会计信息化40年发展历程的主要人才体系如表1—4所示。

表1—4　　会计信息化40年发展历程的人才体系

阶段时间(年)	阶段事件与证据
1982	我国公开出版第一本高等财经院校试用教材:《电子计算机在会计中的应用》。
1984	财政部科学研究所从计算机专业本科毕业生中招收会计电算化方向的研究生;中国人民大学、上海财经大学开始陆续招收会计电算化研究方向的硕士研究生。
1984	中国人民大学、财政部科研所研究生部等大专院校开始与企业合作开发国产会计软件;我国会计电算化的实践探讨。
1989	财政部组织并通过了我国第一个商品化会计软件,为会计信息化专业方向人才教育与培训提供了学习、研究的实体。
1991	财政部会计司与中央广播电视大学、先锋集团公司合作,《会计电算化实用技术》电视讲座首次面向全社会宣传普及会计电算化知识。
1993	一部分高等院校陆续将会计电算化专业正式列入本科招生目录。
1994	财政部颁布《关于大力发展我国会计电算化事业的意见》,提出了会计电算化知识的初、中、高三级培训计划。
1995	财政部颁布《会计电算化知识培训管理办法(试行)》,对会计人员进行电算化培训,制定培训目标和要求,并纳入对单位和会计人员的考核指标。
1996	财政部财政科学研究所建立了我国第一个会计学会计电算化方向博士点;杨周南教授成为我国会计信息化专业方向的第一个博士生导师。
1998	教育部颁布《普通高等学校本科专业目录》,只有会计学和财务管理两个二级专业;会计电算化专业或方向招生的院校大部分于1999年停止。
2004	会计硕士专业学位(MPAcc)是经教育部、国务院学位办批准设立的一种专业学位;北京、上海、厦门国家会计学院分别与清华大学、上海财经大学、厦门大学按联合培养方式开展会计硕士专业学位教育试点工作。
2009	《财政部关于全面推进我国会计信息化工作的指导意见》指出,力争通过5—10年的努力,全力打造会计信息化人才队伍。
2011	《会计改革与发展"十二五"规划纲要》指出,重视信息技术方面的内容与技能,提高利用信息技术从事会计、审计等工作的能力。
2018	财政部颁布《会计专业技术人员继续教育规定》:公需科目包括技术信息等基本知识,专业科目包括会计人员从事会计工作应当掌握的会计信息化等专业知识。

(二)理论体系

在会计信息化 40 年发展历程中，也产生了许多理论热点，这些主要的理论热点如表 1－5 所示。

表 1－5　　会计信息化 40 年发展历程的理论热点

阶段时间(年)	阶段事件与证据
1981	首次提出会计电算化。
1987	首次成立会计电算化理论研究学术团体。
1988	实现会计软件通用化；首届会计电算化学术研讨会。
1996	财务会计软件从核算型向管理型发展；第二届全国会计电算化会议。
2000	用信息化手段解决企业基础管理问题；首届企业管理信息化研讨会。
2002	促进企业会计电算化工作的开展；第一届会计信息化年会。
2003	会计信息化将对会计电算化工作赋予新的内涵。
2004	会计电算化高等教育体系。
2005	会计信息化的概念和体系结构。
2006	会计信息化基础理论与应用；会计信息化标准体系与 XBRL。
2007	新准则与会计信息化；XBRL 研究组织与应用标准。
2008	信息系统内部控制；信息化标准体系与 XBRL 应用。
2009	会计信息化基础理论与应用；会计信息化标准体系与 XBRL 应用研究。
2010	会计信息化应用及实施；内部控制与 IT 风险管理；XBRL 应用研究。
2011	会计信息化标准体系与 XBRL；内部控制与 IT 风险管理，会计信息化应用实施。
2012	会计信息化标准体系与 XBRL；内部控制与 IT 风险管理；会计信息化应用案例。
2013	XBRL 分类标准；ERP 与 IT 治理；云计算与大数据对会计信息化的影响。
2014	XBRL 分类标准；内控信息化；云会计与云审计；大数据与移动互联网对会计的影响。
2015	“互联网＋”管理会计信息化；云会计；财务共享建设；XBRL 分类标准。
2016	区块链、大数据、人工智能、云计算应用；财务共享；电子发票与电子档案。
2017	智能化与会计学科交叉；财务会计与管理会计信息化；XBRL 与业财融合。
2018	大数据与智能化在会计中的应用；区块链与分布式账本的应用；财务共享的最新发展。

现代会计的发展从宏观角度包含技术会计和科学会计。技术会计在不断完善会计理论、会计方法的基础之上，更关键的是借助信息技术为现代会计发展提供服务。科学会计是寻求会计学科的传统理论与新兴理论，并能指引会计实务的发展。

技术会计在给会计实务带来冲击的同时，也赋予会计理论新的内容。会计的本质是对企业经济活动进行确认和计量，进一步影响财务报告的编制。会计信息化是实现会计本质的一种功能需求，可以帮助企业完成会计确认和计量。利益相关者理论要求企业的利益相关者获取高质量的会计信息。信息需求是会计信息化存在的前提，企业经济活动的各种数据通过会计信息系统输出信息，利益相关者结合不同的需求决定会计信息的供给。会计主体假设强调提供特定服务的组织是会计主体，信息化环境下扩大会计主体的范围，会计工作在重新认识会计主体的同时，也让利益相关者了解企业的经营现状和目标。持续经营假说认为，会计主体的经营活动可以持久延续，而在信息化时代，各种新型会计主体的产生、发展、消失变得难以判断，网络化使交易事项行为与持续经营假说相悖，需要从市场时间的角度拓展到市场空间的范围来确定会计主体的经营连续性。企业衡量资源价值借助货币计量，信息化环境下出现各种不同的货币计量形式，本质上仍然是价值表现形式。然而，信息化环境下非经济信息不能很好地使用货币计量，会计工作重点考虑非货币化因素的处理方式。

会计信息化的发展也将进一步影响会计实务。会计人员借助会计信息系统成为会计信息的生产者和使用者，企业管理层也可以通过系统监管财务状况，企业在会计信息化环境下需要一种新的财务组织架构来应对。传统的会计人员主要从事核算工作，而现代技术使会计人员从繁杂、低附加值的工作中解脱出来，从事管理会计等高附加值工作。会计信息化使会计核算方法更加科学和合理，提高核算主体会计信息的真实性，为决策提供合理的依据。

(三)信息技术

会计信息化 40 年发展历程的信息技术通过两个方面进行探讨：第一，借助中国会计学会会计信息化年会提出的具有当时特点的信息技术，例如 2005 年至 2015 年年会均提出 XBRL，如图 1—2 所示；第二，由上海国家会计学院主办的 2017 年和 2018 年影响中国会计从业人员十大信息技术的评选活动，提出近两年对会计从业人员影响较大的信息技术，如图 1—3 所示。

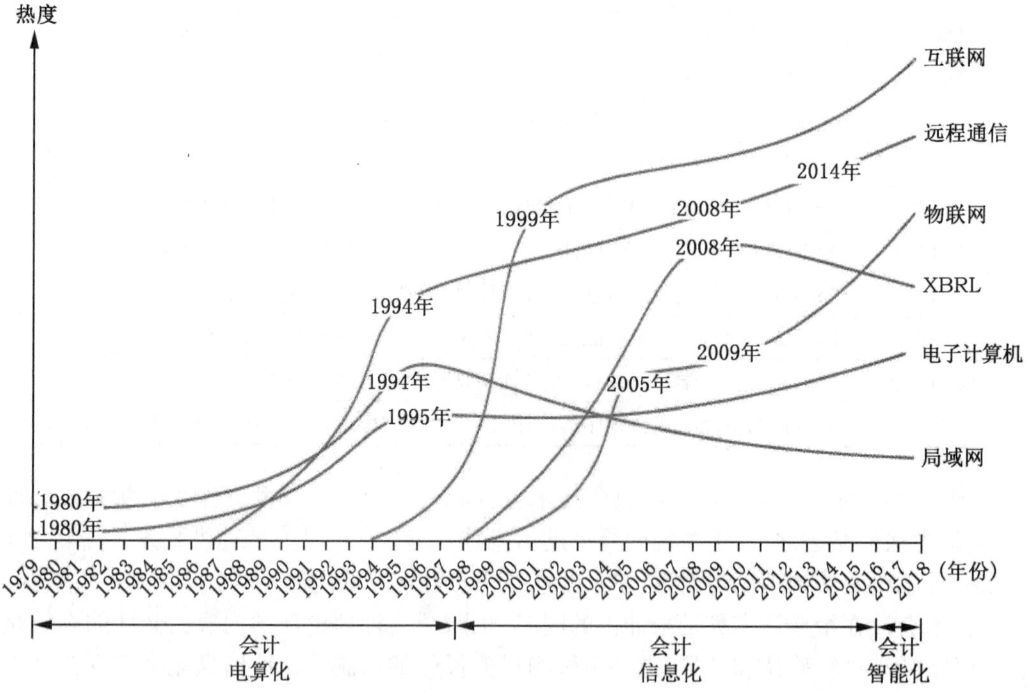

图 1—2　会计信息化 40 年发展历程的信息技术(会计信息化年会)

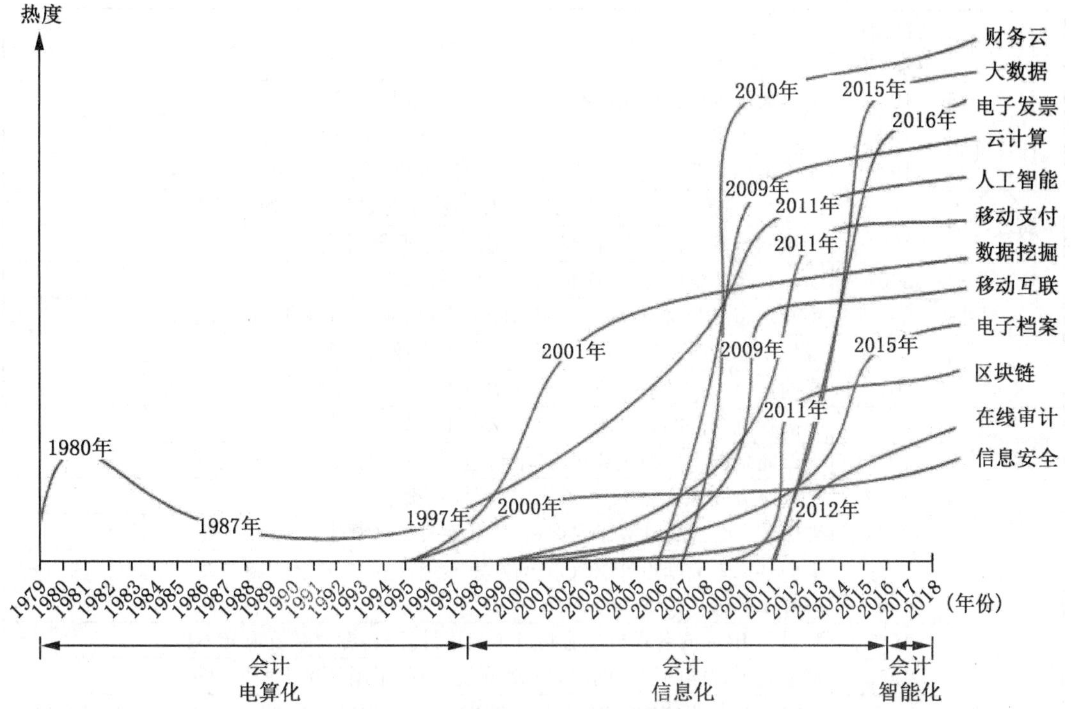

图 1—3　会计信息化 40 年发展历程的信息技术(影响会计从业人员的十大信息技术评选)

如图 1—2 和图 1—3 所示,信息技术对会计信息化的影响包含两个关键时间节点:一个是该信息技术影响的开始时间;另一个是该信息技术影响发生较大波动的转折点(图 1—2 和图 1—3 中转折点用时间注明)。通过表 1—6 来解释图 1—2 和图 1—3 中信息技术曲线的走势情况。

表 1—6　　会计信息化 40 年发展历程信息技术关键时间节点与证据

信息技术	关键时间节点(年)	证　据
互联网	1994	中国正式接入国际互联网。
	1999	用友率先提出"网络财务"概念,随后用友和金蝶推出了网络会计产品。
远程通信	1987	我国电信行业 1G 时代,首个蜂窝移动电话交换局在广州开通。
	1994	我国进入 2G 时代,广东省开通第一个 GSM 数字移动电话网。
	2008	工信部向三大运营商分别发放不同标准的 3G 移动牌照。
	2014	工信部向三家运营商发放我国自主研发标准的 4G 牌照。
物联网	1999	移动计算和网络国际会议提出了 RFID 技术的物联网。
	2005	国际电信联盟(ITU)发布《ITU 互联网报告 2005:物联网》,物联网不再单指基于 RFID 技术。
	2009	提出"感知中国",被正式列为国家五大新兴战略性产业之一。
XBRL	1998	查尔斯·霍夫曼提出了 XBRL 的原型方案。
	2008	XBRL 中国区组织成立,标志着我国正在积极制定行业分类标准。

续表

信息技术	关键时间节点(年)	证　据
电子计算机	1977	清华大学等单位研制出我国第一台微型电脑 DJS050。
	1980	我国不少单位开始采用 Z80、X86 和 M6800 芯片研制微机。
	1995	联想第 100 万台电脑下线,击败国外品牌机,稳居国内市场第一名。
局域网	1980	DEC、Intel 和 Xerox 公布局域网 1.0 版:数据链路层和物理层规范。
	1994	局域网技术走向互联和高速,我国进入互联网时代。
财务云	2007	Google 与 IBM 分别首次推出云计算平台。
	2010	用友发布《用友云战略白皮书》,随后金蝶、MYOB、浪潮也发布云。
大数据	2011	麦肯锡发布了大数据报告,正式定义了大数据的概念。
	2015	我国首个大数据交易所成立,并举行大数据峰会。
电子发票	2011	中国物流与采购联合会发布《中国电子发票蓝皮书》。
	2016	十二届全国人大四次会议将"推行电子发票"写入"十三五"规划纲要。
云计算	2006	Google 在搜索引擎大会上提出"云计算"概念。
	2009	中国首个企业云计算平台诞生(中化企业云计算平台)。
人工智能	1980	卡内基梅隆大学设计 XCON 的专家系统,是一套具有完整专业知识和经验的计算机智能系统。
	1987	苹果和 IBM 的台式机性能超过了通用计算机,专家系统风光不再。
	1997	借助人工智能的神经网络,IBM"深蓝"战胜了国际象棋世界冠军。
	2011	IBM 开发的人工智能程序"沃森"(Watson),借助深度学习技术,使人工智能快速发展。
移动支付	1999	中国移动与工商银行、招商银行等在广东等省市进行移动支付业务试点。
	2011	央行下发第三方支付牌照,银联、支付宝、银联商务、财付通、快钱等获得许可证。
数据挖掘	1995	知识发现和数据挖掘国际学术会议上提出数据挖掘。
	2001	Gartner 和麻省理工学院都将数据挖掘列为未来关键技术。
移动互联	2000	中国移动通信集团移动梦网计划实施。
	2009	我国正式进入第三代移动通信时代。
电子档案	1999	《会计档案管理办法》解释了电子会计档案的保管。
	2015	修订的《会计档案管理办法》确定了电子会计档案的法律效力。
区块链	2009	比特币系统开始运行。
	2011	比特币官方有正式记载的第一个版本(0.3.21)发布。
在线审计	1999	财政部颁布《独立审计具体准则第 20 号——计算机信息系统环境下的审计》。
	2012	审计署计算机审计实务公告第 34 号发布信息系统审计指南。
信息安全	1995	以通信保密和依照 TCSEC 的信息安全。
	2000	《银行计算机系统安全技术规范》为我国信息化安全建设奠定了基础。

四、实践维度

20 世纪 80 年代初,市场上主要是基于 DOS 平台的核算型单机软件,并以企业的定制化会计软件为主。1988 年,市场出现了商品化会计软件产品,主要侧重于会计核算。从 1996 年开始,我国企业由会计核算型软件向管理型软件迈进,ERP 成为市场的主导。随着互联网的广泛应用,基于 Web 技术的 ERP 网络财务软件开始出现。随着经济全球化,2005

年财务共享服务模式开始在集团企业应用。2008 年，我国开始迈入会计信息化标准建设阶段，大量 XBRL 的产品得到快速应用。随着"大智移云"技术的快速发展，企业开始应用财务云、智能决策系统、RPA(Robotic Process Automation，机器人流程自动化)等产品。会计信息化 40 年发展历程的主要产品应用如表 1－7 所示。

表 1－7　　会计信息化 40 年发展历程实践维度的主要产品应用

阶段名称	时间节点(年)	阶段产品应用
会计电算化	1979	电子计算机会计核算
	1980s	基于 DOS 平台的核算型单机用户软件
	1988	通用化、商品化财务软件
	1990	基于 DOS 平台的财务软件
	1992	DOS 平台下基于局域网的网络版财务软件
	1995	基于 Windows 平台的财务软件
	1996	基于 DOS 平台的管理型财务软件
会计信息化	1998	ERP 软件：从财务软件向管理软件转型
	1999	基于大型数据库的企业级财务软件
	2000	基于 B/S 结构和 Web 技术的企业管理软件
	2002	ERP—网络分销—移动电子商务系统
	2004	ERPⅡ
	2005	财务共享服务
	2006	XBRL 相关产品
	2007	管理会计信息化平台
	2008	基于 SOA 架构的企业管理软件
	2010	企业管理决策解决方案
	2011	财务决策支持系统
	2012	企业云应用平台
	2013	财务云
	2015	企业互联网管理平台
会计智能化	2016	机器人流程自动化(RPA)
	2017	智能财务共享
	2018	智能化管理平台

五、多维度逻辑关系

以时间维度为主线，根据不同时间节点，回顾会计信息化 40 年发展历程的政策维度、知识维度与实践维度，四个维度之间具有一定的逻辑关系，主要表现在以下四个方面：

第一，政策维对其他维的影响。即每一个时间节点颁布的政策都会影响实践维度的产品应用，如 1989 年财政部颁布《会计核算软件管理的几项规定(试行)》之后，市场上出现了商品化会计软件；政策维度会影响知识维度的人才体系发展，如 1994 年财政部颁布《关于大力发展我国会计电算化事业的意见》，提出了会计电算化人才的初级、中级、高级培训计划；政策维度也会影响信息技术在产品中的使用，如财政部颁布《关于发布 2015 版企业会计准则通用分类标准的通知》,支持该分类标准的 XBRL 产品随后出现。

第二,知识维对其他维的影响。即每一个时间段出现的信息技术等知识维度都会促进实践维度的产品功能,如人工智能技术使会计信息化市场出现 RPA 和智能财务系统等产品;这些知识维度也会加速相关政策的落地,如 2008 年 XBRL 中国区组织成立,市场上相关 XBRL 技术也已成熟,财政部于 2011 年颁布《关于企业会计准则通用分类标准实施若干事项的通知》;同时,这些知识维度也会影响人才体系的培养内容,如随着"大智移云"技术应用场景的不断落地,全国会计专业学位研究生教育指导委员会建议在人才培养体系中增加云会计与智能财务共享、机器学习与财务智能、大数据挖掘与商业智能等课程。

第三,实践维对其他维的影响。即每一个时间段发布的实践维度产品都会促进相关政策的修订,如 2013 年财政部颁布《企业会计信息化工作规范》,提出有条件的企业逐步建立财务共享服务中心,而我国财务共享服务中心建设截至 2013 年已经有 8 年的发展历程;实践维度也会促使人才体系内容的重新制定,如 2000 年左右 ERP 进入我国市场,随后会计学本科专业也开始设置 ERP 实训课程。

第四,实践维度的产品应用与知识维度的理论热点具有螺旋式关系。即部分会计信息化产品的应用会影响理论热点的产生,如 2010 年用友发布《用友云战略白皮书》,随后金蝶和浪潮以及国外的 MYOB 也发布财务云产品,中国会计学会会计信息化年会从 2013 年开始将财务云作为理论热点;部分会计信息化理论热点也将会影响相关产品的应用,如人工智能从 20 世纪 80 年代的专家系统开始,始终作为理论热点存在,而中国各家厂商推出各种智能财务方案,是从 2016 年德勤和 Kira Systems 宣布将人工智能引入会计、税务、审计等工作开始的。

第二节 会计信息化体系①

杨周南曾于 2009 年提出会计信息化的 TMAIM(Theory Methodology Application Implementation Management,理论、方法、应用、实施、管理)体系架构,全方位地诠释了会计信息化体系。TMAIM 体系架构的提出,旨在从理论、方法、应用等多个视角来探索会计信息化的内涵和外延,为会计信息学和会计信息资源学的创建提供一个研究框架和思路。

TMAIM 体系架构是由会计信息化理论体系、会计信息化方法学体系、会计信息化应用体系、会计信息化实施体系以及会计信息化社会和行业管理体系 5 个要素组成,并以系统科学、管理科学、会计学、组织学、社会学、信息科学、信息工程学、心理学和行为科学等学科为主要理论依托,以现代信息技术为核心技术,以信息平台为主要工具所构成的统一体。上述 5 个要素各自有其独立的内涵和外延,它们之间还存在着密切的联系和相互作用,构成了研究会计信息化的有机整体。

一、会计信息化理论体系

会计信息化理论体系是指基于会计信息化实践活动,对实践活动中的规律、规则、经验

① 本节的核心内容摘自杨周南发表在《会计之友》2009 年第 12 期上的文章《论会计信息化的 TMAIM 体系架构》。

等进行总结、概括、抽象、认识所构成的理论体系。科学的理论一旦形成，将成为指导实践的先导和技术创新的基础。会计信息化理论体系应源于会计信息化实践，又对会计信息化实践具有指导意义。因此，研究会计信息化理论体系的主要目标是：正确识别会计信息化的内涵和外延，以指导和推动会计信息化的创新和实践活动。会计信息化理论体系中，会计信息化内涵的立论基点包括会计信息化的定义、对象、目标、原则、特征等，信息化环境下会计信息资源的开发利用和社会价值观，信息化环境下会计学的融合论，信息化环境下会计模式的变革，会计信息化的实施和对策研究，会计信息化理论研究的发展方向等。会计信息化的外延主要包括会计信息化对会计学和其他管理学的影响、会计信息化与其他信息化工程（金财、金审、金税、金关等信息化工程）之间的关联、信息化环境下会计学与其他管理学科的融通趋势观等。

（一）会计信息化的定义、目标、要素

为了研究会计信息化的内涵和外延，应首先对会计信息化的定义、目标和研究对象给予明确的界定。何谓“信息化”，对此至今仍无定论。1963年，日本学者在《论信息产业》文章中首次提及“信息化”的含义，从此“信息化”一词便逐渐流行开来，并逐步形成了概念。值得指出的是，“信息化”这一概念是东方语言思维的产物，西方国家的文献中极少使用信息化之类的说法。随着信息化实践的发展，其内涵和外延不断丰富。

许多学者对信息化进行了专门研究，本节将综合最具代表性的观点，将信息化的核心内涵界定为：在社会和经济活动中普遍采用现代信息技术，有效开发和利用信息资源，实现信息资源的传播、整合、再创造和高度共享，建设先进的信息基础设施，进一步优化信息资源的配置，使得通过利用信息资源所创造的产值在国民经济中的比重逐步上升的历史过程。会计信息化是信息化的一个重要子集，会计信息化的核心内涵应界定为：在会计行业和组织或企业会计活动中普遍采用现代信息技术，有效开发和利用会计信息资源，使会计信息资源成为全社会的共享财富，以推动会计信息资源产业发展的历史过程。会计信息化的战略目标是：促进会计行业、组织或企业的会计管理活动和会计业务的变革，以推动会计事业的发展。从信息化作为信息技术扩散过程的视角分析，信息化由如下三大过程要素组成：电子化、数字化、网络化。

（二）会计信息化实施主体结构的层次性

它分为四个层次：一是社会会计信息化，主要研究的内容和目标是会计信息资源的社会化共享和应用，以推动会计信息资源产业的发展；二是行业会计信息化，主要研究的内容和目标是建立和完善会计行业信息化的行业管理体系，以推动会计行业对信息技术的应用完善、优化会计行业的管理和研究水平；三是组织或企业会计信息化，主要研究的内容和目标是整合企业的业务流程、会计处理流程、控制流程和审计流程，集成会计财务信息和其他非财务信息，建立会计信息系统及其控制和审计体系，充分开发和利用会计信息资源，及时、准确地向企业内部和外部使用者提供有用的会计信息支持，以加强会计反映和监督作用；四是会计人员信息化，是指会计人员在其会计工作、学习中，不断加强会计信息化的能力，以更好地适应信息时代的需求和完成会计本职工作。

(三)会计信息化系统的耗散结构性①

由于信息化所处的外部环境(包括经济环境和技术环境)变化太快,其中经济环境的变化决定了新业务的不断产生,致使信息化需要不断发展和变革,而技术环境的急剧变化对信息化的冲击更是毋庸赘言,这些变化使信息化系统无法保持长期平衡,也由此决定了信息化系统是典型的耗散结构系统。会计信息化系统与一般的信息化系统一样,由于其内、外部环境的不断变迁,致使会计业务和会计信息化需要不断发展和变革,使得会计信息化系统具有耗散结构性。

(四)会计信息化客体(信息资源)的特征属性

为了研究信息资源的特征属性,首先应对信息资源予以明确的诠释:信息资源是信息与资源两个概念有机结合而衍生出来的概念,信息、物质和能量构成当今人类社会的三大资源和企业的生产要素,而信息资源的本质是自然界的物质、能量对信息主体和受体的映射,信息资源相对于信息主体和受体而存在,对信息资源的获取、处理、反馈、分析和决策所构成的信息资源运动过程形成了对信息资源的认知和应用过程。在学术界,有人还将信息资源分为狭义和广义两种解释。其中,狭义信息资源是指信息的内容,广义信息资源是指信息内容、技术设备和人力资源等要素的集合,本节在多数场合下是指狭义信息资源,但有时也泛指广义信息资源。

信息资源作为信息化的主要客体,与物质资源、能量资源相比具有众多特征。例如,信息资源的形态特征属性有逻辑性、无形性、多态性;信息资源的载体特征属性有依附性;信息资源的内容特征属性有客观性、自然性、不对称性、可伪性等;信息资源的价值特征属性有开放性、共享性、可计量性、可重用性、可整合性、时效性、价值的相对性、价值的滞后性、自为性和商务性等;信息资源的技术特征属性有可存储性、可处理性、可传输性、可再创性等;信息资源的主要质量特征属性有及时性、完备性、相关性、安全可靠性;等等。

(五)会计信息化受体的特征属性

1. 会计信息化受体对信息资源需求的不对称性

会计信息化受体对信息资源需求的不对称性是指不同的会计信息化受体对同一类共享信息资源具有不同的获取和使用的视角。例如,同一张资产负债表,同样的资产、负债数据,投资者通过分析思考的是如何利用债务资本获得更高的投资收益,而债权人更多关注的是其债权资本的安全性。为此,企业的会计部门在实施会计信息化时,应考虑向众多的内、外部信息使用者提供一个开放式的会计信息资源平台,以满足信息化受体对信息资源的不对称需求。

2. 会计信息化受体对信息资源使用的目标导向性

会计信息化受体对信息资源使用的目标导向性是指受体对信息的使用与受体的行为目标有着明确的关系,一条信息是否有用,与受体主观行为目标有很强的关联性。其主要表现

---

① 耗散结构理论是1969年由比利时学者普利高津(I. Prigogine)创立的。按照耗散结构理论的观点,一个处于非平衡态的开放系统,通过不断地从外界环境中获取物质和能量而带进“负熵流”(即与外界进行信息交流),可以从原来无序状态转变为有序状态,使系统形成具有某种功能的新的层次结构,这种非平衡态下的有序结构就叫做耗散结构。一个开放型的耗散结构系统(如人体系统、经济系统、教学系统等)从外界环境中吸收物质和能量而带进“负熵流”的功能特性称为系统的耗散结构性。

为,某个信息可能对某些受体群极为宝贵,而对另一些受体群很可能一文不值。例如,某个企业的财务报告是该企业的投资者或潜在投资者了解、分析、评价该企业财务状况的重要依据,而对与该企业无关的人员来说,这些信息可能毫无价值。

3. 会计信息化受体的信息行为性

会计信息化受体的信息行为性是指会计信息化受体对信息资源使用时,为达到目标导向性而实施的、在信息使用活动中所进行的信息判断、行为选择、目标控制的思维和活动过程。上述内容已指出会计信息化受体对信息资源使用的目标导向性,目标是判定信息价值的重要标准之一。例如,会计信息的各类使用者在使用企业的财务报告时,会根据其自身的需求,选择不同的会计方法,关注不同的方面,做出不同的分析、判断,从而得出不同的结论,并为其后续行为的选择和目标控制提供信息依据。

(六)会计信息化原则

会计信息化原则是指会计信息化在实施过程中应遵循的理念和基本出发点。经上文论述,可得到如下会计信息化原则:

第一,IT影响程度高。现代信息技术和会计信息化已逐渐成为会计环境的重要组成要素,彼此影响的关系也日益彰显,尤其实务工作中,会计信息资源的采集、存储、处理、检索、反馈、统计分析及决策环境都发生着质的变革。

第二,适合最为重要。信息化发展具有不平衡性、多态性、动态性和相对平衡稳定性等特点,企业在实施信息化时,一定要充分考虑自身的实际情况来规划信息化的战略和策略目标,选择正确的信息化发展模式。

第三,应重视IT治理。企业在开展信息化的同时,必须要重视IT(Information Technology)治理、控制IT风险,从而提高IT投资价值。

第四,利益让出补偿。一般情况下,集体利益最大化本身不是博弈方的根本目标,人们在经济博弈中的行为准则是个体理性而不是集体理性。但如果允许博弈中存在有约束力的协议,使得博弈方采取符合集体利益最大化而不符合个体利益最大化的行为时能够得到有效的补偿,那么个体利益与集体利益之间的矛盾就可以被克服,从而使博弈方按照集体理性决策和行为成为可能。例如,给予监管者许诺,如其能在任职期间清正廉洁、忠于职守,那么就能得到高倍的薪酬;给予他方介入者和实施主体保证,如其能模范带头地执行监管者制度,就可得到税收优惠或筹资便利。

第五,组织结构重组。企业在现代信息社会生存与发展,其组织结构必须要与信息化环境相适应。组织结构的重组可以提高企业的适应性和灵活性,从而帮助企业在日益动荡的外部环境下,通过与其他组织建立稳定的依赖关系来降低环境的复杂性和不确定性。此外,组织结构优化或重组能够使企业组织降低协调成本,建立企业组织内及组织之间的协调机制,从而降低企业的管理成本,提高组织或企业的运作效率。

第六,信息多向传递。传统的生产计划与控制的信息反馈机制是一种线性反馈机制,信息是由一个部门到另一个部门的反馈传递,由底层向高层的反馈;信息化条件下的资源配置是一种网络化管理,生产计划信息不只是沿着企业内部传递,而且还沿着组织或企业生态、网络上不同节点传递,从而能更迅捷地引导资金流、物流合理流动,向着资源更有效配置的方向流动。

二、会计信息化方法学体系

会计信息化方法学体系是指研究者为发展和完善会计信息化，从感性认识到理性认识，再应用于感性认识的过程中所采用的一切途径、手段、工具和方式的集合。确立研究方法是进行科学研究的前提和基础，会计信息化也不例外，必须从方法研究出发，只有先建立科学严谨的会计信息化研究方法体系，才能对会计信息化进一步开展系统的研究。运用科学的方法体系，是正确全面分析事物的本质、反映和引导事物发展方向的保证。方法的功能在于使主体和客体相联系，使主体能够运用已有的知识对客体进行加工，以获取新的知识，揭示客体的本质及其发展变化的规律。

因此，如果要对会计信息化进行科学的研究，必须首先确立会计信息化的研究方法体系。会计信息化作为信息科学与会计学结合的边缘学科，其研究方法也必然涉及会计理论研究方法和信息科学研究方法。虽然关于会计理论研究方法的探讨已经比较成熟，信息科学的研究方法也日臻完善，但对会计信息化的研究方法不能机械地等同于会计理论研究方法与信息科学研究方法的简单结合，会计信息化有哪些具体的研究方法、各种研究方法在会计信息化研究中如何应用，都值得探讨。

为此，首先来回顾和总结研究方法学体系，一般分为四个层次：第一层次为哲学方法论；第二层次为系统科学方法论，包括老三论(系统论、信息论、控制论)与新三论(耗散结构论、协同论、突变论)；第三层次为一般方法论，主要包括归纳与演绎、分析与综合、规范与实证等；第四层次为具体方法论，主要包括会计学研究方法、信息科学研究方法、信息化工程研究方法等。

(一)信息科学研究方法

信息科学又名认识论科学，是研究信息、信息资源及其规律的科学，其研究对象是信息和信息资源，研究内容是如何认识信息和利用信息资源。其中，认识信息是基础，利用信息资源是目的。信息科学研究方法主要包括信息分析综合法、“黑箱”与“黑箱”模拟法等。

1. 信息分析综合法

信息分析综合法是以识别事物的信息和信息特征为出发点，来分析事物信息间的相互联系，总结其本质规律，从而实现决策目标的方法。经实践检验，这一方法已经在信息资源的利用中取得了一定的成效。例如，1942 年，第二次世界大战期间，美国罗斯福总统根据柏林食品商店每天为客户公布的食品价格信息，作为决定美国是否参战的具有政治军事意义的信息资源。他认为，通过柏林食品价格的浮动，可以观察到德国军火生产对国计民生的危害程度，了解德国的国库储备、公众情绪。于是，他命令美国驻柏林使馆的武官不断地向他报告柏林食品的价格，最后依此并综合已掌握的其他信息做出了美国参战的决策。又如，会计研究中许多实证研究方法的论文，常根据收集到的上市公司的财务信息，利用信息分析综合法来对假设模型进行论证。

2. “黑箱”与“黑箱”模拟法

“黑箱”模拟法又称行为功能法，该方法将研究事物或系统从行为的功能视角出发，模拟事物或系统对环境影响的反应，是信息分析综合法的发展和实用化。它告诉我们应如何进行信息的分析和综合。所谓“黑箱”，就是指那些既不能打开又不能从外部直接观察其内部状态的系统，只能通过信息的输入、输出来确定其结构和参数。“黑箱”方法的出发点在于：自然界中没有孤立的事物，任何事物间都是相互联系、相互作用的，所以，即使不清楚“黑箱”的内部结构，仅注意到它对于信息刺激做出如何反应，注意到它的输入和输出关系，就可以对它做出研究。同时，还可以利用信息模拟法来模拟研究对象，即如果能设计出一个系统，在同样的输入信息作用下，它的输出信息与所模拟对象的输出信息相同或相似，就可以确认实现了模拟的目标。“黑箱”方法从综合的角度为人们提供了一条认识事物的重要途径，尤其对某些内部结构比较复杂且尚不能利用人力分解的系统，“黑箱”理论提供的研究方法是非常有效的。在信息化工程中，“黑箱”研究方法被广泛地运用于会计信息化系统和信息化软件的测试、验证、评估、评审和IT审计等多个方面。

众所周知，信息化工程是一个漫长的建设过程，具有复杂性，其复杂性主要体现为复杂的成分、复杂的结构、复杂的联系和复杂的行为等，而信息科学的方法论充分考虑了这些情况，为有效地研究和解决这种复杂的事物提供了强有力的武器，开辟了成功之路。

(二)信息化工程研究方法

信息化工程研究方法是指用工程学的方法结合信息化的特点所产生的建设信息化系统的具体方法。其具体的内容是：如何采用工程的概念、原理、技术和方法来建设开发和利用信息化系统及信息资源，从而达到用较少的投资来获得高质量信息化的理想目标。

自信息化变革浪潮席卷全球以来，人们在享受信息化成果的同时，却也为软件危机、IT黑洞、IT风险等带来的危害所困惑。经过多年的实践，信息化工程学的应用可以一定程度上解决上述问题。回顾近代技术发展史，工程学科的进步一直是产业发展的巨大动力，传统的工程学科走过的道路已为人们所熟知。水利工程、建筑工程、机械工程、电力工程等对工农业、商业、交通业的影响极为明显。人们在认识和征服自然的长征中继续前进，近年来对能源工程、生物医学工程、生态工程等有了新的认识，信息化工程也成了工程学科家族的一个新成员，并引起了人们的普遍关注，对它的研究取得了丰富的成果，逐渐形成“信息和软件工程”这门学科。

信息化工程方法学体系分为三个层次，它们是开发模型、开发技术和开发工具。其中，开发模型是指信息化的过程模型，描述了信息化工程项目的开发习惯和工作风格，它规定了开发过程中各阶段的划分方法、各阶段的任务以及各阶段之间的关系。成熟的开发模型有生命周期模型、瀑布模型、原型模型、增量模型、演化模型、统一过程模型、RUP(Rational Unified Process，软件统一过程)模型等。开发技术描述了信息化工程项目的逻辑建模和物理建模的具体技术，其中，逻辑模型定义了信息化项目的问题空间，而物理模型定义了信息化项目问题空间的求解方法。成熟的信息化工程项目的开发技术有结构化方法、ER(Entity，Relationship，实体—关系)实体关联方法、REA(Resource，Event，Agent，资源、事件、参与者)业务建模法、面向对象方法、信息隐蔽法、工作流技术等。开发工具是指用软件技术来实现开发技术，并形成产品，供信息化建设各个阶段使用的自动化或半自动化工具。开发工具的种类很多，大体分为垂直工具和水平工具。其中，垂直工具是指针对开发模型中某一阶段使用的工具，例如各种计算机编程语言、数据库管理系统、基于Internet的开发工具、测试工具、维护工具等；水平工具是指针对开发模型全过程使用的工具，例如各种项目管理软件、文档管理软件等。

信息化工程研究方法为信息化建设提供了具体的方法学体系，指导信息化的建设以及信息资源的开发和应用，大大减少了信息化工程所需的成本并提高了质量，成为在信息化过程中解决软件危机、IT 黑洞、IT 风险等问题的行之有效的途径之一。

三、会计信息化应用体系

会计信息化应用体系是指在现代信息技术环境下，根据信息技术革命和经济全球化的要求，如何应用信息技术以实现会计理论研究和实务工作目标、内容、技术、方法的变革，也是将本节所述会计信息化理论体系的内涵和获取的研究知识与成果经过应用体系的建立转化为实际运用的形式，建立与现代企业管理和宏观经济决策相适应的会计信息化应用系统，以有效贯彻会计准则制度，提升单位内部控制水平，实现数出一门、资料共享，全面提升会计信息资源的使用价值和效率。发展会计信息化应用体系的研究也是培育以信息化环境为代表的新生产力并使之推动会计变革的历史过程，它是联系会计信息化理论研究与实践应用的纽带，体现信息化带来的创新价值和推进信息化进程的原动力。

会计信息化应用体系具有三维结构：其一为会计信息化的应用目标；其二为会计信息化的应用领域和功能；其三为会计信息化的应用效益分析。在会计信息化的应用目标维中，应根据信息化的发展阶段论及共生观的论点，针对不同发展阶段，结合会计信息化实施主体内、外部环境的实际情况，研究和建立会计信息化应用系统的目标体系，包括战略目标、业务功能目标、性能目标、配置目标等，目标体系的识别将成为会计信息化系统设计中逻辑建模的出发点。会计信息化的应用领域和功能维由两大部分组成：其一是根据系统的战略目标和业务功能目标进一步研究和识别在信息化环境下会计行业及其各个分支领域中会计信息资源运动过程（信息的获取、存储、处理、传递、输出、管理、控制、分析、共享等）所映射的具体会计业务应用功能和信息资源服务功能，包括会计信息的确认、计量、记录、报告、资产管理、预算、成本核算、筹资管理、投资管理、财务分析、财务评价、财务监督等，特别是会计信息化应用领域应突破财务会计的应用分支而深入管理会计的研究和应用领域；其二是根据性能目标设置确保系统运行的效率性、安全可靠性、容错性和确保会计信息资源的完整一致性、真实可信性所对应的系统控制和会计信息资源管理功能，应特别重视如何提高会计信息的共享性和整合性，为企业所有内部和外部信息用户提供优质信息服务。在会计信息化的应用效益分析维中，应重点探索在信息化环境下会计业务与其他业务（财务、生产、采购、销售、仓库、人力资源等管理业务）、会计处理与内部控制、会计处理与审计、内部控制与审计等的技术融合趋势，研究在信息化环境下会计管理活动论和会计信息系统论立论观点的融合趋势等。

四、会计信息化实施体系

会计信息化实施体系是指在可争取的环境下保证会计信息化进程不偏离应用体系所设定的目标和取得最佳应用效果所采用的实现、管理及控制手段的总和。我国会计信息化建设历经 40 年的发展，多数企业已建立了现代信息技术环境下的会计信息系统，取得了一定的成效，但还存在许多问题，实际应用情况不够理想，不少企业的信息化应用停滞在解决会计核算自动化等层面上，会计软件和信息系统所提供的分析、管理和决策功能少有人问津，使 IT 投资效益不明显。造成这一现象的原因很多，其中，会计信息化实施的失控是制约会计信息化发展的“瓶颈”之一，而缺乏科学的实施理论和方法的指导又是信息化实施失控的主要缘由。

会计信息化实施体系由四个要素组成，它们分别是实施体系的基础工作和环境建设模型、实施体系的技术模型、实施体系的管理控制模型、实施体系的评价模型。在信息化实施过程中，技术是基础，管理控制是关键，因此在会计信息化实施体系中，技术模型和管理控制模型是两个最重要的要素。

（一）基础工作和环境建设模型

会计信息化实施体系的基础工作和环境建设模型是指为实现应用体系界定的目标、功能和性能所涉及的基础工作和环境建设的变革模型。

（二）技术模型

会计信息化实施体系的技术模型是指为实现应用体系界定的目标、功能和性能所采用的技术解决方案中涉及的有关模型。技术模型包括会计信息化系统平台和应用体系模型、会计信息化系统软件结构模型、会计信息化系统会计资源开发和管理模型、会计信息化系统信息报告模型、会计信息化安全保密管理模型等。其中，常见的会计信息化系统平台和应用体系模型有主机结构模型、F/S（File/Server，文件/服务器）结构模型、C/S（Client/Server，客户端/服务器）结构模型、三层或多层 C/S 结构模型和基于 Web 服务器结构体系模型等。会计信息化系统软件结构模型有基于输出视角的结构模型、基于事件驱动的结构模型、基于工作流的结构模型、基于对象管理的结构模型、基于中间件的结构模型等。会计信息化系统会计资源开发和管理模型，根据信息化环境的定义，信息资源空间是为信息行为选择服务的，因此对信息资源模型的提炼，从信息行为选择的不同视角划分为面向数据资料处理模型①、面向知识和智能管理模型②、面向人力资源投资模型③。会计信息化系统信息报告模型有基于国标数据接口报告模型、基于 XBRL 报告模型、基于 XARL（eXtensible Assurance Reporting Language）报告模型、基于 Excel 报告模型、基于 UML（Unified Modeling Language）报告模型等。会计信息化安全保密管理模型有网络安全保密模型、信息资源安全保密模型、电子商务环境下会计信息系统的安全保密模型等。综合以上各种技术模型，其技术含量几乎覆盖了现代信息技术的方方面面。

（三）管理控制模型

会计信息化实施体系的管理控制模型是指为实现应用体系界定的目标、功能和性能所采用的管理控制解决方案中涉及的管理控制模型。常见的管理控制模型有信息化的项目管理模型、信息化的质量评估和控制模型、信息化的风险控制模型[ISCA（Information System Control and Audit，信息系统控制与审计）模型和 IT 治理模型]、信息化的监理工程等。

---

① 面向数据资料处理模型主要解决数据处理、信息共享等相对局部化的信息行为。依靠的技术主要是数据库技术等。

② 面向知识和智能管理模型主要解决信息挖掘、知识挖掘的信息控制行为，它将信息行为理解成为实现业务目标而注入信息量和施加控制的行为，控制是一种信息量注入的行为。依靠的技术主要是数据仓库、数据挖掘技术和 BI 系统等。

③ 面向人力资源投资模型主要解决会计人员的信息知识学习和积累的信息学习行为，之所以称为投资模型，是因为设计该资源模型涉及企业会计人力资源的利用问题，在以人为本的信息社会中，它将是一种具有战略意义的投资行为。依靠的技术主要是多媒体技术和智能学习系统等。

(四)评价模型

会计信息化实施体系的评价模型是指对应用体系建立的过程和成果进行识别和评价的模型。其主要内容有信息化实施成功关键因素分析模型、实施绩效评价模型、会计信息化能力成熟度模型等。

五、会计信息化社会和行业管理体系

会计信息化社会和行业管理体系是指为支持、规范、管理、协调、培育、推动社会和会计行业的信息化事业所构成的行为总和。我国会计信息化发展从初期的自发无序,到20世纪80年代中期政府部门出面管理监控,直到90年代后期进入以市场调节为主控手段的状态,历经了40年的发展史。无论在哪个阶段,在经济高速发展和信息技术的广泛应用环境下,会计信息化工作都取得了长足进展。时至今日,新会计准则的推进和内控法规的发布,对会计信息化提出了新的需求,加之全球金融危机的到来,迫切要求对金融、财政、财务、会计、税收、审计等财经信息化领域加强IT治理,为目前金融危机提供可能的、间接的技术解决手段。基于上述两点,在目前的形势下,重新研究会计信息化社会和行业管理体系的建设,并以此加强政府对信息化事业的支持、规范、管理、协调、培育、推动的职能是十分重要的。

会计信息化社会和行业管理体系由三大工程要素构成:会计信息化制度法规工程、会计信息化人才工程、会计信息化产业工程。其中,会计信息化制度法规工程包括会计信息化管理制度体系、法规体系、基础工作规范体系、标准化体系、会计信息化审计体系等;会计信息化人才工程包括在信息化环境下会计人员的价值观体系、会计信息化人才的配置体系、会计信息化人才的教育体系等;会计信息化产业工程包括会计信息化咨询产业、会计信息资源产业、会计软件产业、会计信息系统审计产业、会计信息化工程第三方监理产业等。

第三节　会计信息化发展趋势

当前计算机的应用正随着新一轮人工智能、大数据处理、移动互联网、云计算、物联网等技术的发展而深入商业组织的方方面面,这些新应用也被广泛用于会计领域。

在中国,计算机真正开始用于会计领域其实是在20世纪70年代后期,计算机当前的应用已跨越了单项会计核算、全面会计核算的阶段,向着业财一体化、决策智能化和突破组织边界的方向发展。总体而言,当前中国的会计信息系统正呈现出以下10个发展趋势:

一是业务财务深度一体化。即企业经营活动中的财务流程、业务流程、管理流程在信息系统的支持下融为一体。深度一体化意味着业务和财务处理规则的统一、高度的信息集成和共享,并可实现处理的实时和同步。

二是会计处理全流程自动化。即从原始业务凭证到会计记账凭证,到会计账簿和会计报表,再到财务分析报告这一处理过程全部实现自动化。由于ERP的普及,目前从记账凭证到报表的过程已经实现了自动化,但从原始凭证到记账凭证、从会计报表到财务分析报告的自动化过程正在进行之中。

三是内外系统集成化。即企业信息系统与供应商和客户等上下游信息系统的集成,与税务局、证监会等外部监管机构信息系统的集成,以及与航空公司、酒店等其他环境组织信息系统的集成等。内外系统集成化的难点是信息的标准化。

四是操作终端移动化。即操作财务信息系统的终端从机房终端设备到 PC 机，到笔记本电脑，再到现在的手机、平板电脑和其他的移动设备。操作终端移动化的难点是实现终端软硬件的兼容性、各类网络平台的兼容性以及数据的安全性等。

五是信息提供频道化。即公司将会计信息以频道的方式提供给各类信息使用者，如银行、税务、统计、财政、证交所、投资者等，以满足这些用户的个性化需求，既要保证信息的精准推送，又要保证企业不至于过度披露细节信息，以免造成不必要的安全风险。

六是处理规则国际化。即随着财务共享服务的推进，财务共享中心的财务人员将处理来自不同国家客户企业的财务数据，将会涉及不同的语言、准则、税法、货币甚至文化等，这需要灵活处理多种规则间的转换和映射。

七是会计信息标准化。包括会计信息的语义标准化和格式标准化。通常会计信息语义的标准化通过会计准则的国际趋同来解决，会计信息格式的标准化则通过推广类似 XBRL 可扩展商业报告语言来实现。会计信息标准化可以解决信息孤岛，使财务信息实现有效的对比分析。

八是信息系统共享化。即通过广泛地推行财务共享服务模式，使财务组织以及支撑它的信息系统实现共享，以服务于很多的组织机构，而不是单个的公司。实现信息系统共享化的另一种渠道是，代理记账公司利用云会计系统给中小型企业服务。

九是风险威胁扩大化。即会计信息系统从部署在个人计算机上，到部署在局域网上，再到部署在云上，它的风险威胁会随着黑客、病毒、网络和软硬件故障等破坏的可能性而急剧增加。为了避免由此带来的严重后果，需要加强 IT 治理的力度。

十是信息系统平台云端化。即会计信息系统将会被逐步搬到云上，企业利用部署在私有云或公有云上的自有或第三方提供的会计信息系统平台完成管理和决策活动。系统平台云端化在短期内可能会因隐私性、安全性、数据主权等方面的顾虑而发展缓慢。

总体而言，随着信息技术的发展，会计信息系统的广泛应用会使业务和财务间的界限消失、专业会计机构高度集中、财会部门演变成为大数据处理部门、信息系统的安全投入急剧增加，以及最终导致基层会计人员大幅减少！

第四节　会计信息化政策法规

一、《财政部关于全面推进我国会计信息化工作的指导意见》

2009 年 4 月 12 日，为贯彻《2006－2020 年国家信息化发展战略》，全面推进我国会计信息化工作，进一步深化会计改革，充分发挥会计在经济社会发展中的作用，财政部发布了《财政部关于全面推进我国会计信息化工作的指导意见》(以下简称《指导意见》)。

《指导意见》指出，要通过全面推进会计信息化工作，使我国的会计信息化达到或接近世界先进水平。为达到以上目标，将全面推进以下 6 项会计信息化工作任务：一是推进企事业单位会计信息化建设，包括会计基础工作信息化、会计准则制度有效实施信息化、内部控制流程信息化、财务报告与内部控制评价报告标准化；二是推进会计师事务所审计信息化建设，包括财务报告审计和内部控制审计信息化、会计师事务所内部管理信息化；三是推进会计管理和会计监督信息化建设，包括建立会计人员管理系统，在全国范围内逐步推广无纸化考试，推进信息系统在会计专业技术资格考试工作中的应用，完善注册会计师行业管理系统，推动会计监管手段、技术和方法的创新；四是推进会计教育与会计理论研究信息化建设，包括建立会计专业教育系统、建立会计理论研究信息平台；五是推进会计信息化人才建设，包括完善会计审计和相关人员能力框架、加强会计审计信息化人才的培养；六是推进统一的会计相关信息平台建设，涵盖数据收集、传输、验证、存储、查询和分析等模块。

二、《企业会计信息化工作规范》

2013 年 12 月 6 日，为推动企业会计信息化、节约社会资源，提高会计软件和相关服务质量，规范信息化环境下的会计工作，财政部根据《中华人民共和国会计法》和《财政部关于全面推进我国会计信息化工作的指导意见》，制定了《企业会计信息化工作规范》（以下简称《工作规范》），适用于企业（含代理机构）开展会计信息化工作，以及软件供应商（含相关咨询服务机构）提供会计软件和相关服务。

《工作规范》是会计资料无纸化政策的破冰，其第四十条和第四十一条分别规定了内部生成会计资料无纸化的条件和外部获取会计资料无纸化的条件，其含义是会计资料可以无纸化管理，但只有在保证会计事项可追溯、可证明的条件下，才能对会计资料进行无纸化管理。这两条规定在政策层面实现了无纸化破冰，是《工作规范》的重要突破之一，对企业提高会计工作效率，乃至对整个社会的信息化应用的深入都将带来深刻的影响。

《工作规范》是会计软件的规矩准绳，其第二章“会计软件和服务”明确了会计软件的功能要求。秉承“市场能够解决的问题不再强制规定”的重要原则，《工作规范》为会计软件功能重新划定方圆，明确哪些功能是会计软件必须具备的、哪些功能是会计软件不得提供的，并通过一定手段确保这些规定落到实处。对于提高软件易用性、便利性，减少差错的功能设计，市场已经可以解决，而且考虑得比政策规定更多、更细，《工作规范》就不再做规定。

对于企业会计信息化工作而言，《工作规范》从规范走向引导，顺应了信息化时代的要求，摆脱了“模拟手工”的电算化思维，在很多方面突破了过去规定和现行做法。同时，《工作规范》把会计信息化放在企业整体经营管理环境中，重视会计与其他业务活动的有机联系，强调会计信息化带来的工作流程和模式的革新，以及信息化与制度环境的互动。对于企业如何充分合理利用信息技术，提高会计管理水平，《工作规范》以引导、启发为主，由企业根据自身情况决定工作内容和进度。从规范到引导，体现了信息化地位作用的演进，更体现了“转变政府职能”、“减少政府对微观事务管理”的要求。

对于企业会计信息化监管工作而言，《工作规范》意在纠正监管惯性、作出新的制度安排。县级以上地方人民政府财政部门管理本地区企业会计信息化工作，指导和监督本地区企业开展会计信息化工作，关注企业使用会计软件是否合规、软件供应商提供的会计软件是否合规。财政部主管全国企业会计信息化工作，拟定企业会计信息化发展政策，起草和制定企业会计信息化技术标准，指导和监督企业开展会计信息化工作，规范会计软件功能。财政部门对企业的检查重点在于实行会计资料无纸化管理的企业是否符合规定条件、异地核算企业是否具备本地监管条件，以及外商投资企业会计软件是否符合《工作规范》规定。当然，会计软件也应从核算功能、用户操作日志、数据接口和用户手册四个方面，为信息化环境下的会计监督提供保障。

三、《会计档案管理办法》

2015年12月11日，财政部、国家档案局为加强会计档案管理，有效保护和利用会计档案，根据《中华人民共和国会计法》和《中华人民共和国档案法》，制定并发布《会计档案管理办法》(以下简称新《管理办法》)。

(一)新《管理办法》的核心内容

新《管理办法》的核心内容：会计档案管理基础，包括会计档案范围、电子会计档案管理；单位会计档案管理，包括会计档案归档、会计档案利用、会计档案保管和会计档案销毁；单位变动会计档案管理，包括终止经营、分立后、合并后、建设期的会计档案管理；单位之间会计档案管理，包括会计档案交接、会计档案出境管理、代理记账会计档案管理等。

(二)新《管理办法》的主要调整

新《管理办法》共31条，与原《管理办法》相比，新《管理办法》主要作了以下调整：一是完善了会计档案的定义和范围，将电子会计档案纳入其中；二是增加并明确了电子会计档案的管理要求，包括电子会计档案的范围、归档条件、保管、移交和销毁；三是完善了会计档案的销毁程序，删除了财政部门、审计部门派员监销的规定，明确了单位内部组织监销的要求；四是明确了会计档案出境的管理要求；五是调整了会计档案的定期保管期限，由3年、5年、10年、15年、25年五类调整为10年和30年两类，并延长了会计档案向单位档案管理机构移交的期限，最长期限由1年调整为3年。

(三)新《管理办法》对电子会计档案的规定

新《管理办法》在会计档案的范围、保管、移交、销毁等方面对电子会计档案均进行了相应规定，主要包括：一是将电子会计档案纳入了会计档案的范围，规定会计档案包括通过计算机等电子设备形成、传输和存储的电子会计档案；二是规定满足一定条件时，单位内部生成和外部接收的电子会计资料可仅以电子形式归档保存；三是要求电子会计档案移交时将电子会计档案及其元数据一并移交，且文件格式应当符合国家档案管理的有关规定，特殊格式的电子会计档案应当与其读取平台一并移交；四是要求电子会计档案的销毁由单位档案管理机构、会计管理机构和信息系统管理机构共同派员监销。

(四)电子会计资料无纸化存档的条件

为确保电子会计档案的真实、完整、可用、安全，对于电子会计资料仅以电子形式归档保存的方式，新《管理办法》提出了如下要求：一是形成的电子会计资料来源真实、有效，由计算机等电子设备形成和传输；二是使用的会计核算系统能够准确、完整、有效地接收和读取电子会计资料，能够输出符合国家标准归档格式的会计凭证、会计账簿、财务会计报表等会计资料，设定了经办、审核、审批等必要的审签程序；三是使用的电子档案管理系统能够有效接收、管理、利用电子会计档案，符合电子档案的长期保管要求，并建立了电子会计档案与相关联的其他纸质会计档案的检索关系；四是采取有效措施，防止电子会计档案被篡改；五是建立电子会计档案备份制度，能够有效防范自然灾害、意外事故和人为破坏的影响；六是形成的电子会计资料不属于具有永久保存价值或者其他重要保存价值的会计档案；七是电子会计资料附有符合《中华人民共和国电子签名法》规定的电子签名。

以上要求中：第一、七项规定是确保电子会计档案的真实，第二、三、六项规定是确保电子会计档案的准确、完整、可用，第四、五项规定是确保电子会计档案的安全。单位内部生成的电子会计资料仅以电子形式归档保存必须同时满足第一至第六项规定；单位外部接收的电子会计资料仅以电子形式归档保存必须同时满足第一至第七项规定。

新《管理办法》确定了电子会计档案的法律地位，肯定了电子会计档案的有效性和对纸质会计档案的可替代性。其出台有利于推动互联网创新经济的发展，有利于促进形成绿色、低碳的发展方式，有利于推进国家治理能力现代化。

四、《关于全面推进管理会计体系建设的指导意见》

为贯彻落实党的十八大和十八届三中全会精神，深入推进会计强国战略，全面提升会计工作总体水平，推动经济更有效率、更加公平、更可持续发展，根据《会计改革与发展"十二五"规划纲要》，财政部就全面推进管理会计体系建设提出指导意见(以下简称《指导意见》)。

《指导意见》创新提出要建立"4+1"的管理会计体系[①]，包括理论、指引、人才、信息化加服务市场。其中，理论建设为基础，解决目前对管理会计认识不一、缺乏公认的定义和框架等问题；标准建设为保障，与时俱进地拓展和开发管理会计工具方法，为管理会计的实务应用提供指导示范；人才培养为关键，是该体系中发挥主观能动性的核心，是体现"坚持人才带动，整体推进"原则的重点；信息化建设为支撑，通过现代化的信息化手段，充分实现会计和业务的有机融合，支撑管理会计的应用和发展。财政部将积极引导和鼓励单位重视管理会计信息化建设，并将其作为单位信息化建设的核心内容；鼓励单位充分利用信息技术优势，通过管理会计信息化建设，加快会计职能从核算到管理决策的转变。同时，"咨询服务"是确保四大任务顺利实施推进的外部支持，为单位提供更为科学、规范的管理会计实务解决方案。财政部将支持会计软件开发、中介机构向管理会计服务领域拓展，共同推进管理会计信息化的跨越发展。

五、《管理会计应用指引第802号——管理会计信息系统》

为指导企业有效建设、应用管理会计信息系统，财政部根据《管理会计基本指引》，制定《管理会计应用指引第802号——管理会计信息系统》。

管理会计信息系统，是指以财务和业务信息为基础，借助计算机、网络通信等现代信息技术手段，对管理会计信息进行收集、整理、加工、分析和报告等操作处理，为企业有效开展管理会计活动提供全面、及时、准确的信息支持的各功能模块的有机集合。管理会计信息系统的模块包括成本管理、预算管理、绩效管理、投资管理、管理会计报告等。各模块的主要功能及各功能的输入、处理和输出(IPO，Input Process Output)如下：

(一)成本管理模块

成本管理模块应实现成本管理的各项主要功能，包括成本预测、成本控制、成本核算和成本分析4个子模块。其中，成本预测主要实现不同成本对象的成本估算预测；成本控制主

① 财政部会计司有关负责人就《关于全面推进管理会计体系建设的指导意见》答记者问。

要按照既定的成本费用目标，对构成成本费用的诸要素进行规划、限制和调节，及时纠正偏差，控制成本费用超支，把实际耗费控制在成本费用计划范围内；成本核算主要完成对企业生产经营过程中各个交易活动或事项的实际成本信息的收集、归纳、整理，并计算出实际发生的成本数据，支持多种成本计算和分摊方法，准确地度量、分摊和分配实际成本；成本分析主要实现对实际成本数据分类比较、因素分析比较等，发现成本和利润的驱动因素，形成评价结论，编制成各种形式的分析、评价指标报告等。成本管理模块各子功能模块的主要输入和输出如图 1—4 所示。

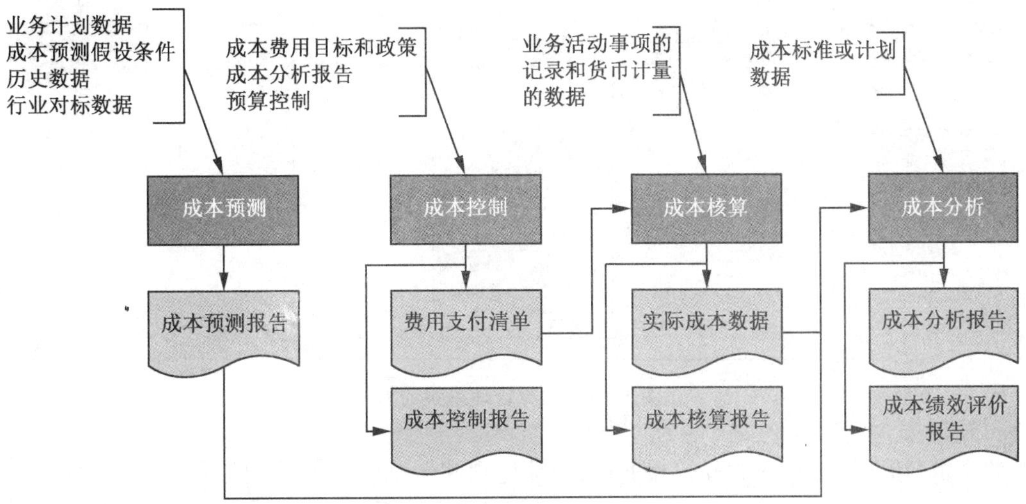

图 1—4　成本管理模块的 IPO

（二）预算管理模块

预算管理模块应实现的主要功能包括对企业预算参数设置、预算管理模型搭建、预算目标和计划制定、预算编制、预算执行控制、预算调整、预算分析和评价等全过程的信息化管理。其中，预算目标和计划制定主要完成企业目标设定和业务计划的制订，实现预算的启动和准备过程；预算编制主要完成预算目标设定、预算分解和目标下达、预算编制和汇总以及预算审批过程，实现自上而下、自下而上等多种预算编制流程，并提供固定预算、弹性预算、零基预算、滚动预算、作业预算等一种或多种预算编制方法的处理机制；预算执行控制主要实现预算信息模块与各财务和业务系统的及时数据交换，实现对财务和业务预算执行情况的实时控制等；预算调整主要实现对部分责任中心的预算数据进行调整，完成调整的处理过程等；预算分析和评价主要提供多种预算分析模型，实现在预算执行的数据基础上，对预算数和实际发生数进行多期间、多层次、多角度的预算分析，最终完成预算的业绩评价，为绩效考核提供数据基础。预算管理模块各子功能模块的主要输入和输出如图 1—5 所示。

（三）绩效管理模块

绩效管理模块主要实现业绩评价和激励管理过程中各要素的管理功能，一般包括业绩计划和激励计划的制订、业绩计划和激励计划的执行控制、业绩评价和激励实施管理等，为企业的绩效管理提供支持。其中，业绩计划和激励计划的制订主要完成绩效管理目标和标

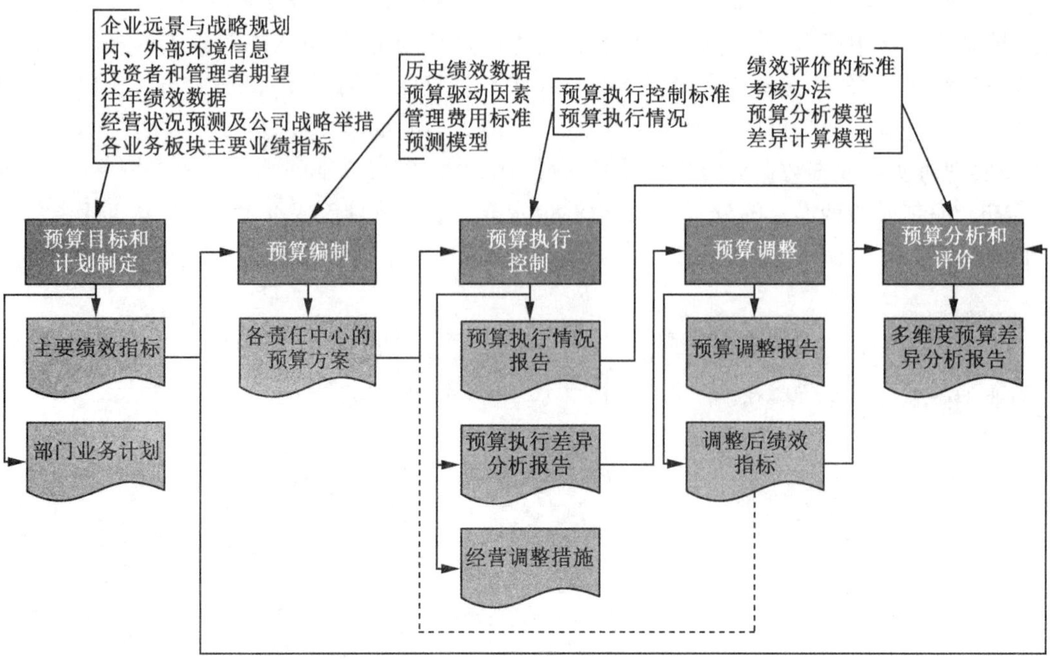

图 1—5　预算管理模块的 IPO

准的设定、绩效管理目标的分解和下达、业绩计划和激励计划的编制过程，以及计划的审批流程；业绩计划和激励计划的执行控制主要实现与预算系统及各业务系统的及时数据交换，实现对业绩计划和激励计划执行情况的实时控制等；业绩评价和激励实施管理主要实现对计划的执行情况进行评价，形成综合评价结果，并向被评价对象反馈改进建议及措施等。绩效管理模块各子功能模块的主要输入和输出如图 1—6 所示。

(四)投资管理模块

投资管理模块主要实现对企业投资项目进行计划和控制的系统支持过程，一般包括投资计划制订和投资项目管理等功能。其中，投资计划制订需要在企业定义投资项目、投资程序、投资任务、投资预算、投资控制对象等基本信息的基础上，制订企业各级组织的投资计划和实施计划，实现投资计划的分解和下达；投资项目管理主要实现对投资项目的系统化管理过程，一般包括项目设置、项目计划与预算、项目执行、项目结算与关闭、项目报告以及项目后审计等功能。企业可以根据实际情况，将项目管理功能集成到投资管理模块中，也可以实施单独的项目管理模块来实现项目的管控过程。投资管理模块各子功能模块的功能示意如图 1—7 所示。

(五)管理会计报告模块

管理会计报告模块主要实现对管理会计报告的定义、管理会计报告的数据获取、管理会计报告的生成、管理会计报告的展示和管理会计报告的数据追溯等功能。其中，管理会计报告定义，是指通用报告模板的定义和个性报告模板的灵活定义；管理会计报告数据获取，是指该模块应为用户生成报告提供丰富、高效、及时的数据源，必要时应建立数据仓库和数据集市，形成统一规范的数据集；管理会计报告生成，是指根据管理会计定义中的各类模板，基

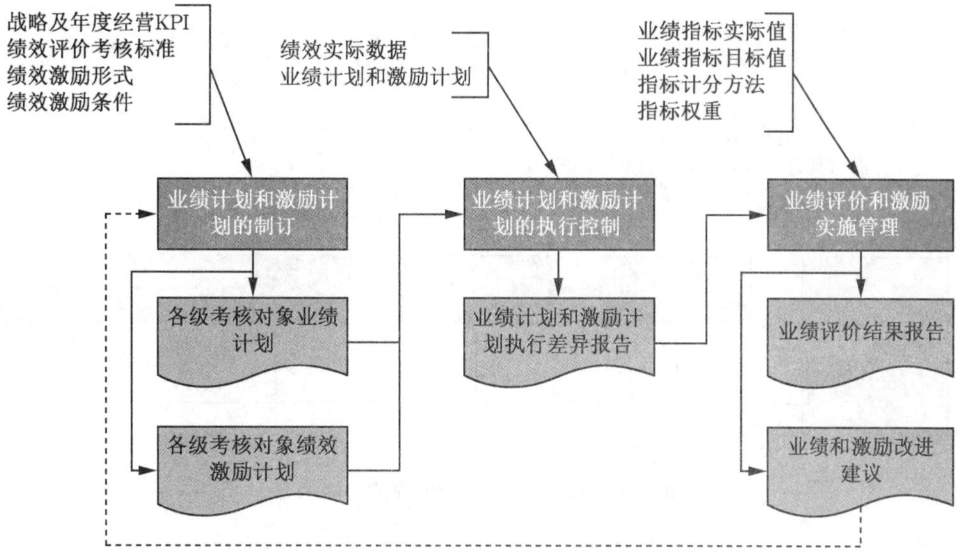

图 1—6　绩效管理模块的 IPO

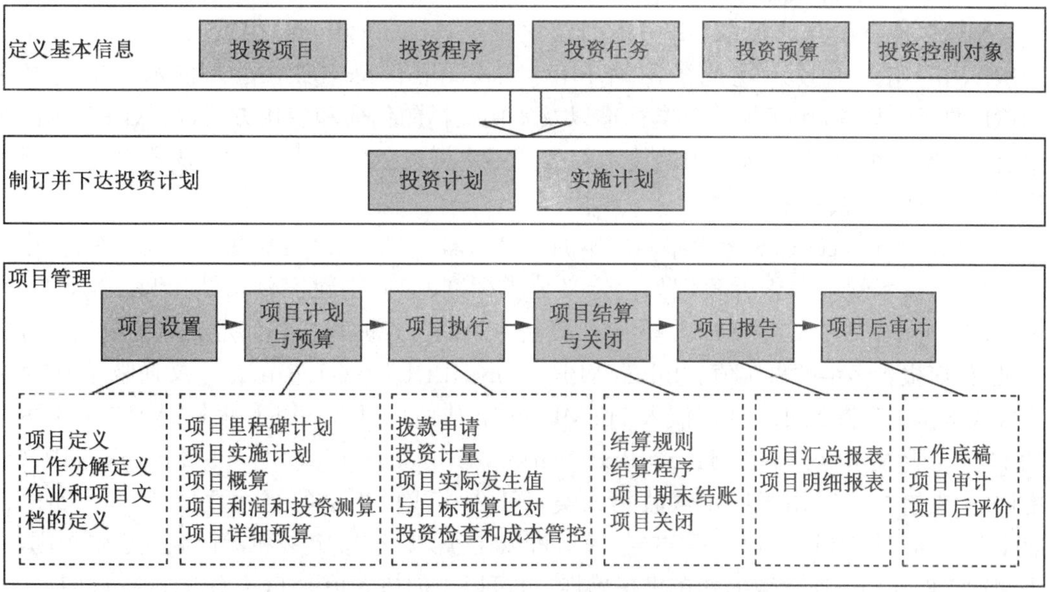

图 1—7　投资管理模块的功能示意

于各类管理会计报告数据源，生成管理会计报告；管理会计报告展示，是指借助各类可视化工具，将管理会计报告以频道化和用户喜闻乐见的方式予以展现；管理会计报告数据追溯，是指用户可由管理会计报告追溯到最细颗粒度的数据源。管理会计报告模块的功能示意如图 1—8 所示。

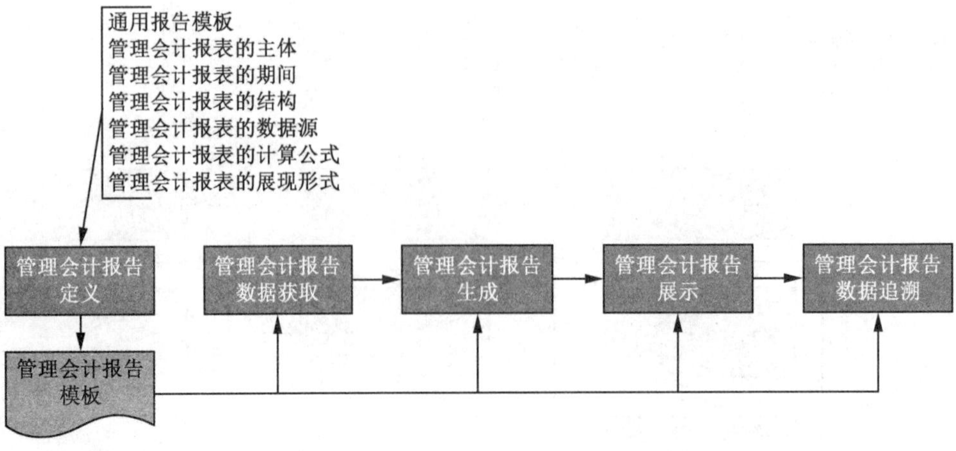

图 1—8　管理会计报告模块的功能示意

六、XBRL 技术规范与分类标准

(一)XBRL 技术规范

XBRL 是一项开放标准,由一系列技术规范(specifications)组成,详细内容可参见 XBRL 国际组织的技术规范子网站 http://specifications.xbrl.org/。技术规范定义了 XBRL 的语法规则,用于规范分类标准以及实例文档的创建和使用方式,由 XBRL 国际组织负责制定和维护,是全球通用的技术标准。用户可以免费获取 XBRL 技术规范,且无须许可(License)授权费用。

XBRL 2.1 specification 是最新版本的 XBRL 技术规范,也是最基础的技术规范,中文称为"基础技术规范",告诉我们如何定义分类标准、如何创建实例文档。The XBRL Dimensions specification,中文通常译为"维度技术规范",告诉我们如何定义多维数据的分类标准、如何报告多维的事实值。Inline XBRL (or iXBRL) specification,中文通常译为"网页集成式 XBRL",将 XBRL 代码嵌入 HTML 文档,从而可以将 XBRL 报告展示为人类可读的 HTML 超文本标记语言(HyperText Markup Language)格式。Table Linkbase,中文通常译为"表链接库",用于展示或收集人类可读表格或模板中的复杂数据。The Formula specification,中文通常译为"公式链接库",可以在分类标准中定义和运行业务逻辑规则,用来测试实例文档中所含数据的逻辑正确性,也可用于创建新值。The XBRL Global Ledger taxonomy(简称 XBRL GL),中文称为"全球分类账分类标准",是一个处理、交换、积累和集成交易数据的框架,支持全方位向下钻取数据功能。The Versioning specification,中文通常译为"版本技术规范",用于记录不同时间段内分类标准版本之间的变化。The Streaming specification,中文通常译为"流技术规范",支持 XBRL 大数据的处理。

我国采用修改引用的方式,引入 XBRL 国际组织发布的 XBRL 技术规范,并由国家标准化管理委员会于 2010 年 10 月发布为《可扩展商业报告语言(XBRL)技术规范》(GB/T 25500-2010)系列国家标准,具体包括四个部分:基础技术规范、维度技术规范、公式技术规范和版本技术规范。其中,基础技术规范是 XBRL 技术规范的核心,不仅规定了 XBRL 的技术架构,还定义了 XBRL 分类标准以及实例文档中使用的可扩展标记语言 XML(eXtensible Markup Language)元素和属性。维度技术规范提供了一个定义维度元数据并且在 XBRL 实例文档中对其进行引用的通用机制,以维度化的方式处理分类标准中的元素定义问题,可达到同一元素不同背景环境下的复用。公式技术规范提供了一套表述 XBRL 数据结构相关复杂公式关系的语法,这些语法可用于编制从 XBRL 实例文档中获得信息产生新 XBRL 事实值的规则。版本技术规范定义了 XBRL 分类标准版本报告的 XML 语法,提供了两个可发现分类标准集之间差异的结构化描述。

(二)XBRL 分类标准

XBRL 分类标准定义了商业报告中概念及其关系的语义规则,用于解释实例文档,一般由接收商业报告的机构(如证券交易所、税务局、中央银行、统计局等)根据商业报告的规则制定,商业报告的编制者(如企业、被监管对象等)通常根据自身的实际需要对分类标准进行个性化的扩展。

从技术角度而言,XBRL 分类标准是遵循 XBRL 技术规范的 XML 模式文件与 XBRL 链接库文件的组合。从业务角度而言,XBRL 分类标准是商业报告中商业概念与概念之间关系的集合。综合技术和业务两个角度,XBRL 分类标准由模式文件和链接库文件组成,模式文件中存储概念和概念的属性,链接库文件中存储概念之间的关系以及概念与资源之间的关系。国内典型的 XBRL 分类标准如表 1—8 所示。

表 1—8　　国内典型的 XBRL 分类标准

名　称	版本	制定机构
企业会计准则通用分类标准海关专用缴款书扩展分类标准	2018	财政部、海关总署
偿二代 XBRL 分类标准	2016	保监会
国资委财务监管报表 XBRL 扩展分类标准	2016	国资委
理财信息登记 XBRL 扩展分类标准	2016	中央国债登记结算有限责任公司
企业会计准则通用分类标准	2016	财政部
银行监管报表可扩展商业报告语言(XBRL)扩展分类标准	2011	银监会、财政部
基于 XBRL 的基金信息分类标准	2018	证监会
基于 XBRL 的金融类上市公司分类标准	2006	上交所
基于 XBRL 的上市公司分类标准	2005	上交所
《上市公司信息披露电子化规范》中的分类标准	2005	深交所

七、会计信息化建设“十三五”规划

信息化已经成为开展各项会计工作的基础环境,会计信息化建设是《会计改革与发展“十三五”规划纲要》所确立的“十三五”时期会计改革与发展的重要领域之一,是实现会计工作转型升级的重要基础。纲要从会计改革与发展的全局高度出发，提出了“十三五”时期会计信息化工作的目标和任务，明确了会计信息化工作的重点方向，对于推动会计信息化创新、助力会计工作转型升级具有深远的意义。

(一)多措并举，扎实推进通用分类标准的有效实施

一是稳步推动通用分类标准在监管领域的实施。在通用分类标准的实施工作中，财政部摸索出一套符合我国国情、有助于财务报告和监管报告协调统一的通用分类标准实施模式。这一实施模式已经在国资委和保监会的监管扩展分类标准上得到了实践。在“十三五”期间，财政部将进一步加强与证监会等监管部门的协调，推动通用分类标准在资本市场等更多监管领域得到应用，最终推广到执行企业会计准则的所有企业，形成规模效应，为信息使用者提供更方便、易用、经济的财务报告信息，在各监管机构之间形成协同，逐步降低企业报送负担。

二是继续完善会计信息化标准体系。在“十三五”期间，财政部将根据工作需要和可扩展商业报告语言技术发展情况，适时制定或修订可扩展商业报告语言技术规范系列国家标准和通用分类标准。根据企业实践需要，适时制定可扩展商业报告语言在企业内部应用的相关技术标准，为通用分类标准实施和可扩展商业报告语言应用夯实标准基础。

三是切实加大通用分类标准宣传培训力度。随着通用分类标准实施和在企业内部的深入应用，教育培训需求也同步增长。为此，财政部编写通用分类标准应用案例，为实施企业提供高质量的学习材料，并拟设计多层次、分阶段的培训方案，与各有关方面一起共同推动加强相关教育培训工作。

(二)立足现实，加快企事业单位会计信息化建设步伐

一是不断完善信息化条件下的会计基础工作。会计基础工作涉及企事业单位管理全过程，只有基础工作信息化，企事业单位全面信息化才能有扎实的基础。近年来，财政部会计司已经启动了这项工作，列入工作议程，开展了调查研究。“十三五”期间将加大工作力度，组织科研攻关，动员理论和实务界的专家积极参与，待时机成熟时制定发布信息化条件下的会计基础工作规范，并组织实施，实现企事业单位基础工作信息化，为推进会计信息化创新奠定基础。

二是借助会计信息化探索推动企业提升内部管理水平。部分企业的实践表明，借助可扩展商业报告语言及大数据等信息技术，可以使企业内部原本孤立、固定、停滞的数据，按照经营管理的目标流动起来，形成以财务会计信息为核心，从生产、销售等基础工作环节直达企业计划业绩目标的指标体系，为企业开展管理会计提供方便易用、高质量的数据支持，助力企业提升内部管理水平。“十三五”期间财政部将组织部分实施单位总结提炼可扩展商业报告语言内部应用和通用分类标准实施的经验，编写案例库并宣传展示可扩展商业报告语言在企业的应用价值，为企业开展管理会计工作提供支持。

(三)整合资源，逐步建立统一的会计相关信息平台

为了实现会计信息数出一门、资源共享的目标，“十三五”期间，财政部将以可扩展商业报告语言格式企业财务报告为突破口，逐步构建以企业标准化电子财务报告为基础的统一会计信息平台。财政部将积极探索利用大数据、云计算等技术建立以财务报告为主的、标准统一的会计信息公共服务平台，将企业会计信息共享和交换作为一种公共服务来提供，配合会计准则的制定和实施，使会计准则和会计信息成为社会主义市场经济的重要基础设施，提升会计工作服务经济社会发展的能力。

（四）着眼未来，深化会计信息化国际合作与交流

在已有成绩基础上，大力推进同可扩展商业报告语言国际组织、国际财务报告准则基金会、其他可扩展商业报告语言地区组织的合作与交流，推动企业会计准则通用分类标准与国际财务报告准则分类标准的持续趋同。同时，财政部要组织国内研究力量，总结提炼“可扩展商业报告语言＋管理会计”应用经验，形成可操作的国家乃至国际标准，积极参与并力争主导可扩展商业报告语言国际组织在此领域的标准制定，变跟跑为并跑，进而谋求领跑，以此提升我国会计信息化水平，增强我国会计信息化国际影响力。

第二章
智能财务体系

第一节　智能时代的财务转型

一、财务转型的背景

十八大以来，我国将创新发展作为基本战略，不断对体制和机制进行改革，已经形成了中高端经济发展模式，中国经济进入了新常态阶段。新经济可能具有不同的显著特征：第一，互联网是信息技术的核心基础；第二，数据是核心资源；第三，商业共享平台无处不在；第四，新业态层出不穷。“新经济”概念的出现，为我国经济转型升级、经济创新发展、经济形态确定、经济新常态实现指引了方向，正引导我国经济高端转型和升级，从而转向高质量发展阶段。新经济背景下，企业如何应对面临的各种外部环境是企业健康持续发展的关键。为了企业的可持续发展，世界各个国家的经济运行主体在新经济的大环境下必须进行重新定位。

(一)信息技术变革

新经济可以带动社会的消费升级和打开投资需求，降低市场成本，提升市场交易活跃程度，提升企业实力和经济竞争力。新经济是新科技革命推动的产物，持续发展的技术变革是企业发展的关键因素，也是经济持续增长的动力。新科技革命的核心技术主要包括大数据、智能化、移动互联网、云计算、物联网、区块链、数字孪生技术、人工智能、边缘计算、云脑等，这些技术已在信息产业、生物产业、智能制造产业、新材料产业等行业体现。新经济背景下，新型信息技术的特征可以归纳为以下几个方面：

第一，数字化。互联网催生的各种商业模式和应用，直接导致大量数据的产生。大数据是为了企业适应互联网环境下信息资源海量增长和信息类型多样化，借助管理决策力、洞察发现力、信息技术和流程优化能力，为客户提供服务和为企业创造价值。大数据将成为企业应对新经济的核心竞争力，企业利用数据分析决策技术和可视化管理等手段，对企业内部经营数据、物联网感知的生产制造数据和外部互联数据进行数据整合、挖掘、分析和决策，借助信息技术和管理制度为企业创造价值，发挥在新经济环境下的作用。

第二，网络化。通信技术与计算机技术的完美结合为网络的大面积应用提供了条件。网络化改变了传统经济模式下企业的供需模式，为企业和客户在新经济环境中提供解决时间、组织和地域等限制问题的方法，为各种资源的优化配置和共享使用提供保障，使客户可以参与企业价值创造的全过程，也可以使企业通过网络对接，获取客户需求，提供更全方位的服务。这些网络化的特性为企业发展提供技术支撑。

第三，智能化。近年来，以人工智能、搜索引擎、物联网等为代表的智能信息技术快速发展，将拓展人类对物质世界的作用空间。人工智能主要是以人类智慧和行为的相似方式进行智能的反应，对信息进行类人脑的逻辑思维分析及综合判断。借助专家系统、机器学习、神经网络、数据挖掘和高级分析，实现自然人机的交互，为企业经营发展提供智慧分析和智能决策。

第四，云化。云计算基于互联网提供可扩展服务和虚拟化资源，主要包括三个方面：基础设施即服务（IaaS）、平台即服务（PaaS）、软件即服务（SaaS）。企业利用云化，借助互联网技术，通过硬件、软件、平台可以实现与客户、供应商、员工全方位的交流，将企业内部员工参与的流程与外部交易流程进行整合，打破企业边界，实现全社会流程的衔接，为企业在新经济环境下创造最大价值。

（二）经济全球化

经济全球化的不断发展正在影响着我们的生活和企业的经营，商品、服务、资金、技术、管理、信息等生产要素在世界各个地区的生产和消费领域快速扩张。经济全球化以核心信息技术和先进生产力为手段，以追求价值最大化为目标，通过频繁交换的生产要素，实现全球市场的协作与融合。

我国市场经济体制不断完善，市场化程度不断加强，信息技术革新不断加快，再加上对外开放的规模逐步扩大，使企业具有了参与国际化竞争的资本。我国企业的国际化合作和竞争越来越多，世界上跨国企业纷纷进入我国市场，而国内企业也开始慢慢进入国际市场，成为跨国企业，进一步利用更多资源，创造更高的价值。

经济全球化有利于在全球范围内对各种生产要素进行合理配置，有利于在全球范围内促进资本和商品快速流动，有利于在全球范围内使科技加速扩张，有利于协调全球区域经济的平衡发展，这是新经济的必然结果。我国企业在经济全球化的过程中，既有机遇，又有挑战。我国企业必须根据内、外部存在的客观环境，不断地调整国际化企业的战略目标、组织结构、信息技术、管理模式和创新理念，以保持核心竞争力，适应新经济的发展需求。我国企业需要抓住经济全球化的时机，逐步成为具有全球生产要素配置、全球科技扩散贡献、全球创新能力协调、全球核心竞争力引领等特征的全球经济一体化的重要组成部分。

（三）新模式出现

新经济的主要表现特征之一就是新模式，包括商业模式、组织模式等。商业模式是以市场需求为导向，实现各种资源的高度整合，借助新技术可以催生不同的商业模式，更重要的是，能够帮助企业在经营管理模式上进行颠覆性创新。技术变革与商业模式创新的相互促进，可以产生新业态和新平台，不断提升企业的市场竞争力。

新商业模式下的平台企业，依托新型技术，使企业具有更高的工作效率和更强的组织效能，不仅可以有效地激励员工的工作积极性，并且用户可以共同参与，开创了独特的创新方式。新的商业模式结合新技术是催生新业态的主要手段,只有新技术与新商业模式有效地融合,才能发挥它们的价值。新模式和新技术的相互依存,也为新经济环境下的新产业、新业态、新产品等发展提供基础。

二、智能时代的财务管理模式

复杂的内、外部环境以及现代信息技术的快速发展,要求企业构建越来越全面的财务管理模式。随着财务共享服务中心的不断成熟,过去分散、网状财务管理模式的各种弊端正在慢慢解决,逐渐形成了完备的三位一体财务管理模式,即集团层面管理控制的战略财务、基础交易活动为主的共享财务、财务管理支持的业务财务。“大智移云物区”时代的到来,要求企业具有经营管理敏捷性和信息决策实时性。现代企业以数据驱动来带动业务发展,需要从大数据环境下获取决策信息。企业借助人工智能技术智能化地处理会计工作,挖掘数据背后隐含的秘密,让数据通过洞察变成信息和知识,辅助管理决策。2016 年,德勤和 Kira Systems 联手宣布将人工智能引入会计、税务、审计等工作中,标志着我国进入了会计智能化阶段。

智能时代的财务管理模式将会在财务共享服务模式三位一体的基础上进行革新,即四位一体,包括战略财务、共享财务、业务财务,以及财务机器人。其中,战略财务、共享财务、业务财务与财务共享服务模式的职能定位基本一致,智能财务是将机器人作为“财务人员”的一部分。

(一)战略财务

战略财务主要负责企业财务、业务活动中的决策支持职能,为企业的财务管理活动制定战略、规划、制度、规范、政策等。

1. 财务总体规划

主要包括:确立企业整体战略与财务战略目标的一致性,保障财务战略目标是建立在核心能力的基础之上;协调长期财务战略与短期财务计划的关系;明确财务战略与其他职能战略的关系,并能支持其他职能战略的快速发展;协助领导层制定竞争战略、实施战略规划,从而促使企业良性循环并不断发展;能够从战略的高度进行分析和思考,既提供顾客和竞争对手具有战略相关性的外向型信息,也提供本企业与战略相关的内部信息,服务于企业战略管理,同时还提供会计政策、内部控制、绩效考核、稽核管理等职能。

2. 风险管理规划

主要包括资金风险管控规划、税务风险管控规划。财务管理部门分析研究资金和税务风险来源,设计一套持续完善的、操作性强的资金和税务风险防范体系规划。

3. 预算预测规划

主要包括预算预测与编制规划、预算执行分析及考核规划。负责企业的预算预测管理规划工作。

4. 成本管理规划

具体包括成本分析规划、成本对标规划等。根据企业的生产经营计划和预算工作安排进行年度预算成本测算分析规划;与同行业中的先进企业重点成本项目或者关键指标进行比较,找到差距,分析原因,有针对性地改进成本管理规划方案。

5. 税务管理筹划

包括税务政策规划、纳税评估与审计规划、税务筹划规划。负责制定税务政策研究规划及税务筹划规划等。

6. 资产管理规划

主要包括资产处置规划、产权登记规划、资本运作规划等。负责企业资产处置规划工作、产权登记规划工作、各种有形与无形资产的有效运营。

7. 决策财务分析

主要包括：结合财务数据和业务数据，以及财务决策分析的结果，对市场供需变化的各种内、外部因素进行分析，并预测未来的动态趋势；同时对产品的各个维度进行经济活动分析，进一步提升战略财务对业务的决策分析能力。

8. 投融资规划

主要包括投资规划、融资规划。企业负责制定资金管理工作制度和完善资金流程等规划，以及监督管控资金的筹资融资管理规划工作。

(二)共享财务

共享财务主要负责收入、成本、费用、存货、税务等主要业务的会计核算、会计报表编制、报销服务等基础会计核算工作，以及资金管理和资金结算业务。规范财务相关制度和核算流程并持续优化，统一核算口径，规范会计核算科目的设置，提供及时有效的会计信息和财务数据服务，并且对会计报表统一规范，提高了合并报表的披露效率、财务管理分析数据的准确性和时效性。

1. 会计核算

可以细分为收入核算、成本核算、材料核算、资产核算、工资核算、投资核算等。根据战略财务的会计核算政策以及内控政策，并依托信息化系统，建立一套高度标准化的会计基础核算流程与内控流程；根据相应的会计核算流程进行各项经济业务的核算。

2. 资金管理

负责企业的运营资金管理，实现运营资金的精细化管理；集中筹划，合理利用企业内部的资金资源，保证日常经营活动具有充足的资金；提高资金的利用效率。

3. 会计报表

包括总账会计、税务会计。定期根据会计数据编制企业的个别财务报表以及合并财务报表；根据管理层要求，提供重点项目对应的分析报告及财务管理数据。

4. 费用报销

根据管理控制以及业务决策支持职责的要求，借助影像系统等会计信息化手段，负责制定规范的报销流程，负责按照报销流程来审批资料和银行付款，使得报销高效、便捷、有效。

5. 档案管理

负责财务资料档案的收集以及会计档案装订、归档、保管、移交。

6. 运营维护

规范会计核算中心日常运行流程，解决运营日常中遇到的各种核算业务的问题；增加会计核算中心的增值业务，提供咨询服务；协调各个部门工作以及绩效考核。

（三）业务财务

进行集中会计核算后，业务财务将负责属地化工作，更好地促进业财融合。业务财务承担管理控制的职责，为各业务部门提供经营管理和业务控制等职能，负责财务计划、制度建设、经营活动分析、风险管理、预算管理、成本管理、税务管理、资产管理等职能，在财务管理链条的前端为共享财务收集会计数据信息，给战略财务反馈决策及指导的效果，做到实时调整、纠正，并且为企业经营活动提供财务控制和管理建议。

1. 财务计划

根据战略财务的管理控制计划，细化到企业的财务计划；监督企业财务计划的实施情况；收集财务计划的完成情况，根据环境背景以及内部情况分析总结重要指标数据。

2. 制度建设

在遵循企业制定的各种管理制度的前提下，根据自己财务工作方式和面临的业务特点，可制定符合自己特色的管理制度。

3. 风险管理

风险管理包括对风险的量度、评估和应变策略。风险管理的设计以及有效运作，需要通过利益激励和权利分配来调动企业各部门的工作积极性，通过责任约束来制约和保证内部各方面按照规定的标准从事相关活动。理想的风险管理将可能引致最大损失及最可能发生的事情优先处理，而相对风险较低的事情则押后处理。

4. 预算管理

收集汇总企业费用预算及资金计划，并据此编制各级财务预算以及资金计划；应管理层要求，对一些特殊管理报告提供财务数据分析支持业务决策工作。

5. 成本管理

根据成本管理规划要求，企业生产经营过程中各种成本核算、成本分析、成本决策和成本控制等一系列成本管理行为的实现成为各业务单位的成本管理目标。

6. 税务管理

税利是衡量行业发展成果的一个重要指标，对于税利预测，根据完善的税利预测算法，计算分析并逐日反映税利完成情况，同时考虑历年的实际税利数据，保证预测的准确性。

7. 资产管理

依照资产管理规划的理念与思维，借助系统工程技术，针对各个环节与阶段的资产管理行为和技术要求作协同安排，切实推动管理业务纵向层面的沟通。

8. 经营活动分析

根据战略财务的要求，对业务单位相关日常经营情况的重要指标数据进行分析，核查偏差缘由，为战略发展及管理层决策提供支持。

（四）财务机器人

财务机器人基于固定的脚本模拟人机重复操作、输入数据，进行数据校对与检验、数据加工与统计，实现异构系统互通等功能。这些脚本程序自动完成操作，财务工作人员只需要通过后台监控财务机器人的流程处理全过程。由此可见，财务机器人需要在固定的标准规则之上才能体现其价值，如果财务的流程没有执行标准化，财务机器人的实施成本可能会更高，并且无法达到经济效益。

目前，财务机器人主要以机器人流程自动化为主，RPA 即机器人、流程、自动化。RPA 是以机器人作为虚拟劳动力，依据预先设定的程序与现有用户系统进行交互并完成预期的任务。从目前的技术实践来看，现有的 RPA 还仅适用于高重复性、逻辑确定并且稳定性要求相对较低的流程。更通俗的解释就是，RPA 借助一些能够自动执行的脚本（这些脚本可能是由某些工具生成的，这些工具也可能有着非常友好的用户化图形界面）完成一系列原来需要人工完成的工作，但凡具备一定脚本生成、编辑、执行能力的工具在此处都可以称为机器人。

1. RPA 的技术特性

RPA 之所以能够给企业财务工作带来更高的效率，是由其技术特性决定的，主要包括软件机器处理、基于明确的规则操作、以外挂的形式部署在客户现有系统上（非耦合型）、模拟用户手工操作及交互。

（1）软件机器处理。RPA 是以机器人作为虚拟劳动力，依据预先设定的程序与现有用户系统进行交互并完成预期的各种任务。根据已经编辑的各种脚本或者流程录像，RPA 通过用户界面（UI）或者脚本语言（Script）可以实现重复、大量的人工任务自动化处理。因此，相对于传统人工来说，RPA 可以 7×24 小时不间断地工作，从而提高工作效率，还能有效减少人为工作带来的各种错误。

（2）基于明确的规则操作。RPA 运行基于明确的规则编辑脚本，从而使工作中大量重复性的自动化操作得以实现。简单来说，规则清晰的定义就是流程标准化程度要足够高。因此，流程必须有明确的、可被数字化的触发指令和输入，流程不得出现无法提前定义的例外情况。企业必须依据自身财务工作中的各种场景是否具有明确规则流程的特点，来加以判断企业工作是否可以确实使用 RPA，基于此，RPA 不适合具有创造性的工作。

（3）以外挂的形式部署在客户现有系统上。RPA 其实就是一种软件，是逻辑指令的集合，通过调用企业的计算机资源来完成任务。RPA 的操作是在企业 IT 系统架构之上进行的，基于规则在用户界面进行自动化操作，非侵入式模式不影响原有 IT 基础架构，其是以外挂的形式进行部署的。

（4）模拟用户手工操作及交互。RPA 可以模拟用户手工等基本操作，例如鼠标点击、键盘输入、复制/粘贴等一系列日常电脑操作。允许用户以可视化的方式使用拖放功能建立流程管理工作流，并且将重复劳动自动化。这种方式降低了用户的使用门槛，无须专业编码知识即可迅速获取数据与搭建流程。其与各种脚本编辑软件相比，具有效率更高、调试错误更容易等优势，并且使用起来更方便、更简单。

2. 财务机器人的特有功能

基于 RPA 的上述技术特性，财务机器人也将有其特有的功能，主要包括数据检索与记录、图像识别与处理、平台上传与下载、数据加工与分析、信息监控与输出。

（1）数据检索与记录。根据财务人员手工操作的方式，通过脚本化设置各种计算机规则，使财务机器人能够自动对各类数据进行检索、输入、迁移、记录等动作。通过预先设置的数据检索规则，财务机器人模拟财务人员手工数据检索操作，根据不同的检索字段，进行数据检索，并批量提取所需要的信息。

对于不同系统结构化数据的迁移，财务机器人可以根据规则设置自动进行数据抓取采集和数据迁移，并对数据的完整性和准确性进行自动校验。财务机器人以外挂的形式进行部署，财务人员通过用户界面操作，并且财务机器人对预设规则的高度严肃性（良好的操作品质）、对现有系统的非侵入性（非耦合型）的特性使其不会破坏企业原有的 IT 架构，对于多系统间的数据迁移来说成本更低。

对于系统数据的输入，财务机器人可以根据各种文本信息识别字段，模拟财务人员填充相关数据到对应的系统，并能将处理好原始数据的电子文档进行自动归档，方便人工进行复核或者审查。

（2）图像识别与处理。财务机器人借助 OCR（Optical Character Recognition，光学字符识别）等影像技术对图像或音频影像进行识别，自动提取图像中的有用信息，并根据规则需要输出具有结构化的数据，从而输出对管理决策有用的信息，进而能够有效解决财务人员手工输入消耗时间的问题。与普通的网络抓取工具相比，RPA 软件利用 OCR 技术获取的信息准确度较高。财务机器人根据规则对识别的信息进行判断，以及对关键信息进行审查和分析。

（3）平台上传与下载。财务机器人根据预先设置的各种规则路径，在系统平台通过自动登录各个账务系统，按照设定的主体大批量进行平台内、外部的数据上传和下载，短时间内完成数据的自动接收和输出。

（4）数据加工与分析。基于通过各种内、外部平台获取的数据和信息，财务机器人借助预置的校验公式进行数据的检查、筛选、计算、整理、校验等自动化操作。首先，财务机器人对获取数据的准确性、完整性等进行自动化质量检查，如若识别出异常数据会进行自动预警，有助于财务人员有针对性地干预审查；其次，财务机器人根据预先设定的筛选规则，自动筛选数据，实现数据分层，明确且细化进一步处理的数据范围；再次，对于获取的结构化数据，财务机器人可以根据恰当的计算规则对数据进行自动计算和检验，通过设定好的规则进行调整；最后，财务机器人根据数据输出标准模板和数据校验规则，自动化地对结构化和非结构化数据进行整理，并能对所有的数据进行自动匹配和验证。

（5）信息监控与输出。财务机器人根据财务工作全流程能够实现的一系列功能目标，通过预先设置逻辑明确且严谨的规则来模拟人类判断，实现对工作分支流程进行自动化分配，实现流程的自动化批复，尽可能消除人为因素，提高输出品质。根据财务工作流程，基于明确的设定规则，财务机器人通过自动化的指令命令，辅助财务人员进行分析、预测与决策，并按照财务流程的各个环节，根据具体需要，自动生成操作指令，将不同信息推送到各个关键节点的相关工作人员处。

财务机器人针对简单重复操作、流程固定、规则明确、重复性高、附加值低、量大易错、不间断处理、异构系统对接等工作具有积极的影响作用，财务机器人具有大幅提升工作效率、保证工作质量、节约成本、价值创造、安全可控和规模可扩展等优势，为流程优化和效率提升提供了技术支撑。例如，企业可以开启自动化流程视角，实时监控流程，有效识别财务流程中的优缺点，有助于企业流程改善。财务机器人可以帮助财务人员从基础交易业务处理的工作中解放出来，让财务人员从事具有更高价值的工作。

三、智能时代的财务转型路径

智能时代的财务转型是以企业已经实施财务共享服务模式为前提。财务共享服务模式在提供数据基础、管理基础和组织基础的前提下，成为智能时代财务转型的第一步。

财务共享服务模式的数据基础成为企业的数据仓库，不仅汇集了财务数据，更包含了多种业务数据。同时，财务共享服务模式通过标准化的处理规范，使基础数据从源头开始就已经遵循统一的逻辑规则，借助数据挖掘技术，实时、准确地输出信息，提供决策支持。

财务共享服务模式的管理基础为财务转型提供了更多标准化工作的支持。主要体现为会计科目的统一、会计政策的统一、核算规则的统一、业务流程的统一、信息系统的统一、数据标准的统一等。通过统一化和标准化，企业可以很容易地协调资源，并能快速应对外界的市场竞争和挑战。

财务共享服务模式的组织基础为财务职能划分和岗位分离提供条件。共享财务将以前大量陷入基础会计工作的财务人员释放出来，交给财务机器人处理这些工作。业务财务使财务人员不再从事核算、结算等工作，为本地化业务部分提供业务支持和决策分析。通过共享财务和业务财务的标准化和统一化工作，为企业更具有价值的工作提供支持。

基于数据基础、管理基础和组织基础，智能时代的财务转型仍然需要将以人工智能为代表的现代信息技术作为基础。机器学习、数据挖掘、大数据、知识图谱、语音识别、规则引擎、区块链等信息技术的出现，可以使企业从真正意义上实现财务智能化。

第二节　智能财务的框架

一、智能财务的发展背景

自 1946 年电子数字计算机诞生以来，以其为代表的信息技术已经深刻地改变了人类的生活和工作方式。在企业管理领域，近年来，同样感受到信息技术，特别是人工智能技术发展带来的巨大机遇和挑战。从发展战略和商业模式的颠覆，到组织架构和管理流程的再造，再到经营方式和组织文化的重塑，在信息技术高速发展的背景下，变革已成为企业运营的常态。近几年来，沉寂已久的人工智能技术在人机博弈、决策支持、模式识别、风险诊断、自然语言理解等应用领域得到了较大的突破，社会公众开始对人工智能的发展重拾希望，特别是 RPA 在财务和税务领域的成功试水，使“智能财务”这个名词频繁冲击着财务人员的眼球。

会计作为服务经济发展的基础性、应用型学科，必然会在经济转型的重要历史阶段起着不可替代的作用，经济转型发展一定需要高质量会计的支撑。尽管会计在经济转型中的重要性显而易见，但由于我国经济改革进入深水区，企业面临着成本上升、创新不足、风险管控难度大等困境。现代信息技术不仅给社会经济发展带来了新的引擎，也给会计改革发展带来了新的利器。以“大(数据)智(能化)移(动计算)云(计算)物(联网)区(块链)”为代表的新技术正以风卷残云之势改变着传统会计的流程、组织和方法，甚至战略思维，这也为高质量会计服务经济转型的需要提供了基础手段和工具。财政部 2016 年第 19 号文深化强调加强会计信息化建设，明确要求“密切关注大数据、‘互联网＋’发展对会计工作的影响，及时完善相关规范，研究探索会计信息资源共享机制”。国务院 2017 年第 35 号文明确提出，“抢抓人工智能发展的重大战略机遇，构筑我国人工智能发展的先发优势，加快建设创新型国家和世界科技强国”。在这个大环境下，倒逼企业进行财务转型，使财务沿着专业化—信息化—共享化—智能化方向快速转变，引领财务工作进入智能化时代。

目前，大部分企业已经建立财务共享服务中心。财务共享服务模式使企业凸显财务会计流程的作用，业务活动流程、财务会计流程和管理会计流程各自为政，缺乏一种思想理念或技术手段将其完全融合，而智能财务作为智能信息技术和财务工作内容的融合体，是一种将业务活动流程、财务会计流程和管理会计流程等全流程智能化的管理模式。第一，企业产品或服务借助业务活动流程来解释，并通过业务和财务智能融合来管理整个供应链。第二，财务会计流程是管理会计流程的信息支撑，价值链中价值信息的衡量由管理会计进行评价，由财务会计和管理会计智能化融合得以实现。第三，企业全生命周期使智能化的信息经历输入、处理与输出，财务智能化转型所覆盖的业务活动流程、财务会计流程与管理会计流程，将各项经营管理活动基于资源、事件、主体和价值的智能化信息处理，借助人工智能、商业智能、数据挖掘等技术输出多维信息，以满足企业内、外部管理决策者的需求，提升企业绩效。

二、智能财务的提出

根据业内的普遍认识，中国的财务管理经历了从电算化到信息化的发展阶段。从 1979 年开始的我国财务管理电算化阶段，其特点是用小型数据库和简单的计算机软件取代了部分人工会计核算工作，初步实现了从工资核算、固定资产核算、成本核算等单项核算到账务处理的计算机辅助处理的转变。电算化阶段的财务软件和财务人员的工作基本上是分离的，本质上信息技术并没有改变财务处理的流程和基本的组织结构，只是用软件实现了部分处理环节的自动化。

20 世纪 90 年代，ERP 的诞生和计算机网络的普及使财务管理进入了信息化阶段，企业开始利用强大的数据处理能力和网络传输能力，将业务管理和财务管理进行了初步整合，开始实现对业财信息的快速处理和实时共享，实现了财务信息的跨时空处理和利用，逐步实现了财务管理从核算型向管理型的转变。财务信息化强调人机工作的协调配合，信息技术已成为财务管理流程乃至业务管理流程的优化和再造工具。

特别是 2005 年以来，财务共享服务模式在中国的逐步普及，使财务信息化的进程在 OCR、移动通信、云计算和大数据等技术的大力推动下获得了突破性进展。尽管如此，处于财务信息化阶段的财务共享服务，仅借助标准化和流程化为财务转型提供数据基础、管理基础和组织基础，主要针对的是财务会计流程的信息化处理，并未实现业务活动流程、财务会计流程和管理会计流程的全面智能化。

进入 2010 年以后，由于人工智能技术的突破性进展，人们对看上去更具象征意义的智能技术应用重拾希望，不仅结合高性能计算能力和大数据分析技术，将沉寂已久的机器推理、专家系统、模式识别、机器人等技术赋予了很多新的应用场景，更是对基于神经网络和遗传算法的机器学习进行了深入的研究，雄心勃勃地提出了新一代人工智能的发展目标。

在财务领域，随着“大智移云物”等信息技术的出现和逐渐成熟，财务管理面临着新的机会和挑战，财务预测决策、财务风险管控以及财务成本管理等有了更先进的算法、模型和工具。数据处理技术可以汇集更全面的数据，商业智能和专家系统能够综合不同专家的意见，移动计算可以帮助财务人员随时随地完成管理工作，财务机器人可以实现财务管理活动的自动化操作，现代系统集成技术可以消除业务、财务和税务等之间长期形成的信息和管理壁垒。由此可见，以人工智能为代表的新一代信息技术的发展给财务管理带来了新的发展契机，正在使财务从信息化向智能化方向转变。

相对于财务信息化阶段注重财务和业务信息的整合以及信息的快速处理和实时共享，智能化阶段则更注重企业各类信息处理的效率、效益和智能化的程度。例如，利用物联网、RPA 和机器学习、专家系统等技术实现财务处理的全流程自动化，以降低成本、提高效率、减少差错；基于神经网络、规则引擎、数据挖掘等技术自动实现财务预测、决策的深度支持，以提升其科学性和实时性。这一阶段再造的不仅是流程和组织，还会在更高层面上对企业管理模式和管理理念进行再造。

三、智能财务的基本概念

对智能财务，参照业界的一般理解，借鉴智能制造的定义，智能财务定义如下：智能财务是一种新型的财务管理模式，它基于先进的财务管理理论、工具和方法，借助于智能机器（包括智能软件和智能硬件）和人类财务专家共同组成的人机一体化混合智能系统，通过人和机器的有机合作，去完成企业复杂的财务管理活动，并在管理中不断扩大、延伸和逐步取代部分人类财务专家的活动；智能财务是一种业务活动、财务会计活动和管理会计活动全功能、全流程智能化的管理模式。

相对传统的纯人工财务、电算化财务和信息化财务，智能财务在信息处理方面有着显著的优势：它可以借助 RPA、模式识别、专家系统、神经网络等技术，自动、快速、精确、连续地处理财务管理工作，帮助财务人员释放从事常规性工作的精力，去从事更需社交洞察能力、谈判交涉能力和创造性思维的工作；智能财务还可以借助全面而非抽样的数据处理方式，自动地对财务活动进行风险评估和合规审查，通过自动研判处理逻辑、寻找差错线索和按规追究责任，最大限度保障企业的财务安全。

智能财务不仅是财务流程中部分环节的自动化，也不仅是某个财务流程的整体优化和再造，而是财务管理模式，甚至是财务管理理念的革命性变化，它借助于人机深度融合的方式来共同实现前所未有的新型财务管理功能。

智能财务是建立在云计算、大数据、人工智能等新技术基础上并结合企业互联网模式下的财务转型升级与创新发展的实践而产生的新形态，通过大数据技术进行建模与分析，利用人工智能的技术提供智能化服务，为企业财务转型赋能，帮助企业打造高效规范的财务管理流程，提高效率，降低成本，控制风险，从而有效促进企业财务转型。

当前与智能财务发展相关的信息技术有模式识别（影像识别、语音识别、生物识别等）、专家系统、神经网络、知识图谱、机器人、遗传算法、自然语言理解、云计算、大数据处理和智能移动通信等。

智能财务至少涵盖三个层面：第一，是基于业财深度一体化的智能财务共享平台，这是智能财务的基础；第二，是基于商业智能的智能管理会计平台，这是智能财务的核心；第三，是基于人工智能的智能财务平台，这代表智能财务的深度发展。这三个部分仅描述了智能财务的可能发展阶段，还未真正反映其内在的逻辑关系。智能财务的基本架构至少应包含相关技术层级、核心管理内容、信息处理部件及它们之间的逻辑关系。

四、智能财务的架构体系

智能财务的基本架构包含广义架构和狭义架构两部分。广义的智能财务架构应该包含智能财务发展生态的各个方面，如智能财务的应用主体（企业或行政事业单位等）、政府主管部门、行业组织、智能财务发展的供应链等。对智能财务而言，尽管智能化的进程主要由应用主体的内在发展动力所驱动，但外部环境毫无疑问也起着非常重要的推动作用，如图 2—1 所示。

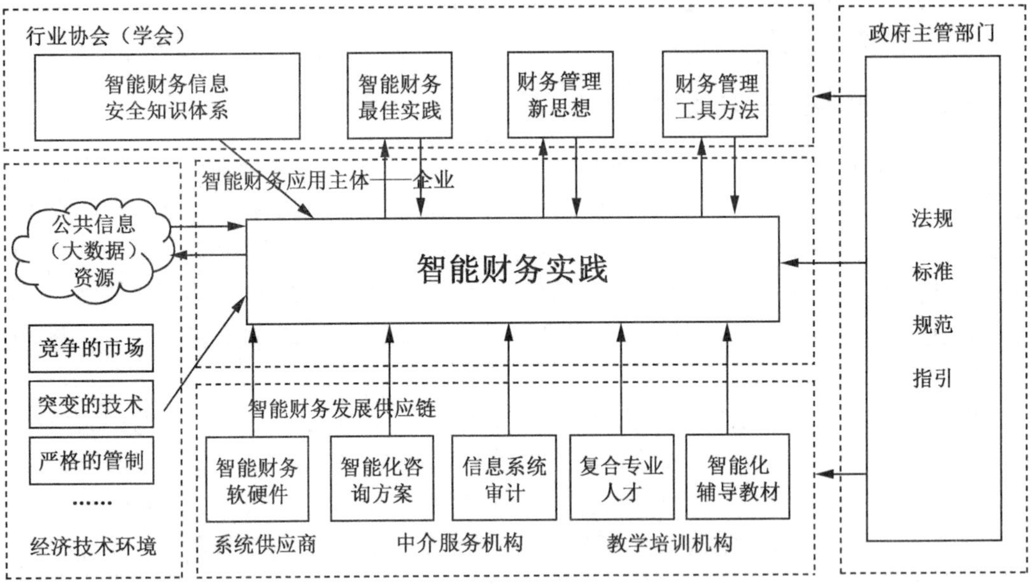

图 2—1　广义的智能财务架构

在外部环境中，政府主管部门包括财政、审计、税务、海关、证监等部门，它们将通过法规、标准、规范、准则、指引等来指导、协调、管理和推动企业智能财务的发展；行业组织包括准政府组织、一般行业管理组织、学术组织和民间团体等，它们主要通过组织专业技术人员研究知识体系、收集最佳实践、传播相关技能等方式来引导和影响企业；智能财务发展供应链包括与智能财务相关的软硬件系统供应商、咨询机构、培训机构、外包服务机构等，主要提供企业所需的软件、硬件、数据、信息、智能、人才等方面的服务；经济技术环境则指影响企业实施智能财务发展的信息技术、法律环境、公共数据资源等，它们是激发或阻碍企业智能财务发展的力量。

狭义的智能财务架构主要用于描述智能财务应用主体即企业内部的智能财务各组成部件之间的逻辑关系，如图 2—2 所示。

由于智能财务需要借助智能机器和人类财务专家共同组成的人机一体化智能管理系统，因此位于底层的智能感知系统、网络通信系统、数据管理系统和智能引擎系统是必不可

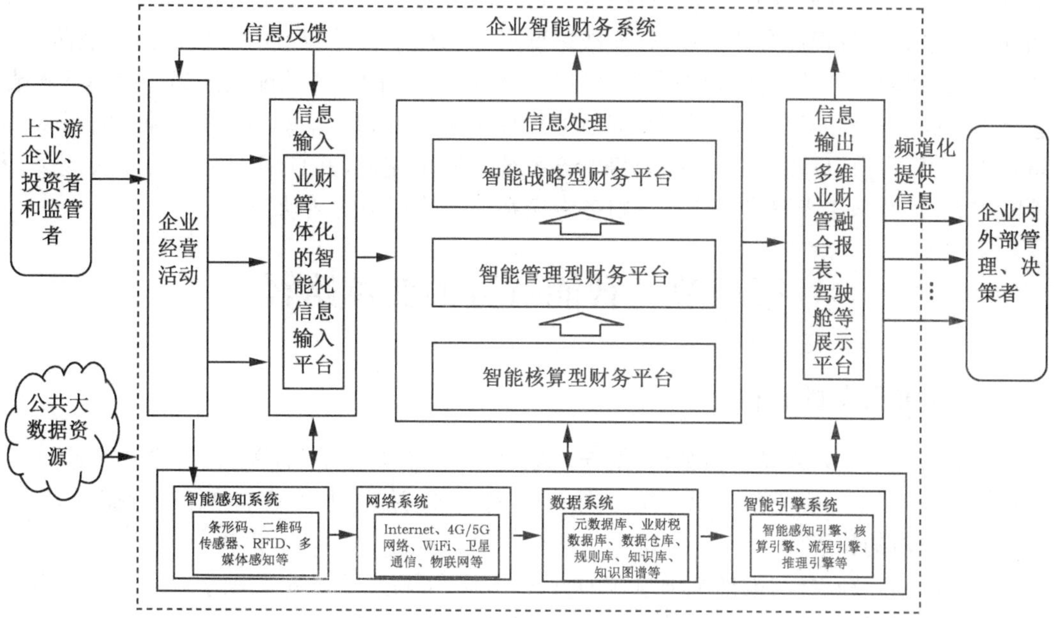

图 2—2 狭义的智能财务架构

少的。智能感知系统利用条码、RFID(Radio Frequency Identification,射频识别)、传感器、OCR 等技术,客观地感知企业内部经营活动和外部环境,自动地完成数据的搜集工作;网络通信系统则通过物联网、互联网、移动互联网,以及卫星通信网络等实现数据的传递和共享;数据管理系统则用于存储企业智能管理所需的元数据、业财管交易处理数据,以及规则库、方法库、模型库、知识图谱等,在数据仓库和数据挖掘等 BI(Business Intelligence,商业智能)组件的支持下,为应用层的数据智能处理提供基础;智能引擎系统则通过公共的智能部件(核算引擎、流程引擎、推理引擎等),满足应用层各种智能处理的需要。

位于上层的智能财务应用层描述了财务信息处理的全过程:从企业经营活动到业财管统一信息输入平台,再经过信息处理后,通过公共信息报告和展示平台送达企业内外管理者和决策者。所有这些信息处理过程都需要借助于底层的智能引擎系统自动完成。

在图 2—2 中,输入信息不仅来源于单位对外的经营管理活动,还来源于对外部大数据资源的自动爬取。智能信息输入平台是企业的统一信息输入平台,它通过人机合作模式,将机器客观采集到的信息与人类主观感知到的信息结合起来,按照财务信息处理的要求完成信息的输入。在信息输出方面,企业将通过底层的各种智能引擎,把机器的运算结果与人的价值判断相互匹配,动态、实时、频道化、多种形式地展示业财管融合报表信息,以满足企业内、外部管理决策者的需求。

在中间的信息处理环节,财务信息处理方式将体现为三个层次:核算层、管理层和决策层。智能核算型财务管理平台是相对早期的智能财务系统,主要依赖智能感知、RPA、专家系统等技术智能地完成财务核算工作;智能管理型财务管理平台是发展到中期的智能财务系统,它在核算型财务管理平台的基础上,逐步演变成基于大数据处理、商业智能、神经网络、机器学习等技术的智能管理会计综合平台，即智能财务从以处理交易性活动为主，发展到处理更多高价值管理会计活动；智能战略型财务管理平台是智能财务发展到成熟阶段的产物，它在智能核算、智能管理平台的基础上，将智能财务的核心功能发展到智能决策领域，它是人机高度融合的智能处理平台，即财务管理中出现的智能活动，如分析、推理、判断、构思和决策等，将由以计算机为主的人机融合系统共同来完成，并且随着发展的深入，系统将不断扩大、延伸和逐步取代部分人类财务专家在财务管理中的活动。

第三节　智能财务的变革路径

一、智能财务的路径

企业智能财务未来发展得如何，既与市场这只“看不见的手”有关，也需要政府这只“看得见的手”进行引导和干预。以下结合图 2—1 对实现智能财务的基本路径进行探讨。

(一)政府的作用

众所周知，政府参与推动某项事业的方式、方法和程度，会决定该项事业发展的走势、范围和速度，甚至能决定发展的成败。在企业智能财务的发展过程中，政府可以选择“强制推行”、“政府引导与市场行为相结合”或“完全放任由市场决定”的策略。

首先，中国的成功发展经验已证明完全市场行为效率低下。其次，我国企业管理模式繁多，企业的管理水平参差不齐，各企业的智能财务发展模式大相径庭，强制推行也不一定能适应企业发展的需求。因此，符合我国国情的智能财务发展路径应当是政府引导与市场行为相结合的方式。政府可以为企业发展智能财务营造一个良好的环境，制定相关的支持政策，协调社会各方力量，帮助企业根据自身实际，分阶段、分系统、有计划、有步骤地实现智能财务发展目标。

政府可以根据智能技术的发展动向，适时制定我国智能财务的发展规划和实施纲要，明确发展目标和各阶段的工作重点，加强对企业智能财务发展的引导和管理，促进企业智能财务事业的健康发展。

政府还可以选择代表性企业，给予适当的技术和政策支持，使它们能够在智能财务的发展方面做出表率，成为智能财务方面的最佳实践。此外，还可以通过论坛、报道、经验交流等形式对先进企业进行宣传，营造良好的社会舆论和实施环境，提升其影响力、辐射力和带头作用。

(二)社会经济环境的作用

这里所指的社会经济环境即图 2—1 中所描述的行业协会和发展供应链，包括行业协会、管理咨询机构、软件供应商和科研院所等。

在企业智能财务的发展进程中，政府的政策目标需要相应的社会服务机构的支撑和市场化手段的推动。政府可以协调行业协会、软件服务商、管理咨询机构、科研院校等力量，通过建立更为完善的社会服务体系来帮助企业实现智能财务的发展。

管理咨询机构可以帮助企业进行智能财务的诊断和分析，协助企业制定智能财务的总体规划，帮助企业进行相关软件、硬件以及系统集成方案的选型、实施和维护，帮助企业进行复合型人才的培养。为了实现这些职能，管理咨询机构自身需加强专业能力建设，加大对智能财务的研究力度，不断追踪和研究以人工智能为代表的信息技术的发展趋势，深入企业进行实地调研。

软件供应商需抓住当前人工智能等技术发展的大好形势，深入挖掘企业管理智能化发展的系统建设需求，不仅应借鉴国外智能系统的设计理念，同时要考虑我国智能财务发展的实际情况，设计出真正适合中国国情的智能财务信息系统。

科研院校需在培养智能财务的复合型人才方面发挥重要作用，不断加强智能财务相关课程体系和师资队伍的建设，制订有效的人才培养方案，改革与优化课程体系，不断更新教学内容，为学生创造更多接触企业智能财务的实践机会，提高新从业者的应用能力。

(三)企业实现智能财务的路径

企业的智能财务发展是一项逐步推进和持续改进的系统工程，不可能一蹴而就。作为智能财务的实施主体，企业可以借助政府的引导作用，用市场的机制协同多方社会力量，有计划、有步骤地完成智能财务的发展目标。

首先，应当加强对智能财务发展趋势的认识，正确认识智能财务发展的必要性，始终让智能财务建设与企业发展的战略保持一致。其次，企业应当充分考虑自身的需要，系统地制定智能财务的发展规划，选择合适的切入点，并随着建设的逐步推进，从技术、组织和管理的角度，分阶段、分模块、有计划、有步骤地展开。再次，企业应当建立健全管理体制，搭建科学的组织架构，优化合理的业务流程，确保企业管理体制、组织架构、业务流程、信息系统等与智能财务的发展相适应。最后，企业智能财务的实施还需充分考虑合规合法问题和对社会的影响，注意发展过程是否符合国家相关法律法规的要求和信息技术的内在发展规律，还需对每一项重要的变革进行伦理分析，确保智能财务向着对人类有利的方向发展。

二、智能财务的目标

20 世纪，以电子计算机为起点的现代信息技术并未触及会计信息处理的程序、方法和规则的变革，仍然是以会计电算化为基础。随着 ERP 应用的推广以及网络时代的到来，企业实现了远程报表、远程报账、远程查账、远程审计等多种远程处理功能。经济全球一体化、监管政策趋同、信息技术快速发展，国内外大型企业集团建立财务共享服务中心，提升业务交易处理效率，应用战略财务、共享财务和业务财务的财务管理模式。随着大数据、云计算和人工智能等新型技术的出现，智能化概念进入了企业的视线，财务如何发挥价值创造的效力是现代企业考虑的焦点。四大会计师事务所相继引入财务机器人的理念来解决财务会计流程的智能化问题，这种流程自动化的概念，与智能化尚有距离，财务智能化转型必须覆盖业务活动流程、财务会计流程和管理会计流程的企业全面智能化。那么，企业财务会计流程如何与业务活动流程和管理会计流程达到智能化的融合状态，成为企业财务智能化转型关注的目标。

信息技术的发展和推广应用，持续不断地改变着财务工作的作用和内容。新型信息技术已经使得财务成为最具挑战性和不确定性的管理领域之一，日益带来财务与管理的交叉。20 世纪 80 年代兴起的财务共享服务模式，是以信息化和流程化理念对财务的工作方式进行转型，企业通过考察业务活动流程和财务会计流程再造，需要客户、企业行为、企业运营、组织、技术、信息和内外部环境等因素来应对流程再造的过程。财务共享服务模式对会计核算、资金结算等业务交易处理活动具有积极的效果。随着中国企业经济改革的推进，越来越多的中国企业开始实施和准备筹建财务共享服务模式。

然而，基于财务共享服务模式的财务转型主要考虑财务会计流程，财务智能化转型必须是覆盖业务活动流程、财务会计流程和管理会计流程的全面智能化，企业将业务活动数据、财务会计数据和管理会计数据智能化地融为一体，获取贴合不同用户需求的多维度、立体化的数据信息，为内、外部管理者的决策过程提供智能化支撑。从信息观视角出发，财务智能化转型需要达到各种经济事项数据的输入、处理与输出的状态目标，企业所有的事项可以根据每一种业务活动来确定。每一个事项内容的确定需要分析每种业务活动应记录哪些事项信息，据此确定该种事项的内容。REA 模型提供了很好的理论依据，可以表示企业中关键的资源（Resource）、业务事件（Event）和参与者（Agent）以及它们之间的关系（McCarthy，1982）。基于 REA 模型建立的信息系统构造出信息用户所需的各种信息视图，可以收集来自各个业务活动流程、财务会计流程和管理会计流程的数据，为不同的决策模型处理提供相关的经济业务信息，经过全面流程的智能化融合处理，提供业务活动、财务会计与管理会计融合的多维信息。

智能财务必须是覆盖财务全流程的全面智能化，它涵盖三个层面：

第一，基于业财深度一体化的智能财务共享平台。架构于互联网和“云”上的智能财务共享平台通过连接和数字化改造，实现了财务与业务的实时连带发生。基于智能财务共享平台，企业可以搭建云端企业商城。利用电商化平台实现与供应商、客户之间的无缝连接，并借助发票电子化打通税务数据与交易的关联。智能财务共享平台颠覆了传统交易方式，消灭了报销、报账流程，真正实现了业务财务的深度一体化。

第二，基于商业智能的智能管理会计平台。商业智能（BI）是一套商业方面辅助决策的解决方案。它通过组建企业级数据仓库，得到企业数据的全局视图，在此基础上，利用合适的查询和分析工具（在线数据挖掘等）对数据进行分析和处理，形成有用的信息。通过构建基于商业智能的智能管理会计平台，企业可以获得贴合不同用户需求的多维度、立体化的数据信息，为管理者的决策过程提供智能化支撑。

第三，基于人工智能的智能战略财务平台。人工智能的应用将逐步渗透到方方面面，包括财务领域。人工智能可以在现金管理、存货管理、信用评估、预算管理等多方面得到应用。智能财务平台使传统财务会计被机器高度模仿，从而代替会计的大部分工作。

三、业财融合的智能化

业财融合的智能化的基础是财务共享服务中心，其主要包括两个方面：一是采购、商旅等平台的共享，体现了基于外部环境“互联网＋”商业平台的业财融合；二是基于企业内部发生的各种业务事项与会计确认、计量、记录等内部环境下的智能化融合。

单服务商模式、链接跳转模式和商旅共享模式是基于“互联网＋”的商旅平台三种模式。单服务商模式基于单一的平台，根据平台上的价格在线完成采购，企业统一结算。链接跳转模式是利用多个平台的链接端口跳转进入不同平台，根据价格自助完成采购，最后由企业统一结算。基于 API 集成的商旅共享模式，可以将多个平台的资源链接到同一个商旅共享平台，进而实现自动比价、自动下单、自动对账、自动结账。商旅共享模式是打通企业全面支出管理的一大突破口，也是商旅管理平台未来发展的趋势。业财融合，让财务更高效；事前管控，让过程更透明；接入多样化、定制化资源，让消费更灵活。这是商旅共享模式与其他模式相比的三大优势。

商旅共享平台，以每月发送的行程单大发票和服务费大发票取代了海量的报销发票；以系统双向实时自动完成对账代替了烦琐的人工对账工作；以平台由凭证引擎通过标准接口在线随时推送的报销单来替代凭证审核和复核。平台的实时自动记账，费用产生就已记录，报销过程没有了人工的参与，也就避免了拖延报销情况的发生。企业商旅共享平台实现了商旅消费的数据采集高效化、处理自动化以及输出智能化，对财务部门来说是一次全新的变革。详细的订单交易数据、会计记账数据和发票全票面信息等系统实时记录的大量数据都直接取自交易端，这不但打通了业务和财务的内外信息，还实现了业财融合，对于管理变革起到了极大的推动作用。与此同时，企业也由于商旅共享平台实现了自动化、无纸化报销，取消了报销流程，更有利于对消费报销进行一体化的管理，大大提升了工作效率。

由于商旅共享平台是将所有商旅资源接入平台内部，所以在其平台内设置审批流程和费用标准，可以对所有商旅行为进行有效的过程管控，通过实时监控和反馈，从源头上对企业总部和各单位的商旅行为和费用进行控制，过程的显性化、透明化也保证了费用不超标。员工要经过申请和预订才能在商旅平台上发生消费行为，申请和预订有偏差时也可以提交偏差原因；员工的行程、报销单、航司订单、违反差旅政策的相关说明等均与差旅申请单智能关联，消费完成后不需要人工审单，不但提高了企业的运营效率，也有效约束了员工差旅行为，确保其合规性。

当前的商旅管理平台存在诸多弊端，只允许使用平台内资源和执行平台内价格，封闭、排他，无法接入单家航司、酒店等资源，导致拓展性受限。这些让企业不得不同时使用商旅平台以及多家供应商、服务商，仍没有将资源整合在一起，平台的价值也就无法得到明显的体现。基于开放、共享的系统构架的商旅共享平台，可以将更多资源整合在一起。企业可以根据自身需要，在平台上选择多个商旅预订平台进行自动比价，也可以直接接入单家酒店或航司等享受协议价格。这活化了企业的差旅预订，简化了其工作流程，扩大了其议价空间。拥有丰富资源、技术优势的商旅共享平台，与在中国企业中应用日益广泛和深入的财务共享平台连接后，企业的差旅申请、预订、结算、账务、管控等差旅支出都可由商旅共享平台自动化管理。商旅共享平台是未来企业商旅管理平台发展方向的代表，也是商旅管理的价值所在。

四、核算型财务的智能化

即使企业建立了财务共享中心，但是财务人员并没有得到解放，工作效率并没有显著提高，他们仍然花大量时间在做基础的财务核算工作，比如固定资产监盘、纳税申报、财务初审等。建立财务共享中心的初衷是业务财务和战略财务能够融合在一起，但是期待的业务转型并没有实现。尽管财务共享中心的建立在某种程度上提高了效率，减少了财务人员的工作量，但是它忽略了人的价值需求和情感需求，只是让人重复做一件事，会变得很枯燥，以至于在这种高强度、无价值的工作环境下，共享中心很多员工选择离职。这样就造成了企业财务共享中心普遍存在的问题:招人难,留住人更难。对于管理层而言,基础性的工作完成度并不是他的关注点,其关注点在于,财务共享是否从整体上提高了财务工作效率并推动财务转型。

对财务会计工作能够集中化处理,并不改变财务工作的流程是传统财务共享模式的本质。

一是在传统财务模式下,财务流程与交易分离,其结果是会有很多冗杂的流程出现。比如费用管控,很多企业为了实现流程控制设计了许多流程,事前预算申请的流程与交易并不是紧密相关的,它的目的不是使整个流程顺畅,仅仅是保证此项业务能够顺利进行。所以,当交易发生后,很多的财务人员还有相关领导在做重复性工作,增加人工成本和管理成本。

二是在传统财务模式下,财务处理时间滞后,会影响信息的及时性。财务信息无法真正地反映财务状况,无法满足使用者做决策时对信息的要求。一方面,财务会计是按照权责发生制确认损益,业务发生和业务入账是没法同时进行的,那么由于在时间上会有一定的延迟,会影响财务信息的及时性,无法满足使用者的需要;另一方面,财务会计依据会计分期假设的要求,定期产出并传递信息,在充分的市场竞争中,财务会计信息传递的延迟与决策的及时性就产生了分歧。

三是在传统财务模式下,财务信息支撑体系存在重大问题。财务信息的使用者获得的信息比较片面,甚至失真,那么将会导致财务决策失败。从本质上来说,传统财务是准则导向、披露导向,不是业务导向、管理导向。比如,ERP 系统主要为流程操作服务,随之也带来了两个问题:(1)财务信息客观,但未必真实。财务记账以发票为主,但是并不能反映经济活动的实质,那么就会导致财务数据和业务实质不一致。(2)财务信息为单一化的货币计量信息,而不是综合性的全面信息,货币信息固然重要,但是往往非货币性信息对管理更为重要。

基于上述问题,智能时代的财务共享不再是以财务会计为核心,而是以人工智能、大数据、云计算、流程自动化为核心的新技术作为支撑,形成全新的智能财务共享服务中心。我们需要摒弃传统财务模式,不能继续流水线操作重复的业务,而是建立智能共享中心。它是传统财务共享在"互联网+"时代的革命性换代产物。其本质是基于新一代的信息技术,实现对广泛业务(从记账、算账到报账、采购、税务等)数字化,并对企业业务流程和商业模式进行再升级。

智能共享平台包括传统财务共享平台的所有模块:费用管理、资金管理、应收应付管理、总账管理、预算管理等核心模块。从底层到运营,无一不涉及。同时,它将传统财务会计的记账、算账领域向业务端进行延伸,比如商旅共享系统、采购共享系统、税务共享系统。基于此,企业不再是集中于记账、算账,而是集中于管理。一方面,连接了企业财务和交易,不再是脱节了,利用互联网技术与交易的合作伙伴、客户、供应商的数据和流程打通整合,实现共享;另一方面,企业更加集中于管理,让管理会计信息基于交易数据实时产生。智能共享财务从深层次上颠覆了传统财务模式,具体表现为:

第一,实现财务流程自动化。传统的财务共享中心集中了大量的可重复性工作任务,而且技术含量低,但是耗费了大量的财力和物力。例如,在财务结算流程中有很多步骤,而且每个步骤都是环环相扣,一步接着一步。只有当你完成一步,才能进行下一步。此外,由于发票量大而且烦琐,需要花费大量的时间和精力进行复核,以防出现作业失误的情况。

基于智能共享中心的机器人流程自动化系统，企业可以将传统财务共享中心最枯燥的工作自动化、机器人化处理，重构和削减大量财务流程。具体来说，资金收付、自动纳税申报、自动对账清账、表单审核、发票处理、报表自动化、工资核算、费用报销审核、凭证打印、业财数据传递、数据智能采集（OCR、语音录入）、主数据维护等基础体力性工作均可由 RPA 全天 24 小时自动化完成。

第二，实现财务处理电商化、数字化。应用 RPA 实现了传统财务流程的标准化和自动化，应用电商化和数字化是对传统财务流程的再造和颠覆。基于智能共享平台，企业可以搭建在线“消费商城”，将差旅服务（携程、艺龙等）、办公用品（京东、国美等）、公务用车（滴滴、神州等）、大宗采购以及内部资源采购“互联网化”，并与共享服务平台紧密集成，实现企业消费业务和采购业务对供应商的直接自动化结算。同时，电子发票信息和税务数据进行关联自动核算。

在商旅共享系统中，企业可以对差旅行为进行透明化掌握，自动化对账、结账，提高财务的工作效率。在采购系统中，企业基于互联网技术，已经不再是原来以基层单位为边界的业务内部循环，大大提高了采购业务的工作效率，做到了“一点结算、一点支付、一点核算”。税务共享系统可以全面支持发票管理、纳税申报、税务风险筹划，可以实现税务数据信息的大集中，达到“一点开票、一点算税、一点看税”。

基于智能共享平台，企业可以将外部的供应商、客户、分销商、经销商、工商、税务与内部的人、财、物等资源配置整合到一起，回归以交易管理为核心的企业运营本质。智能财务共享平台颠覆和重构了传统财务处理流程，实现交易透明化、流程自动化和数据真实化，其本质是实现了财务处理的数字化。

第四节　管理型财务的智能化

管理会计智能化在数据建模基础上，利用企业财务小数据、业务中数据和社会大数据，对结构复杂、数量巨大的数据进行分析处理，形成管理报告并呈现给管理者，为企业业务管理、决策支持提供有效数据。企业管理者进行决策离不开企业商业模型、信息化环境、采集的数据质量以及信息提供的及时性，因为决策需要的信息必须是有用并有效的。计算效率因数据信息的快速增长、多维数据的积累而受到前所未有的挑战，于是在大数据时代，强大的多维数据库成为必然选择。基于内存的多维数据库一方面可以为管理者提供信息支持，在较短时间内迅速完成大量计算，另一方面可以在各个角度之间动态地切换，完成难度更高、更细致、更多维度的综合性分析。

同时，直观的数据可视化也是必需的。管理会计智能化平台基于数据建模和数据分析，根据各级管理者对业务运营的不同管理要求，制定了能快速、准确、全面、灵活地体现公司业务运营实际的数据信息交互式界面。数据可视化展现平台为业务管理、决策支持提供了有效的数据信息支撑。另外，管理者还可以利用实时化数据来获知企业运营情况，利用移动端（手机、平板电脑等）来随时随地查看有关信息。

以管理会计中的成本管理为例。在成本预测与分析中，企业需要利用来源于企业内部各种管理系统的数据来实现成本管理决策。然后，企业需要建立各种依靠数据挖掘、机器学习等技术的数据处理模型。最后，企业根据自己的需求和业务特点，将过去成本决策的方式由成本会计人员的经验总结转变为利用不同信息系统获取的各种数据以及各种成本模型输出的信息，从而实现自动化和智能化过渡。因此，成本分析和管理决策要想实现最终的价值创造，必须经过人机一体化的共同作用。基于此，管理型财务的智能化主要表现在实现数据资产化和实现管理智能化两方面。

一、实现数据资产化

财务上的资产是指由企业过去经营交易或各项事项形成的、由企业拥有或控制的、预期会给企业带来经济利益的资源。同样，可称为资产的只是部分数据。我们也可以将数据资产类比财务资产，简要定义数据资产为企业拥有或控制的、能带来未来经济利益的数据资源。

以前，企业在日常经营中会产生大量质量参差不齐的数据，它们杂乱无序、口径不一，价值难以被挖掘和释放，只能淹没在数据海洋中，往往并不能称为数据资产。而现在，企业能够从交易源头上实时获取内部各单位和外部供应商、客户等真实、完整、准确、口径一致的财务和业务热数据。企业利用智能共享中心，将这些经过数据捕获、数据智能解析、数据挖掘、数据治理、数据可视化展现等技术处理的数据，转化为清晰有序、有条理、有脉络的数据资产。企业不仅可以直接获益于数据买卖，还可以间接获利于数据管理。

具体而言，管理层不仅可以利用从共享中心获取的交易端热数据进行战略、经营管理决策，还能做出可视化的分析报表来指导、控制业务风险，支撑业务发展。作为热数据赋能业务的典型场景，用户访问淘宝、京东时，这些电商平台产生的热数据会被实时记录并将其传输至后台；后台会反馈大数据分析结果到前台界面形成循环，从而促成更多交易，做到精准引流。我们同样可以对业务热数据在智能共享平台上进行实时记录和传输，为业务端提供场景化、可视化的业务分析报告，让数据基于大数据分析为业务赋能，从而为企业带来经济利益。

二、实现管理智能化

智能化是智能财务共享显而易见的特征。嵌入式分析、语音识别、图像识别等智能化技术由于人工智能的深度发展，使共享系统越来越智能化。

智能共享系统能看到信息。它拥有智能审单扫描技术，在对发票进行 OCR 扫描后，系统会导入重要信息到相关的台账，并逐一核对验证这些信息，一旦发现重复扫描问题，系统就会发出预警。当发票不属于本公司时，系统也会自动抓拍并告知。而只要员工差旅行为的过程完整、合规，就算是国外形形色色的差旅发票，系统也能智能化对应，在快速完成对员工差旅行为所有信息核对的基础上，完成各国票据结构化信息的不同维度的智能审单扫描，并帮助员工完成智能填单。

智能共享系统能听到信息。当你问：“你能按公司审核制度帮我从这几万笔报销单里找出有问题的报销单吗?”有一天，共享中心的智能化数字助手会实时告诉你：“你好，我可以快速通过邮件、微信等方式推送给你有问题的报销单列表。”

智能共享系统能思考问题。系统能利用移动化的方式实时开展健康体检，实时发现指标异常，并层层追溯直至找到问题根源，从而避免合同付款跟踪信息、供应商付款信息、客户开票回款信息的错误。

智能共享系统能进行学习。智能财务规则引擎利用知识图谱使我们可以基于财务知识图谱以及专家系统中预置的常识和通用规则，直观地快速创建规则，这在共享系统中有着举足轻重的意义。管理者可以创建一条新的单据控制规则，并用自然语言处理的方式告知系统以防止项目分摊发生问题，然后系统会自动保存这一规则，当员工下次提交单据时，就会启用新规则。系统能够明白管理层运用知识图谱进行语音交互实时自定义规则的管理意图，从而使企业的管控更加智能化。

第五节 财务全流程融合的智能化

智能财务共享平台是基于“互联网＋”云平台的，通过数字化的改造，实现财务与业务的同时发生。它颠覆了传统的交易模式，利用电商平台，实现与供应商、客户之间的无缝对接，并借助共享税务系统，将发票实时传入，自动结账、报账。共享服务从简单的企业内部业务集成，到与交易活动的结合，再到智能技术对共享的逐步渗透，受到了网络化、数字化、智能化的深刻影响。网络化的影响在于，企业跳出自己的围墙，实现了信息共享。企业与供应商信息系统、客户信息系统、外部商旅平台、外部电商平台以及税务等监管平台的业务集成和数据交互日益加强，然后将企业的资源进行整合和优化。业财税一体化智能共享服务平台实现了企业业务管理、税务管理、资金管理以及财务管理等业务流程的全面应用。

我们现在所处的环境被大数据深刻地影响着。金税三期、区块链电子发票的应用，提高了财务数据的真实性。由于一笔业务的发生会经过很多次转手操作，传统的财务数据可能会有一些造假，但是在大数据的环境下，很多信息已经公开透明，财务信息的真实性得到了保障。同时，数字化的环境也给我们提供了很多方便，它记录着产品型号、区域、渠道、客户交易方式、交付方式以及结算方式，客户可以随时调取，管理者很容易通过各种分析得出最佳决策。

网络化帮助企业从传统财务共享模式中跳出来，走向智能化，丰富了数据来源，那么，智能化则关乎 AI(Artificial Intelligence，人工智能)、BI(Business Intelligence，商业智能)技术给共享服务带来的有效帮助。财务共享平台的内容也更加丰富，比如语音识别、图像识别、智能会计引擎等。另外，企业也需要建立自己的知识图谱，包括所有客户往来信息、交易信息、生产运作模式等，这可以让企业更好地掌握运营状况。

第三章

财务共享服务

第一节　财务共享服务的起源与发展

一、财务共享服务的发展背景

财务共享服务的出现和发展由诸多因素引起，其中经济全球化、企业全球化、管理思想变革、科技革命影响是主要因素。

首先，经济全球化是商品、技术、信息、服务、货币、人员等生产要素的跨国、跨地区流动，这种流动将全世界连接成为一个统一的大市场。各国在这一大市场中发挥自己的优势，从而实现资源在世界范围内的优化配置，主要体现为生产一体化、贸易自由化、金融一体化、科技全球化。

其次，在经济全球化时代，企业从国内经营走向全球市场，有一个从初级阶段到高级阶段的演进过程，每个阶段都有不同的全球化形态。当企业成为无国界经营的全球性企业，企业的国籍属性不再重要。企业的资源、产业链布局以全球为舞台，战略、运营、文化全球化，企业不仅仅是将分别位于全球不同地理位置的点简单地连接起来，而且还要让它们更和谐地持续融合。更重要的是，企业具有全球性，其思维方式、决策过程和企业文化都已超越国界，以全球为唯一的参照背景。真正实现全球化运营，需要能力的积累，不可一蹴而就，从全球范围来看，只有为数不多的企业能达到这一境界。

再次，20 世纪 90 年代以来，知识经济的到来使信息与知识成为重要的战略资源，技术越来越多地被用于企业管理；顾客的个性化、消费的多元化决定了企业只有能够合理组织全球资源，在全球市场上争得顾客的投票，才有生存和发展的可能。20 世纪三四十年代形成的企业组织越来越不能适应竞争日益激烈的新环境。美国企业从 20 世纪 80 年代开始了大规模的企业重组革命，日本企业也自 90 年代开始进行所谓的第二次管理革命。这十几年间，企业管理经历着前所未有的、脱胎换骨的变革。此时，传统的古典管理理论、行为科学理论、战略管理理论已不能满足管理实践的发展需求，管理学界提出，要在企业管理的制度、流程、组织、文化等方面进行创新，从而出现了流程再造、学习型组织等新的管理思想。

最后，随着云计算、移动互联网等新一代信息技术的广泛应用，社会信息化、企业信息化日趋成熟，多样的、海量的数据以爆炸般的速度生成，全球数据的增长速度之快前所未有。2013 年，麦肯锡全球研究机构在一项最新研究报告中称，云计算、移动互联网等技术未来 10 年将对社会经济产生颠覆性影响，上述领域内的每一项创新，到 2025 年至少都为世界经济带来 1 万亿美元的效益。移动互联网、云计算、大数据几个技术创新的领域连在一起，量化的数据促进"反馈经济"①的出现，经济发展将进入一个新的时代，人们的行为很快地被纠正，其走向更快地被认知，由技术创新带来的新经济形态的意义将越来越大。

财务共享服务为企业财务转型提供很多帮助，主要体现为数据基础、管理基础、组织基础。

第一，关于数据基础。从事财务工作的人在谈及"数据"时，往往会联想到纷繁复杂的数据口径、多种多样的数据加工方法和一整套看似逻辑严密却永远也解释不清楚的数据假设。之所以存在这种情况，是因为各分、子公司在进行数据处理时采用不同的规则，或者虽然采用同一规则，但操作方式上又带有自身的理解，如此，每个节点出现一个细小的差异，就会导致数据在宏观层面的合并、汇总、处理过程中出现口径不一致的问题，而处理口径不一致的方法和假设往往也带有人为和主观的色彩。在这种基础上产生的数据和信息，很难为经营决策提供强有力的支持。共享服务通过标准化、流程化的处理流程和操作规范，保证了所有的基础数据从产生的源头起就遵循统一的逻辑规则，每个数据从诞生之初就成为一个标准统一的粒子，能够轻松地与其他数据粒子对接、组合、整合，大大减少了数据加工过程中的数据转换和数据假设，使报告和决策支持在数据层面得到应用。

第二，关于管理基础。衡量一个企业的管理水平，常常以是否具备完善的财务制度和流程为判断标准。然而，有制度和流程，与有标准统一的制度和流程，又是两个完全不同的层次。财务能力的基础架构，要求企业必须具有统一的会计科目、信息系统、财务流程和财务制度。然而，目前大部分企业集团虽然在集团层面有明确的制度和流程，但是各分、子公司又存在不同的个性化诠释和执行标准，导致从集团层面来看，存在几十套甚至上百套的流程和制度。标准不统一，将导致难以计量、评价和考核，各分、子公司各自为政，集团很难整体协调资源，并对外界的竞争和挑战做出快速、正确的响应。根据共享服务的发展路径，第一个阶段是在不同的地方，以相同的标准做事；第二个阶段是在同一个地方，以相同的标准做事，达到集中的层次；第三个阶段是在同一个地方，以相同的标准按照专业化的分工来做事，达到共享的层次；第四个阶段是承接外包或者被外包。可以看到，"相同的标准"贯穿共享服务的发展全过程，共享服务发展的过程就是企业不断标准化的过程，共享服务成为企业提高管理水平的重要手段。

第三，关于组织基础。共享服务通过集中提供财务基础服务的方式，使以前大量陷入财务基础工作的人员得以释放。从直观上来看，共享服务将财务核算人员集中在一起，实际上，建立共享服务的主要目的并不是为了集中，而是为了分散，把更多的财务人员分散下去。

① "反馈经济"与移动互联网、云计算和大数据有关。它的特征是能把移动设备获取的各种数据实时传输到云中，通过大数据池进行比较分析并计算，再反馈到你的手机终端或其他设备上。最终目的是引发某种行为的纠正。这个闭环的形成对个人的行为乃至整个经济与社会有着丰富的意义。硅谷的创业者们把利用这种技术建立的创业公司称为有"反馈经济"的企业。

通过标准化、制度化、流程化和IT技术,共享服务对人员结构进行优化,在企业财务总人力没有增加的情况下,释放更多人力关注更加高端的问题,一个是与决策有关的战略财务,另一个是深入基层的业务财务,让财务管理渗透到研发、产品、销售等每一个经营环节,将更多的时间和精力投入业务支持和战略决策支持中,实现了财务核算类岗位与财务管理类岗位的分离,使财务转型变革落实到人。

二、财务共享服务的起源

自20世纪80年代以来,随着经济全球化和信息技术的迅猛发展,企业集团国际化的步伐不断加快,导致企业集团分支机构的数量呈加速扩张之势,企业集团如何将不同国家、不同地点、不同行业的实体会计和财务业务集中到一个或者几个地方来记账、报告和管理,如何保证会计记录和报告的及时、规范和结构统一,以及如何解决经营财务风险、经营运作成本、会计信息质量和经营决策服务等问题,成为企业集团快速和良性发展面临的重要问题之一。

随之而来的企业集团成本增加、传统财务流程缺陷等一系列问题也给企业集团的管理带来了巨大挑战。主要面临以下一些问题:

第一,在财务管理层次方面,由于财务管理层级过多,各个区域企业集团的财权过大,集团总部对各个分企业集团的财务管控能力被削弱得非常厉害。

第二,在效率和成本方面,随着企业集团在全国范围的快速扩展,财务人员的规模越来越大,成本越来越高,但是,财务人员的整体工作效率却未得到有效提高。

第三,在集团财务管控方面,集团的费用比如差旅费等在系统中是通过总账入账的,无法对差旅费进行全环节监控,年底的稽查也是属于事后监督控制。

第四,企业集团财务管理仅仅停留在管控阶段,达不到战略财务的要求,战略决策需要企业集团全局级别的数据支撑,这给目前分散式管控型财务管理模式提出了很高的挑战。

第五,市场竞争异常激烈且变化迅速,需要信息的及时反馈和分析,将经营信息汇总转化成财务信息,然后对财务信息进行相关的分析并指导制定策略。但是,分散式的财务组织严重制约了财务人员对一线经营单位的支持能力,也不利于财务协助制定和推进企业集团战略。

共享服务最早是由美国福特企业集团于20世纪80年代初建立,80年代末期,杜邦企业集团和通用电气企业集团也相继建立了共享服务中心。20世纪90年代,美国的大型跨国集团如福特、通用、杜邦、惠普等纷纷实行集团财务共享服务。此时的财务共享服务主要应用于财务与会计方面,为集团提供会计核算和财务分析相关内容,其主要目的是加强企业集团整体的管控。随着全球化的发展,市场竞争愈加激烈,企业集团的财务共享服务也由成本中心逐步转变为利润中心,通过与企业集团签订服务协议,确定服务内容,根据服务难易度及工作量进行收费,从而实现自身角色转变。财务共享服务模式将一部分现有的经营职能汇总到一个新的半自主业务单元的合作战略,这个业务单元设有专门的管理机构,其目的是提高效率、创造价值、节约成本以及提高对内部客户的服务质量。

企业财务共享服务中心(Finance Shared Service Center,FSSC)的服务内容主要可以分为三大类:一是交易处理,主要包括应收账款、应付账款、费用报销、总账和报表、职工薪酬、固定资产；二是管理控制，主要包括资金管理、报告提供、管理报告、内部控制；三是决策支持，主要包括预算管理、成本控制、投融资分析、战略规划等。通过对已经应用财务共享服务模式的企业集团的数据进行分析，发现在财务业务流程中应用最广泛的业务依次是应收、应付款项，总账核算、固定资产账务及卡片，薪酬核算管理以及日常费用报销等，并随着信息水平的提升，纳入财务共享服务的业务流程继续呈扩张趋势。

在中国，随着越来越多本土企业集团的规模化与全球化，使我国企业集团经营管理效率的重要性不断凸显，财务管理的弱化问题不断显现。诸如成本不断增加、财务风险不断提升、管控难度进一步加大、各方利益受到挑战、服务质量难以提升、财务工作效率低下等问题，严重制约了我国企业集团的持续、健康、快速发展，共享服务的优势日益得到认可，并逐渐开始在中国企业集团中落地生根。从 2005 年开始，越来越多的中国企业集团筹建并实施财务共享服务。中国企业集团的财务共享服务之路颠覆了传统财务的工作方式，对财务流程和处理效率进行了质的改变，并正在进行积极的探索。财务共享服务的实施可以使企业集团获益，如降低成本、提高服务质量与运营效率、加强风险管控、提高企业集团竞争力、促进产业结构升级和组织变革，以及支撑全球化战略实施等。

第二节　财务共享服务的概念与特征

一、财务共享服务的概念

共享服务是管理领域的变革和创新，借助信息技术，以顾客需求为导向，根据市场价格和服务水平协议，为企业内部各业务单位及外部企业提供专业化的共享服务，通过将企业集团分散式进行的某些重复性业务整合到共享服务中心进行处理，以促进企业集团各业务单位资源专注于自身的核心业务，创建和保持长期竞争优势，并达到整合资源、降低成本、提高效率、提高客户满意度等目的。共享服务的范围包括财务管理、资金管理、人力资源、信息管理、法律咨询、市场营销、采购研发等。

财务共享服务中心是将不同国家、地点的实体会计业务拿到一个 SSC(共享服务中心)来记账和报告，这样做的好处是保证了会计记录和报告的规范、结构统一，而且由于不需要在每个公司和办事处都设会计，节省了系统和人工成本。作为一种新的财务管理模式，财务共享服务正在许多跨国公司和国内大型集团公司中兴起与推广。财务共享服务中心是企业集中共享式管理模式在财务管理上的最新应用，其目的在于通过一种有效的运作模式来解决跨国企业和大型集团公司财务职能建设中重复投入和效率低下的弊端，将集团不同地区和不同行业分公司的某些事务性的功能集中处理，以实现规模效应、降低运作成本、提高财务管理水平与效率、支持企业集团的发展战略、向外界提供商业化服务等功能。

按照国际财务共享服务管理协会(IFSS)的标准定义，财务共享服务中心是基于信息技术，以市场视角为内外客户提供专业化财务信息服务的财务管理模式，是网络经济与企业集团管理共享思想在财务领域的最新应用。财务共享服务秉承了共享服务的主要特点，差别就在于财务共享服务的原材料是财务，它将易于标准化的财务工作进行流程再造与标准化，并由财务共享服务中心统一对其进行处理。另一方面，财务共享服务中心将存在于不同组织、部门中的同类职能集中于一个独立的或半独立的新组织内，新组织有着明确的管理职能，负责为母企业集团的内部顾客提供高效低耗、价值创造的财务服务，以更优质的专业服务提升集团财务管理水平，从而给集团带来新的价值增长空间。

财务共享服务与传统意义上简单的财务集中是很有差异的：简单的财务集中是将各区域经营单位的财务职能集中到集团财务部来，但是它仍具有职能部门的管理决策职能，并按照详细的会计核算职能进行管理；财务共享服务模式则是依托于内部服务水平协议进行运作，它不是集团职能部门，而是自负盈亏的经营单元，为集团管理决策层提供信息支撑，按照业务循环对财务共享服务中心进行管理。

二、财务共享服务的特征

根据财务共享服务中心的来源与定义，财务共享服务中心对不同的企业来说具有一定的适用性。企业建立财务共享服务中心需要考虑自己是否合适，可以从以下几个方面考虑：第一，企业达到一定的规模，拥有多家跨地域或跨国的分支机构，需要解决集团内部共性财务机构重复建设且运行成本与效率失衡的问题；第二，每个分支机构的财务事务能够按统一的规则和流程处理，可复制、可批量处理；第三，企业经营相对单一，在多元化经营企业中，因核算准则不同，可考虑按行业提供财务共享服务；第四，重组、并购、变革比较频繁的企业在建立新业务、扩大企业规模时，可以大大降低管理难度，促进新业务的快速整合；第五，集团在对分支机构实行财务和资金的集权管理时，不受相关法规制约；第六，总部有集中财务管理的需求，要求强化分支机构管控；第七，企业对风险管理的要求较高，追求流程的科学、标准化以及制度的强有力执行。

财务共享服务中心为企业的财务转型提供了强有力的基础和支撑，这也是由财务共享服务中心的特点所决定的。财务共享服务中心的特点主要包括专业性、规模性、统一性、服务性、协调性、技术性等，具体表现在以下几个方面：(1)专业性：共享服务中心用专业化的知识和人员，通过专业分工为客户提供专业化的共享服务。(2)规模性：通过合并以前一致性非常差和迥异的业务活动来形成规模经济，从而降低企业交易成本。(3)统一性：对集中起来的业务建立统一的操作模式，运作统一的流程，执行统一的标准，以减低管理成本和扩张规模。(4)服务性：为集团公司内部客户服务，以提高客户满意度为宗旨，并按照事先签订的协议收费。(5)协调性：通过签订服务水平协议，界定共享服务中心与企业内部客户的实际关系，明确提供的服务、时间期限和质量标准等。(6)技术性：共享服务中心依赖高效率的、能覆盖整个公司范围的、高度集成的软件系统和电子通信技术。

第三节　财务共享服务的范围与模式

一、财务共享服务的范围

财务共享服务是将分散在企业不同业务单位的资源、业务整合到一起，采用相同的运作模式、业务流程和规则，这就要求这些业务必须是可以或容易进行标准化的业务，这也是适用共享服务模式的一个条件，而高附加值的财务活动通常不适合共享。一般来讲，财务共享服务模式主要适用于大型跨国企业、跨地区企业，因为这样的企业规模比较大。第一，将各业务单位的非核心业务整合到共享服务中心可以大大减少业务人员数量，降低人力成本；第二，各业务单位的非核心业务整合后有利于快速统一服务标准、行为方式、业务规则等，继而大大提高效率和标准化程度，形成规模经济，间接降低企业成本；第三，共享服务中心还适用于那些重组、并购、变革比较频繁的企业。由于企业的后台支撑部门都整合到共享服务中心处理，所以企业在建立新业务、扩大企业规模时，不必考虑为新业务、新业务单位建立财务、人力资源等支撑职能。这样，既可以大大降低管理难度，也能促进新业务的快速整合。

如果一个业务在企业是基于控制要求的，并且执行业务管理职能，一般情况下属于企业集团财务部的业务范围。如果一个业务是决策支持或业务竞争相关的，一般情况下属于企业业务单元的业务范围。如果一个业务在多个业务单元都有相同的功能以及标准的流程，那么可以交给财务共享服务中心处理，也可以纳入其业务范围。基于以上分析，诸如应付账款、应收账款、固定资产、总账、费用报销、资金结算等业务一般具有重复性、标准化等特征，最容易在财务共享服务中心实现，并能提高效率、降低成本、加强管控。

二、财务共享服务的模式

企业建立财务共享服务中心都有自己的建设目标，因此，每个企业选择建立的财务共享服务中心的模式也是不一样的。广义的模式主要包括全球中心、区域中心和专长中心。全球中心要求最大范围对流程实现标准化、规范化和简单化，但个别流程很难适应全球中心标准化的要求，对这类流程需要根据不同区域和不同业务等条件单独管理。在规模效应上，全球中心可以最充分、最全面地实现规模经济性。这种全球共享模式需要一个完整的信息系统支持，并且对财务人员语言、准则等要求较高，同时也受到全球会计准则、税务、法规的影响，管理难度相对较高。区域中心可以根据当地的业务要求设计相对应的流程。在规模效应上，区域中心相对较为充分地实现规模经济性。这种区域共享模式不一定需要一个完整的信息系统支持，对地区性的会计制度能够较容易地适应和调整，同时也受到各个区域会计准则、税务、法规的影响，管理难度上相对容易。专长中心可以将单个或者一类相关流程在全球内得到标准化。在规模效应上，专长中心相对较为充分地实现规模经济性。这种专业共享模式不一定需要一个完整的信息系统支持，对各个专业流程可以培养各种职能的专家，同时也受到全球会计准则、税务、法规的影响，管理难度上相对容易。

根据企业业务类型，财务共享服务中心的模式也有多种可能。

第一，如果企业业务较单一，企业总部可以牵头并主持共享中心建设所有的具体工作，各业务单元配合进行。企业总部制定财务共享服务中心总体规划路径，组织并负责实施与推广，各业务单元在企业总部的统一领导下，全力配合财务共享服务中心的建设工作。

第二，如果企业业务较单一，或各业务相关程度高，企业的业务单元首先进行试点，企业总部负责统一并融合。企业总部在各业务单元分别选出几家试点单位，各业务单元试点单位分别建设各自的财务共享服务中心。之后，由企业总部根据各家试点单位的建设成果，组织专人统一分析、提炼，形成企业统一的财务共享服务中心模式，并指导各板块其他成员单位进行推广与优化。

第三，如果企业业务相关多元，企业总部可以首先制定相关财务共享服务中心的规范，各业务单元随后分别实施财务共享服务中心。企业总部先行出台整体财务共享服务中心的规划和指引，包括组织规划、业务模式、服务机制、信息系统、制度体系等。各业务单元遵循企业总部的规范，并结合各自的具体业务特征，自行建设财务共享服务中心。

第四，如果企业业务非相关多元，企业总部可以将不受业务影响的财务工作建设为一级财务共享服务中心，将各业务单元建设为二级财务共享服务中心。企业总部建立一级财务共享服务中心，将各业务单元具有共性的或易于集中的业务进行共享，例如费用报销、资金结算等。各板块将剩余交易处理业务进行共享，形成二级财务共享服务中心，例如应收、应付款项等。二级财务共享服务中心与一级财务共享服务中心具有行政汇报关系。

第四节　财务共享服务的建设与运营

一、财务共享服务的建设

随着全球市场竞争激烈程度的不断加强，以及信息技术革新频率的加快，财务转型面临的困难越来越多。财务共享服务作为财务领域的重大变革，是一次观念再造、流程再造、组织再造、人员再造、系统再造，实施财务共享，企业真正实现了优化组织结构、规范流程、提升效率、降低成本、创造价值的目的。

企业建立财务共享服务需要一个规范、完备的方法论来支撑整个项目的构造与搭建，财务共享服务方法论是指在财务共享服务发展各阶段所包含的关键影响因素及各关键因素间的相互关系所构成的组合。财务共享服务方法论的全过程主要包括项目启动、战略规划与现状评估、财务共享服务设计与规划、财务共享服务实施与落地、稳定运行与持续优化。对财务共享服务建设的方法论进行细分，主要包含以下几个方面，即战略规划、流程设计、组织人力、信息系统、运营管理（详见后续“财务共享服务的运营”内容）等，如图 3－1 所示。财务共享服务的战略规划处于方法论的统领位置；流程设计、组织人力、信息系统和运营管理如同财务共享服务方法论的四根支柱，支撑起了整个方法论的实体，为财务共享服务的实施奠定基础。

（一）战略规划

战略规划是以企业整体经营战略为基础，制定和实施财务共享服务中心未来工作的战略目标，并根据实现目标的发展轨迹进行总体性、指导性谋划。战略规划是建立财务共享服务中心的首要任务，决定了其他内部工作的方向和实施，对共享服务中心的发展具有至关重要的意义。作为整个财务共享服务中心的灵魂和主干，战略规划的工作主要由战略目标选择、战略结构选择和战略职能规划三个方面组成。

财务共享服务中心的战略目标选择是战略规划的核心和重要环节，它指明了建设财务共享服务中心在今后较长时期内的努力方向。战略目标是指企业战略经营过程中想要达到的市场竞争地位和管理绩效。战略目标不是唯一的，不同的企业面临不同的内、外部环境，处于不同的发展阶段，所选择的财务共享服务中心的战略目标也会有不同的侧重点，这就需要企业对当前的市场环境和生产经营状况做出判断。一般来说，企业建立财务共享服务中心的战略目标可以分为三类：降低成本、控制风险和推动企业转型。

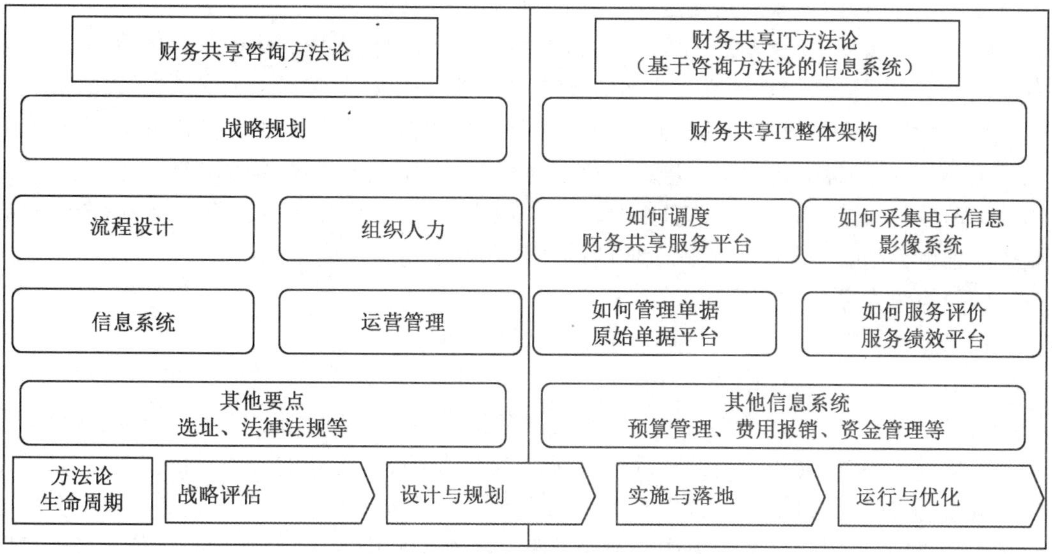

图3—1　财务共享服务建设方法论

财务共享服务中心的战略结构选择是根据战略目标，对财务共享服务中心的客户服务领域进行结构性的定位规划。不同的战略结构会对财务共享服务中心的业务与管理程度产生根本性差异。根据服务领域的不同，战略结构选择主要分为全球中心、区域中心和专长中心三种结构模式。全球中心是指构建一个全球性共享服务中心，将企业全球范围内的业务流程标准化、规范化处理，服务于各业务单位。区域中心是指建立多个区域性共享服务中心，将某些业务流程集中至某个业务区域共享服务中心处理。专长中心是指以业务流程为标准，基于不同的业务流程建立相应的专业性共享服务中心。

财务共享服务中心的战略职能规划是对企业财务共享服务中心的服务模式和职能地位进行清晰的界定。随着市场环境的变化与企业的发展，财务工作从分散到集中，随后进入共享，再到市场化财务外包，共享中心的战略职能定位也在发生着变化，总体概括为三个主要的发展阶段：企业内部职能部门、独立运营责任主体、成为营利组织。

（二）流程设计

流程是由一系列连续的过程组成，按照一种标准化、规律化的方式，将业务输入转化成为客户带来增值的输出，不断地往复循环、相互关联且相互作用。一个完整的流程，一般由输入、活动、活动的相互关系、输出、客户和价值这六大要素组成。流程是以满足企业环境及客户需求为导向而设计的，它服务于企业战略，通过标准化的操作步骤将企业内部重复性高、易于标准化的业务进行改造，集中到共享服务中心进行处理，以批量处理的规模效应来提升效率，增强流程总体客户满意度。

流程管理是一个不断改进的过程，它以规范化地构造端到端的卓越业务流程为中心，围绕客户需求，进行时刻跟踪、反馈和持续优化，进而达到提升企业的流程绩效及竞争优势的目的。流程管理面向客户目标需要的流程，成功的流程离不开流程管理的不断改善和持续优化。因此，流程管理需要从企业的实际情况出发，随着内、外部环境及客户需求的变化而不断优化，使流程始终保持其先进性，提高企业的运行效益。

财务共享服务中心作为一个独立运营的组织，它希望从流程优化中获取价值，并在实施专业化分工上从流程管理中获得收益。财务共享服务模式与传统会计工作模式的最大不同，很大程度上来源于它对流程的优化，将企业传统的会计部门转型为服务组织，实施专业化分工，把一系列标准化的流程进行流水线运作，从本质上改善财务运作能力，解决财务工作的烦琐性，释放内部组织和财务人员的工作压力，赋予新的职能。同时，传统的会计核算业务流程也会随着企业工作模式及职能的变化而发生新的变化。

（三）组织人力

1. 组织

作为一个新兴的组织形式，财务共享服务中心可以承担传统财务会计的一切基础性工作，可将核查原始单据、制作会计凭证、编制财务报表等可标准化工作进行业务流程化运作和专业化分工，减少财务人员的烦琐性工作。由于其定位为专业的服务提供部门，且其工作模式流程化，使得其组织模式有别于传统的业务部门组织。因此，在建立财务共享服务中心的时候，需要明确财务共享服务中心在企业整个组织架构中的位置，即需要定位财务共享服务中心与集团总部财务、成员公司财务之间的隶属或平行关系。

财务共享服务中心内部组织结构的选择，是由共享服务中心的战略定位和战略职能决定的。在企业发展的不同阶段，战略定位和职能定位的不同，决定了财务共享服务中心在内部组织形式、分工和人员管理上的差异，应依照客户需求和经营情况适时选择合适的结构模式。一般来说，财务共享服务中心内部组织可按职能划分、按区域划分、按产品划分、按客户划分。

2. 人力

确定财务共享服务中心组织模式后，就涉及人员管理问题。人员管理是指在财务共享服务中心的战略下，根据企业的业务发展需要，对各业务单元进行人员配置，有针对性地进行岗位设置与人员编制测算，做到适人适岗。财务共享服务中心作为一个多学科融合的组织，将人员培训与共享中心的知识体系相匹配，注重人才培养和知识共享，为员工树立了综合性的学习人才发展目标，设计了完备的职业发展通道，提供了有前途的开发平台。共享服务中心在不同的发展阶段，对员工要求的能力也不一样。在对员工进行培训时，应与发展阶段相符合。同时，对不同背景的员工，应建立更有针对性的培训体系。培训内容不应只关注专业技能和管理能力等方面，人际关系氛围和组织文化理念也是培训中不可忽视的部分。通过培训，不仅要让员工的专业能力得到提升，更要让员工充分理解财务共享服务给企业带来的巨大经济效益和便利，使得员工更加积极地参与到企业财务共享服务的建设中，有助于企业财务共享服务更好地运行。

在设置人员岗位时，需要考虑三个主要因素：岗位与技能相匹配、岗位与素质相匹配、岗位与空间相匹配。从岗位设置上可以看出，财务共享服务中心的人员可以分为两大类：一是从事具体业务操作的运营业务人员；二是从事运营管理和共享服务支撑的运营管理人员。运营业务人员是面对客户提供服务的直接工作者，一般从事财务共享服务中心流程化的作业，工作重复性、标准化程度高，人员要求较低；运营管理人员是财务共享服务中心运作的核心力量，业务类型多样，工作复杂程度高，对人员的学习创新能力要求高。这两类人员存在着较大的差异，应针对其各自的特点进行差异化管理。

（四）信息系统

财务共享服务中心的建立以一个完整的管理信息系统作为保障。一方面，信息技术的有效应用可以满足客户的需要，实现企业信息流的交互相通；另一方面，财务共享中心需要信息技术的支持，没有系统化的信息平台，财务工作就很难为跨地区的业务单元提供远程服务，更不可能实现信息交互和服务交付。因此，信息系统的建设，可以很大程度上发挥信息技术对共享中心的有效支撑，推动财务效率的提升。

财务共享服务不仅是一种管理模式，还是创新技术的融合体，信息系统作为实施财务共享服务工作的关键，优化财务工作，财务共享中心的服务效率、质量和管理效益得以显现。在共享项目实施前，尽管很多企业和集团已经通过很多系统技术将财务业务电算化，但各项技术单独应用，缺少有效的统筹实施和整合，使得系统间的协同效应很难发挥。财务共享服务中心的建立，将所有独立的信息系统整合优化，创建战略财务、业务财务和共享财务三位一体的财务管理模式，加强信息技术与财务数据的有机整合，实现信息流的互联互通，发挥系统间的协同效应。

在财务共享服务的整合信息系统中，企业资源计划（ERP）、影像管理、网络报销和银企互联等系统及技术是主要贡献的组成部分。财务共享服务中心需要强大的信息系统支持，建立一个良好的财务共享信息化平台尤为重要，将信息化平台进行统一搭建和整合，实现共享服务的技术基础和先决条件。只有在信息系统的支撑下，利用新兴的 IT 技术，将所有的业务通过电子化流程进行处理，实现跨地区的业务处理和信息管理，才能有效提高财务管理的控制力，使财务共享中心更好地为客户服务。

二、财务共享服务的运营

一个具有优势的组织，其产生从来不是由某一特定因素决定，而是由战略、营销、资本运作、人力资源、组织架构等多方面因素协同作用决定的。正因为运营管理体系的构建，才使这些成功因素得以结合，发挥出良好的整体效果。财务共享服务中心的运营管理是针对共享服务中心这一全新的组织形式进行搭建的运营管理体系，通过对各个维度的管理建设，协调组织活动并持续优化，使得共享中心更加有序规范地运行。

财务共享服务中心的运营管理应遵循相关的设计原则。第一，明确财务共享服务中心职能及管理目标。明确财务共享服务中心在企业组织中的职能定位，以及实现的期望值，为制定的体系指引方向。第二，分析影响财务共享服务中心成功运作的关键因素。对现有状况进行详细分析，把握项目实施的关键因素，如工作质量、时效、服务等，并依据分析情况制定相关管理制度。第三，结合内部组织架构及职能设计。结合财务共享服务中心的组织架构和人员设置，明确和划分制度的执行与管理责任。第四，梳理与其他制度的关系和层次。通过梳理运营管理制度与其他制度的关系和层次，避免制度间要求矛盾或执行重复，减少管理的盲点。

一个较为完备的运营管理体系架构，包括共享服务中心的目标管理、人员管理、质量管理、知识管理、服务管理、绩效管理和制度管理等。目标管理决定着财务共享服务中心的管理导向，是开展其他管理活动的基础。人员管理需要周期性地对财务共享服务中心的财务人员进行职业指导和培训，以不断提升员工的专业水平，更好地为企业提供财务服务。质量管理通过联系实际情况，因地制宜地建立质量管理体系，来保障产品输出过程的完整、可靠。知识管理是对共享服务中心的知识进行创造、确认、收集、存储、分享和使用，形成一套完整的知识体系。服务管理是共享服务中心员工对外服务效果、服务能力、服务时限、服务态度等服务质量工作的管控与提升过程。绩效管理涉及运营管理的方方面面，通过多个维度对企业运营管理的人员绩效、工作绩效进行评价。制度管理包含对财务共享服务中心制度的规划、梳理、编写、持续优化等内容。财务共享服务中心通过这些管理活动对企业日常业务进行评测，不断检查执行效果，发现问题并解决问题，推动共享服务中心有序、规范地运行。

（一）目标管理

通过财务共享服务中心的目标管理，可以得出衡量财务共享服务中心组织活动成效的标准，这也是绩效管理的前提。在财务共享服务中心的不同阶段，目标会有不同偏重。

常见的财务共享服务中心的目标管理主要包括：

1. 提高业务处理效率

关注全业务流程的效率提升，节约处理时间，缩短处理周期，提高单位时间的票据处理数量，降低运营成本，关注价值链上的成本控制。

2. 提升会计信息质量

关注流程中的各个风险点，制定操作手册，规范员工操作，减少会计核算人员的主观判断和自由裁量空间，通过系统审核降低违规、错误数量，提高核算制度和业务规则的遵从度。

3. 满足客户需求

关注内部客户的满意度，关注价值链上的满意度提升。减少财务系统和业务系统中的断点，提升系统运行效率，减少业财不一致与冲突。

4. 成功实现传统财务向财务共享的转型

企业落实财务共享中心的组建，搭建财务共享系统平台，实现从业务制单、审核到财务凭证生成的系统自动化处理，实现包括核算管理、费用报销管理、往来账管理、资金管理、资产管理、税务管理、预算管理、会计报告等在内的流程优化。升级和改造财务系统，融合先进的软件自动化技术，在财务系统的基础上，通过重新定义财务人员工作，实现财务管理的专业化、标准化、流程化、自动化、智能化，使现有的会计核算人员能够从繁重、枯燥且低价值的事务中解放出来，转而专注于高价值的创造，真正实现从基础会计转型为管理会计。通过统一核算制度、标准化流程，提高财务核算效率。财务转型的成功与否，是财务共享服务中心建设目标是否完成的首要考量因素。

5. 为企业价值创造赋能

通过财务共享服务的建设和运营，实现为企业管理创造新价值，促进企业高质量发展是本项目的终极目标。要把财务共享的作用发挥到实处，把建设目标统一到为企业价值创造、高质量发展赋能上来。通过财务共享系统建设来提升财务会计工作的运行效率，提升会计信息的真实性、及时性和有用性。在此基础上，以建设财务共享系统为契机，积极探索构建公司层面控制管理的战略财务、全价值链财务管理支持的业务财务、以交易处理为主的共享财务“三位一体”的财务管理新体系，为业务部门提升经营效益赋能，为管理决策提供智能化决策支持。

(二)人员管理

财务共享服务中心人员管理的目标:有效发挥员工的最大价值,将人员管理形成良性循环。财务共享服务中心通过选人、育人、用人、留人、输送人才等方面进行人员管理。在选人管理上,共享服务中心通过与企业战略相匹配的社会招聘,以及符合岗位需求的企业内部人员转岗,选拔人才。在育人管理方面,针对不同教育程度和能力的员工进行差异化培训,通过财务共享知识类培训和实操培训,提升员工的整体质量水平。在用人管理上,将员工技能与岗位需求相匹配,以流动式的岗位调整培养复合型人才,利用绩效考评对员工进行激励。在留人管理方面,对员工进行人性化管理,给予员工关心,让员工个性化发展,并提供给员工有利的薪酬福利。在输送人才管理方面,财务共享服务中心可以将培育的管理人才输送至服务中心或控股参股企业。

财务共享中心需要员工具备较强的综合能力,主要包括以下 5 个方面:一是沟通和协调能力,要能够准确清晰地将信息通过口头或书面等形式表达出来,能够理解对方的诉求,高效地进行双向沟通,协调各方完成任务。二是客服意识与能力,要能够重视客户的需求和满意度,并发掘和满足客户的需求。三是内控和合规意识,要能够遵循既定的内控程序进行工作,使各项业务满足各项规定的要求。四是业务分析能力,要能够运用筛选、对比等分析技术,对会计信息和数据进行分析,以发现其内含的问题和逻辑关系等。五是财务软件应用能力,包括财务信息系统的应用能力,以及熟练使用 Office 等相关软件。

财务共享中心的员工晋升方式主要有两种,即管理路线和专业技术路线。通过员工在日常工作中的学习和积累,找到适合员工的晋升路线,以实现人员多路线的晋升和岗位调整,使得员工学习的知识和积累的经验更加多元化。财务共享服务中心从新员工和业务人员开始:管理路线从业务组长开始,再到财务共享服务中心的副主任和主任、集团财务总监等职务;专业技术路线从业务骨干开始,然后是财务共享服务中心的高级业务骨干、业务专家、资深专家等职务。

(三)质量管理

财务共享服务中心作为一个运营实体,通过外部输入大量的业务数据到中心进行处理,形成服务产品。基于业务处理的运营模式下,共享服务中心需要通过加强质量管理来保障产品输出过程的安全可靠。财务共享服务中心可以基于 PDCA 的全面质量管理体系来建立质量管理体系。

全面质量管理是以产品质量为核心、提供满足客户需求的产品而建立的科学高效的质量体系。它和传统的质量管理方法不同,是质量管理向科学化、合理化、群众化发展的产物,不仅在单纯业务方法、具体工作内容、管理职能范围方面发生变化,还在质量管理思想、目的和整个管理组织方面都发生了变化。全面质量管理的基本方法为“一个过程,四个阶段,八个步骤,数理统计方法”。

一个过程,即企业管理是一个过程。企业在不同的发展阶段,应制定不同的目标,完成不同的任务。企业的每项生产经营活动,都有一个产生、形成、实施和验证的过程。四个阶段,简称 PDCA 循环,即“计划—执行—检查—处理”四阶段的循环模式。八个步骤,是为了解决和改进质量问题,将四个阶段具体划分为八个步骤。

1. 计划阶段

计划阶段：明确企业现阶段状况，对存在的质量问题及成因进行详细分析，找出影响质量的主要因素，有针对性地制定计划和措施。

计划阶段是指在生产阶段前，财务共享服务中心进行市场调研、业务研究和服务产品设计等一系列准备工作的质量管理，确定质量目标与计划、管理项目和拟定措施。该阶段可分为四个步骤：(1)分析质量现状，找出存在的质量问题；(2)针对性地分析每个质量问题的成因和影响因素；(3)从各种原因中找出影响质量的主要原因；(4)针对影响质量的主要原因来制定相应对策，拟定管理、技术和组织措施，提出执行计划和预期效果。

2. 执行阶段

执行阶段：执行计划，落实措施。

执行计划是管理过程的第五个步骤，财务共享服务中心人员按预定目标、计划、措施及分工，来执行实现的过程。产品中试在该阶段进行，财务共享服务中心在初步设计后，对产品作初步研究并对初步设计进行优化，最后形成标准产品用于转产。通过中试，专业人员对客户情况进行详细分析后，按初步形成的方案对项目进行试运行，待项目稳定后并标准化，转移到集团的业务单位进行项目的后续处理。中试是财务共享服务中心接纳一个企业业务的关键阶段，该阶段的质量对移交业务部门有着至关重要的意义。

3. 检查阶段

检查阶段：检查计划的实施情况。

检查阶段主要是检查计划的实施情况，借助一些技术方法来检测信息的质量特征，并与原有的技术标准进行对比，判断是否合格。它是第六个步骤，财务共享服务中心的运行离不开检查，质量管理也需要检查这一重要组成阶段。在质量管理中，检查不仅是对工作的事后把关，而且需要发现反映质量问题的关键因素，为预防质量问题做准备。制造阶段不仅需要检查，信息质量形成的整个过程也需要不断检查来进行持续优化。

在财务共享服务中心里，检查一般包含对票据、对账单、合同等原始单据的输入检查，对原始资料和财务数据的输入检查，以预防因为原始输入的错误导致错误的输出。对于不合格的原始资料，一般都需要和客户积极地沟通，让客户重新提供或修改数据；在产生信息的过程中，每道工序都要检查，监督整个信息流，防止形成下一道工序前的错误；对于财务信息的输出也要进行严格的检查，防止将不合格的信息流入客户。检查是全面质量管理的关键要口，为质量分析和监督控制提供大量原始准确的数据起到至关重要的作用。

4. 处理阶段

处理阶段：总结经验，优化成绩，工作结果标准化；提出未解决的问题，转入下一个循环。

处理阶段包括第七个步骤和第八个步骤。第七个步骤，总结经验，对出现的问题加以解决并优化成果，将经验和教训标准化地纳入制度中。通过不断优化共享服务中心的制度和流程，最终实现标准化，提高服务的效率。第八个步骤，将尚未解决的问题进行处理，转入下一个循环。一个 PDCA 循环不可能解决所有的问题，遗留下来的问题会自动转入下一个循环，为下一个阶段的制定与实施提供依据。随着 PDCA 不断往复地循环，使得财务共享服务中心的质量也在循环中持续提升，为客户提供高效率、高满意度的服务。

财务共享服务中心的质量管理体系主要包括设定控制目标、设定控制方法、设定控制路径。控制目标主要是根据事后发现的流程风险，对事前的流程闭环进行优化。设定控制方法是指对流程中每个节点的质量风险加以识别，设置相对应的控制方法，并采取抽检方式进行复核，以保障业务质量。其控制路径是进行积极的风险预警来改善业务端，并升级信息化平台和调整业务流程。

财务共享服务中心进行业务处理的全程都离不开质量管理工作，其范围主要包括账务处理、审批流，以及相关资料的真实性、准确性和完整性。质量管理通过过程监督和事后监控这两个阶段进行全程检测。过程监督是对业务处理的过程进行监督。例如，费用复核岗对费用稽核岗审批通过的单据进行再次核对，重点检查大量金额的业务单据，若发现错误，再审核退单，按照退单率对费用稽核岗进行质量考核；再如，在每月中旬总账报表岗空闲时，通过财务共享平台质量抽检模块对单据进行抽样检查，若发现错误，通知相应总账报表会计发起调账申请，并记录对稽核岗和复核岗的质量考核。事后监控可以是内部审计团队定期或不定期对各公司进行审计，若发现错误，通知相应总账报表会计发起调账申请，并在系统记录对稽核岗、复核岗及总账报表岗的质量考核；也可以是外部审计团队进行账务审计，若发现错误，通知对应的对接财务人员，由相应总账报表会计发起调账申请，并在系统记录对稽核岗、复核岗及总账报表岗的质量考核。

(四)知识管理

财务共享服务中心从建设到运行的过程中会形成很多不同的规范、制度、标准等材料，这部分材料是财务共享服务中心业务准则不可或缺的组成部分，那么具备一条高效便捷的途径为相关财务人员提供这部分知识就显得尤为重要。财务共享服务中心知识库的建设正是为了满足这一强烈需求。

建立一个学习型财务组织，并进行有效的知识管理，对组织知识的培育与发展有着十分积极的促进作用。任何一个组织的持续发展都脱离不了对知识的灵活掌握和运用，然而在大部分实操情况下，整个组织的知识是非系统化的，甚至很多非系统化知识在组织内部只掌握在少数个人手中，存在“心领神会”却无法继承分享的情况。不难发现，这类知识普遍存在没有载体、不能保存、不易于学习的弊端，不能有效地为组织创造价值。试想如果组织成员掌握的知识和技能不能在组织内部加以提炼并有效共享，那么富有创造价值和附加价值的知识将有可能流失掉，或者组织将要为此类知识付出更高的成本。显然，这种情况的出现并不是企业或组织乐意见到的。知识管理就在这种背景下应运而生了。

知识管理是有目的、有意识地对知识进行高效管理，从而促进有用的知识在组织内部成员之间得到不断的流通与优化，逐渐发展演变成一套具有企业自身特性的系统化知识体系，最终达成加强组织沟通、增进组织绩效、知识创造价值的目的。而对于财务共享服务中心来说，知识管理正是有意识、有目的地将日常所需知识和经验进行提取、归纳以及整理，对知识的发展方向加以引导的过程。财务共享中心鼓励成员在工作中汲取经验，不断学习与创新，形成信任合作、分享交流的文化氛围，共同建立一套完整的财务共享相关知识体系，进而将财务共享服务中心建设为知识型组织。

1. 知识管理组织

通常情况下，可以考虑在整个财务共享服务中心设立知识管理组织。该组织分为推动层、支撑层和执行层。

推动层通常为财务共享服务中心的管理层，他们在知识管理中的作用主要是推动知识管理的普及与落实，使财务共享服务中心能够形成一种自上而下推动知识管理的环境和氛围。推动层在整个知识管理过程中的工作量不大，甚至难以接触知识管理的具体业务，却能起到决定性的战略作用，决定知识管理的前景和方向。

支撑层处于知识管理组织中的核心地位，在整个知识管理组织中起到承上启下的作用。在推动战略大方向的指引下，支撑层的工作人员必须根据财务共享服务中心的规模和需求设置具体的功能区块，考虑各个区块的职能和人数。就支撑层内部组织结构来说，支撑层的知识经理有着举足轻重的地位，其主要负责整个知识体系初期的方案设计、中期的实施以及后期的维护。

知识管理服务的对象是财务共享服务中心的每个员工，所以知识管理组织中的执行层通常情况下是由各个项目组人员兼职从事的。如果知识管理的建设脱离了与每个员工息息相关的基层环境，那么知识管理最终也将无法落到实处。因此，从每个项目组中选拔基层知识经理作为执行层的"决策者"，将对知识管理在基层组织中推广起到积极作用。执行层的知识经理负责将上层知识经理的任务进行分解与分配，并与项目组中的成员保持充分沟通，及时将知识管理发展的动向告知大家，同时收集基层意见、观察基层表现，使管理层与基层实现无缝沟通，进而让组织内每一个人从心底里认同和接受知识管理。

建立层级形态的知识管理组织对财务共享服务中心知识体系后期建设有着积极的意义，一个结构合理的组织形式必能为后期财务共享中心顺利落地奠定坚实的基础。

2. 知识分享的文化和价值观

建立信任与合作的价值文化以及行之有效的内部控制，是财务共享服务中心建立起知识型组织文化的必要条件。其为财务共享服务中心的员工搭建了知识沟通的桥梁，营造了尊重知识和鼓励创新的文化氛围。鼓励每个员工都持续保持学习的状态，丰富自身文化涵养，敢于在现有知识的基础上推动创新，创造新的价值文化。

3. 专家网络体系

组建专家网络体系，其必须同时具备外部研究型专家与内部经验型专家。研究型专家主要从外界引入，如财务共享研究领域的高校科研人员以及从事财务共享服务领域的专家学者、咨询顾问等。经验型专家主要从内部产生，如财务共享服务中心经验丰富的业务骨干等。专家网络体系运行的目的就是通过利用专家进行协同工作，从而实现专家知识的有效利用和知识创新。与此同时，专家对于财务共享中心运行过程中的各类疑难问题的解答可以成为日后同类问题参考的案例，甚至进入知识库，极大方便了财务共享中心财务人员学习、研读、参考，提高了日后处理类似事务的高效性和准确性。同时可以借助专家对财务共享服务中心的现成知识进行提炼与升华，构建一套专业的知识体系，帮助财务共享服务中心的知识实现网络联结化。

4. 知识库

知识数据库是知识管理的基础建设。通过筛选、分析财务共享服务中心的内部数据、文件、档案，从中提取精华，经过提炼、编撰，融合成与财务共享中心相关可用的知识，并将其整理、归类，最后储存于财务共享服务中心内部的数据库中。通过将内部非体系化的知识系统化，使得共享服务中心每一位成员都能更容易、更准确、更高效地从数据库中获取所需的知识。组织内部员工也可以通过其他外部途径，如参加财务共享交流会议、高校最新财务共享理论演讲等，获取、分享或传递相关系统化知识，进而推动知识的创新。总而言之，知识数据库是对全体员工知识的高度汇总，是知识管理的基础建设。

5. 社区讨论

知识管理方法的核心在于“创造一个开放、自由、活泼的空间”。与知识数据库最大的不同点在于，其不拘泥于特定的氛围或者环境，适用于非系统化知识分享与传播。非系统化知识普遍具备难以表述和操作的属性，极大可能使得学习者被动接收到错误的知识，并且系统化知识的传递渠道可能对此类知识的传播不适用，因此，只有将系统化与非系统化知识的管理方法区分开，并结合各自知识属性，才能保证各类知识有所侧重地发展。企业必须为财务共享服务中心的成员营造一个非正式的讨论空间，促进员工分享工作经验。

6. 对外沟通

对外沟通是财务共享服务中心提升知识水平的一个有效途径。财务共享服务中心知识的来源不应仅仅局限于企业内部或者专业书籍，开拓外部途径更加利于组织内部知识管理与积累。如定期举办同行企业间或相关学者、咨询顾问间知识技术交流会议等，一定程度上帮助企业扩大视野，可以了解市场行情的最新动向并及时据此调整状态以适应变化。在当前互联网技术发展的浪潮下，关于共享服务主题的相关会议频繁召开，各组织参加相关会议及相互邀请访问已经是当前最普遍的对外沟通方式，如果想了解最新动态、认识行业同仁，参加一些类似的会议是一个不错的选择。

7. 员工培训

与依赖员工自主学习的方式相比，员工培训是知识分享更快捷高效的方法之一。员工培训是知识管理中的核心环节，目的是启发员工自我学习、加快知识资产流转速度、快速发挥效益。财务共享中心的员工获取知识主要分为两种途径——长期低效的途径与短期高效的途径。长期途径主要是指员工自主学习新知识，短期途径则是指通过企业组织有针对性的培训来获取新知识。员工培训是否能够高效推动知识学习与分享，取决于以下三点：首先，员工培训应有目的地呈阶梯状展开，与知识体系中的知识晋升阶梯呈同步状态；其次，员工培训需要贯穿于日常工作开展的始终，全程要求稳定推进；最后，员工培训是帮助中心成员将外部知识予以消化转化为个人的内在素养。

财务共享服务中心知识管理的初步应用主要体现为统一培训管理。待财务共享服务中心进入平稳阶段，将针对不同员工群体的特殊需求确定学习方法和目标，采用差异化培训方式。

8. 员工知识评测

员工知识评测是执行层的知识经理定期对财务共享服务中心员工进行知识梳理和效果测评的动态过程，是不断根据新获取的信息加以完善调整的过程。通过知识评测，知识经理能够检验分解任务完成情况并据此衡量目前财务共享服务中心的整体知识水平，并更好地制订未来的知识管理计划。知识评测最为关键的是要具备一套标准有效的评测方法，这样才能保证评测口径的一致，使得测评结果具备趋势可比性。评测过程应全程保持客观公正的态度，对企业组织来说，知识评测对知识管理工作下一步的开展有更好的指导与现实意义；对员工自身来说，知识评测也是协助员工梳理自身知识、发现不足的过程。

9. 知识贡献度管理

知识贡献度管理是评测员工知识体系建设过程贡献程度的管理方法。知识贡献度针对财务共享中心的不同层级有不同的测评标准。对于执行层来说，主要测评员工是否乐于分享自己的知识；对于推动层来说，测评管理层是否乐于营造知识分享的氛围。在一个高知识贡献度的财务共享服务中心中，可以看到知识经理积极营造知识共享的基层组织环境，员工乐意将自己获取的新知识与其他成员分享，专家网络体系主动协助员工将新知识总结、概括，从而实现价值创造。此外，知识经理还需随时根据知识贡献度管理的具体落实情况做出适当的调整。

（五）服务管理

财务共享服务中心和传统的财务部门相比，除了在企业运行中扮演监控和管理的角色外，财务共享服务中心还多了一个重要的职责：对内、对外提供高水平的财务服务。如何做好服务、如何提高客户满意度、如何转型为盈利中心，就成了财务共享服务中心在运营过程中需要重点关注的问题。服务管理是财务共享服务中心对服务质量工作的管理与提升过程，服务质量工作主要包括服务效果、服务能力、服务时限、服务态度等方面。服务管理在了解客户需求的基础上，对服务工作全流程进行监控、分析、优化，并依托于全员参与服务，从而达到客户满意的目标。财务共享中心建设初期往往会采用狭义的服务管理，将提高财务服务质量作为中心目标，等其发展进入平稳阶段，广义的服务管理将会逐步取代狭义的服务管理，广义的服务管理目标由战略管理、营销管理、服务创新管理、作业过程管理、人力资源管理、质量管理组成。

服务管理往往在财务共享中心的建设初期被忽视，使得共享中心无法达到最大化效应。财务共享服务中心作为向企业集团内部业务单位或外部企业客户提供财务服务的机构，提供高质服务是其基本职责，对内有助于提升工作效率、增加企业价值，对外有助于占领市场、提高盈利能力。尤其对于已进入独立运营阶段且具有盈利能力的财务共享服务中心来说，做好服务管理可以及时发现客户的各种需求，调整服务内容，提高客户的忠诚度和满意度，吸引更多的客户，成功由资源消耗中心转型为价值创造中心。

1. 财务共享服务中心的服务管理工具与质量测定

财务共享服务中心服务管理的工具繁多，包括服务热线、公共邮箱、交流网站等。服务质量的测定，可以通过逐单反馈、电话访谈以及调查问卷等方式收集客户的反馈。

2. 财务共享服务中心的客户投诉管理

服务管理的核心环节是客户投诉管理。每个客户的需求具有差异性，要以高质量的服务水平完成服务工作，并且满足每个客户的特性需求，对于财务共享服务中心来说，既是近乎严苛的服务质量标准，又是最基本的服务质量要求。服务出现纰漏，导致客户投诉，客户对财务共享服务中心的认可是否就不可挽回了呢？倘若财务共享服务中心能迅速分析原因、解决问题，也可能通过投诉处理反而增强客户满意度。及时采取适当的补救方案，可以向客户表明共享中心重视服务质量和客户满意度，影响客户对共享服务中心的看法。当然，快速反应、及时补救从一定程度上可以体现财务共享服务中心的能力，但是我们必须明确保持一贯的高服务水平，一次性让客户满意才是财务共享服务中心一贯的目标追求。

3. 财务共享服务中心的客户满意度管理

满意度管理主要指针对客户的满意度调查。财务共享服务中心的客户满意度调查可以采用多种方式进行，如电话访谈或定期向客户发送满意度问卷等，但每种方式都有利弊两面，财务共享服务中心必须结合实际情况，考虑客户特性，选择性价比最优方案。电话调查可即时获得结果，时效性高；但缺点在于成本较高，由于电话沟通中被访者思考时间较短导致准确性稍显不足，拨打时间不合适会被被访者拒绝。问卷调查的成本较低，可大范围发送，被访者可选择合适的时间仔细填写；但缺点在于问卷容易被忽略。通过调查可以直观地了解财务共享服务中心服务的水平，并对服务的短板开展有针对性的改进。

服务水平协议（Service Level Agreement，SLA）是客户满意度管理的一个工具。服务水平协议是在服务提供商和客户之间签订的一份法律合同，该合同约定了服务提供商和客户双方的权利与义务，以及对违反服务条款的惩罚、服务费用等内容。服务水平协议中最重要的是，它规范了服务提供的内容、服务水平和服务质量，且明确规定了服务双方的权利与义务，从服务接受者的角度来说，其可以明确所购买的服务，对服务提供商进行监督。

（1）服务水平协议的特征

服务水平协议有如下几个特征：

①协议性。服务水平协议首先是一个协议，其是在服务的双方协商后产生的。协议中对服务的内容、约束条件、服务承诺等都做出了明确的规定，具有权威性，可执行性高。

②相互性。服务水平协议是在双方协商的基础上产生的，规定的是服务双方的权利和义务，而非其中一方的。

③量化性。服务水平协议对服务水平提供了一系列的检测指标，这些指标都是可量化表示的。

（2）服务水平协议的内容

服务水平协议分为内部服务水平协议、外部服务水平协议和外包协议。服务水平协议起源于电信行业，以电信行业为例，运营商和客户之间的服务协议属于外部服务水平协议，客户以不同的价格水平购买了不同等级和质量的电信服务，电信公司有义务按照协议的约定提供相应等级的电信产品。而运营商的销售、客户服务部门与公司内部的网络运维、建设开发部门之间的协议属于内部服务水平协议，是前台业务部门与后台支持性部门签订的行为规范。

如上文所述，财务共享服务中心有着不同的形态，基本型财务共享服务中心的服务水平协议更加类似于电信公司的内部服务水平协议，约定的是集团公司内部前台业务部门与财务支持部门（即财务共享服务中心）的协议。而独立公司形态的共享服务中心，其服务水平协议则属于外部服务水平协议。财务共享服务中心的形态各不相同，其服务水平协议的签订也应当与集团实际情况相符合。

学术界对于服务水平协议的构成内容没有太大争议，总体上一个标准的服务水平协议应当包含以下内容：

①服务参与方及其权利与义务。

②服务的描述：该部分包括服务的范围、限定条件、服务水平目标（Service Level Objective，SLO）、服务检测指标等。SLO 是服务水平协议的主体，服务水平协议就是由许许多多的服务水平目标组成的，它包括服务提供的有效时间、该项服务度量的参数，以及参数的阈值等。

③服务违约时候的惩罚性措施：当服务未达到约定的 SLO，即服务违约时，应当采取怎样的惩罚性措施。值得注意的是，服务水平协议是对服务参与方双方的约定，服务的违约可能是双方任何一方的违约，因此，惩罚性措施应当考虑到对双方的约束。

④服务水平协议执行情况报告：服务水平协议的执行情况报告应当根据服务的具体内容单独设计，可能包含服务价格计算、服务的目标达成情况、服务完成质量情况，以及客户要求的其他关于服务的情况报告。

⑤其他条款：包括例外事项、保密性条款、经营管理方式等。

德勤的调查报告显示，在服务水平协议的内容中，比较重要的是服务的内容、时间、当事人以及流程指标和角色与职责等，如图 3－2 所示。

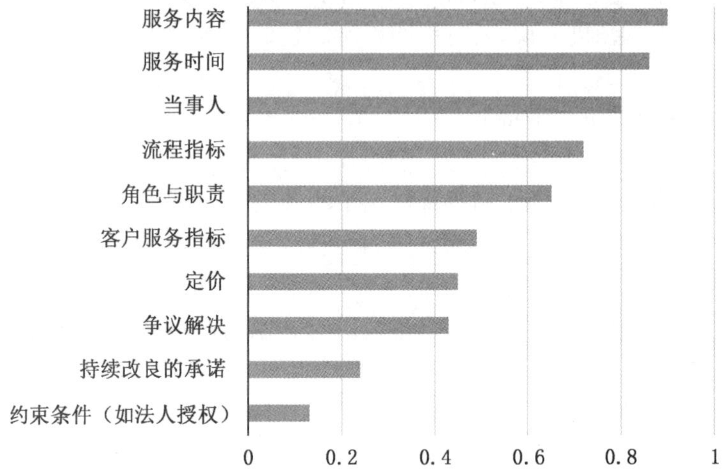

资料来源：德勤全球共享服务中心调查报告，2015。

图 3－2　服务水平协议内容的重要程度

服务水平协议的参数框架是定义服务质量的参数，其可以分为技术参数以及从服务视角下用户所关注的服务参数。同时，从服务内容上来看，参数也可以分为集合参数指标和单个用户实例指标。因此，参数可以做如表 3－1 所示的划分。

表 3－1　服务水平协议参数框架

	技术参数	服务参数
集合参数	差错率、逾期率等	服务达成率等
单个用户实例	时间等	具体的服务参数

(3)服务水平协议的签订过程

服务水平协议并不是一次性完成的，其签订过程是一个连续不断的协商修改更新的过程。服务水平协议有其特定的生命周期，从最初协商得到的初步服务水平协议模板，到通过实践发现是否合适，需要一个过程。随着时间的推移、公司业务的变化，原先合适的服务水平协议也需要不断修改。综合来看，一个服务水平协议的签订过程应当包含以下内容：

①协商和准备阶段。协议双方事先需要经过充分的沟通和协商。服务提供方需要准确识别客户的需求是什么、需求的服务质量怎样，以确定服务提供的内容以及服务水平。对于某些复杂性的业务流程，可能涉及多个服务业务的，需要共同协商确定符合要求的特定服务水平指标。该阶段中，服务水平协议应当能够非常清晰地界定所提供服务的内容(包括应收应付账款管理、总账和财务报表模块、固定资产模块等)、每项服务可测量的性能指标和参数，以及用户选择的服务及相应的保障参数的范围。

②监控阶段。共享服务中心应当建立一套完备的服务管理工具，按照服务水平协议约定的内容提供相应等次的服务。共享服务中心必须能够按照服务水平协议的约定，在用户授权的情况下监测服务。可以为每项服务的参数设计临界阈值，当达到或接近这个阈值时，系统自动向检测管理部门提供警报。共享服务中心需要按照协议约定，定期向客户报告服务水平协议的执行情况。服务提供商应当以何种频率提供、向谁提供、提供什么样子的报告，这些都得提前沟通好。此外，还要对违例事项进行及时的处理和调整。

③评估和资源优化阶段。很重要的一点是，基于服务水平协议的执行情况报告，对服务资源进行优化，以提高服务的效率。一方面，在协议期间内，共享服务中心应当针对专门的客户进行服务的评估和优化；另一方面，应当根据不同客户所出现的不同情况，不断优化标准化的财务共享服务流程，不断更新风险管理、目标管理、质量管理等。

④终止阶段。对服务的终止，如合同到期或某一方违约等。

(六)绩效管理

绩效管理是以持续提升个人和组织的绩效为目标，鼓励各级管理者和员工共同参与绩效计划制订、绩效考核评价、绩效目标提升的循环过程，为企业持续创造价值。财务共享服务中心作为一个独立服务或者营利机构，同样存在强烈的绩效管理诉求。对于财务共享服务中心这种新型的财务管理机构，与之匹配的绩效管理方案会根据其在企业整体组织中的定位以及目标不同而有所差异。这些差异将会导致绩效计划的实施不论是在评价上还是在结果上都有所不同。就绩效计划而言，针对不同的组织或不同的作业内容，其绩效评价计划实施时间、手段、范围也各不相同，这些不同主要体现在考核指标的差异上。因此，共享服务中心的绩效管理，需要根据企业自身经营业务的特点以及自身的战略定位因地制宜地制订绩效计划。

1. 组织绩效

财务共享服务中心的组织绩效设计旨在借助平衡计分卡实现多维度评价财务共享服务中心的运营及管理水平。对其所涉及的财务、客户、内部流程、学习创新四个维度进行绩效指标细化和量化，通过选取与财务共享服务中心自身特点相关的关键指标，并结合非财务数据穿插分析，从而达到全面评估财务共享服务中心绩效水平的目的。

(1)财务维度

财务共享服务中心的财务维度与其战略定位有密切关系。一个独立运营且以营利为目标的财务共享服务中心，其财务维度指标设计与其他独立营利机构大致相同，侧重于投资回报率、成本费用、净利润等关键财务指标，衡量其财务状况和经营成果。而从属于集团且定向服务于内部其他部门的财务共享服务中心，更多的是核算中心或成本中心的定位，它的财务指标则主要集中在预算达成度等指标上，协助企业各个部门提高工作效率，为管理层的决策提供支持。

(2)客户维度

客户维度用于衡量财务共享服务中心与客户之间关系的紧密程度,以及客户对财务共享服务中心的认可程度。针对财务共享中心自身定位,可将客户区分为内部客户和外部客户。内部客户往往是企业内部除共享中心以外的其他部门,外部客户更加偏向于第三方独立运营组织机构。对内部客户而言,相比于增加客户黏性的需求,获得客户稳定满意的评价并保持共享中心与客户良好的沟通渠道显得尤为重要。对外部客户而言,除了上述因素外,关注客户体验、保持良好的客户关系也是十分重要的。

(3)内部流程维度

内部流程维度的指标体现了财务共享服务中心的内部运营管理能力。它包括具体业务实施过程中对效率的监测、对实施质量的控制、流程的优劣等诸多方面。对内部流程维度的关注,能够引导财务共享服务中心改进自身流程,提升运营绩效质量。

(4)学习创新维度

学习创新维度是衡量财务共享服务中心能否可持续发展的标准。学习创新维度一方面体现在组织内部对员工的培训以及自主学习氛围等知识管理水平上,另一方面则体现在组织内部对创新性事物的接受程度以及主动创新的动力和能力上。

2. 人员绩效

人员绩效是从组织绩效中分解出来的,只有将人员绩效与组织绩效有机融合并始终保持一致的方向,才能促进财务共享服务中心实现组织目标。从工作特性来看,财务共享服务中心包括两类群体:一类是从事具体财务业务的运营业务人员;另一类是从事运营管理以及共享服务支撑的技术人员。在实施财务共享服务的过程中,应全面分析组织内部人员构成的特点,有针对性地进行差异化管理,尽可能全面激发财务共享服务中心的运作积极性。

(1)运营业务人员的绩效

运营业务人员是财务共享服务中心人员体系中的主要群体,他们是财务产品的直接生产者,也是客户信息的需求者。他们往往直接面对客户,了解客户需求并提供产品,客户压力自然也就直接落在他们肩头。由于集中在财务共享服务中心的流程往往是标准化程度高、重复量大的业务活动,所以运营业务人员具备服务技能同质化、收入水平相对偏低、员工积极性缺失、人员流动性大、特定工序实践经验丰富等特点。

基于上述运营业务人员的工作特性,其绩效评价考核应着重考虑两个方面:首先,如何精准量化绩效考核,形成多劳多得的工作特性,激发运营业务人员的积极性;其次,在原有业务活动的基础上,如何鼓励员工自主参与到创新优化改良的活动中来。

多劳多得通常是用于传统制造业的一种工资计量方法,件数是计量工资的原始依据。而对财务共享服务中心这类服务性机构而言,简单的计件难以保持客观公平,更加难以准确衡量员工绩效。财务共享服务中心的业务活动以处理诸如应收、应付等财务业务为主,其业务活动开展的源头往往是一份实物票据,由实物票据引发的后续业务活动难易程度各不相同,如果简单地将其都归集为一个工作量单位的话,显然有失公平。针对这种情况,制定一张标准化“票据业务量计量表”是有效解决方法之一,具体操作可参考如下:首先,利用专家工作或者实验性测算,分析业务单据类型及其附带的工作量,将工作量最低的一类单据作为标准单;其次,其他类型单据的工作量相对该类型单据的倍数作为标准单系数,从而将各类单据转换为相同的计算口径,形成一张组织内部认可的“票据业务量计量表”;最后,运营人员的绩效考核可以建立在计量表的基础上,结合其他辅助方法,实现全面准确考核绩效的目标。这种通过量化的方法实际解决了工作量难以衡量的问题。

除上述方法外,运营业务人员的绩效考核目标还能从业务处理时效、质量以及客户满意度几个方面进行考核。业务处理时效指标要求员工在单位时间内完成规定的任务量,质量指标反映在差错率上,客户满意度指标通过客户对业务处理结果的反馈以及定期的满意度调查获得。财务共享中心可以采用一种或多种方式考核绩效,如果低于基准,运营业务人员会被扣除一定比例的浮动薪资。

(2)运营管理及支撑技术人员的绩效

运营管理及支撑技术人员是财务共享服务组织的核心,他们的稳定与否直接关系到财务共享服务中心风险应对的能力。此类员工普遍具有技能差异化、收入水平较高、追求更高发展空间、组织创造性强等特点。运营管理及支撑技术人员的绩效较运营业务人员而言则隐蔽很多,由于没有明确可视的输出产品,他们的工作是否创造了价值更加难以量化评估。因此,针对此类人员的绩效方案应综合利用其他的评价手段。常见的评价方法包括管理者绩效、360 度评估、个案评估等。

(七)制度管理

财务共享服务中心的整体制度框架可以从横向和纵向两个视角来解析。横向分为两个维度:业务维度和运营管理维度。每个维度纵向又可分为两个层次:各类别总体制度和操作规范。财务业务制度与会计政策和公司财务政策结合紧密,财务业务操作规范及运营管理操作规范均属于更细化的操作指导,由具体从事此项工作的人员在熟悉并优化了操作方法后编写更具有实际指导意义,业务维度相关文档需企业财务共享中心运营管理人员结合实际情况进行持续优化。

财务业务制度是指财务共享服务中心为保障财务业务符合会计政策法规、符合公司政策制度等,针对财务各方面业务而制定的规范。财务业务操作规范是指财务共享服务中心各业务岗位的操作指导和工作手册。它有利于指导人员进行财务操作及财务人员快速上岗,诸如财务共享服务中心管理办法、财务共享服务中心会计交接管理办法、财务共享服务中心岗位说明书、财务共享服务中心保障管理员办法、财务共享服务中心会计科目体系、财务共享服务中心影像扫描管理办法等。

运营管理制度是指为规范财务共享服务中心的内部运营机制、保障财务共享服务中心的有效运作和发展而制定的管理制度。运营管理操作规范是指财务共享服务中心运营管理岗位的操作指导和工作手册。它有利于运营管理人员的快速上岗和工作开展,诸如标准化管理办法、服务管理办法、培训管理办法、时效管理办法、质量管理办法、绩效管理办法等。

第五节 财务共享服务的价值与效益

财务共享服务中心给企业带来了更多积极因素,虽然每个企业从财务共享服务中心得到的效益不尽相同,但基本上可以给企业带来以下价值:

第一，运作成本显著降低。财务共享服务中心建立后，财务资源共享、流程优化、制度标准化，促使共享范围内的企业财务流程处理成本比实施共享服务前有所下降。一般情况是，业务量不增加而人员减少，或者业务量增加而人员不增加。

第二，服务质量及运作效率提升。财务共享服务中心为企业工作流程的标准化以及各种管理数据的统一、综合提供了平台。以费用报销为例，财务共享前，缺乏统一标准，执行尺度不一，频繁发生矛盾；财务共享后，标准化单据及流程，设立共享呼叫中心，以统一的接口和界面应对员工提出的各类问题。此外，业务处理效率会有很大提升。通过集约化把复杂的工作变得更简单、更标准、分工更细，把传统的会计记账变成了“会计工厂”的运营，从而使财务更加聚焦于服务。

第三，实现全范围的财务监控。财务共享服务中心建立后，财务处理人员与业务人员不直接联系，业务随机分配，串通舞弊的可能性大大降低；所有的业务处理对于集团彻底透明，任何一笔业务均可以通过财务共享服务中心进行查阅，这最终为及时发现问题提供了有力的支持。

第四，实现财务业务更加紧密。将基础财务集中后，各地财务组织中释放的编制用于补充高端财务管理人员，直接从财务共享服务中心获得信息，深入业务提供决策支持。集团的各项战略和财务管理需求直接传递至业务单位的核心决策层。

第五，企业营运重心的保证。各业务单位将非核心业务交由财务共享服务中心来运作，使各业务单位可以将自己的重心完全放在它们的核心业务和顾客上。

第六，管理加强。财务共享服务中心建立的意义不仅是单纯的成本节约，它可以避免地区与业务部门之间出现标准执行的偏差和内部管理的“黑洞”现象。

第七，有利于并购和扩张。只考虑核心业务的整合或扩张，而后台服务的提供并不需要再增加新的机构和费用。

第八，人员转型。财务共享服务中心将企业各个单位的后台功能集中在一起，使得企业各领域的专家在一起共事，直接交流。通过举办各种有针对性的培训，使共享服务中心员工技能水平不断提高。

第六节　财务共享服务的风险与应对

当经营环境变化时，企业做出应对策略以适应环境变化的行为就是变革。而这些应对策略，包括对工作流程优化再造、内部组织重新划分、运营管理设立和调整等。财务共享服务中心本身就是一个新兴技术与先进管理思想交汇的产物，日新月异的技术和思想使得财务共享服务中心本身成为一个变革中心。通常，组织形式的演进、新技术的实施和新管理思想的实施都将带来财务共享服务中心的变革，这种变革可能是维持性的，也可能是颠覆性的。从实践经验来看，财务共享服务中心的领导需要具备较强的预见力、决策力、交际沟通力和关怀之心，从而更好地应对变革。财务共享服务中心面对来自战略、管理和技术各个方面的变革，也难以避免地面临变革中可能出现的各类风险。

纵观中国企业的共享服务实施之路，中国企业在实施财务共享服务过程中需要面对或关注的风险主要分为以下三类：

一、战略风险

战略风险是指影响财务共享服务中心整体实施效果的战略性决策风险，包括：(1)业务范围确定风险：由于选择财务共享服务的范围涉及集团内部敏感的利益部分，将会给试运行财务共享服务中心带来内部阻力，给财务共享服务中心带来前期运行的风险。(2)选址策略风险：财务共享服务中心的选址应参考成本/收益、当地经济和政治环境、税收、法律、资产和人力资源等多方面因素。(3)实施方法风险：选择不恰当的实施方法将增加财务共享服务中心的实施成本，甚至造成失败。

二、管理风险

管理风险是指在实施财务共享服务中心建设或变革过程中运营管理所带来的风险，包括：(1)组织架构风险：财务集中打破了传统的分散式财务管理结构，实现了财务会计和管理会计的分离，将财务管理职能独立出来，由此引出了组织架构及各级财务职能中心的建立和划分。(2)人员转型风险：原各单位的核算全部集中到财务共享服务中心处理，从而产生释放的财务人员的转型问题。(3)变革心理风险：员工心理变化、接受变革的态度以及对变革的支持力度等影响共享服务实施的进度及效果。

三、技术风险

技术风险是指来自信息技术或业务流程的风险，包括：(1)IT 系统优化风险：财务共享服务中心的实施需借助 IT 系统来实现，系统的优化和设计将影响流程的设计和财务共享服务中心的成功运营。(2)系统集成风险：企业中原先各自分离的一些自动化信息孤岛在集成时会发生很多接口上的困难，需深入了解各孤岛内部机制。(3)流程风险：流程设计的合理性会影响财务共享服务中心的运作效率，是财务共享服务中心成功运营的重要因素。(4)业务变更风险：新模式下的业务单元以及操作流程设置的合理与否，对财务共享服务中心能否成功运营起着至关重要的作用。

财务共享服务中心是一个不断演化前进的组织，演进的过程意味着财务共享服务将不断面临一次次变革、一次次重塑。在财务共享服务中心的发展过程中，变革与稳定将不断交替出现，而无论是变革还是稳定，财务共享服务中心运营过程中的风险始终存在，对变革与风险的管理始终贯穿于财务共享服务中心的管理过程。

第四章

财务数字化转型

第一节 财务数字化转型意义

一、数字化转型背景

随着信息技术的迅速发展,以移动互联网、云计算、物联网、人工智能等技术的发展与融合为重要特征,人类社会已经逐渐迈入数字经济时代。

数字经济已经成为21世纪全球经济增长的重要驱动力。美国麻省理工学院斯隆管理学院的数字化经济计划(MIT Sloan Initiative on the Digital Economy)首席研究科学家George Westerman认为,数字化转型是企业利用技术来彻底改变企业的运营效率、经营业绩,为公司决策提供可靠的依据。华为对数字化转型的定义是:通过新一代数字技术的深入运用,构建一个全感知、全连接、全场景、全智能的数字世界,进而优化再造物理世界的业务,对传统管理模式、业务模式、商业模式进行创新和重塑,实现业务成功。

二、数字化概述

数字化是指计算机用数字0和1表示的二进制代码将文字、图像、语音及其他各类可利用的信息数据进行处理和整合利用。数字化产品是指信息、计算机软件、视听娱乐产品等可数字化表示并可用计算机网络转输的产品或劳务。数字化产品的特征主要表现为存货形态无形化、生产过程虚拟化、收益模式自由化、销售过程网络化。数字化产品不必再通过实物载体形式提供,可在线通过计算机网络传送给消费者。典型的数字化产品包含多媒体文件、电子书、电子音视频、手机系统及应用APP等,以及各种数据库、经营和管理用系统。

数字化管理是利用计算机、通信、网络等技术对管理对象和管理行为进行统计技术量化,实现生产、销售、服务等职能管理的活动和方法。信息化管理和智能化管理的发展以数字化管理为基础,随着数字化技术的发展和广泛应用,当今经济的发展也开始向数字化发展方向转变,传统经济逐步开始退出人们的视野,取而代之的是数字化经济。为了适应现代社会市场经济发展的大环境,提高企业自身竞争力,企业管理全方位数字化转型的倾向势不可挡。在“互联网技术＋电子商务”的背景下，企业与企业之间、企业与个人之间、个人与个人之间的财务交易和结算模式都出现了翻天覆地的变化，传统的实物交割逐渐转变成为数字化虚拟交割，如电子货币、电子发票、电子记录等。这些颠覆性的转变都对企业财务管理能力提出了更高的要求。

(一)数字化转型带来的机遇

数字化转型必然给企业带来诸多优势，本质上主要包括：

1. 新一代信息技术成为新的生产要素

企业数字化转型的关键生产要素包括新一代信息技术，它能与企业原有的生产要素进行融合，从而促使企业业务、管理等不断地创新和重构。基于此，新一代信息技术能否为企业数字化转型提供效应，并为企业的业务、管理等创造价值，成为关键特征。

2. 数字化转型的根本目的在于提升企业竞争力

数字化转型过程中，新技术是必然的工具，但数字化转型的根本目的是提升产品和服务的竞争力，改善企业管理效率，让企业获得更大的竞争优势。

3. 数字化转型的根基是供应链全流程再造和优化

数字化转型过程中，对企业供应链的全流程需要不断优化，再借助各种新技术，从而使企业真正实现数字化状态。

4. 数字化转型本质上是业务转型

数字化转型本质上是在新一代信息技术驱动下的一场生产制造、业务模式、管理方式和商业模式的深度变革重构，技术是支点，业务是内核，新产品和服务是结果。

5. 数字资产成为企业创造价值的新源泉

数字化转型不仅仅是将新技术简单运用到生产制造、经营管理、产品服务中，更多的是企业不断积累并形成数字资产，以数字资产为核心，借助各种现代信息技术，为企业构建数字世界的竞争力，从而不断创造价值。

(二)数字化转型带来的挑战

数字化转型给企业带来新机遇的同时，也给企业带来更多挑战。对大多数企业而言，企业数字化转型过程中将面临四大挑战：整体性战略规划的缺乏、企业效益的误区、新兴技术的缺乏、技术人才的“瓶颈”。企业数字化转型是一项长期的、需要大量资本投入的、能提高企业竞争力的高回报率投资，往往需要3—5年甚至更长时间才能看到实施成效。

1. 整体性战略规划的缺乏

缺乏整体性战略规划，导致对未来数字化的具体需求不甚明晰，对企业当前数字化水平认知不足，从而无法客观地判断两者间的差距，确定所需提升的能力。

2. 企业效益的误区

要实现高度数字化或自动化，企业可能需要很长时间的积累，但是从成本—效益的角度考虑，数字化管理成效以及收回投资可能都需要等待很长一段时间，容易导致企业在数字化管理前进道路上踌躇不前。

3. 新兴技术的缺乏

中国制造业的自动化和数字化发展时间相对较短，相比于欧美国家处于落后状态。在中国企业争相计划实现数字化工厂的跨越式发展时，却没有对数字化管理技术进行全盘考虑。工厂车间里的设备落后，难以实时抓取和传输数据，是当前企业施行数字化可能面临的主要问题之一。

4. 技术人才的“瓶颈”

数字化对管理技术人才提出了更高的要求，过去单一领域的专才将难以应付新的业务需求，取而代之的将是横跨多领域、学习能力更强、懂得数字化交付的复合型人才。

三、财务数字化概述

在当前以数字化转型经济为开端的新经济形势下，企业数字化转型是通过利用一系列现代技术来打破企业传统的经营模式，顺应市场经济发展大方向，打造数字化能力，从而实现企业的发展壮大。数字化转型已经成为所有企业应对挑战的主要战略，未来将会有更多企业将数字化转型作为企业管理的战略核心。众所周知，财务管理是企业管理的“生命线”，财务管理的创新是企业数字化转型能否成功的关键环节，而财务管理转型最为直接的表现就是财务数字化转型的开展。

财务数字化转型是指企业在财务领域内依托于现代信息技术进行财务组织革新、业务流程更新再造的全过程，以实现提升财务数据质量和财务运营效率、更好地协助经营和支撑决策的目标。财务数据是财务数字化活动开展的源头，在非数字化环境下，企业财务数据往往缺乏有效共享，容易出现数据偏差率高、信息时效性差的情况，因此，解决财务数据的真实性、完整性、时效性和合规性成为企业财务管理的一大难题。只有夯实数据基础，才能更有信服力地支撑经营决策，财务共享服务中心的建设正是响应了这一迫切的需求，数据服务已成为企业财务数字化转型的助推器。从企业角度来讲，数字化时代的生存之道在于，企业需要尽快投身其中，加快企业财务信息化建设，并不断打造数字化能力，最终成功转型为数字化企业。

数据和连接是财务数字化转型的关键。“数据”是指将信息以数据的形式表达，实现量化的目的，以便更好地传承和评价；“连接”是指各种信息源实现全方位、全世界的连接和共享，否则可能失去很多数据价值。财务共享服务具备将企业各种业务信息转化成数据的功能，那么，企业财务数字化转型的下一步正是实现外部信息连接的数字化，实现信息共享的目的。

第一，与消费者信息连接。在以销定产的时代，了解客户的需求、喜好、心理是企业开展生产经营活动的事前准备。如果企业不与客户之间进行数据交互连接，也就不会知道自身产品的目标客户群体，不知道产品的市场反应结果，不知道企业在消费者心中的定位。随着时间的慢慢流逝，企业会与市场脱节，甚至会被淘汰。

第二，与供应商信息连接。供应商与企业往往处于一种博弈的关系。想要处于优势地位，必须做到“知己知彼”，也就是说，要了解企业供应商主营业务、供应商市场定位、除自身企业之外的供应商合作企业、供应商未来发展方向等多个方面的信息，建立企业自身的外部数据网。

第三，与非紧密第三方的信息连接。主要包括政府、投资者、银行、债权人等，与它们建立的连接往往不属于企业日常的经营活动，但是它们的决策或者变动调整都会引发市场整体波动，与它们建立良好的外部连接会极大地降低企业的运营成本。

四、财务数字化管理

企业财务数字化管理除了包括传统财务管理的筹融资以及利益分配的管理外，还应包括对原始数据信息的数字化管理。如何将收集的内、外部信息快速加工成有用的数据和图表，成为企业对原始数据信息数字化管理的重点，也是保证企业管理层快人一步做出正确决策的坚实基础。企业财务数字化管理可以在财务预测、财务决策、财务计划、财务控制和财务分析等方面发挥更大的作用，即可以利用更加丰富的数字化信息和更加先进的财务分析获得背后隐藏的结论，用于改善业务流程，进行更有效的财务控制等财务管理活动，从而实时制定基于数据的业务发展和互动决策。

数字化系统的管理主要包括：

第一，集中开发数字化财务数据收集以及财务信息分析、评价、决策等的财务管理软件和平台，实现数据自动化抓取、录入、复核，然后根据不同需求对原始数字化数据和信息进行重组及分析，深度挖掘大量信息背后的本质与联系。

第二，数字化财务应用系统的后期维护、稳定性测试、安全测试、定期更新。

第三，数字化财务应用系统的研究与开发，使其与企业经营活动更加契合，紧随企业发展趋势。

五、财务数字化构成要件

(一)基础要件

企业信息化作为财务数字化的基础要素，是指充分应用信息技术去整合企业生产、经营、设计、制造等相关业务，及时地为企业战略决策提供准确的数据信息，以便对市场需求做出迅速反应，从而实现企业信息化管理，提升企业的运营管理效率。

什么是企业信息化？信息化就是运用各种 IT 技术手段，将制度、流程、账表嵌入信息系统中，运用分工、分权、分利和协同等手段，将权、责、利有机结合，企业管理的信息化才得以实现。

企业信息化是现代财务管理的基础与技术保障，是财务共享中心发展的主要目标之一。相比传统财务管理，企业信息化财务管理在以下方面具备优势：(1)实现对各相关管理业务的集中监控，保证企业健康发展。信息化手段便于管理层随时了解经营状况，及时做出判断与决策，使目标处于可控状态。(2)实现信息的集中共享，使相关数据信息更加准确实时，便于决策管理。(3)实现资源的优化配置，增强企业核心竞争力。

(二)核心要件

数据是企业运营的基础，也是财务共享服务工作的对象，更是数字化转型的核心要素。企业内部各部门间的有机合作会产生协同效益，提升财务数字化管理水平，这些都是建立在真实、有效、合理的数据基础之上。构建良好的“三方信息管理”系统是数据基础建设工作的中心环节：一是消费者信息管理，了解客户的需要，适应市场发展；二是供应商信息管理，寻求双方关系中的平衡，实现共赢；三是非紧密第三方的信息管理，关注第三方对市场的影响，良好的第三方信息管理将会极大地降低企业不必要的成本支出。

第二节　财务数字化转型规划

一、财务数字化转型规划概念

财务数字化转型规划是指为满足企业经营和管理需求、实现企业战略目标，由企业高层领导、财务领导、数字化技术专家、数字化用户根据企业总体战略的要求，对财务数字化的发展目标和方向所制定的基本方针。企业给出财务数字化建设的愿景、原则、目标与业务架构。企业通过财务数字化转型规划的基本战略，最终目标是实现企业整体的战略目标。

根据财务数字化转型规划的基本概念，财务数字化规划的过程需要完成一些基本的任务，主要包括：

第一，识别财务数字化的关键需求，规划制定财务数字化战略目标和中长期计划，为企业经营管理提供服务。

第二，形成财务数字化的治理结构，为财务数字化战略的实施提供决策和管理框架。

第三，设计财务数字化体系架构，帮助企业实现业务、财务、管理等全方位的信息优化和整合。

第四，实施财务数字化项目，为业务数字化的实现提供支撑。

第五，评估财务数字化绩效，实现财务数字化的持续改进，为企业整体战略目标的实现提供持续支持。

二、财务数字化转型规划基本原则

财务数字化转型规划中需要遵循的基本原则主要有：

（一）战略目标与执行行为统筹

财务数字化转型过程中制定的战略目标和执行行为并重，缺一不可。财务数字化转型战略目标强调自上而下，需要顶层设计的重点关注，结合企业整体战略目标逐步实施，最终找到财务数字化转型行动的目标，并制定规划路径，指导具体的执行。

财务数字化转型规划的执行行为强调自下而上，在战略目标正确的方向指引下，积极进行财务数字化转型过程的探索和创新，将新技术与具体的数字化财务场景有效地结合，从而找到企业数字化转型的价值点。成功的数字化场景设计和不断的经验总结，反过来对财务数字化转型的顶层战略进行修正。

财务数字化转型规划的战略目标与执行行为有机结合，可以统筹处理好远期与近期、总体与局部、宏观与微观等各方面关系。

（二）业务活动与信息技术双轮驱动

财务数字化转型的驱动力来自业务互动和信息技术两个方面。

财务数字化转型的同时也是业务活动的转型升级过程，也要从业务活动的视角来考虑财务数字化转型的目标和路径，将财务数字化转型落实到为具体的业务活动提供服务，找到信息技术对业务变化的支撑点。

现代技术在给财务数字化转型提供支持的前提下，也可以给业务活动发展带来帮助，企业应该借助现代技术来实现财务数字化转型，把现代技术的实际效力变为实际的业务价值，进一步推动企业业务持续转变。

(三)自主发展与合作服务并重

财务数字化转型成功的关键在于企业自身，虽然各种财务数字化的成功经验很多，但是企业要想实现财务数字化转型，必须聚焦核心能力，不断提升企业内部的数字化水平。而对于企业非核心能力，并且是可以标准化的业务，可以交给第三方服务机构，用优质的外部力量加速企业财务数字化转型的实现。

三、财务数字化转型规划关键内容

财务数字化转型规划需要关注多个关键内容，这些关键内容的全面设计可以加速企业财务数字化转型规划的制定和实施，主要体现在：

(一)全面布局

全面布局就是基于市场大环境制定必要的战略框架和发展蓝图，以及企业特定的实施方案。全面布局以明确的长期目标为出发点，在组织内部调动各项相关的资源，有计划、有思路、有目标地稳步前进，逐步解决财务数字化转型过程中的问题，始终与企业数字化转型保持一致的战略定位。全面布局主要分为蓝图制定、价值发现、路径规划三大阶段。

1. 蓝图制定

蓝图制定是财务数字化转型战略的制高点，指引转型的总方向，全力推动转型开展，其主要工作包括制定数字化战略和愿景、设定转型目标、实施计划的改进、整合战略资源等。

转型蓝图的制定必须同时满足两点要求：一方面，要保证具体战略蓝图的恰当性，组织与组织之间各有差异，甚至组织内部也并非同质，只有真正契合企业的转型蓝图才是最好的；另一方面，还要根据环境新变化及时对蓝图加以必要的修正，实现对各个领域的彻底优化，谋求未来的持续性价值体现。

2. 价值发现

提升企业整体价值往往是企业财务数字化转型的目标之一。如何在企业现有业务局面中找到转型突破口，必须着重考虑业务价值，能够在转型过程中快速实现业务价值的事项或环节往往就是最佳突破口。通过综合评估企业现状、分析业务需求、了解上下游供应链等多重因素，再结合企业自有的特性，选出最佳价值突破口。

3. 路径规划

财务数字化转型路径规划为财务数字化转型提供了具体实施方案，其主要任务是对转型限制性条件与资源需求进行识别，制订可行的实施方案，确保目标的实现。其主要工作流程包括分析约束条件与资源需求、规划实施路径以及将实施任务进行分解等。

(二)平台支撑

随着当今经济领域向数字化发展方向的快速转变，传统的经济模式已经逐渐被数字化经济所替代，业务需求快速多变、信息技术不断更新，而企业的经营发展离不开社会经济发展的大环境，这给企业带来了巨大的挑战。

因此，企业的数字化转型发展势在必行，需要持续增强财务数字化的能力，其中包括：(1)业务与技术深入结合能力。将企业业务与信息技术相结合，根据业务需求对信息系统进行调整，不断在技术系统中落地实施，为实现业财融合提供支撑，主要包括产品服务数字化、精准营销、实时业务决策支持等。(2)数据智能和价值再造能力。对于大数据和数据生命周期，需要有治理和价值挖掘能力，包括外部数据融合、分析、建模、治理和数据安全等。(3)技术管理和技术融合能力。企业对于引用的数字技术，需要有高效管理的能力，其中包括弹性基础设施、组件解耦服务化、服务运营管理、新技术纳入、API 管理、技术安全以及开发运营等。

企业需要构建一个财务数字化转型的支撑平台，其主要特征为：

1. 应用场景化

根据不同的业务场景，提供个性化的应用功能，以满足不同角色对象在业务运营活动中随时随地访问数字系统的需求，丰富业务场景，提升用户的体验度。

2. 能力服务化

业务能力共性提取，形成数字化服务接口。业务流程灵活编排，支持业务敏捷与创新。

3. 数据融合化

通过大数据采集汇聚、全域数据融合、全维数据智能分析，洞察业务内在规律，为决策提供支持。

4. 技术组件化

它由组件化框架承载，并且需要引入大数据、物联网、视频智能分析和 AR、VR 等新技术。技术框架易于扩展，技术元素易于集成，技术功能易于调用。

5. 资源共享化

智能终端网络连接，计算存储资源云化，共享复用，实现资源的高弹性管理。

在基于平台化的财务数字化系统中，有效地积累业务经验，逐步收集数据资产，技术框架稳定运行，企业的财务数字化能力可得到迅速的提高。

(三)生态融合

在财务数字化时代，上下游“服务交付与服务采购”的简单合作模式逐渐失去效力，从“链式串接”到“网格互联”的合作模式已得到行业共同认可。在数字化系统建设中，企业独立完成全部系统建设的可能性越来越小。以生态的方式构建数字化系统，可以吸引多种类型的厂商进行合作，达到优势互补的效果。

在基于平台化的架构下，财务数字化系统建设进行能力分成和角色分工，企业可以利用更低的成本有效地确定合作资源，构建合作关系，促进合作，推动合作发展，实现自主的关键技术，补齐能力短板，实现良性竞争的产品服务，建立良性的生态系统，为数字化系统提供持续健康发展的保障。

进行财务数字化系统建设需要生态合作资源，一般包含咨询设计服务、应用服务、技术平台服务、系统集成服务、运营安全服务和投融资服务等。

(四)持续更新

在财务数字化时代，业务需求不断变化，信息技术不断更新。然而，更新换代并不意味着完全颠覆，财务数字化转型的能力需要不断积累和传承，在信息化建设的基础上，实现业务的可持续发展。因此，财务数字化建设的迭代应在不同的周期分层次进行。

1. 功能级的更新

随着业务需求的快速变化、信息与通信技术融合的迅速发展、业财融合的不断变化，财务数字化转型需要将这些变化在短周期内迭代，将业务紧密联系，实现业务价值，降低转型风险。

2. 平台能力级的更新

财务数字化转型需要平台和架构进行相对稳定的迭代，如快速引进新技术、为不断变化的业务进行服务、通过大数据迅速建模等，这些都不是快速颠覆式的更新，而是需要一个相对稳定的变化过程。同时，平台能力级的中长周期实施，需要积累短周期迭代中的成功经验和失败教训，有利于持续性转型，不断增强转型的能力。

3. 规划设计级的更新

基于规划设计的指引，经过业务功能和平台能力的反复迭代，财务数字化转型正逐步向战略目标接近。当阶段性目标基本实现时，需要进行方向性审查和调整，但对于战略目标，应该是在相对较长的时期进行调整。规划设计的快速变化，不利于转型中持续有效的资源投入和任务实施。

财务数字化建设通过三个层次的迭代和演进，有利于完善企业数字化转型，不断提升数字化能力。

第三节　财务数字化转型路径

企业的业务架构主要体现在内部的生产制造和经营管理，以及对外交易过程所涉及的产品和服务上。将数字化理念融入企业的业务架构中，并对企业整个业务架构进行重构，将有利于企业数字化转型的实现。企业的数字化转型之路，首先应该让企业内部的生产制造和经营管理走向数字化，可以包括数字化生产制造和数字化经营管理，然后再让产品和服务走向数字化，具体内容为：

第一，数字化生产制造是利用物联网等现代技术将企业生产和制造环节数字化。通过工业互联和物联网等技术，将原材料、生产设备、机械设备、信息管理进行物物连接，并与生产过程管理系统、ERP、物料管理系统等集成实现专业化生产，从而实现生产制造的数字化。其目的是实现传统生产过程的信息化升级，进一步提高产品质量，满足用户个性化需求。

第二，数字化经营管理是利用大数据、人工智能、移动互联、云计算、区块链等现代技术实现企业资源优化配置、管理效率提升以及风险控制智能化。数字化经营管理包括财务、审计、税务、金融等全方位的经营管理内容，经营管理使企业建立数字资产中心，利用大数据和人工智能等技术帮助企业管理人员进行经营决策分析。

第三，数字化生产服务是将企业的交易走向互联网化和智能化。通过企业内部生产制造和经营管理的数字化，借助于移动互联和互联网，将整个供应链上中下游的企业业务进行互联。基于上述生产制造和经营管理的内通，以及产品和服务的外联，进一步提升企业数字化能力。

一、财务数字化转型路径的内容

企业数字化转型是全方位的数字化转型，主要包括领导力转型、管理模式转型、生产模式转型、客户体验转型、信息价值转型，而这几个数字化转型内容主要涉及战略决策数字化、运营管理数字化、生产过程数字化、产品服务数字化、信息模式数字化。其中，战略决策数字化、运营管理数字化和信息模式数字化属于企业经营管理的数字化；生产过程数字化属于企业生产制造的数字化；产品服务数字化属于企业产品服务的数字化。

财务数字化转型的全过程需要思维模式的重构，需要对传统企业生态、组织范围、流程优化、IT 平台、商业模式、产品服务等内容进行全方位的重构。组织形式从企业内部的组织架构扩展到未来的无边界形式，企业范围从只关注企业内部到关注企业生态，组织范围进一步扁平化，流程管理进一步再造和优化，IT 从建立竖井式应用到 IT 平台化和横向扩展，商业模式从传统的交易转换为"互联网＋"模式，这些将使企业进一步向数字化方向发展。

(一)企业生态

传统的企业生态范围主要关注客户，以及企业内部的生产制造过程。财务数字化转型过程中，企业生态范围关注供应链上的供应商、客户，同时也关注政府等。

(二)组织范围

财务数字化转型过程中的组织范围主要涉及财务数字化组织模式目标、财务数字化转型领导确定、财务数字化转型的实施、财务数字化转型的评价。

1. 财务数字化组织模式目标

数字化转型背景下的财务组织模式有了新的目标，具体包括加强管理控制、增强决策能力、提升营销能力、改变商业模式、优化服务流程、强化用户体验、协助开发智能产品。

2. 财务数字化转型领导确定

财务数字化转型在企业应该由谁来领导，是很多企业首要考虑的问题。目前财务数字化转型涉及企业的业务、财务、管理等各个环节，需要有财务负责人、IT 负责人、运营负责人等全部参与，并在企业高层的统一领导下进行财务数字化转型。

3. 财务数字化转型的实施

企业财务数字化转型的实施需要组织经历一个全过程才能得以实现，主要包括准备阶段、评估阶段、咨询阶段、设计阶段、落地阶段、优化阶段等。

4. 财务数字化转型的评价

企业财务数字化转型完成后，需要组织进行评价，主要涉及基于信息的产品和服务占总收入的比重、数字化流程的周期与时间、数字化产品和服务的营销效果。

(三)流程优化

企业传统的流程从业务端发起，到财务端，再到管理端，具有多层级的特征。在数字化环境下，企业的财务流程，甚至业务流程和管理流程将从多流程层级到流程的扁平化、标准化，以及进一步优化和再造，为企业财务数字化转型的实现提供支持。

(四)IT 平台

企业财务数字化转型过程中需要对 IT 架构进行重建，由智能化引领数字化的转型。企业 IT 架构的数字化过程分为三个阶段：电子化、信息化、智能化。

1. 电子化阶段

它具有事务驱动的特点，通过将部门内原有的线下事务转移到线上，在一定程度上提高了工作的效率。企业数字化处理的实现还有许多困难需要面对，如无有序规划的系统建设，按组织、业务层面随意建设系统，重叠系统繁多等。

2. 信息化阶段

其特点是流程驱动，通过冲破部门间的障碍，实现整个企业的业务流程信息化。信息化阶段的IT体系主要包括集中化、集成化、专业化、标准化这四个方面。集中化是指各分公司、子公司的应用系统集中于企业内部。集成化是指建立SOA或ESB结构，以支持系统间的数据传输。专业化是指按专业划分系统。标准化是指制定企业标准。虽然IT体系结构已经发展到信息化阶段，但是系统之间仍然存在许多壁垒。

3. 智能化阶段

该阶段具有数据驱动的特点。利用人工智能、大数据等技术重构企业组织、流程和规则，通过数据推动企业智能化运营和管理。企业可以通过智能化阶段的IT架构来实现业务重构，创造新的商业模式。智能化阶段的企业IT架构由三个层级组成：前台应用层（如B2B协同、内部商城、新零售等应用）、中台能力层（如结算、税务、核算、支付等）、后台数据层（如数据仓库、数据应用等）。大多数企业IT架构正在从第一阶段（电子化）发展到第二阶段（信息化）。

（五）商业模式

随着互联网、移动互联等现代技术的成熟应用，企业的商业模式将会发生明显变化，“互联网＋”的商业模式在数字化背景下的作用越发明显。新商业模式的业务发生将对财务数字化转型产生直接的影响。数字化将为商业模式提供更多的优势：(1)利用数字化扩展产品和服务的类别；(2)利用数字化产品替代原有产品和服务；(3)开发新的数字化产品和服务；(4)利用数字化转移价值，从产品到服务；(5)利用数字化提供创新的客户体验；(6)利用数字化提高供应链节点处理效能。

（六）产品服务

据《福布斯》报道，市场研究公司IDC发表报告称，鉴于竞争对手和产业都在向数字化转型，如果企业不能快速向数字化转型，到2022年，逾60%的全球GDP将是数字化的，推动2019—2022年期间与IT相关的投资将达到约7万亿美元。至2020年，IDC指出，全球2 000强企业中50%的企业大多数业务将取决于其创造数字化增强产品、服务和体验的能力，中国1 000强企业中的50%也将如此。显而易见，数字化的产品和服务将为企业财务数字化转型提供第一手的业务数据。

企业产品和服务具有一般性的特征，主要表现在以下几个方面：市场竞争、产品价值、服务价值、收入方式、更新模式、员工模式、合作伙伴、数据利用、信息技术和管理模式。在这些一般特征中，传统的产品和服务开发与数字化产品和服务开发具有本质的区别：

1. 市场竞争

传统产品和服务开发强调价格、功能和适用性，而数字化产品和服务开发提倡体验、规模化与个性化。

2. 产品价值

传统产品和服务开发强调盈利能力，而数字化产品和服务开发提倡产品即服务。

3. 服务价值

传统产品和服务开发强调为产品盈利服务，而数字化产品和服务开发提倡提供客户价值。

4. 收入方式

传统产品和服务开发强调交易、采购与销售，而数字化产品和服务开发提倡定制、价值流向、多收入模式。

5. 更新模式

传统产品和服务开发强调定期更新产品，而数字化产品和服务开发提倡不定期按照客户需求更新服务。

6. 员工模式

传统产品和服务开发强调传统的用工模式和外包，而数字化产品和服务开发提倡自由工作模式和众包。

7. 合作伙伴

传统产品和服务开发强调供应商、经销商与客户，而数字化产品和服务开发提倡共同创造者与数字链上合作。

8. 数据利用

传统产品和服务开发强调聚焦内部数据，容易产生信息孤岛，而数字化产品和服务开发提倡服务产生数据，并充分利用第三方数据为企业经营决策提供服务。

9. 信息技术

传统产品和服务开发强调固化信息系统，而数字化产品和服务开发提倡大数据、云计算、互联网、人工智能等新型技术。

10. 管理模式

传统产品和服务开发强调多层级的组织架构，而数字化产品和服务开发提倡扁平化、目标化与智能化。

二、财务数字化转型路径的绩效评价

企业财务数字化转型是全方位的，绩效评价不仅需要针对财务数字化转型，还需要对领导力转型、管理模式转型、生产模式转型、客户体验转型、信息价值转型等方方面面进行绩效评价。

(一)财务数字化转型绩效评价

主要包括数字化产品和服务创新效果、流程优化的服务性、生产资源的智能化、客户体验满意与价值体现、数据的资本化。

(二)领导力转型绩效评价

主要包括数字化产品和服务创新效果、数字化能力、承担数字化风险能力、核心业务的数字化转型。

(三)管理模式转型绩效评价

主要包括流程优化的服务性、数字化相关资产、IT 即业务的能力、数字化产品研发周期、未来数字化产品。

(四)生产模式转型绩效评价

主要包括生产资源的智能化、智能感知应用程度、生产工人技术水平、数字化的激励机制、智能化的车间管理。

(五)客户体验转型绩效评价

主要包括客户体验满意与价值体现、产品的数字化程度、服务的数字化程度、规模化的平台体验。

(六)信息价值转型绩效评价

主要包括数据的资本化、数据市场的成熟度、数据安全与隐私、数据的智能化治理、全方位的数据获取应用接口。

第四节　财务数字化转型关键因素

目前大部分企业已经建立的财务共享服务中心可以提供管理基础、组织基础、数据基础，尤其是数据基础为企业财务数字化转型提供强有力的支撑。财务数字化转型的成功由多个关键因素决定，主要包括战略、观念、组织、人员、系统、流程、文化。

一、战略

财务数字化转型是由企业领导层筹划和指导转型的方向，即在财务数字化转型的全局性重大决策上选择方向。企业财务数字化转型是企业总体战略的重要组成部分，并且是企业长期的重要战略，顶层设计的战略规划可以指导开展企业财务数字化转型，并能很好地提升转型效率。财务数字化转型战略主要包括财务数字化转型愿景和使命，财务数字化转型战略目标，财务数字化转型过程企业选择的新商业模式、新业务模式与新管理模式，财务数字化转型实施举措和方法。

财务数字化的战略应该着眼于企业自身的战略升级。借助大数据、人工智能等现代技术，实现企业自身的业务、财务、税务、管理等升级，深度挖掘企业经营能力，为企业管理经营服务。财务数字化转型为企业产业结构升级提供支撑，将企业的生产技术水平、经营管理模式、产品质量、产业链融合等提升到数字层级。财务数字化在采用大数据、物联网等技术的同时，使传统行业越来越与新型行业不断融合，促进企业产业转型、结构优化。以财务数字化为企业内部基础，借助物联网、云计算打通企业内外各个产生数据的环节，通过智能化的决策分析，提高企业的生产经营效率和管理效率。财务数字化借助大数据的力量，强调跨界融合，依托大数据改良企业自身产品结构，推动产品的融合、重组，最终实现跨领域的生态化发展，迎接智慧社会的到来，是企业乃至社会长远发展的战略目标。

二、观念

基于共享服务模式下的财务数字化，组织由科层制多层级向扁平化矩阵式发展，传统的目标管理以结果为导向，转变为更加注重过程的流程化管理，既是一场组织变革，又是管理模式的转型。而在企业变革转型的过程中，人是极为重要的因素之一，员工的观念转变是财务数字化转型安全实施的首要条件。财务共享服务是企业财务转型的第一步，它融合了先进的管理理论和新兴科学技术。通过财务共享服务，企业可以加速财务数字化转型。员工是企业的核心资源，高层管理者需要以人为本，支持财务转型，向全体成员传达新理念，让员工接受新观念，推进企业财务变革。由于转变观念不是一件容易的事情，员工拥有的固定思维使他们一时难以接受，便会抵制新转变，这就需要领导层高度重视，向所有员工传达企业面临的机遇与挑战，通过沟通交流，了解员工的个人需求，增强员工的相应财务知识，提高员工适应变化的能力，鼓励员工参与财务数字化转型，推动改革的有效进行。

员工观念的转变是需要循序渐进的，如果从高层开始往下强行推动观念的转变，虽然能很快见到效果，却可能导致员工积极性不高甚至有抵触心理，使得人员动荡甚至流失。要想实现财务数字化的转型，首先需要给分公司、子公司财务人员一个对于财务数字化逐步接受适应的过程，然后需要通过与员工的有效沟通交流，对员工进行有针对性的培训，让员工充分了解转型的必要性，从而降低员工的负面情绪，使得员工更好地转变观念应对改革。

三、组织

在数字化转型的过程中，企业需要强有力的组织进行支撑，明确转型的责任主体，制定合理的组织战略和目标，并加以考核和激励机制，对组织间的协作流程进行优化。结合企业的实际情况，在适合的条件下，建立专门的数字化转型组织，对业务和技术部门进行协调，达到数据与实物的协同效应，推动数字化转型的有效实施。

财务共享服务中心作为企业相对独立的组织，在组织定位和结构设计方面要将财务共享服务中心的发展与客户的业务特点结合，为客户提供专业化的财务服务，提高财务数字化转型的运行效益。

在以财务共享服务中心为基础的财务数字化转型中，财务共享服务中心可定位为职能部门、事业部、分公司。其中，职能部门可与总部财务部平行，也可隶属于总部财务部。在试点的建设期间，财务共享中心职能部门在总务部的领导下，有利于集团的统一协调，促进财务标准化和规范化；在推广复制期间，与总部财务部门并行，作为面向全集团服务的独立单位，提高了财务共享服务中心的权力与地位；在运营成熟期间，将发展成为独立的事业部、分公司、法人公司，单独开展业务并拓展外包业务，减少部门运营成本，提高工作效率，提高客户满意度，逐渐转型为利润中心。设计财务共享服务中心的内部组织架构时，应该遵循流程管理原则，即按职能划分、按业务区域划分、按业务板块划分或采用混合模式，而现在较多的财务共享服务中心是按财务职能进行划分，采用专业化分工的方式设计组织架构。

在组织变革中，不仅需要定位组织和设计组织架构，还需要设置人员岗位和职业晋升通道。财务共享服务中心的岗位被分为三类：第一类是业务处理岗位，对标准流程化的作业进行处理；第二类是运营管理岗位，针对服务中心的运行进行管理和专业支持；第三类是运营服务岗位，为共享服务中心提供保障和远程协作。在对组织结构进行设计时，需要对岗位进行个性化管理，为每类岗位设置职业晋升通道，激励员工积极性，明确职业前景。在财务共享服务中心的内部，可以为员工设置个性化调动的机制，可以是平级调动，也可以根据专业、管理和服务分别进行晋升。除此之外，共享服务中心还可以对员工进行培训，选拔优秀的人才，让他们进入战略财务、业务财务或智能财务的领域，提供跨部门的晋升机会，调动员工的工作积极性和培养创新能力。

四、人员

当企业实行以共享服务模式为基础的财务数字化转型后，企业财务将被重新分成四个部分，即共享财务、业务财务、战略财务和智能财务。而企业会计也会被重新分为财务会计、管理会计、财务管理等部分。在对财务人员的转型进行规划时，除了要考虑财务共享中心的相关人员调度和人员培养外，还需要提前规划好业务财务、战略财务和智能财务的职能与工作内容，并找到合适的人员转型方案。

当员工进行转型时，财务部门根据其在企业的定位方向，将财务职能划分为四个层面，即基础层、执行层、控制层和决策层。它们分别对智能财务、共享财务、业务财务和战略财务的职能范围进行规划，针对不同财务团队设计组织架构、工作机制、能力模型、培养方案和职业发展路径等。企业需要对财务人员转型进行培训指导，建立完善的工作指导体系，根据不同的学习能力和基本素质制订个性化的转型方案，促进员工的顺利转型。

财务共享服务中心纳入了企业会计核算及结算流程的岗位和人员，并依照人员的素质及特点对人员进行岗位划分。选出人员中有创新能力和流程管理经验的组成甲方项目团队，以流程为导向支持共享服务中心分阶段上线；让有操作经验的人员从事具体的交易处理工作。在考虑人员特点和能力水平的前提下，尊重员工个人意愿，让部分员工逐步转型为管理会计、财务会计和财务管理，还有另一部分人员转型到业务岗位、管理岗位或后勤服务岗位，激励员工多维度发展成长。众所周知，财务共享服务中心人员与团队建设是一个漫长的过程，人员转型与提升也需要长期的积累，总之，在财务转型过程中要循序渐进，不能过分激进。

企业财务数字化管理的实现需要组建相关人才队伍，随着数字化时代的到来，财务也需要进行数字化管理，传统财务人员已经无法满足财务管理的要求，因此，数字化财务人员的队伍建设是十分有必要的。目前，企业一方面需要加强现有财务人员的数字化技术培训，以及对相关软件和平台的应用能力；另一方面也需要引进新型数字化人才，建立专门的财务数字化管理部门，培养新型财务数字化管理梯队，尽快实现财务管理的数字化转型。在我国建设数字化强国的新形势下，企业要抓住机遇，明确财务数字化管理对企业发展的重要作用，加强财务数字化管理相关的内容学习，尽快在企业部署和实施财务数字化管理，为实现企业财务由数字化管理向更高级别的智能化管理做铺垫，同时由财务管理的数字化带动企业其他管理的数字化，借此在企业发展新型管理模式，建设新型管理制度。

五、系统

信息化是财务数字化变革转型的基础，财务信息化是财务共享服务落地生根的前提和保障，财务共享服务模式在 IT 系统支持下可以跨越时空的障碍，向服务对象提供内容广泛的、持续高效的服务。财务分散管理模式下，各分、子公司大多是根据自身需求构建 IT 系统，各系统之间彼此孤立，与财务共享的理念相悖，财务共享服务要建设统一系统平台，消除信息孤岛，实现数据互联互通。

财务信息系统可以分为业务层、核算层、管理层和决策层四个层次，覆盖从业务系统数据采集，到财务作业处理、管理控制以及经营决策信息的支持，全面支持财务信息的闭环流动。财务共享服务中心的核心系统平台主要是交易处理类的信息系统，包括财务共享运营系统、会计核算系统、资金管理系统、税务管理系统等。财务共享运营系统是财务信息系统中的事务处理系统，比如进项发票管理系统、销项开票系统、收款管理系统、营收稽核系统、电子报账系统、电子影像系统、电子发票系统、电子档案系统等。财务共享运营系统可大幅度提升共享服务中心业务处理效率，对于事务处理系统，企业可根据自身情况分步实施上线。

目前软件提供商提出了“立项＋咨询＋产品＋实施＋运营”一体化解决方案，为众多大型企业提供财务共享服务中心及财务数字化转型的服务。根据每个企业的不同业务需求，对已有系统的现状进行诊断与评估，在满足预算、核算、结算三算合一和财务一体化的基础上，采用系统集成方法，贯通业财系统，实现业、财、资、税的一体化，为企业规划设计财务共享服务或财务数字化提供整体的解决方案，并在布局整体方案的前提下，进一步明确各步骤的建设，最大限度地帮助企业降低系统再造带来的变革风险。

企业财务共享服务数字化信息系统的实施不能一蹴而就，它是一项历时较长且复杂的工程，需要结合企业的组织模式和业务特点，来制定完善的实施方法和相关风险的应对策略。在完成财务数字化的整体规划后，需要做好产品适配、异构系统接口开发、系统测试工作，科学选择试点单位、试点业务，设计试点周期。在试点运行的同时，也要设置问题反馈处理机制，及时接收和处理试运行过程中的问题，要考虑分、子公司员工的抵触情绪，增加客户满意度，不断优化业务流程、组织构架、人员分工和 IT 系统等，为后续大规模推广复制夯实基础。

六、流程

流程再造管理思想在 20 世纪 90 年代达到了全盛。流程再造是财务共享服务中心建设和财务数字化实施落地中的重要环节，流程的梳理、改造与优化是财务共享服务模式的主要特点，并不是简单地财务集中管理。财务共享服务流程再造的主要工作内容包括管理制度化、制度流程化、流程岗位化、岗位职责化、职责表单化、表单数据化和数据信息化。

财务共享服务中心建设中的流程再造，可以参考多阶段模式，结合财务数字化的特点，从而满足企业经营管控的需求。

第一阶段，营造变革环境。分为 6 个子步骤：树立流程再造的目标；获得有关管理层的支持；制订计划，开展培训；识别核心流程；建立项目团队，并指定流程负责人；就项目目标、必要性和计划达成共识。

第二阶段，流程的分析、诊断和重新设计。分为 7 个子步骤：诊断现有流程；诊断环境条件；寻找再造标杆；重新设计流程；根据新流程评估现有人员队伍；根据新流程评估现有技术水平；对新流程设计方案进行检验。

第三阶段，适配组织再造。分为 6 个子步骤：检查组织的人力资源情况；检查技术结构和能力情况；匹配组织再造方案；重新定义岗位，培训员工；组织转岗；建立健全新的技术基础结构和技术应用。

第四阶段，流程穿行测试。分为 6 个子步骤：选定试点流程；组建试点流程团队；确定参加试点流程的单位和供应商；启动穿行测试、监控并支持测试；检验测试情况，听取意见反馈;依据测试结果,优化调整。

第五阶段,持续优化。分为4个子步骤:评价流程再造成效;让客户感知流程再造产生的效益;挖掘新流程的效能;持续循环改进。

通常,这5个阶段应该按顺序推进,但是,根据企业各自的情况,可以彼此平行推进,也可以交叉进行。因此,这5个阶段并不是线性过程,而是相互交融、循环推进的闭环过程。

七、文化

财务数字化转型的过程需要企业营造文化氛围。企业文化是数字化转型能否成功的关键要素,要不断宣传转型文化理念,激发个体活力,为员工营造好的转型环境,形成员工进行数字化转型的动力源泉。企业可以通过以下三个方面进行文化创造:

一是数字文化。积极拥抱数字化,通过数据来改变传统的管理思路和模式,让员工习惯用数据说话、用数据决策、用数据管理、用数据创新。

二是变革文化。勇于探索,拥抱变化,自我颠覆,持续变革。

三是创新文化。崇尚创新,宽容失败,支持冒险,让员工在数字化转型过程中更加积极和主动。

第五节　财务数字化发展趋势

数字经济时代,企业数字化是企业打造核心竞争力和商业运营成功的关键。企业在财务数字化转型需求下,不断推出数字化时代的管理会计、数字化时代的财务共享、数字化时代的财资管理、数字化时代的智能财务等转型方向,通过构建财务主数据平台,实现业务财务融合,构建全局视角的业务财务大数据池和财务共享中心,实现流程服务全面数字化、财税服务和金融服务数字化、管理会计全面数字化等,为企业提供全面的、智能化的、数字化的财务服务,绘制企业财务数字化蓝图,支撑企业财务数字化变革。

一、管理会计数字化

管理会计主要包括战略管理、预算管理、成本管理、风险管理、营运管理、投资管理、绩效管理、管理会计报告等。基于企业业务活动和财务会计生成与设计的结构化数据,为管理会计的数字化提供支撑。基于战略目标进行预算编制,使预算编制自动化和预算控制前置化,将预算指标分解到组织。在企业过程控制中,进一步加强绩效报告、绩效评价、绩效考核等数字化过程报告的自动化生成。与此同时,管理会计数字化是以成本归集自动化、风险评估实时化、预测分析模型化等的实现作为基础。管理会计数字化为大型企业创新管理模式提供各种解决方案,包括支持阿米巴经营、利润中心核算,以及“自驱组织、自主经营”等内部市场化模式的体系建设和落地服务。

二、财务共享数字化

财务共享云为企业财务共享建设提供咨询、规划、建设、运营辅导等一体化服务,以财务共享云平台为依托,运用云计算、移动互联网、人工智能等新技术,为企业财务共享服务中心从营建到运营的落地提供全面的支持，帮助企业实现全业务共享，实现业、财、税一体化应用，使企业完成真正业财融合。借助财务共享云平台，企业能更便捷、快速地搭建自己的财务共享体系，在提升自身运营效率、管控水平的同时，实现人员、业务、数据的大共享。

三、财资管理数字化

财资管理数字化从前、中、后台三个层面重构财资管理业务：前台负责现金池服务、票据及资产池服务、投融资运营业务、外汇及风险管理业务等灵活多变的场景化支撑，满足丰富的金融工具交易；中台侧重于对企业财资管理运营的数据赋能，支撑企业战略决策，加强资金运营质量、资金数据分析以及资金风险的管控；后台打造高效的资金结算服务和集合对账服务，包括收付结算服务、银企互联服务、资金归集平台以及集合对账。财资管理数字化通过统一的平台，对接企业业务经营、财务共享、全面预算等业务，输出财资管理的核算凭证和运营数据报告。

四、智能财务信息化

（一）自动化、智能化财务信息化发展新方向——财务机器人

随着移动互联网、云计算、大数据以及人工智能等新技术的进步与发展，企业经营实践中自动化与智能化逐步被运用，财务机器人流程自动化以及智能化为提升企业财务效率提供了解决方案。企业可将财务工作中简单、重复性的日常事务交给财务机器人处理，自动化流程大幅提升财务业务流程处理的效率、准确性及合规性，机器人操作速度不仅可以达到人工处理的数倍，还可以实现 24×7 的全天候工作，相比人工操作节省了 30％－90％的成本。

（二）报销的革命：数字化、智能化、移动化、社会化——智能费控及商旅服务

基于移动互联、云计算等新技术的智能费控及商旅服务系统，通过公有云、专属云及私有云等多种部署方式，不仅满足企业费控管理的诉求，还与各种信息系统无缝集成，打通了企业各项费用的管控流程，如日常运营费用、市场营销费用、销售过程费用、物流费用、服务费用等，涵盖了事项申请、交易、数据抓取、报账、审批、稽核、核算、结算、报告等所有环节，实现端到端的费控流程服务，满足了企业费控管理的事前规划、事中控制、事后考核分析的要求，从而创造财务管理新价值。

（三）会计档案的数字化转型

电子会计档案数字化，主要是对会计资料的接收、传递、存储和利用进行全流程无纸化管理，充分利用会计核算信息系统数据，实现电子会计档案自动分类归档，集成多硬件采集设备，保证会计资料完整性。同时，先进的多重技术防篡改保证了数据的可靠性。此外，逐步形成安全规范的电子会计档案调阅管理流程，既方便了调阅者的查阅需求，又确保了会计档案数据的安全保密。

第五章

智能财务与新技术

第一节　企业新兴战略技术

2017 年 10 月，全球领先的信息技术研究和顾问公司高德纳咨询公司（Gartner）公布了将在 2018 年对大部分企业机构产生显著影响的首要战略科技发展趋势。

高德纳咨询公司将战略科技发展趋势定义为具有巨大颠覆性潜力、脱离初期阶段且影响范围和用途正不断扩大的技术；这些技术将在未来 5 年内迅速增长、高度波动，预计达到临界点。

在公布的 2018 年十大战略科技发展趋势中，前 3 个趋势探讨了人工智能（AI）与机器学习（Machine Learning）将如何渗透至几乎任意领域，并代表着未来 5 年内技术提供商的一个主战场；随后的 4 个趋势集中于混合数字与物理世界，以打造一个沉浸式、数字增强型环境；最后 3 个趋势则指的是利用不断扩大的人员与商业规模以及设备、内容、服务之间的连接，实现数字化业务成果。具体内容如图 5－1 所示。

2018 年十大战略科技发展趋势具体如下：

一、人工智能基础（AI Foundation）

至少到 2020 年之前，创建能够自我学习、调整并有望自主行动的系统都是技术提供商的一个重要战场。直到 2025 年，利用人工智能助力决策、重塑商业模式与生态系统、重建客户体验的能力都将是数字化计划取得成功的关键推动力。

人工智能技术正在快速演化，各企业机构必须对技能、流程与工具投入巨资，以便成功利用这些技术构建人工智能增强型系统。投资领域可能包括数据准备、集成、算法、选择训练方法和建模。数据科学家、开发人员与业务流程所有者等多方支持者将需要一起工作。

二、智能应用与分析（Intelligent Apps and Analytics）

在今后几年里，几乎任一应用与服务都将采用一定程度的人工智能。其中，某些应用将成为真正的智能应用，若无人工智能与机器学习，这些应用程序将无法存在；其他一些则将

图 5—1　高德纳咨询公司 2018 年十大战略科技发展趋势

潜在利用人工智能，从幕后提供智能。智能应用在人类与系统之间搭起了一个全新智能中间层，有望改变工作的本质以及工作场所的结构。

在探索智能应用时，应将其作为增强人类活动的一种方式，而非简单地替代人类。增强分析是一个格外具有战略意义的、逐渐发展的领域。它面向广泛的商业用户、运营工作者和民间数据科学家，利用机器学习自动完成数据准备、洞察发现与洞察分享。

在广大软件与服务市场内，人工智能已成为下一个关键领域，包括企业资源规划(ERP)的各个方面。套装软件与服务提供商应表明将如何通过高级分析、智能流程和先进的用户体验等形式为新版本增加商业价值。

三、智能物件(Intelligent Things)

智能物件是指摒弃严密的编程模型，转而利用人工智能实现高级行为并更加自然地与周围环境及人类进行互动的实物。人工智能正在大力推动全新智能物件(如自动驾驶车辆、机器人与无人机)的进步，并为许多既有物件(如与消费者及工业系统相连接的物联网)带来更强功能。

目前，用于受控环境(如耕作与采矿)下的自动驾驶汽车行业是智能物件快速成长的一个领域。到 2022 年，我们可能将亲见自动驾驶汽车在有限、可控且明确定义的道路上行驶。不过，驾驶员可能是自动驾驶汽车普及的一个必要条件，以防发生意外技术故障。至少在未来 5 年内，我们预测需要驾驶员的半自动汽车将占主导地位。在此期间，制造商将更加严格地测试技术，同时法律法规问题以及文化接受度等非技术性问题也将得到解决。

四、数字孪生（Digital Twin）

数字孪生是指以数字化方式再现真实的实体或系统。在今后 3—5 年内，物联网项目背景下的数字孪生前途光明。精心设计的资产数字孪生有望极大地改进企业决策。这些数字孪生与其真实的对应物相关联，并用于了解物件或系统的状态、响应变化、改进运营并提升价值。首先，各企业机构将只是实施数字孪生，然后随着时间的推移而不断改进它们，提高其收集数据、反映正确数据、正确运用分析与规则并有效响应商业目标的能力。

久而久之，我们世界中几乎每一方面的数字化再现都将与其真实对应物动态地联系在一起。此外，还将彼此联系并纳入基于人工智能的功能，以实现高级模拟、运行与分析。城市规划者、数字营销人员、医疗保健专业人员以及工业规划者均将受益于这一向综合数字化孪生世界的长期转变。

五、从云到边缘（Cloud to the Edge）

边缘计算（Edge Computing）描述了一种计算拓扑，在这种拓扑结构中，信息处理、内容收集与交付均在邻近此类信息的源头完成。各企业应着手将边缘设计模式用于基础设施架构之中，对于拥有大量物联网元素的企业尤其如此。

虽然许多人将云与边缘视作竞争方法，但云实际上是一种计算方式，在这种情况下，可弹性扩展的技术功能以服务形式交付，且天生就无须集中模式。

从互补概念考虑时，云可作为创建服务导向型模式以及集中控制和协作结构的一种技术方式，而边缘则用作交付方式，从而以离散或分布式流程执行云服务的各个环节。

六、会话式平台（Conversational Platforms）

在人类与数字化世界互动方面，会话式平台将推动下一个重大模式转变。诠释意图的职责从用户交给了计算机。该平台接收用户的问题或命令，然后通过执行某些功能、展现某些内容或询问更多输入信息来响应。在接下来的几年内，会话界面将成为用户互动的一个首要设计目标，并通过专用硬件、核心操作系统特性、平台及应用来实现。

在理解语言以及用户基本意图方面，会话式平台已经达到了临界点，但仍有所不足。会话式平台面临的挑战在于，用户必须以非常结构化的方式进行沟通，而这通常都是令人失望的体验。会话模型的稳健性，以及用于访问、调用与协调第三方服务以交付复杂结果的应用程序接口（API）和事件模型是各类会话式平台之间的主要区别因素。

七、沉浸式体验（Immersive Experience）

会话式界面正在改变人们控制数字世界的方式，而虚拟、增强和混合现实（Virtual, Augmented and Mixed Reality）则在改变人们观察和与数字世界互动的方式。目前，虚拟现实和增强现实市场尚不成熟，还处于碎片化阶段。不过，人们对该领域的兴趣非常浓厚，因而催生了视频游戏和 360 度球幕视频等诸多新奇的虚拟现实应用，然而，这些高级娱乐应用目前能产生的商业价值微乎其微。为了推动实现真正有形的商业效益，各企业必须审视特定的虚拟现实和增强现实应用的真实场景，以提高员工的工作效率，同时优化设计、培训和可视化过程。

作为一种融合并拓展了虚拟现实和增强现实技术功能的沉浸式体验类型，混合现实应运而生。作为一种特别的沉浸式体验，这种技术十分引人注意，因为它优化了界面，以更好地匹配人们观察并与世界互动的方式。混合现实跨度极大，包括用于增强或虚拟现实的头盔式显示器，以及智能手机、基于平板的增强现实和环境传感器的应用等。混合现实代表了人们观察并与数字世界互动的范围。

八、区块链（Blockchain）

区块链正在从数字货币基础架构向数字化平台转变。区块链技术与现有的集中式交易和记录机制截然不同，可作为已有企业和初创公司发展颠覆式数字化业务的基础。虽然有关区块链的宣传都集中于金融服务行业，但区块链在其他一些领域也有潜在的应用前景，比如政府部门、医疗保健、制造业、媒体发布、身份识别、所有权登记服务和供应链等。虽然区块链前景可观且无疑会带来颠覆式影响，但是对区块链的展望胜过区块链的现实，而且许多相关技术在未来 2—3 年内难以成熟。

九、事件驱动（Event Driven）

数字化业务的核心围绕以下理念，即企业总是保持高度敏感，随时准备探索并利用全新的数字化业务时刻。业务事件可以是数字表达的、反映出明显新状态或状态变化的任何事物，比如完成订单或飞机着陆等。借助事件代理（Event Brokers）、物联网、云计算、区块链、内存数据管理（In-memory Data Management）和人工智能，人们可以更迅速地发现业务事件并进行更加详细的分析。不过，如果缺乏文化和领导力变革，技术本身也难以实现事件驱动模式的全部价值。数字化业务促使 IT 领导者、规划者和架构者从本身需求出发，去积极地采用事件思维（Event Thinking）。

十、持续自适应风险和信任评估（Continuous Adaptive Risk and Trust Assessment）

为了确保数字化业务计划面对高级定向攻击时仍能有效实施，安全和风险管理领导者必须采用一种持续自适应风险和信任评估（CARTA）方法，以实现基于风险和信任且带有适应性反应的实时决策。安全基础架构必须在任何地方都具有自适应性，以便更好地利用机会并管理风险，从而确保安全性能够跟上数字化业务的速度。

作为持续自适应风险和信任评估的一部分，各企业机构必须克服安全团队和应用团队之间的障碍，就像 DevOps 工具和流程弥合开发与运营之间的差别一样。信息安全架构师应尝试多点协同，将安全测试融入 DevOps 工作流程之中，在此过程中，他们必须以十分透明的方式与开发人员合作，并且保持 DevOps 的团队合作、敏捷性以及开发环境的灵活性，从而实现“DevSecOps”。运行时，持续自适应风险和信任评估也可与诱捕技术（Deception Technology）等联合应用。虚拟化和软件定义网络等技术进步已使自适应蜜罐技术（Adaptive Honeypot）的部署、管理和监控变得更加容易，而后者是网络诱捕的基本组成部分。

第二节　新技术在财务中的运用现状

一、二维码技术

（一）二维码技术概述

二维码技术和一维码技术都归属于条码识别技术。条码识别技术是在计算机技术与信息技术基础上发展起来的一门融条码、印刷、识别、数据采集和处理于一体的技术，目前包括一维码和二维码两类。二维码最早产生于亚洲的日本，是通过在平面一定尺寸的矩形空间内分布具有一定规律的黑白像素点，再通过黑白像素点的位置分布来记录所要存放的数据信息，由黑白像素点构成的矩形符号和下方的文字说明及二维码号共同组成了完整的二维码符。二维码利用黑白像素点与计算机内部的"0"、"1"二进制相对应，并通过不同的空间分布进行信息表示，利用对应的二维码扫描设备进行读取，获得存储的信息。二维码能够在水平方向和竖直方向两个方向同时表达信息，单位空间内信息存储利用率相对于一维码有了跨越性的提高。

作为一维码的升级，二维码除了具有基本的识别功能外，其还有一些独特的属性。二维码信息存储量比较大，可以更为详细地显示价格、生产日期、原材料等货品信息；通过计算机软件对二维码进行加密，可以达到数据防伪作用；二维码也具有一定的容错特性，当二维码存储介质受到污损时，可以根据特定的算法提取出其中包含的正确信息，而一维码一旦损坏，就很难提取正确的数据信息。二维码和一维码的对比如表5－1所示。

表5－1　　二维码和一维码的对比

特　征	二维码	一维码
识别方位	360度，二维方向	水平方向
存储能力	高	低
抗干扰	强	弱
纠错能力	高	无
优点	强大的存储量，较强的纠错能力及全方位识读	信息录入快，操作简单，完全依赖计算机技术

（二）二维码技术特点

（1）存储信息容量大，最多可包含1 000多个字节，或500多个汉字，比一维条形码信息容量高出数十倍。

（2）能表示多种多样的信息，能够把文字、图片、音频、视频等多种信息进行编码存在二维码中。

（3）具有较强的容错纠错能力，如果二维码受到撕毁、污损等，能够通过相关的纠错算法，提取出正确的二维码信息。不同等级的二维码技术具有不同水平的容错纠错能力。

（4）支持加密算法，如混合加密算法就被广泛应用于车票等二维码，从而避免二维码使用者信息泄露。相对于一维条形码，二维码具有更强的保密性和防伪性。

(5)使用成本极低，只需要对PC机二维码软件产生的二维码进行打印或者直接通过彩信发送到使用者手机上即可，并且易于制作，持久耐用。

(6)二维码图像的尺寸、形状等在遵循一定规则的条件下可以进行改变。

(7)读取二维码信息的设备多样，除专用二维码读取设备外，我们还可以使用具备摄像功能的手机或者电脑的摄像头并配合相应软件进行二维码的读取。

(三)二维码的分类

根据编解码的不同方式，二维码主要可以分为行排式二维码和矩阵式二维码。行排式二维码是在一维码的基础上发展而来的，简单来讲，是将多行一维码进行堆叠，因此在编解码、码信息读取等方面都与一维码类似。但是，二维码比一维码多了一维，因此编解码软件要更复杂一些，目前主流的行排式二维码有PDF417、Code 49等。

矩阵式二维码是通过黑、白两种像素点在一个平面正方形空间上的不同分布来进行编码，用黑像素的圆点、方点等点形状来表示二进制中的“1”，用白像素代表二进制中的“0”，通过黑、白像素点的相对位置来进行编码。矩阵式二维码是建立在数据加密解密、数据编码解码、数字图像处理等技术的基础上，比较有代表性的矩阵式二维码有QR Code、Maxicode等。

(四)二维码技术在财务中的应用

二维码是用某种特定的几何图形按一定规律在平面(二维方向)上分布的条、空相间的图形来记录信息，具有读取速度快、成本低、信息大、保密防伪性强等优点，在现今和未来行政管理、社会管理和商业管理中有着广泛的应用价值。以下介绍二维码技术在会计档案中的应用。

1. 二维码在会计档案中的应用

会计档案不光载体形式可以作出改变，其内容形式也可以作出改变。借助二维码代替电子发票进行存储，会计档案上只保存相关电子发票的二维码，利用二维码的特性可以随时扫码查询。

(1)在整理中的应用。在会计档案整理立卷中，可以采取在记账凭证后方单独附纸张将所涉及的二维码进行统一记录的方式，而不用再将发票附在凭证后面，减轻了工作人员贴票的负担，易于会计档案的整理。其中，可以对二维码进行关键信息标注，以便查找利用。

(2)在装订中的应用。纸质会计档案中不同类型的纸质发票大小、长短尺度不一，发票的厚薄、颜色和质量不同。在用二维码代替电子发票归档的情况下，可以采用与会计凭证中多数纸张同等大小的纸张来打印电子发票二维码，能够避免由发票造成的会计档案装订成册的麻烦，而且与会计凭证中多数纸张同等大小的纸张上可以印制多个二维码，二维码的载体管理和复印成本很低，从而节约更多人力、物力。

(3)在存储中的应用。国家税务总局发布的有关增值税电子发票系统技术方案的公告中指出，电子发票明细数据通过增值税电子发票系统实时传送税务机关，进入发票电子底账库，这为二维码代替电子发票归档提供了后续保障。二维码的使用，比起传统的发票更具安全性，可以通过加密来进一步保障安全性，同时减小了会计档案的存储空间。

2. 二维码应用的优势与不足

二维码的应用与传统会计档案相比节约了大量人力、物力，但也提出了其他要求。在纸质会计档案整理中，印制二维码纸张的大小和材质应有统一标准，使成册会计档案更加规范整齐。在装订过程中，要根据二维码所存储的电子发票信息进行合理的排版。在存储过程中，二维码的使用使会计档案在易于存储的同时，也节约了大量的存储空间，但要注意二维码的加密存储。在查找利用中，二维码形式的存储缺乏直观性，需扫描查看内容，为保证会计档案安全性，需要配备专门的设备进行扫描，扫描的过程在一定程度上不利于查找利用的进行。

二维码的应用相对于传统会计档案来说，缺少法律法规以及标准化的支持，只有电子发票、电子会计档案的发展以及相关政策的推出才能推动二维码在会计档案中更好地应用。

二、光学字符识别(OCR)技术

(一)OCR 技术概述

OCR 是一种光学字符识别技术，是 Optical Character Recognition 的英文缩写。它是指电子设备，例如扫描仪、数码相机这一类产品，检查纸上打印的字符，并通过检测暗、亮的模式确定其形状，然后用字符识别方法将形状翻译成计算机文字的过程。换句话说，也就是对文本资料进行扫描，然后将这些图像文件进行分析处理，获取文字及版面信息的过程。

OCR 最早出现在 20 世纪六七十年代，当时世界各国已经开始研究 OCR，也就是 OCR 的初期，那时候多以文字的识别方法研究为主，且识别的文字仅为 0 至 9 的数字。OCR 是一种不确定的技术研究，正确率就像是一个无穷趋近函数，知道其趋近值，却只能靠近而无法达到，永远在与 100%作拉锯战。它所牵涉的因素太多了，例如书写者的习惯或文件印刷品质量、被扫描的原稿质量、识别的方法、学习及测试的样本等，多多少少都会影响其正确率。因此，OCR 的产品除了需有一个强有力的识别核心外，产品的操作使用方便性、所提供的除错功能及方法，也是决定产品好坏的重要因素。

OCR 要实现的目的很简单，就是要把影像作一个转换，使影像内的图形继续保存，有表格的则将表格内资料及影像内的文字一律变成计算机文字，使影像资料的储存量减少，识别出的文字可再使用及分析，当然也可节省键盘输入的人力与时间。从影像到结果输出，须经过影像输入、影像前处理、文字特征抽取、比对识别，最后经人工校正将认错的文字更正，将结果输出。

(二)OCR 技术关键流程

1. 影像输入

OCR 的使用必须与硬件设备相配合，例如扫描仪、传真机或摄影器材，将影像转入计算机。随着科技的进步，扫描仪等输入设备已经越来越精巧轻薄，品质也高，在一定程度上对 OCR 是有帮助的。扫描仪的分辨率越高，扫描出来的影像就越清晰，扫描速度更可以提升 OCR 处理的效率。

2. 影像前处理

在 OCR 系统中，影像前处理是解决问题最多的一个模块。简单地说，从得到一个不是黑就是白的二值化影像，或灰阶、彩色的影像，到独立出一个个文字影像的过程，这些都属于影像前处理。它包含了影像正规化、去除噪声、影像矫正等影像处理，以及图文分析、文字行与字分离的文件前处理。而在影像处理方面,学理及技术上都已达到成熟阶段,因此在市面上或网站上有不少可用的链接库;在文件前处理方面,则凭各家本领了。影像必须先将图片、表格及文字区域分离出来,甚至可将文章的编排方向、文章的提纲及内容主体区分开,而文字的大小及文字的字体也可如原始文件一样被判断出来。

3. 文字特征抽取

单从识别率的角度来说,文字的特征抽取是 OCR 的核心,特征可以说是识别的筹码,可以分为两类:一是统计的特征,如文字区域内的黑/白点数比,当文字被区分成好几个区域时,这一个个区域黑/白点数比之联合就成了空间的一个数值向量,在比对时,基本的数学理论就足以应付了;二是结构的特征,如文字影像细线化后取得字的笔画端点、交叉点之数量及位置,或以笔画端为特征,配合特殊的比对方法进行比对,市面上的线上手写输入软件的识别方法多以此种结构的方法为主。

4. 对比数据库

当输入文字算完特征后,不管是用统计还是结构的特征,都必须有一个比对数据库或特征数据库来进行比对,数据库的内容应包含所有欲识别的字集文字,根据与输入文字一样的特征抽取得到特征群组。

5. 对比识别

对比识别可以根据不同的特征特性,从而选用不同的数学距离函数,较有名的比对方法有欧式空间的比对方法、松弛比对法(Relaxation)、动态程序比对法,以及类神经网络的数据库建立及比对、HMM 等方法,为了使识别的结果更稳定,利用各种特征比对方法的相异互补性,使识别出的结果信心度特别高。

6. 字词后处理

OCR 的识别率是无法达到 100%的,如果希望增加准确率,就需要一些除错甚至帮忙更正的功能,这也是 OCR 系统中必要的一个模块。字词后处理就是一例,利用识别后的文字与其可能的相似候选字群进行比对,根据前后的识别文字找出最合乎逻辑的词,实现更正的功能。

7. 字词数据库

字词数据库是为字词后处理所建立的词库。

8. 人工校正

人工校正是 OCR 的最后关卡,使用者可能只是拿只鼠标,跟着软件设计的节奏操作或仅是观看,而在此有可能花费使用者的精神及时间去更正甚至找寻 OCR 出错的地方。一个好的 OCR 软件,除了有一个稳定的影像处理及识别核心以降低错误率外,人工校正的操作流程及其功能也影响 OCR 的处理效率。因此,文字影像与识别文字的对照及其屏幕信息摆放的位置,还有每一识别文字的候选字功能、拒认字功能以及字词后处理后特意标示出可能有问题的字词,都是为使用者设计尽量少使用键盘。当然,不是说系统没显示出的文字就一定正确,就像完全由键盘输入的工作人员也会有出错的时候,这时是需要重新校正一次还是允许有些许错,就完全看使用单位的需求了。

9. 输出结果

OCR 可以帮助用户将文本文件作部分文字的再使用,也可以将原文重现。如果需要还原成原文，则在识别后需要人工排版，耗时耗力。

（三）OCR 技术在财务中的应用

OCR 技术已经在包括财务、金融、政务、工商、电子商务等行业得到非常广泛的应用，微软和谷歌都在相应的产品中增加非格式化文本和图像识别工具，并将其索引到数据库。近年来，国内在 OCR 领域也有了飞速的发展，如停车场自动收费系统、税务票据号自动识别系统等。OCR 技术积极推进了人机交互系统，让机器（设备）具备“人眼识别”能力，在模式识别、人工智能等相关学科及分支学科的发展领域起到了积极的推动作用。

以 OCR 在财务共享服务中心的应用为例进行介绍。通过 OCR 光电识别技术将纸质表单与网络自动化打通，在现场无网络的条件下，使纸质业务表单自动进入共享中心成为可能，通过人机识别技术，让财务业务处理自动化得以延续。

1. OCR 技术应用后的财务共享中心处理流程

一是前端业务处理。在此流程上，经办人需打印纸质单据后，经现场领导审批，粘贴附件后投入投递箱，完成业务。专员及时进行投递箱的单据收集，集中到办事处（定点）后，批量放入扫描仪，形成电子表单和电子影像文件，根据管理需求，可直接进入共享中心或继续走相应的流程审批后进入共享中心。共享中心接收到电子表单和影像文件后，进行审批确认并自动生成凭证，与其他共享中心处理模式一致。

二是纸质附件归档处理。按照管理需求，定期（月末或季度末）将纸质附件邮寄回共享中心，共享中心安排专人负责接收后，通过扫码枪扫描附件上的二维码（条形码），系统会自动弹出电子凭证，打印并与原始附件进行粘贴，分类进行归档，整个业务处理完成。

2. OCR 技术的应用在共享中心流程中的作用

OCR 技术连接纸质流程与电子流程。OCR 技术相当于一个纽带，将线下纸质审批流和纸质数据与网络电子表单和数据进行联通，自动生成信息化数据，给纸质化审批和数据进入共享中心提供了便捷的通道，与原有人工处理相比较，效率将大大提升。此外，无须等待原始纸质凭证。原始纸质单据在进入高速扫描仪后，除生成电子表单外，同时还可将影像文件与电子表单进行匹配并一起传回共享中心，共享中心只要凭借电子表单和原始电子影像，即可进行核算与后续业务处理，不需要等待纸质表单和原始发票即可完成付款动作等。

三、RFID 无线射频技术

（一）RFID 技术概述

射频识别技术（Radio Frequency Identification，RFID）是 20 世纪 80 年代发展起来的一种新兴自动识别技术，它是一项利用射频信号通过空间耦合（交变磁场或电磁场）实现无接触信息传递并通过所传递的信息达到识别目的的技术。

RFID 是一种简单的无线系统，只有两个基本器件，该系统用于控制、检测和跟踪物体。系统由一个询问器（或阅读器）和很多应答器（或标签）组成。

最初在技术领域，应答器是指能够传输信息、回复信息的电子模块，近些年，由于射频技术发展迅猛，应答器有了新的说法和含义，又被叫做智能标签或标签。RFID 阅读器（读写器）通过天线与 RFID 电子标签进行无线通信，可以实现对标签识别码和内存数据的读出或写入操作。典型的阅读器包含有高频模块（发送器和接收器）、控制单元以及阅读器天线。

RFID射频识别是一种非接触式的自动识别技术，它通过射频信号自动识别目标对象并获取相关数据，识别工作无须人工干预，可工作于各种恶劣环境。RFID技术可识别高速运动物体并可同时识别多个标签，操作快捷方便。

(1)标签(Tag)：由耦合元件及芯片组成，每个标签具有唯一的电子编码，附着在物体上标识目标对象。

(2)阅读器(Reader)：读取(有时还可以写入)标签信息的设备，可设计为手持式RFID读写器(如C5000W)或固定式读写器。

(3)天线(Antenna)：在标签和阅读器间传递射频信号。

(二)RFID工作流程

标签进入磁场后，接收阅读器发出的射频信号，凭借感应电流所获得的能量发送出存储在芯片中的产品信息(Passive Tag，无源标签或被动标签)，或者由标签主动发送某一频率的信号(Active Tag，有源标签或主动标签)，阅读器读取信息并解码后，送至中央信息系统进行有关数据处理。

一套完整的RFID系统由阅读器、电子标签(也就是所谓的应答器)及应用软件系统三个部分组成，其工作原理是阅读器发射一特定频率的无线电波能量给应答器，用以驱动应答器电路将内部的数据送出，此时阅读器便依序接收解读数据，送给应用程序做相应的处理。

从RFID卡片阅读器与电子标签之间的通信及能量感应方式来看，大致上可以分成感应耦合(Inductive Coupling)及后向散射耦合(Backscatter Coupling)两种。一般低频的RFID大多采用第一种方式，而较高频的大多采用第二种方式。

阅读器根据使用的结构和技术不同，可以是读或读/写装置，是RFID系统信息控制和处理中心。阅读器通常由耦合模块、收发模块、控制模块和接口单元组成。阅读器和应答器之间一般采用半双工通信方式进行信息交换，同时阅读器通过耦合给无源应答器提供能量和时序。在实际应用中，可进一步通过Ethernet或WLAN等实现对物体识别信息的采集、处理及远程传送等管理功能。应答器是RFID系统的信息载体，目前应答器大多是由耦合原件(线圈、微带天线等)和微芯片组成无源单元。

(三)RFID技术特点

RFID是一项易于操控、简单实用且特别适合用于自动化控制的灵活性应用技术，识别工作无须人工干预，它既可支持只读工作模式，也可支持读写工作模式，且无须接触或瞄准。它可在各种恶劣环境下自由工作：短距离射频产品不怕油渍、灰尘污染等恶劣的环境，可以替代条码，例如用在工厂的流水线上跟踪物体；长距离射频产品多用于交通领域，识别距离可达几十米，如自动收费或识别车辆身份等。

射频识别系统主要有以下几个方面优势：

(1)读取方便快捷：数据的读取无须光源，甚至可以透过外包装来进行。有效识别距离更大，采用自带电池的主动标签时，有效识别距离可达到30米以上。

(2)识别速度快：标签一进入磁场，阅读器就可以即时读取其中的信息，而且能够同时处理多个标签，实现批量识别。

(3)数据容量大：数据容量最大的二维条形码(PDF417)最多也只能存储2 725个数字，若包含字母，存储量则会更少，而RFID标签则可以根据用户的需要扩充到数十K。

(4)使用寿命长,应用范围广:无线电通信方式使其可以应用于粉尘、油污等高污染环境和放射性环境,而且封闭式包装使得其寿命大大超过印刷的条形码。

(5)标签数据可动态更改:利用编程器可以写入数据,从而赋予 RFID 标签交互式便携数据文件的功能,而且写入时间相比打印条形码更少。

(6)更好的安全性:不仅可以嵌入或附着在不同形状、类型的产品上,而且可以为标签数据的读写设置密码保护,从而具有更高的安全性。

(7)动态实时通信:标签以每秒 50—100 次的频率与阅读器进行通信,所以只要 RFID 标签所附着的物体出现在阅读器的有效识别范围内,就可以对其位置进行动态的追踪和监控。

(四)RFID 技术在财务中的应用

RFID 的应用非常广泛,目前典型的应用有动物晶片、汽车晶片防盗器、门禁管制、停车场管制、生产线自动化、物料管理、物流管理。近几年,很多大型企业也引入 RFID 技术对固定资产进行信息化和动态化管理。以下以某国有企业的固定资产管理为例进行介绍。

1. RFID 初始化阶段

一是定制适合企业资产管理的 RFID 标签。即根据固定资产类别、大小、体积、存放处所等特点,量身定制 RFID 标签;取消原固定资产标签,用条码符号把固定资产编号体现出来,使用可以打印 PET、PVC 等薄膜类特殊介质的专业条码打印机打印出新固定资产标签,绑定对应的 RFID 标签,可使新固定资产标签长期保存,并始终保持清晰。二是使用 RFID 数据采集器进行现场固定资产数据采集。具体来说,给固定资产管理员配备 RFID 射频手持终端,到资产管理现场进行数据采集,同时完成数据处理和数据传输,确保数据的录入、存储、传输、共享准确无误,建立起全面、准确的固定资产信息数据库。三是将现场采集的数据上传到企业的固定资产管理软件中。

2. RFID 技术实施流程

(1)入库作业流程:①收货并确认检查设备的详细信息。②制作包含有设备详细信息的 RFID 标签,并将标签粘贴到设备上,同时把信息录入资产管理系统。③工作人员通过手持终端(多指有源终端)扫描设备的 RFID 标签,指定设备的入库存放位置以及其他入库任务,并与资产管理系统形成交互反馈。④将设备存放到指定库存位置。

(2)出库作业流程:①资产使用部门通过资产管理系统审批后,由资产归口管理部门管理员通过系统发布出库指令。②管理员通过手持终端定位到指定设备,并扫描设备,向服务端核实是否是待出库设备。③将设备搬离机房,放至指定使用位置,并完成资产管理系统中设备相关数据的修改反馈工作。

(3)盘点作业流程:①由国有资产管理员发布盘点计划,并指定各使用部门和设备管理部门接收计划。②根据盘点计划需求,下载待盘点资产信息至手持终端。③盘点人员通过手持终端逐个对设备 RFID 标签进行扫描,终端自动匹配数据吻合度,一旦发现异常或者账实不符,发出警告提示。④国有资产管理员通过系统查看盘点的详细数据情况,并对警告部分进行信息核实,国有资产管理员对盘点结果进行操作处理并形成盘点报告,出具相关报表资料。此外,资产使用部门或者资产归口管理部门进行日常工作盘点,自己制订盘点计划,并上传资产盘点结果。

四、电子发票

(一)电子发票技术概述

发票是指个人和单位在买卖商品、接受或提供服务以及其他交易活动过程中收到或出具的依据和凭证。在信息时代背景下,为提高经营效率和节约成本,电子发票应运而生。根据欧盟的定义,电子发票是交易过程中卖方通过网络等数据传输途径向买方提供的与该次交易相关的信息集合,这个集合中包含了交易标的、数量和规格等具体信息。我国台湾地区规定,电子发票是卖方向买方提供劳务或销售货物时通过互联网或其他途径交付的发票。电子发票的开立、传输或接收需经税务主管部门批准,并以互联网或其他电子方式操作。

可以对电子发票作如下界定:电子发票是指税务机关统一发放的在商品或服务交易过程中由纳税人通过电子方式传输、获取和存储的交易凭证。纸质发票中记载的付款方和收款方的名称、纳税人识别号、交易项目、单位、数量和金额等信息,在电子发票中同样需要记载,电子发票还需依据税务机关统一的技术标准加载编码和防伪标识。从外观上看,除了物理形态外,电子发票与纸质发票大致相同,不同之处在于,电子发票的开立、传输、收取和储存需要经由互联网等电子途径。

(二)电子发票技术特点

1. 电子化

电子发票与普通发票最显著的不同就是省去了物理载体,从印制、领购到实际使用均是以无纸化形式操作。这样做不仅使领购人省去了去税务机关排队领票的时间和经济成本,也为税务机关进行更加便捷准确的税务监管提供了便利。

2. 系统化

电子发票在实际使用过程中需要涉及交易双方和监管部门等多方主体,而且需要覆盖一定区域甚至在全国范围内使用,所以一个足够稳定且能容纳大量数据的系统平台对于电子发票至关重要。

3. 实名化

与普通发票一样,电子发票也是作为交易凭证而存在的,对普通发票进行无纸化改进还要基于方便税务机关监管的考虑。准确记录交易信息以及提高税务监管的效率都必须以电子发票实名化为前提,否则电子发票无法发挥交易凭证的作用,在税务监管方面也将产生巨大漏洞。

4. 关联化

将传统发票进行无纸化处理客观上节约了各使用方的成本,也提高了使用效率,但电子发票产生和存在的意义不应仅停留在便捷操作层面,其更重要的意义在于能够有效地帮助税务机关实施税务监管。为达到此目的,必须使电子发票系统与税务部门的监管系统充分关联,在提升监管效率的同时使监管更加有效。

(三)电子发票在财务中的应用

电子发票在我国出现时间较短,国家为推动其发展先后出台了一系列相关文件,具体如表5—2所示。

表 5—2　　国家出台的电子发票相关文件

单位名称	文件名称	出台时间	内容概要
国家税务总局	《网络发票管理办法》	2013.1	提出将要对电子发票进行试行
国务院	《国务院大力发展电子商务加快培育经济新动力的意见》	2015.5	明确需为电子发票的推广使用完善相关法律法规
国家税务总局	《关于推行通过增值税电子发票系统开具的增值税电子普通发票有关问题的公告》	2015.11	决定将电子发票系统在全国范围内进行推广
财政部	修订《会计档案管理办法》	2015.12	允许对会计资料归档、获取和入账采用电子形式管理
国家税务总局	《关于进一步做好增值税电子普通发票推行工作的指导意见》	2017.3	明确将重点在金融、电信、电商等行业推行电子发票

电子发票系统具体应用情况如下：2012 年第一批电子发票在浙江省、广东省、深圳市和北京市等 22 个省市进行应用试点。京东是我国最大的自营新零售电子商务企业，多年来致力于我国电子发票的探索、应用与推广，于 2013 年 6 月 27 日开出我国第一张电子发票，于 2014 年 6 月 27 日开出我国第一张以无纸化方式入账的电子发票，2016—2017 年京东已开具超过 10 亿张电子发票。2014 年 6 月 27 日，北京市国税局成功接收了来自中国人民财产保险股份有限公司的国内第一张以电子方式入账的发票；2015 年 2 月 9 日，我国内地金融保险业的首张电子发票由中国人寿保险股份有限公司开出；2016 年 4 月 11 日，中国移动通信集团浙江有限公司宁波分公司开具第一张电子发票，标志着电子发票试点工作在浙江省电信行业开始展开。

以下以京东电子发票系统为例进行介绍。京东电子发票业务流程涵盖从购物到税务机关审计 8 个环节，涉及开票方企业、收票方企业、消费者、审计人员和税务局等利益相关方。

1. 购物

消费者在购物平台上购买商品，填写单位名称、手机号码、邮件地址等电子发票相关信息，在收货确认后才能开具电子发票。

2. 开票

交易完成后，由税控专用设备及系统开具电子发票，并上传至税务局和电子发票服务平台。电子发票服务平台核实开票方身份后，按电子发票机制和要求生成带开票方签章的电子发票及其版式文件。

3. 接收

开票完成后，电子发票服务平台主动将电子发票信息通过手机短信、京东 APP、京东微信公众号、电子邮件等方式推送给消费者，消费者也可在京东购物平台直接获取电子发票信息。

4. 公众查验

消费者接收到电子发票后，可通过手机、电脑等途径在电子发票服务平台上对发票信息进行查验，对于查验不符的发票可以举报。

5. 报销

电子发票真伪查验通过后，报销人员填写电子报销单据，并将电子发票信息一并提交至收票方企业财务系统（或部门）。

6. 入账查验

收票方企业财务系统必须对所报销的电子发票进行入账查验，查验通过后方能入账，可以通过网络接口、短信网关、人工录入等方式向电子发票服务平台提交入账核销请求，电子发票服务平台进行状态审核，如果通过则允许入账，并将入账标志同步到开票方企业所在的税务机关。

7. 入账、归档

收票方企业财务系统对电子发票入账查验通过后，将电子发票状态确认为已核销，同一张电子发票不允许重复核销。税务机关电子发票系统记录电子发票核销日期，财务人员或系统自动确认核销，核销过的发票必须当月进行财务入账。已入账的电子发票发生退货或换货等情形时，开票方企业开具的红字电子发票由电子发票服务平台推送至电子发票接收单位，提示接收单位做账务冲销处理。电子发票入账报销后，审核人员（主管或经理级别）发现该张电子发票入账错误时，由审核人员进入电子发票系统进行电子发票的反核销操作，取消记账标志。

8. 税务机关审计

税务人员在对企业进行检查或企业年末进行税审时，税务人员和事务所人员可通过会计电子档案系统调取凭证对应的电子发票进行检查，通过发票服务平台查验发票的真实性和入账的唯一性。

五、机器人流程自动化（RPA）

（一）RPA 概述

机器人流程自动化，即通过使用用户界面层中的技术，模拟并增强人与计算机的交互过程、执行基于一定规则的可重复任务的软件解决方案。RPA 也称为数字化劳动力（Digital Labor），是数字化的支持性智能软件，能够完成以往只有人类才能完成的工作，或者成为高强度工作的劳力补充。从功能上来讲，RPA 是一种处理重复性工作和模拟手工操作的程序，可以实现数据检索与记录、图像识别与处理、平台上传与下载、数据加工与分析、信息监控与产出这五大功能。与其他应用程序相比，RPA 的特点主要有：24 小时机器处理；基于明确规则编写脚本；以系统外挂形式部署操作；模拟用户操作与交互动作。

已有不少企业在办公领域采用 RPA 以取代一些重复和烦琐的日常流程，包括财务管理、税务管理、合规管理、数据科技、金融、人力资源等领域。根据市场研究公司 Transparency Market Research 的研究，2017 年，全球机器人自动化市场规模达到了 11 亿美元，2018 年至 2026 年预计可实现 28.1％的年复合增长率。RPA 发展如此之快，其原因在于，企业渴望利用技术提升工作效率与质量、降低人工成本，而传统软件系统开发需要选择程序语言，如 C＋＋、Python 或者 Java 等，之后程序员需要全面、详细、逻辑严谨地从头编辑程序脚本。而 RPA 不同于传统的软件系统，其大部分是通过直接录制的方式捕捉用户的操作规则，不需要编辑程序。除此以外，与 IT 系统相比，RPA 投资回报周期短，成本低；与增加人力劳动相比，RPA 可以为企业降低人工成本，减少出错率。

(二)RPA 的功能

目前,RPA 的功能开发较为完善,总体来说,可以实现以下五大功能:

1. 数据检索与记录

RPA 可以跨系统进行数据检索、数据迁移以及数据输入。例如,RPA 可以通过多个财务系统和报告收集数据,完成财务报告的基本数据整理工作;RPA 可以自动下载每个账户的银行对账单,并且自动将余额、交易的调整输入核心财务系统当中。

2. 图像识别与处理

RPA 可以通过 OCR 识别信息、访问不同站点获取信息,并且可以在此基础上审查和分析文字。

3. 平台上传与下载

RPA 按照预先设计的路径上传和下载数据,完成数据流的自动接收与输出。例如,RPA 可以自动收取邮件,将企业的标准化日记账自动发送至 ERP 系统当中。

4. 数据加工与分析

包括数据检查、数据筛选、数据计算、数据整理、数据校验。例如,在企业账户对账方面,RPA 可以对账户的异常数据进行验证,并做基础研究;自动下载企业详细的月度销售数据,并基于规则计算佣金;根据客户合同和预先批准的价格表进行自动化定价的审查。

5. 信息监控与产出

RPA 可以基于模拟人类判断,实现工作流分配、标准报告出具、基于明确规则决策、自动信息通知等功能。

RPA 实现这五大功能,主要是建立在以下三部分的运作原理上:机器人控制器、业务用户、应用程序。程序开发人员制定详细的指令并发布到机器人控制器上,机器人控制器给各个机器人分配任务、监视 RPA 活动;业务用户通过控制器检查并处理异常信息;机器人在虚拟或者实体电脑中与各类应用程序进行操作交互。

(三)RPA 的特点

RPA 相比于传统软件,开发周期更短、设计更加简单,这主要是基于 RPA 的技术特点。总体来说,RPA 的技术特点主要包括机器处理、基于明确规则、以外挂形式部署、模拟用户操作与交互。

1. 机器处理

RPA 就像一个软件机器人,所有操作都像机器一样自动处理。它会根据已经提前编写的脚本进行重复机械式的运动,用自动化处理代替人工任务处理。因此,RPA 可以 7×24 小时不间断地工作。应用 RPA 不仅提高了工作效率,而且避免了人工工作可能出现的纰漏。

2. 基于明确规则

RPA 主要是代替人工进行重复机械性操作,研发 RPA 需要基于明确规则去编写脚本。因此,RPA 适用的流程必须有明确的、可被数字化的触发指令和输入,工作期间可能出现的一切场景都是可以提前被定义的,如财务、人力资源、供应链、信息技术等部分流程符合 RPA 的工作环境要求。也就是说,RPA 不适用于创造性强、流程变化频繁的办公场景。

3. 以外挂形式部署

RPA 是在用户界面进行操作，因此不会破坏企业原有的信息系统结构。企业的工作系统最底层是核心诉求和数据，第二层是 Excel、Word 等基础软件，第三层是 ERP、客户关系管理、仓库管理系统等流程系统，RPA 是在这三层结构之上更高的软件层。因此，RPA 的运行不会改变企业已有的 IT 系统，其是以外挂形式部署的。

4. 模拟用户操作与交互

RPA 主要模拟的是用户手工操作，如复制、粘贴、鼠标点击、键盘输入等。例如，国内早期出现的“按键精灵”，其会录制用户界面的所有操作，记录下鼠标点击位置和键盘数据字符，然后形成脚本，分配给机器人去操作，它可以实现自动处理表格间数据的转换、自动调整文档格式、文章排版、自动收发邮件、自动打开检验网页链接、文献检索、搜集资料等重复操作。与现行成熟的大型编程软件相比，如 VB、VC、Delphi 等，RPA 就像是这些软件里面的一个小控件，无论是编译器的效率还是调试侦错的手段等，RPA 都略逊一筹。但是，RPA 与这些编程软件相比，使用起来更简单、更专业、更方便，这就是 RPA 被广泛使用的原因所在。

(四)RPA 在财务中的应用

财务机器人是 RPA 技术在财务领域的具体应用。财务机器人在 RPA 技术的基础上，针对财务的业务内容和流程特点，以自动化替代财务手工操作，辅助财务人员完成交易量大、重复性高、易于标准化的基础业务，从而优化财务流程，提高业务处理效率和质量，减少财务合规风险，使资源分配在更多的增值业务上，促进财务转型。

企业可以将财务机器人视为组织中的虚拟劳动力，对于财务工作中基于明确规则的可重复性工作流程，财务机器人是能够在特定流程节点代替传统人工操作和判断的财务自动化应用。

随着越来越多的厂商相继推出财务机器人，财务机器人在企业层面得到不断推广和应用。财务机器人得以广泛应用，主要是基于企业变革的内生驱动因素、RPA 技术与财务业务特点相吻合的客观基础，以及财务共享服务中心大量出现为其创造的良好运行环境。

1. 企业变革驱动

在数字化变革的时代背景下，企业需要从庞大、混杂的数据中高效筛选有效数据并利用数据去创造价值。财务是企业天然大数据中心，是企业数字化变革的有利切入点，而传统财务工作模式中，数据获取难度大、数据处理效率低，难以匹配企业经营发展、管理决策过程中的数据需求。财务机器人是企业顺应数字化变革、更好地发挥财务大数据中心作用的有效工具和手段。通过在财务工作中应用 RPA 技术，财务工作效率大幅提升，企业数据信息安全可控，保障了企业业务发展和管理决策中的数据需求，为财务变革与转型奠定了数据基础。另一方面，财务机器人模拟人类操作和基于明确规则的判断，能够将财务人员从简单重复的低附加值工作中解放出来，不但降低了此类工作中投入的人力成本，更使得财务人员转型从事更具创造性、更有价值的工作，财务人员不再是简单的记账人员，而是参与到经营和业务中，从而为财务变革与转型提供组织基础，为企业发展提供有效支撑。

2. 业务特点吻合

RPA 技术适用于具有清晰定义和重复的确定性过程，即应用于大量既定规则的交易活动。财务是一个强规则领域，在业务流程中存在大量重复的工作需要手工完成，这些工作的业务特点与 RPA 技术的应用条件高度匹配。同时，在原本耗费大量的人力资源和时间成本，而且人工操作出错率较高的业务流程中应用财务机器人，能够形成规模经济，最大限度实现企业财务流程高效运转和财务运行成本降低。因此，RPA 应用于财务领域，实现了 RPA 技术特点与财务业务特点最大限度的匹配，能够极大地发挥 RPA 技术的应用价值。

3. 财务共享服务中心大量出现

共享服务管理模式的诞生是现代管理模式的一次深度变革，尤其是财务共享服务的应用，为企业财务管理所带来的效益日益凸显。近年来，越来越多的大型企业、企业集团逐步建立并成熟运营财务共享服务中心。在财务共享服务这种新型管理模式的实践中，大量简单重复且易于标准化的财务业务被集中到财务共享服务中心统一处理，财务共享服务中心有巨大动力去应用新技术来提升组织内的工作质量和运转效率，于是，财务机器人作为流程节点上提高工作质量、提升工作效率的有力工具得到推崇，财务共享服务中心为财务机器人的应用创造了良好的运行环境。

六、移动互联网

(一)移动互联网概述

移动互联网是移动通信终端与互联网相结合的产物，目前业界对于移动互联网并没有给出明确统一的定义。简单来说，它是用户使用手机、掌上电脑或其他无线终端设备，通过 2G、3G、4G、5G 等移动通信网络或无线局域网等无线网络来获取网络服务的移动网络。2017 年，中国移动互联网基础设施建设成就非常突出。4G 网络建设全面铺开，4G 基站净增 65.2 万个，总数达到 328 万个。同时中国开始 5G 第三阶段试验，并着手部署 6G 网络研发，窄带物联网也进入快速部署阶段。移动互联网用户总量增长放缓，但提速降费带来用户结构优化，数据流量成倍增长。2017 年，中国移动互联网接入流量达 246 亿 GB，全年月户均移动互联网接入流量达到 1 775MB，是 2016 年的 2.3 倍。智能硬件、智能终端增长迅猛。智能机器人、无人机、智能家居、自动驾驶等领域实现较大技术突破。中国形成了全球最大的移动互联网应用市场，截至 2017 年 12 月底，共监测到 403 万款移动应用，移动应用市场规模达到 7 865 亿元。

(二)移动互联网技术的特点

1. 便携性

便携性是移动互联网区别于传统互联网的重要特征。由于移动终端具有体积小、重量轻、便于随身携带的特点，用户可以随时随地使用移动互联网来获取信息，满足人们日常生活的各种需求，因此广受人们的青睐。

2. 时效性

在如今这样一个信息爆炸化时代，信息的及时性和有效性成为用户的迫切需求。移动互联网的便携性也使得其具有良好的时效性。移动互联网打破了传统互联网的时间和空间限制，方便用户随时接收信息、处理信息。

3. 隐私性

由于传统互联网的公开、透明和开放性，PC 端的用户信息很容易被黑客通过各种渠道搜集到，而移动终端一般由用户个人使用，不需要将个人设备上的信息共享给他人，用户对信息的掌控度更高，保证了移动互联网的隐私性。

4. 可定位性

可定位性是移动互联网的重要优势之一，这是传统互联网无法做到的。无论用户身处何方，只要在移动网络范围内，随身携带的移动终端都可以为其提供位置服务。如今已被广泛应用于生活服务中，如地图导航、位置分享等。

(三)移动互联网技术在财务中的应用

在移动互联网迅速发展之下，企业财务管理方式受其影响而发生一定的改变。在移动互联网的促进下，有效带动了企业管理会计信息化，给企业财务管理带来诸多便利。但与此同时，移动互联网也给企业财务管理模式及工作方式带来新挑战，甚至新的风险。

1. 带动企业管理会计信息化

每个企业中都有独立的财务管理部门，但企业内部其他部门实际上对财务部门或多或少抱有不信任感，认为产量、产品、标准服务、渠道、顾客和结果的相关成本报告存在作假或者存在对自己不利的因素。“互联网＋”时代的到来，使得企业财务管理方式发生了重大的改变，由原先的会计纸质化向会计信息化方向转变，财务管理也从财务部门单方面掌握向多部门的财务共享转变，企业的产量、产品、顾客及结果等成本报告在财务共享平台上出现，并由其他部门一同“审核”，改变了以往其他部门对财务部门的不信任。

此外，移动互联网也为会计行业升级、会计人才转型、会计职能转变等带来新的机遇，加快了企业财务管理体系建设和服务模式的转变，有关公司的经营业绩、员工的绩效、各部门员工的工资等都可在企业的 APP 中查询到，员工只要在手机上下载一个企业 APP 软件，再使用员工账号登录，便可查询到相关的信息，这便是移动互联网对财务管理的转变，使企业管理会计信息化。

2. 给企业财务管理的模式及工作方式带来挑战

企业财务管理模式方面，在移动互联网的引导下，企业的日常经营活动均能与计算机、手机联合，如银行业务可通过移动通信完成转账汇款、银企对账；而对于投资、融资、利润分配等财务管理活动，企业管理者及投资者都可利用手机或者计算机进入对应企业的官网或者手机软件查询到相关信息。

根据工作方式特征来分，移动通信和互联网使企业的在线办公和移动办公等成为可能，且企业还能够处理电子货币、电子单据、网页数据等新介质，有效打破时间、空间限制，使企业财务管理效率大大提高，管理成本大大降低。

移动互联网确实给企业财务管理带来了诸多方便，并有效帮助企业降低了经营成本和提高了管理效率。但与此同时，许多企业的财务管理者由于受到传统思维的影响，仍然无法适应移动互联网对企业财务管理模式的影响。由于互联网技术的受限及自身思维的拘束，而使得移动互联网对其财务管理工作方式的积极改变有可能变成对其工作的消极影响，给其工作带来挑战。这就需要企业对财务管理人员进行必要的教育与培训，要求相关财务工作人员转变思维，并跟上移动互联网的发展步伐。

3. 给企业财务管理带来新风险

移动互联网本身就是一个虚拟的平台，虚拟性必然使其存在一定的安全问题。移动互联网在给企业财务管理带来便捷的同时，相应也会给企业的财务管理带来新风险。比如企业的财务共享平台、手机APP等都需要员工账号登录或者输入口令，而这些账号及口令的安全性并不高，很容易被一些不法分子(如黑客或犯罪集团等)入侵盗取，甚至入侵管理者的账号，从而窃走企业的财务信息，变卖给同行企业或者将财务信息泄露出去。不管是哪种行为，都会威胁到企业的健康发展。

此外，移动互联网使得以往各项合同、文件的手写签名变为电子报表和电子合同的电子签名，而电子不同于纸质媒介，电子签名难以辨别真伪，甚至任何人都可以代替本人签名，从而给企业带来交易风险。

七、移动支付

(一)移动支付技术概述

目前国际上对于移动支付的定义主要有以下几种观点：移动支付论坛认为，移动支付是“交易双方以一定信用额度或一定金额的存款，为了某种货物或者业务，通过移动设备从移动支付服务商处兑换得到代表相同金额的数据，以移动终端为媒介将该数据转移给支付对象，从而清偿消费费用进行商业交易的支付方式”；有专家学者认为，任何在发起支付请求、激活或确认支付过程中使用了移动装置的支付活动都可以称为移动支付；诺盛电信咨询认为，移动支付即为手机支付，它是指交易双方为了某种货物或者服务，使用移动终端设备为载体，通过移动通信网络实现的商业交易；我国2005年出台的《电子支付指引(第一号)》对移动支付的定义是，移动支付是指单位、个人(简称用户)直接或授权他人通过移动通信终端或设备，如手机、掌上电脑、笔记本电脑等，发出支付指令，实现货币支付与资金转移的行为。

综合上述观点，可以认为，移动支付作为电子支付的延伸，是指借助无线通信技术，在移动通信设备上实现支付活动的一种商业交易方式。其本质是移动网络与金融网络的融合，并且能够极大地拓宽商业交易活动的覆盖范围。移动支付所使用的终端可以是手机、掌上电脑、笔记本电脑或者终端销售POS机等设备。

以下从支付金额和传输方式两个角度出发，对移动支付业务进行分类。

按照支付金额，可将移动支付分为微支付和宏支付(即小额支付和大额支付)。微支付是指交易额很小(一般指10美元以下)的支付交易，主要用于视频、铃声、游戏等数字内容消费和自动贩售机等小额刷卡交易；宏支付则指金额较大的支付行为，如转账、网络支付等。微支付和宏支付之间最主要的区别在于，两者所需的安全级别和技术手段不同。前者的特点在于灵活便捷，因此多使用移动网络本身的智能卡鉴权机制；而后者一般需要可靠的金融机构进行交易验证，流程相对烦琐。

按照传输方式，可将移动支付分为近场支付和远程支付。近场支付是指利用红外线、蓝牙、射频等技术，实现手机与自动贩售机、POS机等终端设备之间的本地化通信，从而完成面对面交易的支付模式。近场支付最大的优点在于便利性和可扩展性，将手机、钱包和交通卡集成在一起，可以方便地实现“all in one”的设想，并且手机终端本身较强的可扩展性为移动支付和其他业务之间的多向捆绑提供了条件(如电子票务)；但“瓶颈”在于安全性问题尚无法得到妥善的解决，同时终端改造成本较高。而远程支付则是以移动网络为通信基础，通过短信、无线应用通信协议、非结构化补充数据业务等方式发出业务请求，从而实现货币转移行为的支付模式。远程支付一般与网上购物、银行业务等环境相关联，并以银行账户、手机话费或电子钱包等作为支付账户。与近场支付相反，远程支付的安全性较好，并且对终端的要求较低，因而在目前阶段得到了更为广泛的应用。

有数据显示，截至2017年10月底，我国移动支付交易规模近150万亿元，居全球首位。从2013年的55.45亿笔，到2016年的1 228.6亿笔，这几年我国移动支付业务的发展十分迅速。据艾瑞咨询发布的《2018年中国第三方支付商业智能变革研究报告》显示，随着4G通信技术的普及和移动互联网的快速发展，在我国第三方支付交易规模结构中，移动支付交易规模比例呈现逐年上升的趋势。2017年，移动支付在第三方支付交易规模结构中占比高达63.7%。

(二)移动支付技术的特点

1. 时空限制小

互联网时代下的移动支付打破了传统支付对于时空的限制，使用户可以随时随地进行支付活动。传统支付以现金支付为主，需要用户与商户之间面对面支付，因此，对支付时间和地点都有很大的限制；移动支付以手机支付为主，用户可以用手机随时随地进行支付活动，不受时间和空间的限制，如用户可以随时在淘宝等网上商城进行购物和支付活动。

2. 方便管理

用户可以随时随地通过手机进行各种支付活动，并对个人账户进行查询、转账、缴费、充值等功能的管理，用户也可以随时了解自己的消费信息。这为用户的生活提供了极大的便利，也更方便用户对个人账户的管理。

3. 隐私度较高

移动支付是用户将银行卡与手机绑定，进行支付活动时，需要输入支付密码或指纹，且支付密码不同于银行卡密码。这使得移动支付较好地保护了用户的隐私，其隐私度较高。

4. 综合度较高

移动支付有较高的综合度，其为用户提供了多种不同类型服务。例如，用户可以通过手机缴纳家里的水、电、煤气费；用户可以通过手机进行个人账户管理；用户可以通过手机进行网上购物等各类支付活动。这体现了移动支付有较高的综合度。

(三)移动支付技术在财务中的应用

移动支付已经呈现出取代现金、银行卡支付的趋势，移动支付的时代已经悄然到来。移动支付技术已被引入财务工作中，并对其产生了影响。

其一，与传统的财务相比，首先，由于充分地利用了即时网络通信，使得企业结算管理从事后修改达到实时控制，结算管理从静态走向动态，在本质上极大地延伸了结算管理的空间范围。其次，财务核算也从事后的静态核算达到事中的动态核算，不仅极大地丰富了信息内容，而且提高了财务信息的价值，能便捷地产生各种反映企业经营和资金状况的动态财务报表、财务报告。最后，通过与网上银行的连接，可随时查询企业最新银行资金信息、经济市场动态，最大限度地加大资金流程，针对瞬息万变的市场，及时地掌握第一手信息并做出反应，部署经营活动和做出财务安排。

其二，通过与互联网的连接，企业能够实现整体化管理，可以对企业所有下属机构实现集中记账、集中资金调配，既可减少下属单位的人员和费用支出，又可整合整个企业的财务资源，能够实现财务与业务的协同，从而改变了过去财务与业务各行其是非常松散的结合，使企业的财务资源与业务运作直接挂钩，实现资源配置的最优化、效率的最大化，最大限度地节约人力资源。

其三，通过网络技术的应用，结算管理功能与其他相关功能可以集成履行。如在实现传统财务功能的同时，还能实现移动支付、网上催账、网上报税及财务信息查询、网上服务、网上理财，数据的远程处理、数据的及时传递、远程报表、远程报账、远程审计，以及财务监控的同步运作等。企业内部各部门之间及与其他外部相关机构之间建立了一种密切的合作关系，极大地优化了企业的资源配置，管理者基于网络可以随时随地把握公司的财务脉搏及业务运作情况，在线办公、移动办公、家庭办公都可实现。

八、在线审计

（一）在线审计概述

结合我国的实际情况，国家审计署将在线审计定义为：在线审计是由于网络技术在审计中的应用而形成的一种新的审计模式。它通过网络采集被审计单位的电子数据进行连续、全面的分析，及时发现被审计单位存在的问题，为现场审计提供线索和资料，从而使得审计工作实现网络化、远程化。

我国在线审计的实践成果主要来自国家审计署的“金审工程”。我国在2002年正式启动“金审工程”第一期建设项目，其重点放在了网络系统、应用系统、安全系统、机房设施、人员培训等基础要素的建设上，在信息化审计技术上开始了一些前期的尝试。信息化审计是“金审工程”第一期的研究内容，金审二期工程新建项目的主要内容就是联网审计，重点集中在完成数据共享模式的设计和数据中心的建设，最终目标是利用信息网络技术，及时地发现和查处大案要案，把好审计的关口，从事后的审计转变到事中的控制，避免造成经济损失后再进行审计监督。随后，在审计署机关组织的金融联网审计专题讲座上，审计署计算机中心与京津冀特派办首次进行了异地计算机联网审计测试，并取得成功。从“金审工程”的目标定位和试点情况来看，与传统的现场审计相比，在联网审计中，审计机关的审计手段、对象、方式和技术有所不同，但是审计机关的基本职责、审计的性质没有发生变化。

（二）在线审计模型类别

1. 嵌入式审计模块技术

所谓嵌入式在线审计，是指为了完成对被审计系统的持续监控，在被审计系统中嵌入相应的程序模块（触发器、智能代理等），通过该程序模块不断地对被审计系统中的数据进行检测，从而完成持续监控。这种方式的典型代表就是嵌入审计模块技术（Embedded Audit Module，EAM）。有学者提出了一种被称为连续间歇模拟（Continuous and Intermittent Simulation，CIS）的在线审计方法，该方法基于平行模拟（Parallel Simulation）技术的原理，采用模拟器持续性或间歇性地对被审计系统的电子数据进行审查，从而可以根据审计师的需要完成对被审计系统的持续监控。

2. 分离式在线审计系统

所谓分离式在线审计，是指为了完成对被审计系统的持续监控，在被审计系统外设置相应的程序模块，通过数据采集模块读取被审计系统中的数据，并把这些采集来的数据传输到工作平台中，供审计人员进行分析，从而完成对被审计系统的持续监控。这种类型和嵌入式不同，其审计系统是审计单位独立开发和拥有的，与被审计单位没有任何关系。分离式在线审计是目前在线审计研究的主流。

3. Onions 模型

Onions 模型由欧洲持续审计中心设计，它首次将 XARL（eXtensible Assurance Reporting Language，可扩展验证报告语言）和 KLDE（Key Lay of Data Examing，关键数据层测试）引入审计模型中。

一方面，该模型采用国际通用数据标准，解决了原始数据跨系统传输的问题；另一方面，该模型引入一个层次划分的工作流程模式。系统第一层用来汇集不同来源的数据和交易信息，利用专业软件对收集的数据进行清洗和加工。第二层将数据转换成通用的 XARL 格式。第三层将转换后的数据导入系统，借助计算机进行实时审计，若出现异常情况，系统内的报警器将根据实际情况向实时在线审计中心报告。其中，实时在线审计中心由各领域的专业人士组成，在接到异常情况报警后可以迅速进行在线调查，找出导致异常数据的原因。第四层是专家系统，它按行业标准制定统一的规则，对交易数据进行专业判断，并通过和各代理交互数据的形式查证交易数据的真实性、准确性，若出现不符，专家系统会向实时在线审计中心发出预警。值得说明的是，第二、三、四层是相互隔离的，以保证交易数据的安全性、准确性。

4. 审计代理（ABCAM）

2006 年，Lingyu Chou 等学者提出了 ABCAM（Agent-based Continuous Audit Model，基于代理的持续审计模型），是国际学术界对这个领域研究的最新成果。ABCAM 模型最大的优势在于非专用性，即可以同时供多个用户使用，特别适用于同一供应链上的企业共用。在 ABCAM 中，每一个代理都代表了一种特殊的审计程序，都可以独立地或是合作地完成从分散信息源收集并检测信息的工作。

一个典型的审计代理包括数据采集、数据监控、协作推理等组件。数据采集代理主要负责完成数据采集和格式的统一。数据监控代理负责初步分析这些既耗时又占资源的工作，在发现违规和异常情况时向审计人员发送错误报告。当数据监控不能确定是否存在异常和违规事件时，则将数据转交给上层的协作推理。协作推理代理将这些数据根据知识库中的知识进行组合和推理，在更高的层次上做出全面的分析，然后将分析结果报送给审计人员。

（三）在线审计在财务中的应用

在大数据时代，利用数据仓库、联机分析、云计算、数据挖掘和数据可视化等技术，可以对离散存储于不同系统中的海量数据彼此关系进行深度挖掘分析，使数据不再各自为政、各为其主，从而使数据的叠加效应得以实现。通过大数据分析，使得审计事前预测成为可能，从而发挥审计预警功能，提高审计监督能力。

企业可以基于大数据构建大数据在线审计平台。审计人员通过大数据在线审计平台开展跨系统、跨业务的数据对比、预测分析、数据校验等工作，可以实时预警业务方面的疑点和异动，辅助审计人员快速地锁定高风险领域，明确审计的重点方向和领域，以提高审计能力、质量和效率，扩大审计监督的广度和深度。同时，运用大数据技术，提高运用信息化技术查核问题、评价判断、宏观分析的能力，最终为审计系统持续深化应用奠定基础。

九、电子档案

(一)电子档案概述

电子档案，是指通过计算机磁盘等设备进行存储，与纸质档案相对应且相互关联的通用电子图像文件集合，通常以案卷为单位。在电子信息技术大力发展的今天，人们的生活和工作都十分依赖于电子信息技术，而档案管理方面也已进入电子档案的时代，但由于纸质档案具有某些优势，所以各地档案管理方面都实行电子档案与纸质档案共同管理。现代档案管理中，电子档案在生产、归档、存储、管理上都有着明显的优势，但是，纸质档案也有着不可替代的优势，所以电子档案和纸质档案将会长期处于一个协作共存的阶段，作为档案管理者需要合理利用两者的优势，加强对档案的管理力度。

(二)电子档案的特点

1. 存储载体的多样性、信息的高密度性

电子档案是建立在计算机和电子信息基础上的，运用计算机程序在存储器上读写存储的内容，计算机存储的内容除了传统的数据和图片以外，还可以保存大量的声色影像等纸质档案无法保存的资料。在电子档案的存储载体上也有着多种选择，主要使用的有磁性、光学、磁光几种。随着计算机技术的发展，存储载体的存储量也得到了巨大的提高，通过一个小小的硬盘就可以存储过去几百平方米的纸质档案资料，大大节省了档案存储的空间。

2. 档案信息的可重复利用性、共享性高

电子档案的另一个重大优势就是可以反复利用便捷的共享功能，通过互联网技术和存储器技术，可以使电子存储的档案随时进行修改和使用，互联网技术还为电子档案的传输创造便利的条件。在档案的使用过程中，纸质档案就没有这么多便利的条件，而且由于纸质档案的存储载体是纸张，在频繁使用后会对纸张造成严重的破坏，造成档案数据丢失和模糊不清的情况。如果对较为重要的纸质档案通过复印手段进行分享和使用，也会大量增加档案的使用成本。电子档案依附于计算机和互联网技术，所以它在存储、使用、共享上都有着较大的优势。

3. 电子档案信息利用频率高，利用条件便捷

传统的纸质档案在使用上由于空间的限制，只能在规定的时间和地点进行查看和使用，在文件的借取和使用上受到了时间与空间的严重限制。但是，电子档案在存储媒介和传授媒介上都有着巨大的优势，小巧的存储载体十分利于携带，而且通过互联网技术可以把电子档案进行远距离传输，还可以利用密码设置，提高档案管理的保密性。

(三)电子档案在财务中的应用

2015 年 12 月 11 日，中华人民共和国财政部、国家档案局令第 79 号发布修订后的《会计档案管理办法》，自 2016 年 1 月 1 日起施行。新修订的《会计档案管理办法》标志着未来会计档案将逐步向电子会计档案发展。

实施电子会计档案的企业有如下优势：一是降低管理成本：减少纸质资料打印，节约费用支出，降低企业资源消耗，减少档案人员工作量。二是提高企业效率：会计档案电子化管理减少了财务人员手工打印、整理、装订会计档案的工作量，大部分档案资料的业务流程由系统自动完成。电子会计档案实现通过档案管理系统直接查阅档案信息，提高档案利用效

率，提升档案资料对企业发展的服务作用，实现“互联网＋”模式下跨地区、跨系统、跨层级的多维度档案查询。三是提升企业档案质量：建设电子会计档案标准化体系，通过设定系统参数和标准，减少人为判断造成的政策要求不统一、执行不到位等问题，实现档案工作规范化运行，提高会计档案质量。四是提升企业各系统集成能力：借助电子会计档案实施，提升了系统间数据集成程度，为下一步企业各部门业务的电子信息化集成奠定基础。

以下以某公司的电子会计档案应用为例进行介绍，步骤包括：

1. 系统设计

开发电子档案模块，集成到财务管理信息系统中，使之形成统一整体。开发档案管理系统接口，使财务管理信息系统与档案管理系统对接。在财务管理信息系统中生成记账凭证、会计账簿、财务报表等会计档案，通过数据接口集成到档案管理系统。在财务系统电子档案管理模块（归档模块）中对各种会计资料进行整理成册（组卷），通过集成接口，以在线归档方式向档案系统进行移交，在档案系统中进行相关归档整理操作。

2. 财务管理信息系统实施

财务管理信息系统电子会计档案管理模块实施分为环境准备、基础数据收集及系统初始化配置等。

（1）环境准备和基础数据收集：软件应用环境配置、档案机构维护、档案负责人维护、财务报表构架维护、各项流程维护、相关数据维护、用户权限分配。

（2）电子档案流程制定：通过在档案管理系统中增加 XML 背景信息，反映档案移交人、审批人及传输时间等各种原始信息，便于信息追踪。

（3）电子档案数据归档：电子会计档案数据移交生成档号后，由档案部门确认，即完成归档。

3. 档案管理系统实施

档案管理系统实施分为财务管理信息系统数据接收环境准备、组织机构及用户信息等基础数据收集、建立与财务管理信息系统组织机构的映射和用户注册及权限分配等系统初始化配置。

4. 会计资料归档范围的确定

依据《会计档案管理办法》及集团公司财务有关规定，编制会计档案归档范围与保管期限表。重点对无相应纸质或无法输出成纸质的电子会计资料的归档范围及其保管期限进行划分。

电子会计资料可仅以电子形式归档保存的条件：形成的电子会计资料来源真实有效，由计算机等电子设备形成和传输；使用的会计核算系统能够准确、完整、有效接收和读取电子会计资料，能够输出符合国家标准归档格式的会计凭证、会计账簿、财务会计报表等会计资料，设定了经办、审核、审批等必要的审签程序；使用的电子档案管理系统能够有效接收、管理、利用电子会计档案，符合电子档案的长期保管要求，并建立了电子会计档案与相关联的其他纸质会计档案的检索关系；采取有效措施，防止电子会计档案被篡改；建立电子会计档案备份制度，能够有效防范自然灾害、意外事故和人为破坏的影响；形成的电子会计资料不属于具有永久保存价值或者其他重要保存价值的会计档案；电子会计资料附有符合《中华人民共和国电子签名法》规定的电子签名。

十、云计算

(一)云计算概述

最早的“云计算”(Cloud Computing)概念是由Google前任首席执行官埃里克·施密特(Eric Schmidt)在2006年搜索引擎大会上提出的。具有代表性的定义有以下几种:Vaquero认为,云计算是一种可根据负载动态重新配置、可调用的虚拟化资源池,服务供应商和用户约定服务协议,用户使用服务实行用时付费模式。美国国家标准与技术研究院(NIST)认为,云计算模式提供可用的、便捷的、按需的网络访问,这种模式下可配置的计算资源共享池能够快速提供资源,用户只需投入很少的管理工作,按使用量付费。国内学者刘鹏认为,云计算将计算任务分布在大量的计算机构成的资源池上,用户按需获取计算力、存储空间和信息服务,是一种商业计算模型。

在应用现状方面,西方发达国家诸多大型跨国企业,如Google、Amazon、Microsoft、IBM等已形成全球化服务能力和系统解决方案提供能力。近年来,我国云计算市场迅速增长,关键技术和软硬件产品取得一批成果,产业规模迅速扩大,百度、腾讯等公共云服务能力位居世界前列。但硬件方面存在新型架构数据中心相关设备研发较为滞后、软件方面存在云计算平台对应用移植和数据迁移的支持能力不足、云服务方面存在总体规模较小等问题。云计算的广泛应用,必将深刻影响公司财务管理、会计行业。

(二)云计算的特点

从用户角度讲,云计算将旧式租用物理服务器替换为向客户出租像云一样具有虚拟特性的虚拟机、软件平台和应用程序等计算资源。从特点上讲,主要有以下5点:

1. 服务更具灵活性

用户在选择云计算服务时,完全可以根据本身业务量的大小来增加或释放服务需求,使计算服务租用量与实际业务需求始终保持动态的正向关系,这种弹性服务从一定程度上可以有效避免资源的极大浪费。

2. 计算资源集中化

计算资源被全部集中管理,就像放在统一的资源池中那样,一旦客户有服务需求,那么即使在不明资源配置与部署的情况下,依然可以随心所欲地调取虚拟化的计算资源来满足自己的任何需求。

3. 自助服务按需化

在这种服务中,无论是客户的服务需求还是索求行动,均由客户自己按照意愿独立完成。

4. 服务自动计费化

这种服务完全按照服务量来收费,计费甚至更为精确无误。

5. 接入形式广泛化

在接受服务时,客户完全不必担忧服务器限制等问题,客户可以不限时间与空间地在电脑和智能手机等客户端尽情享受所需服务。

从上述5个特征看出,只要上网,客户就可以获得想要的各种计算资源和同等高质量服务,在满足客户的同时还有助于节约信息技术部署的各种成本,实为有利。

（三）云计算的服务模型

云计算服务层次就像一个金字塔，从上至下依次为软件即服务（Software as a Service，SaaS）、平台即服务（Platform as a Service，PaaS）和基础设施即服务（Infrastructure as a Service，IaaS），它们相应的功能也分别代表了软件服务、平台服务和基础设施服务，如图5—2所示。

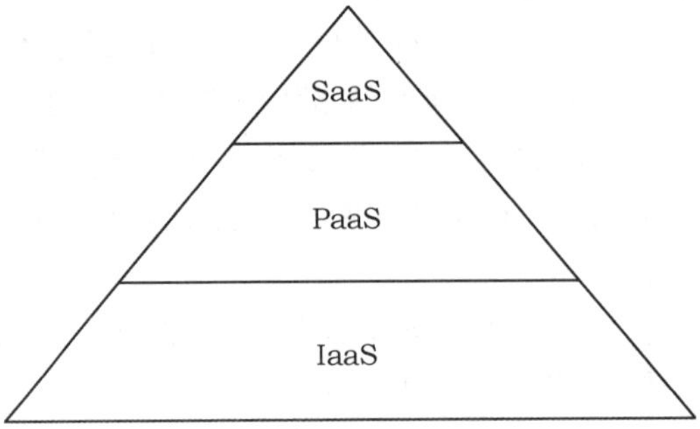

图5—2　云计算服务模型

1. IaaS模式——基础设施即服务

IaaS模式包括基础设施的外包和按需租赁。为了对财务数据进行核算和存储，企业财务部门的最佳选择便是转变思路，用依托云平台来代替斥巨资购买基础设备。企业可以利用云计算平台的形式来代替自建数据库，节省企业为基础设施所花费的大量人力、物力。或者只需要按需租赁IaaS，服务供应商将所需的基础设施提供给企业，企业通过付出相应的费用来获得储存空间和计算需求。因为企业在整个运营过程中对基础设施的应用需求并非总是那么始终保持在同一个水平，所以完全可以保证需求量与实际营运情况相一致，多需多购，少需少购，用完返还。

2. PaaS模式——平台即服务

PaaS模式是一种业务化定制的模式，能满足中小型企业财务管理模式的建立。在这样一种平台上，有专门的IT技术工程师调控系统、处理数据、执行备份和保证数据的安全。因此，在平台即服务的模式下，在系统开发过程中，主要领导者就是那些企业的用户和各种业务专家，当然并不限于那些具有高超技艺的技术人才，这些人在定制软件时也会综合企业的自身财务特殊情况等多种因素，更加符合企业财务的个性化特征。同时这种模式会大幅度地缩短开发周期，将节省不必要的IT成本，提高企业在IT上的投资回报率。

3. SaaS模式——软件即服务

SaaS模式只针对客户提供开发好的软件服务，这种模式下提供和使用服务有两个环节：第一个环节就是，服务供应商首先要在公开的服务器上把开发好的软件予以公开；第二个环节就是，企业根据实际需求选择购买或者租用相应的软件。这样，企业就会降低选购或租用成本，降低购买和维护软件所需的费用，而且这种服务也是相对灵活的，客户也保持了自主选择性，还可以通过在界面上进行操作使用需要的软件。除了降低成本的作用，还可以实现移动办公，使得财务工作人员不需要局限于坐在办公桌前，可以随时随地工作。

（四）云计算在财务中的应用

基于会计信息数据等财务资源具有通用性、标准化、可获取性等特征，以及云计算在政务、金融、教育等行业共享服务平台的成功应用，财务云正是云计算在财务中的应用。目前，国内已有中兴通讯、浪潮、长虹、用友、金蝶等企业提出财务云系统解决方案。财务云的推广也与财务共享服务中心的备受推崇密不可分。因此，有学者提出财务云的定义为：企业将云计算技术与财务共享服务中心协同整合，通过建立一个平台再造财务流程，实现核算报账、数据共享、财务管理、资金管理、决策支持合一，旨在降低总体运营成本、提升财务服务质量、强化管理会计建设，有力整合企业资源支持企业发展战略。

财务云的构建，要通过构建统一的信息系统云平台、统一的财务制度和会计核算方法，以及网络化、标准化、无纸化的操作流程来实现。财务云的总体功能分为外部涉众交互和内部财务管理。外部涉众交互功能模块主要执行与企业外部相关方进行财务信息交互的功能，面对外部相关部门和信息用户，采用公有云服务的方式实现信息共享和业务办理；内部财务管理功能模块主要负责执行企业内部财务管理活动，面对企业内部的不同部门、单位和个人，选择私有云或混合云服务来进行信息资源的内部交互，实现企业业务财务、共享财务、战略财务的应用。

十一、语音识别

（一）语音识别概述

随着现代科学和计算机技术的发展，人们在与机器的信息交流中需要一种更加方便、自然的方式。而人的直观感觉可以给人最直接的印象，获取信息速度也就最快。虽然嗅觉、触觉也是人类固有的感觉，人们可以从中得到某些外界信息，但最重要、最精细的信息源只有图像和语言两种。而且，语言是人类最重要的、最有效的、最常用的和最方便的通信形式。这就很容易让人想到能否用自然语言代替传统的人机交流方式，如键盘、鼠标等。一般来讲，人与机器的语言通信大致分为两种情况：第一种情况就是机器讲话，人听话。这就是“人工嘴巴”，即语音的人工合成。第二种情况就是人讲话，机器听话。这就是“人工耳朵”，即语音的人工识别和理解。语音识别较语音合成而言，技术上要复杂，但应用却更加广泛。语音识别的最大优势在于，使得人机用户界面更加自然和容易使用。中国物联网校企联盟形象地把语音识别比作“机器的听觉系统”。语音识别技术就是让机器通过识别和理解过程，把语音信号转变为相应的文本或命令的高技术。

语音识别技术的研究涉及微机技术、人工智能、数字信号处理、模式识别、声学、语言学和认知科学等许多学科领域，是一个多学科综合性研究领域。语音识别在实际应用过程中，根据不同的分类准则可以有多种分类方式：

（1）根据对说话人说话方式的要求，可以分为孤立字（词）语音识别系统、连接字语音识别系统以及连续语音识别系统。

（2）根据对说话人的依赖程度，可以分为特定人和非特定人语音识别系统。

（3）根据词汇量大小，可以分为小词汇量、中等词汇量、大词汇量以及无限词汇量语音识别系统。

(二)语音识别基本原理

语音识别实质上是模式识别的一种,因此,与常规模式识别一样,语音识别也包括特征提取、模式匹配、参考模式库等基本组成单元。语音识别系统处理的对象是人类的语音,语音信号内容丰富、结构复杂,处理时还要考虑相关的语言学信息,因而语音识别系统结构比传统的模式识别系统复杂很多。

语音识别系统在具体实现时,要综合考虑识别任务的性质、词汇量的大小、工作环境、说话人发音方式和服务对象等诸多因素。不同的语音识别系统虽然在具体实现细节上有所不同,但所采用的基本技术是相似的。语音识别一般分为两个步骤:第一步是系统的"训练",通过对语料库中语音以及相关文法、语法的学习与分析,提取出参考模板和统计概率,建立识别系统的声学模型和语言模型。第二步是"识别",通过输入语音进行分析处理,提取出相应的特征参数,按照一定的准则和测度与参考模式库中的模板进行比较,并通过判断得出最终识别结果。语音识别基本原理如图 5—3 所示。

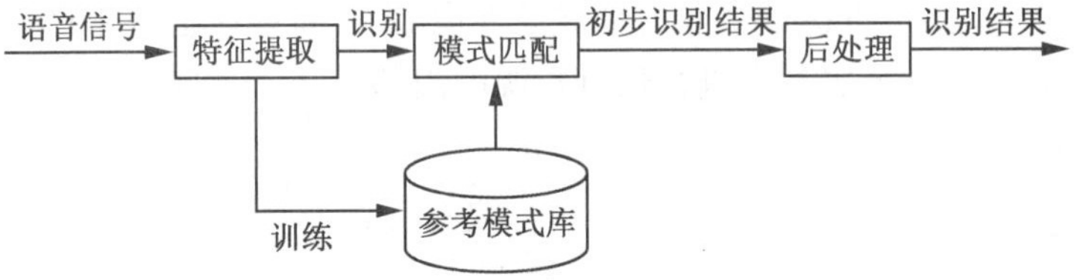

图 5—3 语音识别基本原理

语音识别系统是建立在一定硬件平台上的语音识别应用软件,由硬件和软件两部分组成。软件包括语音识别的核心程序以及相关的声学模型、词典、文法和语法模型等;硬件可以是计算机或者语音识别专用芯片,此外,还包括语音录入设备、识别结果输出设备等。语音识别系统一般都要求对语音识别的结果作进一步处理,综合考虑环境适应、软件、硬件接口等因素,在实际环境下实现具体的应用,如汽车的语音控制系统、家电声控系统、智能玩具等。因此,实际应用中的语音识别系统是由语音识别软件和相关的外围设备组合而成的。从系统的功能角度出发,可以将语音识别系统分为语音信号预处理、语音识别核心算法、应用动作处理以及相关数据库等。

(三)语音识别在财务中的应用

最近几年,随着深度神经网络的应用,加上海量大数据的使用和云计算的普及,语音识别取得了突飞猛进的发展,在多个行业突破了实用化的门槛,越来越多的语音技术产品进入了人们的日常生活,包括苹果的 Siri、亚马逊的 Alexa、讯飞语音输入法、叮咚智能音箱等都是其中的典型代表。语音识别可以应用的典型领域包括:(1)办公室或商务系统。典型的应用包括填写数据表格、数据库管理和控制、键盘功能增强等。(2)制造业。在质量控制中,语音识别系统可以为制造过程提供一种"不用手"、"不用眼"的检控(部件检查)。(3)电信。相当广泛的一类应用在拨号电话系统上都是可行的,包括话务员协助服务的自动化、国际国内远程电子商务、语音呼叫分配、语音拨号、分类订货。(4)医疗。这方面的主要应用是由声音来生成和编辑专业的医疗报告。(5)其他。包括由语音控制和操作的游戏和玩具、帮助残疾人的语音识别系统、车辆行驶中一些非关键功能的语音控制(如车载交通路况控制系统、音响系统)。

语音识别在财务中的应用,主要是改变人机交互的方式,解放了双手。通过语音交互,让信息录入更加高效。在语音记账方面,可以采用语音识别、语音转换技术,通过AI训练自动转换语义为结构化信息,自动完成费用类型的金额、时间、地点的填写。语音记账就像专用智能报销秘书,只需开口就能完成报销。人工智能在语言方面的交互性已十分强大,可以提取语音中的关键信息,自动进行归纳分类,直接存储在“大脑”中。在与人工智能拟人化的交互中轻松完成报销流程,从而使报销越发简单,更加便捷。

十二、XBRL可扩展商业报告语言

(一)XBRL概述

在信息技术出现以前,企业几乎都是以纸质的财务报告向信息使用者传递相关信息,或者将编制的财务报告置于指定地点,或者在指定报刊披露财务报告。信息技术的不断创新,促使财务报告也随之不断演进。随着信息技术和网络技术的迅猛发展,对决策信息的时效性提出了更高的要求,传统的财务报告呈现方式已不再适用。

XBRL(eXtensible Business Reporting Language,可扩展商业报告语言)是最新的网络财务报告技术,该技术使网络财务报告发生根本性变化,因此又被称为第二代网络财务报告。以往格式的网络财务报告会同时融合数据的内容与展示方式,而基于XML技术的XBRL则更专注于财务数据内容的存储。XBRL并不取代现有的软件技术,它提供财务报告的公开标准语言,任何软件技术都可以建立与XBRL之间的转换接口。可以说,XBRL是基于互联网、跨平台操作,专门用于财务报告和会计账簿数据编制、披露和使用的计算机语言。其目的在于实现数据的集成与最大化利用,会计信息数出一门、资料共享。它是目前国际上将会计准则与计算机语言相结合,用于非结构化数据,尤其是财务信息交换的最新公认标准和技术。

(二)XBRL基本原理

1. XBRL报告机制

XBRL报告包括两个部分:分类标准(Taxonomy)和报告实例(Instance)。分类标准又包含模式文档(Schema)和链接库(Linkbase)两个部分。模式文档为企业报告中的每个信息概念进行元素定义;链接库则描述元素存在的关系信息,主要的链接库形式包括标签链接库(Label Linkbase)、展示链接库(Presentation Linkbase)、引用链接库(Reference Linkbase)、计算链接库(Calculation Linkbase)、定义链接库(Definition Linkbase)、公式链接库(Formula Linkbase)。

分类标准整体相当于商业信息的“词典”。报告实例则是企业根据这一“词典”,以相应的数据信息对元素进行赋值所创建的XBRL特殊格式的报告文档,并且XBRL报告实例要符合XBRL分类标准的语法约束。XBRL工作机制如图5—4所示。

XBRL技术可以分别应用于企业的对外财务报告和内部管理,分别产生的是XBRL财务报告数据和XBRL账簿数据。两种数据都源自XBRL技术,因此具有很大的相似之处,但由于存在数据特征的不同,两者之间仍然呈现出一定的差异。

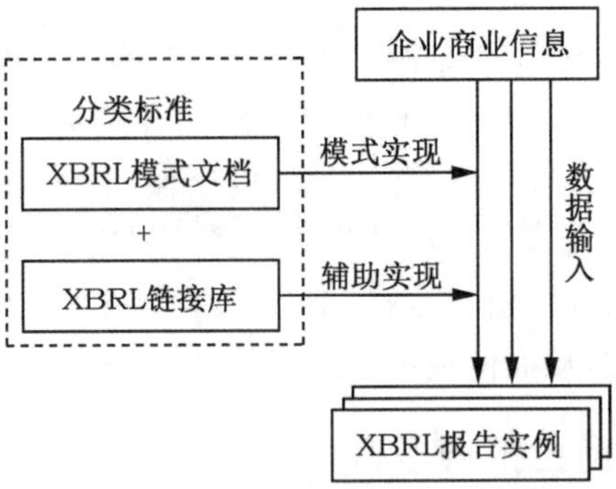

图 5—4 XBRL 的工作机制

2. XBRL 财务报告

财务报告是目前 XBRL 最常见的应用领域，XBRL 财务报告分类标准一般由相关的权威部门制定和颁布，该权威部门管辖下的各单位依据该标准进行 XBRL 报告实例报送。例如，上海证券交易所颁布的《上市公司信息披露分类标准》、深圳证券交易所颁布的《上市公司信息披露电子化规范》、财政部颁布的《企业会计准则通用分类标准》都是权威部门为了满足不同对象的信息披露需求而制定的。

XBRL 财务报告包括两个部分，分别是 XBRL 财务报告分类标准和 XBRL 财务报告实例。财务报告分类标准的核心是 XBRL 财务报告元素，一个简单的 XBRL 财务报告元素的定义如下面的 XBRL 代码所示：

```
<element name="HuoBiZiJin" type="xbrli:monetaryItemType" substitutionGroup="xbrli:item" nillable="true" id="clcid-pte_HuoBiZiJin" xbrli:balance="debit" xbrli:periodType="instant"/>
```

该代码定义了名称为“HuoBiZiJin”(货币资金)的元素，并对 type、substitutionGroup、nillable、id、xbrli:balance、xbrli:periodType 等一系列属性进行了声明，进一步描述元素语法和语义信息。

根据 XBRL 分类标准所定义的元素信息以及企业自身货币资金的实际数值，对“HuoBiZiJin”进行赋值，如下面的 XBRL 代码所示：

```
<HuoBiZiJin contextRef="instant_20111231" unitRef="U_CNY" decimals="2">1000000</HuoBiZiJin>
```

该代码说明了该企业货币资金实际值为 1 000 000 元，属性 contextRef、unitRef、decimals 分别表示该实际值发生的背景信息、单位信息、小数点信息。这些信息能够共同传递一个完整的财务信息。

3. XBRL 会计账簿

XBRL 可以应用于企业的内部信息披露，有利于企业的数据集成。XBRL 会计账簿同样包括两个部分，分别是 XBRL 账簿分类标准和 XBRL 账簿实例。

一个简单的 XBRL 账簿元素的定义如下面的 XBRL 代码所示：

```
<element name="accountMainID" type="gl-cor:accountMainIDItemType" substitutionGroup=
```

"xbrli:item" nillable="true" id="gl-cor_accountMainID" xbrli:periodType="instant"/>

该代码定义了名称为“accountMainID”(会计科目编码)的元素,并对 type、substitutionGroup、nillable、id、xbrli:periodType 等一系列属性进行了声明,进一步描述元素语法和语义信息。

根据 XBRL 账簿分类标准所定义的元素信息以及企业在特定分录所用到的会计科目,对“accountMainID”进行赋值,如下面的 XBRL 代码所示:

<gl-cor:accountMainID contextRef="now">1001</gl-cor:accountMainID>

该代码叙述了会计科目代码值为 1001(库存现金)的科目信息,属性 contextRef 表示该值发生的背景信息。可以观察到,与 XBRL 财务数据不同,单一的 XBRL 账簿数据并不能传递一个完整的数据信息,而是需要更多的数据进行“嵌套”,通过共同组合传递信息。

4. XBRL 报告信息链

XBRL 的目标是:一旦企业的经营活动产生原始信息,信息一经输入企业信息系统,在任何时间、任何地点都无须重新输入,即利用 XBRL 技术整合不同过程中的信息,这样信息能够得到有效贯通,从而可以构建 XBRL 报告信息链,如图 5—5 所示。

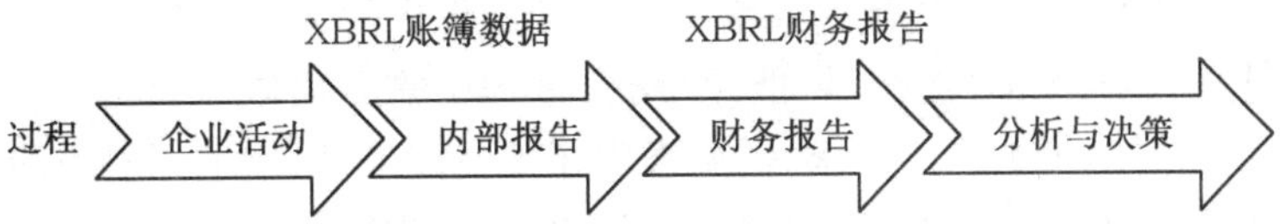

图 5—5　XBRL 报告信息链

由于缺乏统一标准的思想,在企业报告信息链上往往会出现不同技术标准,这些标准最终构成了企业内部以及企业之间信息传递的壁垒。由于信息处理的要求,需要考虑不同标准之间的数据集成,而随着信息的海量增长,企业数据集成的成本也随之大大增加。

XBRL 财务报告分类标准用于生成企业的对外财务报告,XBRL 账簿分类标准用于生成企业的内部数据,同时建立 XBRL 账簿分类标准与 XBRL 财务报告分类标准之间的映射关系,将 XBRL 作为企业报告信息链的统一标准,这样能够避免未来付出昂贵的数据集成代价。

(三)XBRL 在财务中的运用

1. 在财务报告应用方面

XBRL 在网络财务报告中的运用已经势不可挡,并且在国际上已获得各国政府、相关机构的大力支持。我国结合经济发展状况,相关部门将 XBRL 的试点项目确定在证券行业进行。2002 年,由证监会牵头,上证所、深交所以及相关软件公司积极参与,共同探究国际 XBRL 技术的标准和规范,制定符合中国国情的《上市公司信息披露电子化规范》。全国金融标准化技术委员会在 2003 年年底将此文件通过审核并发布。上证所在该规范确定的框架和体系指导下进行了积极的实践,要求上市公司从 2004 年一季度报告开始全面采用 XBRL 标准和技术,推动 XBRL 在中国的发展。2005 年 5 月,上证所被 XBRL 国际组织认证,成为正规会员,这是国内首个成为该国际组织正式会员的机构。同年 9 月,上证所关于 XBRL 的重大研究成果——上市公司信息披露分类标准——得到 XBRL 国际组织的认同,证明了上证所探究成果具有科学性。2008 年 10 月 13 日,在有关部门与关联行业的广泛关注和共同推动下，XBRL 中国地区组织创建。2010 年 5 月 6 日，XBRL 中国地区组织正式加入 XBRL 国际组织。2010 年 10 月，国家标准化管理委员会和财政部发布了《可扩展商业报告语言(XBRL)技术规范》系列国家标准和《企业会计准则通用分类标准》，这是我国会计信息化进程中的一个重要基石。2011 年 10 月，我国首个行业标准制定工作在石油行业启动，为其他行业扩展标准的研究奠定基础。2016 年 2 月，国家资金管理委员会按照财政部修订的 2015 版通用分类标准和国资委 2014 年度企业财务决算报表，主导编制了 2014 版扩展分类标准，并要求 16 家中央企业试点实施。经过财政部、上证所、深交所的大力推广，XBRL 已在我国得到了巨大的发展。

2. 在企业内部应用方面

可以充分发挥 XBRL 作为企业内部数据标准的作用。

(1)XBRL 数据标准与 ERP 系统“智能式”整合

将集团公司信息中心的数据以智能匹配的方式进行分析，利用计算机高速准确的数据运算能力，按照财务管理模型进行数据处理，及时得到集团公司的经营诊断报告，并自动生成经营决策建议。集团公司财务系统整合，将集成化 XBRL 适配器嵌入集团公司自身的 ERP 系统中，直接按照 XBRL 规范完成信息化处理过程中的 XBRL 文档报表输出。因为在实现 XBRL 数据标准与 ERP 系统“智能化”结合过程中需要内嵌 XBRL 适配器，所以对财务人员的专业技能提出了更高的要求，需要强化相关技能培训，增加了对应的成本费用。两个系统的智能化整合不会对原系统的构架模式、数据管理库系统以及实务操作造成根本性的影响，使整合更加平稳，充分发挥 XBRL 系统优势。

(2)“嵌入式”的 XBRL 数据标准与 ERP 系统

整合“嵌入式”系统是一种计算机专用系统，该系统在控制器件内部完全嵌入，即带有微处理器的硬件和软件专用系统。嵌入式系统以计算机技术为基础、以应用为中心，系统内核较小，操作系统时效性和可操作性强，适用于对系统功能、型号、体积及成本等具有严格要求的专用计算机系统。集团公司 XBRL 数据标准与 ERP 系统的“嵌入式”整合，是将 XBRL 格式转换器添加至原有的 ERP 信息系统中，公司各类财务报表由 ERP 等信息系统生成，并通过电子文档的形式存于 Word 文档或 Excel 表格中。相关银行机构或证券机构需要集团公司的 XBRL 报表时，可以将 Word 文档或 Excel 表格中的财务报表数据按照相应的分类标准通过转换器转换为 XBRL 格式文档。“嵌入式”应用方案需要在集团公司 ERP 系统生成报表后进行转换，时效性欠佳，其他基于 XBRL 的应用也无法充分实现。从另一方面而言，“嵌入式”应用自动完成文档的转换，节省人工录入时间，并可以有效提高数据的精准度。

(3)XBRL 数据标准的“终端式”应用

“终端”指信息进入或离开通信网络的地点，通过终端可以接收网络信息，也可以向网络发送信息。终端式应用具有跨平台、不受应用程序限制、应用简单等优势，是实现数据信息在不同系统间共享的重要方式。XBRL 数据标准的“终端式”应用是将 ERP 系统财务报表数据在保持 ERP 信息系统原状、不做任何改变和更新的基础上，通过人工录入方式转换为 XBRL 形式数据。从技术角度、人力成本角度和软硬件角度看，XBRL“终端式”应用适用于大型集团公司的财务管理。但是，XBRL“终端式”应用数据需要人工重复录入，存在数据误差的可能性，数据可靠性降低。

通过对 XBRL 与 ERP 系统智能式、嵌入式和终端式三种主要整合应用方式的分析发现，我国财务软件市场广阔，具有良好的发展前景，但受制于相关使用规范、分类标准以及集团公司财务管理基础等方面的原因，添加或内嵌 XBRL 技术的 ERP 财务软件较少，只能通过“终端式”应用方案进行集团公司财务数据的处理，XBRL 技术的应用范围仍有待扩展。现阶段，我国中远集运、东航等大型集团公司已经开始研发试用“智能式”XBRL 应用方案，有效整合现有的 ERP 系统，取得良好的应用效果。

第三节　新技术在财务中运用的未来趋势

一、数据挖掘

（一）数据挖掘概述

数据挖掘是通过仔细分析大量数据来揭示有意义的新的关系、趋势和模式的过程，其出现于 20 世纪 80 年代后期，是数据库研究中一个很有应用价值的新领域，也是人工智能和数据库领域研究的热点问题。所谓数据挖掘，是指从数据库的大量数据中揭示出隐含的、先前未知的并有潜在价值的信息的过程。数据挖掘是一种决策支持过程，它主要基于人工智能、机器学习、模式识别、统计学、数据库、可视化技术等，高度自动化地分析企业的数据，作出归纳性的推理，从中挖掘出潜在的模式，帮助决策者调整市场策略，减少风险，作出正确的决策。知识发现过程由以下三个阶段组成：(1)数据准备；(2)数据挖掘；(3)结果表达和解释。数据挖掘可以与用户或知识库交互。

数据挖掘是通过分析每个数据，从大量数据中寻找其规律的技术，主要有数据准备、规律寻找和规律表示三个步骤。数据准备是从相关的数据源中选取所需的数据并整合成用于数据挖掘的数据集；规律寻找是用某种方法将数据集所含的规律找出来；规律表示是尽可能以用户可理解的方式（如可视化）将找出的规律表示出来。数据挖掘的任务有关联分析、聚类分析、分类分析、异常分析、特异群组分析和演变分析等。

近年来，数据挖掘引起了信息产业界的极大关注，其主要原因是存在大量数据可以广泛使用，并且迫切需要将这些数据转换成有用的信息和知识。获取的信息和知识可以广泛用于各种应用，包括商务管理、生产控制、市场分析、工程设计和科学探索等。数据挖掘利用了来自如下一些领域的思想：(1)来自统计学的抽样、估计和假设检验；(2)人工智能、模式识别和机器学习的搜索算法、建模技术和学习理论。数据挖掘也迅速地接纳了来自其他领域的思想，这些领域包括最优化、进化计算、信息论、信号处理、可视化和信息检索。一些其他领域也起到重要的支撑作用。特别地，需要数据库系统提供有效的存储、索引和查询处理支持。源于高性能（并行）计算的技术在处理海量数据集方面常常是重要的。分布式技术也能帮助处理海量数据，并且当数据不能集中到一起处理时更是至关重要。

（二）数据挖掘的常用方法

机器学习、数理统计等方法是数据挖掘进行知识学习的重要方法。数据挖掘算法的好坏将直接影响到所发现知识的好坏，目前对数据挖掘的研究也主要集中在算法及应用方面。其中，关联分析法、人工神经元网络、决策树和遗传算法在数据挖掘中的应用很广泛。

1. 关联分析法

从关系数据库中提取关联规则是主要的数据挖掘方法之一。挖掘关联是通过搜索系统中的所有事物,并从中找到出现条件概率较高的模式。关联实际上就是数据对象之间相关性的确定,用关联找出所有能将一组数据项和另一组数据项相联系的规则,这种规则的建立并不是确定的关系,而是一个具有一定置信度的可能值,即事件发生的概率。关联分析法直观、易理解,但对于关联度不高或相关性复杂的情况不太有效。

2. 人工神经元网络(ANN)

神经元网络的数据挖掘方法是通过模仿人的神经系统来反复训练学习数据集,从待分析的数据集中发现用于预测和分类的模式。神经元网络对于复杂情况仍能得到精确的预测结果,而且可以处理类别和连续变量,但神经元网络不适合处理高维变量,其最大的缺点是不透明,因为其无法解释结果是如何产生的以及在推理过程中所用的规则。神经元网络适合结果比可理解性更重要的分类和预测的复杂情况,可用于聚类、分类和序列模式。

3. 决策树(DT)

根据训练数据、集中数据的不同取值建立树的分支,形成决策树。与神经元网络最大的不同在于,其决策制定的过程是可见的,可以解释结果是如何产生的。决策树一般产生直观、易理解的规则,而且分类不需太多计算时间,适合对记录分类或结果的预测,尤其适用于当目标是生成易理解、可翻译成 SQL 或自然语言的规则时。决策树也可用于聚类、分类及序列模式,其应用的典型例子是 CART(回归决策树)方法。

4. 遗传算法(GA)

其基本观点是"适者生存"原理,用于数据挖掘中则常把任务表示为一种搜索问题,利用遗传算法强大的搜索能力找到最优解。实际上,遗传算法是模仿生物进化的过程,反复进行选择、交叉和突变等遗传操作,直至满足最优解。遗传算法可处理许多数据类型,同时可并行处理各种数据,常用于优化神经元网络,解决其他技术难以解决的问题,但需要的参数太多,对许多问题编码困难,一般计算量大。

5. 聚集发现

聚集是把整个数据库分成不同的群组。它的目的是要群与群之间差别很明显,而同一个群之间的数据尽量相似。此外,聚类分析可以作为其他算法(如特征和分类等)的预处理步骤,之后这些算法再在生成的簇上进行处理。与分类不同,在开始聚集之前不知道要把数据分成几组,也不知道怎么分(依照哪几个变量)。因此,在聚集之后要有一个对业务很熟悉的人来解释这样分群的意义。很多情况下,一次聚集得到的分群对某个业务来说可能并不好,这时就需要删除或增加变量以影响分群的方式,经过几次反复之后,才能最终得到一个理想的结果。聚类方法主要有两类:统计方法和神经网络方法。

6. 序列模式分析

序列模式分析和关联分析相似,但侧重点在于分析数据间的前后序列关系。序列模式分析描述的问题是:在给定交易序列数据库中,每个序列是按照交易时间排列的一组交易集,挖掘序列函数作用在这个交易序列数据库上,返回该数据库中出现的高频序列。在进行序列模式分析时,同样也需要由用户输入最小置信度 C 和最小支持度 S。

(三)数据挖掘在财务中的应用趋势

全面企业财务管理在当前时代背景下,应当紧紧跟随时代前进步伐,不断开拓创新,加强对国内外成功财务管理经验的学习引入,切实推进数据挖掘技术在企业财务管理中的创新应用。

1. 数据挖掘技术在企业盈利能力分析中的创新应用

企业盈利能力即企业获得利润的能力,它是企业组织生产活动、销售活动及财务管理水平高低的全面体现,也是企业在激烈的市场竞争中占据重要位置的有力保障。企业盈利能力所需分析的指标,具体包括销售净利率、销售毛利率、净资产收益率、资产收益率等。企业依托数据挖掘技术,结合财务报表、凭证、账目等财务数据,挖掘出可计算以上指标的数据开展分析,获取企业盈利能力分析所需的结果,然后依据获取的结果结合企业今后的发展趋势作评估,找出企业今后的盈利能力及其存在的不足,进而实现对数据挖掘技术在企业财务管理中的有效应用。

2. 数据挖掘技术在企业投融资管理中的创新应用

投融资管理涉及的内容主要包括参与投融资项目的财务测算、成本控制等一系列活动,结合上级建立的投融资方案及防范风险措施,从而实现企业盈利的最大化。在对企业投资管理进行分析的过程中,应当对投资项目的科学可行性予以分析,由此需要引入各式各样的统计工具及模型。在此期间,数据挖掘技术可实现对投资环境、行业相关运行状况等数据信息的实时动态提供,利用该部分数据信息构建数据模型,可切实挖掘出有助于企业投资决策的信息,为企业投资决策正确性、有效性提供有力保障。在对企业融资管理进行分析的过程中,融资方式、融资渠道、融资金额量等均是企业所需深入了解的重要环节。为了实现对适当资金数的有效筹集,企业必须要掌握外部环境与企业自身对资金使用的特征,对不同融资方式的风险和成本进行对比。在此期间,企业通过引入数据挖掘技术,依托回归分析模型等评估企业需求筹集资金量,还可依托关联模型对一系列融资方式、融资渠道进行分析,挖掘出最理想的融资方式、融资渠道,尽可能让企业以最小的风险及成本筹集到需求的资金。

3. 数据挖掘技术在企业财务管理中的创新应用

数据挖掘技术在企业财务管理中的创新应用可表现出一系列的优势,具体而言:其一,数据挖掘技术所利用的基础数据,既涉及企业财务报表中的数据,又涉及非财务数据及其他相关数据,诸如企业运营管理数据、企业客户管理数据等。其二,在企业财务管理中,既可采用钻取、旋转等方式对各项数据开展深入分析,还可对各项数据开展统一管理,并从中挖掘出有价值的分析数据。其三,数据挖掘技术可促进挖掘出潜在的投资者。所以,近年来,数据挖掘技术在企业财务管理中得到越来越广泛的推广。

二、自然语言处理

(一)自然语言处理概述

人类的日常生活离不开语言,自然语言作为一种最直接和简单的表达工具无处不在,自然语言处理(Natural Language Processing,NLP)是将人类交流沟通所用的语言经过处理转化为机器所能理解的机器语言,是一种研究语言能力的模型和算法框架,是语言学和计算机科学的交叉学科。作为人工智能的一个重要分支,自然语言处理在数据处理领域也占有越来越重要的地位,如今被大多数人熟知和应用。自然语言处理主要分两个流程:自然语言理解(Natural Language Understanding,NLU)和自然语言生成(Natural Language Generation,NLG)。NLU 主要是理解文本的含义,具体到每个单词和结构都需要被理解;NLG 与理解相反,分三个阶段,即确定目标,通过评估情况和可用的交际资源来计划如何实现目标,并将计划形成文本。

自然语言处理是一门包含计算机科学、人工智能以及语言学的交叉学科,这些学科既有区别,又相互交叉。其发展历程可分为四个阶段:1956 年以前是萌芽期,1957—1970 年是快速发展期,1971—1993 年是低谷发展期,1994 年至今是复苏融合期。

(二)自然语言处理基本原理

中文信息处理主要是对字、词、段落或篇章进行处理。主要方法分别是基于规则和基于统计的方法:前者是人工根据语言相关的规则对文本进行处理;后者则是通过大规模的数据库分析数据,从而实现对自然语言的处理。自然语言处理受数据影响较大,而数据的增长是大多数自然语言处理应用(如机器翻译)性能提高的原因,所以拥有强大的数据支持才可以更好地对文本作进一步的理解和分析,这使得如今很多自然语言处理应用程序采用数据流分析方法。

自然语言的处理流程大致可分为五步:第一步,获取语料。第二步,对语料进行预处理,其中包括语料清理、分词、词性标注和去停用词等步骤。第三步,特征化,也就是向量化,主要把分词后的字和词表示成计算机可计算的类型(向量),这样有助于较好地表达不同词之间的相似关系。第四步,模型训练,包括传统的有监督、半监督和无监督学习模型等,可根据应用需求不同进行选择。但在训练模型时,可能会出现过拟合和欠拟合的状况。所谓过拟合,就是学习到了噪声的数据特征,而欠拟合是不能较好地拟合数据。解决过拟合的方法主要是增加正则化项,从而增大数据的训练量;解决欠拟合则要减少正则化项,增加其他特征项处理数据才行。第五步,对建模后的效果进行评价,常用的评测指标有准确率(Precision)、召回率(Recall)、F 值(F-Measure)等。准确率是衡量检索系统的查准率;召回率是衡量检索系统的查全率;而 F 值是综合准确率和召回率用于反映整体的指标,当 F 值较高时,则说明试验方法有效。

(三)自然语言处理基本内容

1. 词法分析

词法分析主要包括分词、词性标注、命名实体识别和词义消歧。词性和词义标注是词法分析的主要任务。词性是词汇最基本的语法属性,使用词性标注便于判定每个词的语法范畴。词义标注、词义消歧主要解决多语境下的词义问题,因为在多语境下一个词可能会拥有很多含义,但在固定情境下意思往往是确定的。在中文自然语言处理的分词模块中,词法分析是最核心的一部分,只有做好分词工作,剩下的工作才能顺利进行。命名实体识别的主要任务是识别文本中具有特定意义的词语,如人名、地名等,并为其添加标注,是自然语言处理的一个重要工具。词法分析的实现,主要通过基于规则、基于统计、基于机器学习的方法。

2. 句法分析

句法分析的主要任务是为了确定句子中各组成成分之间的关系,也就是句法结构,技术实现上主要分为修辞结构分析和依存关系分析,功能上可分为完全句法分析和局部句法分析。完全句法分析是要通过一套完整的分析过程获得一个句子的句法树,局部分析也叫浅层分析，仅获得局部成分的语法。目前应用较多的依存分析是指对句子中词汇之间的依存关系进行分析。对完全句法分析来说，Chomsky 形式文法是极为重要的理论，根据重写规则分为 4 级，分别是 0 型文法（无约束文法）、1 型文法（上下文有关文法）、2 型文法（上下文无关文法）和 3 型文法（正则文法）。这 4 种文法统称为短语结构语法。浅层句法分析可分为两个子任务：其一是识别和分析语块；其二是分析语块之间的依附关系。依存句法也称从属关系语法。一个依存关系可分为核心词和依存词。核心词是一个句子的根节点，一个句子只有一个，它负责支配句子中的其他词。核心词一般与依存词之间存在一定的关系，如主谓关系、动宾关系和并列关系等。

3. 语义分析

对于不同的语言单位，语义分析有着不同的意义。在词的层面上，语义分析指词义消歧；在句的层面上，指语义角色标注；在篇章的层面上，指共指消解。语义分析是目前自然语言处理研究的重点方向。

4. 语用分析

语用分析主要是把文本中的描述和现实相对应，形成动态的表意结构。语用分析有四大要素：发话者、受话者、话语内容和语境。前两者指语言的发出者和接受者；话语内容指发话者用语言符号表达的具体内容；语境指言语行为发生时所处的环境，主要有上下文语境、现场语境、交际语境和背景知识语境。

（四）自然语言处理在财务中的应用趋势

近年来，自然语言处理技术开始运用于会计财务领域，在财务报表舞弊、证券市场预测和上市公司文档分析等方面取得了重要进展。智能化的会计信息系统将不仅仅是账务处理的工具，还能实时监控、检查和判断财务数据。实现智能化的会计信息系统，关键是让计算机理解会计概念，具备应用会计知识的能力。

1. 证券市场预测

资本市场中的许多重要决策正日益脱离人类的监督和控制。算法交易正变得越来越流行，这是一种完全由技术控制的金融投资形式。但是，这些财务决策中的许多受到新闻的影响。因此，自然语言处理的一个主要任务是获取这些明文公告，并以一种可被纳入算法交易决策的格式提取相关信息。例如，公司之间合并的消息可能会对交易决策产生重大影响，将合并细节（包括参与者、收购价格）纳入交易算法中，这或将带来数百万美元的利润影响。

2. 文本情感分析

在数字时代，信息过载是一个真实的现象，人们获取知识和信息的能力已经远远超过了我们理解它的能力。并且，这一趋势丝毫没有放缓的迹象，因此，总结文档和信息含义的能力变得越来越重要。情感分析作为一种常见的自然语言处理方法的应用，可以让我们从大量数据中识别和吸收相关信息，而且还可以理解更深层次的含义。比如，企业分析消费者对产品的反馈信息，或者检测在线评论中的差评信息等。

三、区块链

（一）区块链概述

区块链是随着比特币等数字加密货币的日益发展而逐渐兴起的一种全新的去中心化基

础架构与分布式计算范式，目前已经引起政府部门、金融机构、科技企业和资本市场的高度重视与广泛关注。区块链被认为是继大型机、个人电脑、互联网、移动/社交网络之后计算范式的第五次颠覆式创新，是人类信用进化史上继血亲信用、贵金属信用、央行纸币信用之后的第四个里程碑。区块链技术是下一代云计算的雏形，有望像互联网一样彻底重塑人类社会活动形态，并实现从目前的信息互联网向价值互联网的转变。

2016 年 1 月，英国政府发布区块链专题研究报告，积极推行区块链在金融和政府事务中的应用；中国人民银行召开数字货币研讨会，探讨采用区块链技术发行虚拟货币的可行性，以提高金融活动的效率、便利性和透明度。美国纳斯达克于 2015 年 12 月率先推出基于区块链技术的证券交易平台 Linq，成为金融证券市场去中心化趋势的重要里程碑；德勤和安永等专业审计服务公司相继组建区块链研发团队，致力于提升其客户审计服务质量。初创公司 R3CEV 基于微软云服务平台 Azure 推出的 BaaS(Blockchain as a Service，区块链即服务)，已与美国银行、花旗银行等全球 40 余家大型银行机构签署区块链合作项目，致力于制定银行业的区块链行业标准与协议。2019 年 6 月 18 日，Facebook 加密货币项目 Libra 白皮书正式发布。根据白皮书描述，Libra 的使命是建立一套简单的、无国界的货币和为数十亿人服务的金融基础设施。Libra 项目一经发布，引起了社会各界对区块链未来发展的更广泛关注和争论。

(二)区块链的分类

1. 公有区块链 (Public Blockchain)

公有链是指世界上任何个人或者组织都可以访问、都可以参与其共识过程、都可以向其发送交易，并且交易可以获得该区块链的有效确认的区块链。最早出现的区块链就是公有区块链，也是目前分布最广泛、用户数量最多的区块链。类似比特币、莱特币等均使用公有区块链，全球仅存在一条该币种对应的区块链。

公有区块链对所有用户开放，访问没有限制，所有数据也是公开的，通过公有链的公共和公开特性来保护自己账户和资产的安全，每个用户的每笔交易都要得到全网用户的监督和验证。

2. 联盟区块链(Consortium Blockchain)

联盟链是指由特定的组织或个人参与建立，由该群体内部共同许可的多个节点作为记账人，所有区块的产生也由这些节点之间的共识规则决定，其他接入节点可以发送交易、可以进行有限查询，但不参与共识过程的区块链。

联盟链的概念范围处于公有链和私有链之间。

3. 私有区块链(Private Blockchain)

私有链是指一个组织内部或个人，只需要使用区块链的总账技术进行记账，不与其他方共享的区块链。该链的所有者拥有该链的写入权限，参与和读取的权限也由个人或组织控制。

私有链的交易速度极快，性能接近于本地的普通数据库，因为私有链的节点之间相互信任，交易往往只需通过其中某几个节点验证即可写入区块链中，不需要全网验证。私有链的安全性更高。私有链可以独立设置属于自己的数据加密方式和访问规则，对于链外的用户来说保密性更强。

私有链的交易费用是可控的，这完全取决于所有者的设定。如果是某个组织内部使用，那么交易往往可以免费得到验证。

（三）区块链在财务中的应用趋势

越来越多的专家学者开始关注区块链对于财务领域的影响。区块链技术的自主记账理念和分布式记账特性将会重构传统的财务会计信息系统，促进财务与会计的管理变革。如果企业内部的财务会计信息系统与外部交易环节中的各信息系统能够建立连接，那么区块链技术下的财务会计信息系统自主管理模式（或者称为自动化模式）将可以成立。区块链技术还可用于遏制会计舞弊和实现会计转型，并且财会人员可以把更多精力投入分析、咨询、监测、决策等富有挑战性的工作中，并在价值创造、价值传递和价值管理方面发挥积极作用。

自 2018 年 8 月区块链电子发票在深圳试点上线以来，带动了社会公众对这种新型发票的认知，包括招商银行、沃尔玛、腾讯、银联和深圳地铁等大企业在内的注册开票企业已达 1 190 家，涉及餐饮业、停车服务、零售业、互联网服务、金融业和交通运输等行业。截至 2019 年 5 月 5 日，上链企业开具区块链发票 225 万张，价税合计 18.9 亿元。系统运行期间“零差评”，目前日均开票已达 3 万张。以下以区块链电子发票为例介绍区块链在财务中的应用。

事实上，将电子发票上“链”并非心血来潮。随着经济社会的发展，商事活动日益频繁，发票需求量突增，传统发票管理体系面临严峻考验。税务机关一直在致力于发票制度的改革，将区块链技术应用于发票管理领域，以技术革新推动制度改革，让开票更加简单，实现“以票管税”到“信息管税”的转变。区块链电子发票这一创新举措大大推进了电子发票的普及度，对优化营商环境、提升税务管理水平具有明显的促进作用。

区块链电子发票的价值主要体现在以下三个方面：

1. 交易即开票

区块链电子发票与线上支付平台、商家订单系统结合，系统可在支付完成后，依据交易及订单信息自动生成发票，实现“交易数据即发票”，有效解决开具发票填写不实、不开、少开等问题，保障税款及时、足额入库。税务机关、商家和消费者三端软件联通，商家开票无须审核，顾客获票无须排队，发票使用过程的高效便捷有利于增强普通消费者开具发票的意识，提升纳税人税收遵从度。

2. 开票即报销

目前电子发票在记账和报销环节往往出现一票多报、真假难验等问题，企业难以辨别发票与真实交易的关系，给企业内部财务管理带来巨大隐患。区块链电子发票建立了统一的收票平台，企业财务系统可自动获取收票情况，实现了从开票、流转到报销发票全流程线上管理。另外，对接企业财务系统，纳税人获得的发票可立刻提交至企业的财务系统进行报销流程，有效解决了企业最担心的一票多报和假发票等问题。

3. 发票即数据

区块链电子发票系统提供给税务机关的不仅仅是全方位的发票数据，还包括交易数据、支付数据和报销入账数据等。发票在线上的流转信息与实名用户关联，发票流转状态实时可查，便于跟踪和追溯，为税务机关提供了有效的大数据，有利于实现精准高效的税收管理。

第六章

智能会计核算概论

第一节　智能会计核算的产生背景

一、管理水平提升的迫切需要

信息技术的发展使得企业之间的竞争“武装到牙齿”。面对日益激烈的市场竞争，企业要想“百战不殆”，就必须“知彼知己”，要掌握符合企业经营状况的真实信息。开发和利用信息的能力是衡量企业竞争力非常重要的指标。而企业的会计属于非常重要的信息来源，受到企业管理人员的普遍重视。因此，企业的会计人员必须从繁重的会计核算工作中解放出来，学会对各种各样的会计信息进行分析和挖掘，从而能够帮助企业的决策者做出更加科学、合理的决策。从信息战略高度的层面来讲，企业必须要能够及时收集、整理、转换、分析数量庞大的数据，使其成为有价值的信息，进而使企业的各种数据信息的价值实现最大化。会计人员的职能要逐渐地转变为帮助企业决策者对数据本身所蕴含的经济效益予以分析和洞察，信息获取、整理、分析、利用的技术能力变得非常重要。利用信息给企业管理者提供决策依据是现代企业财务管理活动的主要任务，而这一切必然要求企业从组织、业务、管理、流程等各方面进行与时俱进的改革和创新。

二、会计信息化的发展方向

会计信息化是会计与信息技术融合的产物，是信息社会对企业财务管理提出的新挑战，是会计顺应信息化浪潮所做出的必要举措。在“大智移云物区”等新技术被广泛应用的新环境下，企业管理者对信息需求的广度和深度不断增强，迫切需要通过加强会计信息化建设来提升企业整体数字化管理水平。

分析我国会计信息化发展的历程，其主要历经会计电算化、会计信息化、会计智能化阶段。

近年来，我国会计信息化实力在不断增强，大部分企业已经有效实现了会计信息化，并且在工作过程中广泛使用通信技术、计算机技术、网络技术等技术和设备，还结合相关服务内容创建信息服务体系。随着现代信息技术的飞速发展，现有会计软件已经无法满足企业管理的需求，结合人工智能技术、专家系统、人工神经网络等一系列技术，广泛应用数据挖掘及数据仓储的商业智能必将成为会计信息化的发展趋势。

三、企业数字化转型的必经之路

未来只有两类企业可以生存：一类是数字化原生企业，如阿里巴巴、京东商城等一系列电子商务类企业，它们在创立的时候就是按照数字化、智能化的方式运营的；另一类就是通过数字化转型成功的传统企业，以移动互联网、物联网技术、数字化货币、移动支付技术、5G通信技术的广泛应用为特征的商业数字化洪流汹涌，传统企业只有顺势数字化才有生存的空间。

企业数字化转型的基础是业财信息的一体化。通过建立人机整合的智能交互可视化信息系统，打通业务系统之间、财务系统之间以及业财系统之间的信息孤岛，实现数字的实时共享、会计信息质量的根本好转，提高企业的资源整合能力。

在企业数字化转型的过程中，智能会计核算系统的构建任重道远。构建智能型会计信息系统是个繁杂而意义重大的过程，这一过程需要每一个会计信息化工作人员、会计人员及企业其他相关业务人员的共同努力，以迅捷的会计信息提升企业经营管理决策效率和效果，从而彰显会计信息的价值。智能会计核算系统，就是在计算机环境下实现企业经营活动从采集原始信息到记账凭证生成的智能化判断，并由系统自动生成账簿和报表，实现从业务信息到票据，再到凭证、账簿和报表全过程的信息系统。在此基础上，构建对企业经营管理进行事前预测、事中预警、事后分析的智能财务管理系统，完善企业数字化管理系统。因此，构建一个智能会计核算系统是企业数字化转型的必经之路。

第二节　智能会计核算的意义

一、提升会计信息的价值

（一）提升会计信息的真实性

会计信息的真实性描述的是会计反映和会计对象之间的符合程度。真实性不仅是会计信息质量的基本要求，而且也是会计核算的基本目的和重要基础。真实和虚假是对应的，正因为虚假会计信息的存在，才使会计信息使用者强烈呼唤真实会计信息。

产生虚假会计信息的主要原因有两个方面：一是会计信息在产生的源头就丧失了真实性；二是会计信息在加工过程中被篡改为虚假的会计信息。会计信息源于业务，始于会计凭证，终于财务会计报告。而会计凭证又是进行会计核算及日后出具财务报告的最原始、最根本的依据。源头出了问题，接下来的工作将大受影响。可见，要保证会计信息的真实性，会计凭证是关键。会计凭证包含原始凭证和记账凭证两种。原始凭证，俗称单据，是在经济业务发生或完成时取得或填制的、用以记录或证明经济业务的发生或完成情况的书面凭据，是会计资料中最具有法律效力的一种文件。此类凭证要通过专业的人员和技术辨别其真伪，其真实性及合法性不容忽视，它为记账凭证的真实性提供了最初的保障。

传统的会计信息化软件已经实现了从记账凭证自动登记账簿，并且自动生成报表。但在生成记账凭证环节，仍需要由熟悉会计准则和制度的人员来做出大量的会计职业判断，同时编制记账凭证并录入系统。智能会计核算系统将实现从经济业务信息传递到自动生成记账凭证的一键式智能处理。即原先由人工完成的职业判断和记账凭证编制，将主要由智能会计核算系统根据各种相关业务活动生成的数据自动完成。会计人员主要负责凭证审核和系统维护等基础性工作。智能会计核算系统大大减少了人工对会计信息生产过程的干预，原原本本地反映了企业经济活动的真实情况，将大大压缩会计造假的空间，提升会计信息的真实性。

(二)增强会计信息的实时性

早在 2002 年末，曾经提出过众多企业管理理念的世界知名 IT 咨询公司 Gartner 就提出了“实时企业”的概念。Gartner 认为：“实时企业是一家通过使用最新信息来积极地消除其关键性业务流程中管理与执行的延迟从而展开竞争的企业。”实时企业不再以预测行为作为经营管理的起点，转而以最新的、实时的业务信息作为管理与执行的出发点。很显然，这样运作的最终目的就是为了获得有价值的客户及供应商的认可。它是一种更为积极主动的业务处理模式。比如，财务部门担当的角色不再只是被动地接受业务部门传递来的各种单据及信息，进行滞后的记录、分析、总结。企业的管理者也不再被动地坐等信息被整理出来。实时企业中所有信息需求者都可以通过实时的可视化展示系统，在事件发生的第一时间得到真实有效的信息，然后迅速做出决定。可见，具备此业务处理能力的企业在发现事项、反馈事项、分析事项以及解决事项上的速度都比传统企业更胜一筹。

实时企业的信息处理方式得以实现的关键因素是业务事件的及时处理。而构建事件驱动型信息处理系统为企业带来的最大改变就是，信息得到了及时有效的传递。实时企业的核心在于业务处理能力。“实时”只描述了它提供信息的方式，其实现方式反而是一个重复持续的工作，不是一个一次性的工作，它要借助信息技术不断地消除关键业务流程中管理与执行的延迟，在业务发生时即进行会计核算处理。这与构建智能会计核算系统的动机从根本上是一致的。

互联网时代，5G 通信技术的应用进一步提升了信息处理与传递的速度。而会计信息的处理与反映的滞后不能适应环境变化对会计信息及时性的要求。实现智能会计核算，可以在纷繁复杂的各种信息系统无缝连接的前提下实时生成会计信息。史蒂夫·乔布斯曾经在一个访谈中提到，由于信息系统的落后，企业的成本核算需要使用标准成本法，但是经过改造后的成本信息系统，可以每分每秒都能看到实时的实际成本信息，信息的决策有用性和及时性都大大提升。迅捷的智能会计核算信息系统将为企业经营管理决策带来巨大效益，从而提升会计信息价值。

二、为智能财务决策奠定基础

反映与监督是会计的两大基本职能。反映职能通过会计核算来实现；监督职能则需要会计核算为其提供辅助决策与支持。会计核算是用价值手段全面反映企业实物运动的过程，实物从一个车间被运送到下一个车间，从上道工序到下道工序，从这个业务模块到那个业务模块，无不在会计核算的反映范围之内。因为会计信息与业务信息的无缝连接，即会计信息系统与企业经营管理系统的无缝连接，所以会计所反映的信息就完全来自最原始的经济业务。这样，会计信息的真实性势必将大大提高，会计信息需求者不仅可以通过财务报告看到企业最真实的生产经营情况，而且在企业的每个环节都会得到及时有效的信息反馈。哪个环节出了问题，都可以迅速地精准定位，提出有针对性的改善建议，做到有的放矢，将企业的损失降到最低，提高企业整体的运作效率。

智能会计核算系统的出发点正是从会计核算与经济业务的衔接处着手，把原始经济业务信息以会计凭证的方式反映出来，然后作进一步的核算和分析，辅助管理层进行相关的决策。智能会计核算系统将为智能型财务管理系统以及智能型会计决策系统的开发和设计奠定基础。财务管控、决策直接基于智能会计核算系统的信息。现时经济管理决策模型不仅发展迅速，而且十分丰富，会计信息如不能迅速供应，极有可能影响到它的发展。

智能会计核算系统将为智能财务决策奠定基础。大数据时代，企业的经营决策、财务决策越来越依赖数据，数据甚至成为企业的一项资产。而基于业务数据的财务数据来自智能会计核算系统。财务管理决策所需要的数据无论是从数量上还是从质量上，与经济管理决策相比，都相形见绌，智能会计核算将经济活动的过程和结果数据化，对这些数据的分析和利用将为财务决策乃至管理决策奠定基础。

三、为企业数字化转型奠定基础

智能会计核算系统为企业数字化的关键环节，在此基础上，智能会计核算系统结合企业的各种业务管理系统，如 ERP 等软件系统等，在实现从采购、销售到库存等信息化工作的基础上，可以制订精细、周密的企业经济生产计划。智能会计核算系统改变了传统财务会计信息滞后的局面，充分发挥各个业务信息系统的功能，为智能财务管理系统建设做好准备。智能财务管理系统充分应用商业智能模型化、多视角、大数据和灵活性等技术特点，使企业可以获得贴合不同用户需求的多维度、立体化的数据信息，进而对管理者的决策过程提供智能化支撑。通过智能化的自动会计核算，将实现与企业经营管理信息系统的无缝连接，进一步推动企业的信息化进程。

总之，智能会计核算必将推动会计理论的创新与实践的发展，推动会计的改革与发展，凸显会计信息的价值，提升会计的作用与地位。

第三节　智能会计核算的特征

一、会计确认计量自动化

会计信息系统虽然已经实现从会计记账凭证到自动登记账簿，然后自动生成会计报表的智能化流程，但尚未实现记账凭证的自动生成，造成会计信息生产过程的断点，成为企业信息化发展的“瓶颈”。因此，实现从经济业务原始凭证自动生成记账凭证的智能处理，成为智能会计核算系统的关键。

（一）会计确认的智能化

所谓会计确认，是指会计数据进入会计系统时确定如何进行记录的过程，即将某一会计事项作为哪种会计要素(资产、负债、所有者权益、收入、费用和利润)、在哪几个会计科目加以记录、确定记账方向,从而将经济业务转换为可输入会计信息系统状态的过程。

会计计量是在一定的计量尺度下,运用特定的计量单位,选择合理的计量属性,确定应予记录的经济事项金额的会计记录过程。目前常用的计量属性有历史成本、现值、可变现净值、重置成本、公允价值等。

会计确认和会计计量是编制会计分录的依据。会计分录是会计凭证所记载的主要内容之一,包括借贷方向、记账科目、记账金额三个要素。在手工记账阶段,根据原始凭证编制记账凭证是会计工作的基础环节。在会计电算化时代,根据审核无误的原始凭证在账务处理系统中手工输入记账凭证的摘要、应记科目、记账方向、记账金额等要素,也是进行自动登记账簿和自动生成报表的基础。

会计确认的智能化是指通过智能会计核算系统,利用知识库、规则集、推理机等方法,用因素分析法将经济业务进行分类,根据分类设定经济业务类型和会计分录的对应关系,从而实现从经济业务分析到自动生成凭证、账簿记录和报表的过程由系统自动化完成。真正意义上的智能生成记账凭证,首先是实现会计确认的自动化和会计计量的自动化。即能够由系统直接根据每一笔经济业务的性质,自动确定其应记的借贷方科目和金额。这就要求我们根据各种经济业务不同特点,分析会计工作人员在进行会计核算时的判断思维过程,寻找和总结规律,归纳出影响记账凭证编制决策的关键因素,探索一种基于关键因素分析的记账凭证智能化生成模式,会计的确认和计量在自动生成记账凭证的过程中自动完成、实时完成。这样可以彻底解决记账凭证编制过程中的职业判断问题,实现会计业务信息的智能化处理。

利用财务机器人,可以实现自动判断业务类型,实现自动匹配业务类型和记账凭证规则,实现智能生成记账凭证。当遇到知识库未涵盖的新业务类型时,智能会计核算系统会自动提示人工干预,通过修订知识库和规则集,实现会计确认和计量的智能化。

总之,把经济业务的情况编制为会计记账凭证,将经济业务信息转化为会计信息,是整个会计核算的起点,也是最关键的环节。因为其关系到所有后续会计核算活动的效果,影响会计报表信息的准确性和真实性。会计信息系统已经实现了会计记账凭证的自动登记账簿、编制会计报告等多项活动,如果能够将这个环节实现智能化,将可以彻底地实现会计核算信息系统的智能化,实现会计信息系统与企业经营管理信息系统的无缝连接,提高企业信息化水平。无论会计活动多么重要,归根结底,它还只是企业众多活动之一,所以会计信息化必须融入企业信息化,成为企业经营管理信息系统中的一个有机组成部分,其衔接点就是把各项经济业务编制为会计记账凭证。由此,可以看出,实现将经济业务智能化地自动编制为会计记账凭证,不仅是会计信息化需要解决的重要问题,也是企业信息化必须要解决的问题。

(二)会计计量的智能化

会计计量的智能化是指在自动生成记账凭证的过程中,明确经济业务所属的类型与其所对应的计量属性和取数规则,形成一个计量属性规则库,从而实现每一笔经济业务的计量属性的自动化选择,确定自动生成的记账凭证中的应记金额。此环节的智能化原理同上,此处不再赘述。

二、会计报告智能化

会计报告是以日常核算资料为主要依据，总括反映企业和行政、事业等单位在一定时期内的财务状况、经营成果和现金流量的报告文件。会计报告智能化是指从记账凭证自动生成开始，依次实现自动登记账簿、自动对账、自动关账、自动生成财务报表和自动生成合并报表的全过程。这一过程的关键是记账凭证的智能生成，根据凭证和账簿之间的映射关系，可以实现自动登账、自动结账。然后，根据账簿和报表项目之间的映射关系，自动编制资产负债表、利润表和现金流量表。在智能会计核算系统内，通过实现内置企业会计报告的格式和编制规则、会计科目和报表项目的对应关系、会计报告输出规则和可视化驾驶舱的规则设计，实现企业实时编制会计报告。

（一）记账凭证智能生成

记账凭证智能生成是指在智能会计核算系统和各种类型业务信息系统的数据集成的基础上，实现由智能会计核算系统从各种类型的业务系统中自动取数，根据经济业务类型自动配备记账凭证规则，从而实现无人干预或极少数人干预情况下自动编制记账凭证。

1. 记账凭证生成过程

把经济业务的情况编制为会计记账凭证，将经济业务信息转化为会计信息，是整个会计核算的起点。因为其关系到所有后续会计核算活动的效果，影响会计报表信息的准确性和真实性，所以这个环节也是最关键的环节。传统的会计信息系统已经实现了会计记账凭证的自动登记账簿、编制会计报告等多项活动，如果能够将编制记账凭证环节实现智能化，将可以彻底地实现会计核算信息系统的智能化，实现会计信息系统与企业经营管理信息系统的无缝连接。会计信息系统成为企业经营管理信息系统中的一个有机组成部分的衔接点，就是把各项经济业务编制为会计记账凭证。

随着企业信息化管理的飞速发展，以财务管理信息化为核心的 ERP 系统开始在世界著名大型企业中普遍应用。ERP 系统的应用，在一定程度上解决了记账凭证自动生成问题，实现财务业务一体化。在 ERP 系统下，业务部门发生的业务通过自动转账模块“自动”生成会计凭证并传递到总账系统。在这个过程中，部分会计凭证由业务部门产生，并不是所有的会计凭证均由会计人员填制。业务部门在完成如材料采购入库、产品销售出库、销售发票开出、生产完工确认等业务的同时，ERP 系统会做相应的账务处理。这一阶段的部分会计凭证由非会计人员完成，会计人员仅对会计凭证进行审核。一旦发现会计处理有误，会计人员不能修改相应的会计凭证，必须通知业务部门对上述业务进行重做。

针对上述问题，有的企业放弃通过 ERP 系统自动生成记账凭证这种模式。通过在业务部门设置专职核算员的办法，解决 ERP 系统数据的正确性问题。这些核算员按照账务处理需要数据的范围、格式和要求将 ERP 系统中的数据经过审核后，录入账务系统，再通过账务系统的审核流程，按照事先设定好的凭证模板手工编制记账凭证，经审核后进入账簿报表流程。

由此可见，ERP 系统中记账凭证自动生成虽然在一定程度上解决了业务与财务对接问题，但是我国企业在利用 ERP 系统的会计模块时出现的问题暴露出 ERP 系统中记账凭证自动生成实现方法的局限性，也给系统预期的成果效益打了折扣。

ERP 系统应用存在的最大问题在于集成处理的风险。众所周知，ERP 系统的一个显著特点就是集成化。在会计业务的处理中更是体现这一特点，会计数据直接来源于业务部门人员的录入，会计信息会在交易、事项完成后自动入账，同时登记相应的分类账，自动生成会计报表，且许多资料直接从系统中即时存取，这样的集成处理，一方面加快了会计信息传输的速度，但另一方面也加大了会计风险。若原始数据来源于采购部门，采购人员在输入信息时由于粗心或舞弊导致输入错误、虚假数据，那么据此产生的账簿、报表均无任何意义。ERP 系统无论是从整体上看还是分开看，其中的各个模块均是一个环环相扣的系统，一个部门的数据失真会造成整个会计系统的失真。

上述 ERP 系统造成的集成处理风险，究其根源在于系统并未彻底解决记账凭证编制环节会计职业判断智能化问题，仅通过在 ERP 系统的初始设计阶段，针对每种类型的自动转账设计的各种凭证模板来实现凭证自动生成。这种方法生成的记账凭证是有限的，不能满足企业复杂的经济业务处理需要。另外，在 ERP 系统下，记账凭证数据的录入者是各业务部门人员，他们不了解会计核算，无从进行职业判断，其录入的信息可能不符合系统设置的模板要求，造成计算机在自动生成记账凭证时模板套用错误，而会计人员仅审核原始单据，也不对经济业务的性质进行专业的职业判断。因此，按照记账凭证的编制逻辑，建立一种基于规则和判断的智能化会计凭证自动生成系统是非常必要的。

2. 记账凭证智能化生成的逻辑基础

企业会计记账凭证智能化生成的逻辑基础可以表述如下：若会计是一种通用的商业语言，则必定要求会计的规范化、标准化。会计规范化、标准化的理想目标之一是，对于每一特定的经济业务活动结果的会计核算，应该对应有唯一的一种会计分录标样。若每一特定的经济业务对应有唯一的会计分录标样，则必定有能确定这种对应关系的因素。

(1)会计的规范化、标准化

我国企业会计准则体系经过多年的发展已经达到了规范化和标准化的要求。《企业会计准则》由财政部制定，于 2006 年 2 月 15 日财政部令第 33 号发布，自 2007 年 1 月 1 日起施行。我国企业会计准则体系包括基本准则与具体准则和应用指南。以基本准则为主导，对企业财务会计的一般要求和主要方面做出原则性的规定，为制定具体准则和会计制度提供依据。截至 2019 年 12 月，已经制定和颁布了 1 个基本准则、42 个具体准则及其应用指南、13 个企业会计准则解释，完全可以满足智能会计核算系统对会计标准化的要求。

(2)经济业务的枚举①及其与会计分录的匹配

在根据审核无误的原始凭证编制记账凭证的过程中，会计人员的职业判断首先是将原始凭证所体现的经济业务按照规律进行分类枚举，然后根据不同的枚举值匹配不同的会计分录。从人工处理记账凭证的过程可知，每一个特定的经济业务活动都对应一个特定的会计分录。且在规范的、标准的会计准则体系之下，这个会计分录的对应关系是唯一的。换句话说，特定经济业务信息的要素特征作特定的组合将决定着某一特定记账凭证上的主要信息。其他如金额、凭证编号、凭证日期等都可以预设在系统中或进行简单的输入。这种“一一对应”并不像一元一次方程中自变量与因变量的对应关系，这一过程不仅需要全面的、准

① 枚举：一个一个地列举(百度汉语)。

确的业务信息与财务信息作为数据支持，而且需要可以保证会计信息可靠性、相关性的会计职业判断作为理论依托。尽管企业的经济业务种类很多，却不是彼此孤立地存在着，它们所涵盖的某些经济特征总能找到与其同类的信息。例如，在核销应收账款时，其核销方式包括收到“库存现金”、“转账支票”、“商业汇票”等，这些信息如果单从字面意思看是完全不同的事物，但是对于一笔经济业务来说，它们却同时决定着这笔资金处理业务相应记账凭证的借方科目信息，而具体借方科目还要取决于它们自身的特质。

(3)确定匹配关系的因素是明确的

企业的经济业务纷繁复杂，熟练的会计人员必须掌握相关领域内所有的经济业务类型与会计分录的对应关系。这种对应关系的前提是对经济业务的类型化，而把经济业务类型化必须界定影响经济业务分类的因素有哪些，并确定主要的因素。

就理论而言，会计职业判断是会计人员利用有限的会计规则，对有限的经济数据进行有限的会计判断。这种会计职业判断完全可以转化为机器智能的判断。机器智能从来都只是依赖于人的智能存在着，所以会计职业判断不仅是构建智能会计核算系统的第一步，也是实施会计信息化过程的至关重要的一步。会计职业判断也可以简单地归纳为2W1H，即是什么、在何时、怎么做。具体到会计工作中，“是什么”就是对经济业务的发生所引起的经济后果进行职业化的判定，确认相应的会计要素。如当企业购入一批原材料时，智能会计核算系统就要对这项采购业务所带来的存货的增加、银行存款的减少或应付账款的增加进行会计确认。“在何时”就是确认会计要素应把握的准确并且合理的时间点。例如，当我们以不同的采购形式购入一项存货时，其确认的时间是不同的。以货到付款方式购入，应于收到销售发票时进行确认；而以预付款方式购入，则在预付款项时就确认该项存货。“怎么做”主要涉及会计计量方法的一些选择，如会计期末应该如何对应收账款计提坏账准备等。

3. 定义业务活动关键因素

前已述及，智能会计核算系统就是模拟会计人员手工处理经济业务过程中的职业判断过程。首先是要将影响会计职业判断的因素进行界定。我们以比较复杂的采购业务为例进行说明。会计人员进行采购核算，编制采购核算的记账凭证，是从交易原始信息中选取有用的信息，按照会计准则要求，将业务信息转化为财务信息。分析、研究会计人员编制采购业务记账凭证的思维过程，需要通过分析采购业务信息与记账凭证信息的内在联系，确定采购核算的记账凭证信息的来源，提炼出关键因素，作为决策判断分析的依据。在确定了影响因素的基础上，需要对所有的经济业务进行穷尽描述。在采购业务中，采购种类、资金结算方式、货物到达情况、付款方式决定了会计核算分录的类型。

4. 建立经济业务知识库

运用决策树法，对经济业务关键因素之间的关系进行梳理，按照不重复、不遗漏的原则，将所有业务类型描述出来。下面以采购业务记账凭证智能生成过程为例进行说明。

对于采购除固定资产之外的材料或物资，有3个元素(生产材料、商品和周转材料)；对于采购的结算方式，考虑5个元素(交款发货、货到付款、预付定金、分期交款和赊购)；对于采购物资到达情况，设定3个元素(交款货未到、货物已收到、货和款同期)；对于采购的付款方式，设定4个元素(库存现金、银行存款、其他货币资金和其他)。每项关键因素中的某个具体元素的变动，都将改变采购核算的业务类型。在限制了关系的合理性并剔除重复、互斥矛盾的业务类型后，可得到90种采购核算的记账凭证规则。类似地，可以得到销售业务核算、生产成本业务核算、资产业务核算、资金核算、税务核算、费用核算等由经济业务自动编制会计记账凭证的方法，解决了从经济业务信息到自动生成记账凭证的难点，实现了会计核算的智能化。经济业务和记账凭证类型的对应关系如表6－1所示。

表6－1　经济业务和记账凭证类型的匹配关系

<table>
<tr><th colspan="2">企业与会计直接相关的业务</th><th rowspan="2">记账凭证处理中心</th><th rowspan="2">备　注</th></tr>
<tr><th>编码</th><th>业务处理内容</th></tr>
<tr><td rowspan="2">A</td><td>销售业务处理系统</td><td rowspan="2">销售记账、转账凭证处理</td><td rowspan="2">库存发送成品、财务收款</td></tr>
<tr><td>应收管理系统</td></tr>
<tr><td>B</td><td>产品售后维护系统</td><td>售后维护记账、转账凭证处理</td><td>依据销售合同维护产品</td></tr>
<tr><td rowspan="2">C</td><td>采购业务处理系统</td><td rowspan="2">采购记账、转账凭证处理</td><td rowspan="2">库存接收材料、财务付款</td></tr>
<tr><td>应付管理系统</td></tr>
<tr><td>D</td><td>固定资产管理系统</td><td>固定资产转账凭证处理</td><td>折旧、大修理等</td></tr>
<tr><td>E</td><td>库存管理系统</td><td>库存转账凭证处理</td><td>收发材料、成品</td></tr>
<tr><td>F</td><td>运输管理系统</td><td>运输转账凭证处理</td><td>运送材料、成品</td></tr>
<tr><td rowspan="4">G</td><td>生产管理系统</td><td rowspan="4">成本转账凭证处理</td><td>生产计划系统</td></tr>
<tr><td>供应管理系统</td><td>煤、水、电供应</td></tr>
<tr><td>质量管理系统</td><td>质量检验，废品、次品和成品统计</td></tr>
<tr><td>设备管理系统</td><td>设备运行管理、维护作业</td></tr>
<tr><td>H</td><td>劳动人事管理系统</td><td>工资转账凭证处理</td><td>依据劳动人事部门考核单编制</td></tr>
<tr><td>I</td><td>无形资产管理系统</td><td>无形资产转账凭证处理</td><td>购买和自创的专利技术、非专利技术</td></tr>
<tr><td>J</td><td>日常费用管理系统</td><td>费用记账、转账凭证处理</td><td>费用核算</td></tr>
<tr><td>K</td><td>利润核算处理系统</td><td>利润转账凭证处理</td><td>利润核算</td></tr>
<tr><td>L</td><td>纳税筹划处理系统</td><td>纳税转账凭证处理</td><td>计算税负</td></tr>
<tr><td>M</td><td>市场开发管理系统</td><td>市场开发费用转账凭证处理</td><td rowspan="3">专项核算：预算管理项目，财务支付资金</td></tr>
<tr><td>N</td><td>技术开发管理系统</td><td>技术开发费用转账凭证处理</td></tr>
<tr><td>O</td><td>在建工程管理系统</td><td>在建工程转账凭证处理</td></tr>
<tr><td>P</td><td>筹资管理系统</td><td>筹资记账、转账凭证处理</td><td rowspan="2">财务资金管理：收付资金、财务费用</td></tr>
<tr><td>Q</td><td>投资管理系统</td><td>投资记账、转账凭证处理</td></tr>
<tr><td>R</td><td>总账处理系统</td><td>记账、结账处理</td><td>转账凭证处理</td></tr>
</table>

5. 在经济业务和记账凭证之间建立规则库

业务类型及其对应的记账凭证的对应关系确立以后，在业务系统各数据库与智能会计核算系统的记账凭证处理模块之间建立数据映射，形成账务处理规则库。每笔经济业务发生后，首先形成业务系统数据库的一条数据，然后这条数据如何进行账务处理，由规则库进行判断，并将判断结果反馈到稽核模块，稽核模块根据稽核规则核对关键信息是否存在不一致，经过核对的信息可以直接生成记账凭证用于登记账簿。

规则库将分析策略用规则的形式表示出来，可以采用“if... then...”的结构形式，它能够对分析的过程进行规范，使系统能根据知识库内容按照规则进行分析。知识库对相关经济业务涉及哪些系统中的原始凭证信息、适用哪些记账规则进行逻辑匹配。

6. 在原始凭证和知识库规则库之间建立推理机

在描述所有经济业务类型的基础上，建立各类不同的业务系统和智能会计核算系统之间的数据接口，将经济业务类型与各类数据库的表单和原始凭证类型进行关联。其目的是，根据原始凭证和系统输出的表单种类来帮助判断经济业务类型。如采购原材料，款项已经预付，货物已经验收入库，但是未收到增值税专用发票的经济业务，资金系统对此次采购的合同信息、付款信息会自动关联存货管理系统的入库单，税务系统会显示没有收到增值税专用发票，这种业务类型对应的会计处理应该是存货已收到、暂估入库经济业务。

7. 自动执行记账凭证规则

在建立知识库的基础上，智能会计核算系统根据经济业务形成的原始凭证类型或者内部表单信息，自动判断业务类型，并与知识库中的记账凭证规则匹配，自动生成记账凭证，完成编制会计凭证的会计职业判断的智能化。例如用银行存款以货到付款结算方式购买原材料，货物已经验收的情况，系统会根据表单的类型自动判断其业务类型代码为1112，计算机会根据业务类型代码，关联知识库中的记账规则，自动生成一张记账凭证。

(二)账簿报表自动化

1. 自动登记账簿

在经济业务核算中，账簿登记的智能处理需要经过以下步骤：

(1)依据会计科目(编号)搜寻此科目前期余额；

(2)计算本次业务的发生额；

(3)根据此科目余额方向性质和发生额计算本期余额；

(4)这些数据(科目、借方或者贷方发生额、余额，以及编写的摘要、日期、有关责任人、凭证编号等)全部登记到账簿中，注意要依据科目情况判别此业务是登记在日记账还是明细账，并登记总账，一次同时完成登记日记账还是明细账、总账；

(5)特定科目，如固定资产、低值易耗品、经营费用等，记录折旧率、摊销率、分摊率等；

(6)对各个凭证(会计分录)中的各条记录循环逐个处理。

在进行上述处理前，应该注意的事项有：(1)如果全部为机制记账凭证，可由程序自动检查是否平衡，否则需要检查是否已经审核过；(2)检查凭证编制时间是否与本期账簿日期相吻合，否则需要进行结账等处理；(3)记账处理前最好先进行备份，以利于检查、核实及故障的恢复。

2. 自动生成报表

会计报表中资产负债表、利润表的数据基本来源于会计账簿，实际上来源于账簿的期末累计发生额和余额，并有着严格的对应关系。如果去掉非期末的数据，只保留期末的数据，可以得到科目余额表，由它可以直接计算得到这些会计报表。相关详细内容请参考第十二章“智能财务会计报表与电子会计档案”。

三、会计信息披露实时化

智能会计核算系统，一方面，仍然遵循会计核算基本原理，保留了传统核算模式的全部内容；另一方面，采用现代信息技术和人工智能，利用计算机高效完成各种复杂报表的填制，使会计报表反映的指标更及时、更全面。智能会计核算系统中，会计信息沟通方式由传统的单向沟通变为双向甚至多向网状交流，不仅实现企业内部信息的高度整合和共享，企业各相关部门都能利用信息化网络进行数据传递、数据处理，而且使得企业内部信息与企业外部信息形成一种互动交流状态，企业能够迅速获取外部信息，及时调整业务范围，披露的内容更全面、更快捷。

对经济业务的会计核算实现智能化，提高了会计信息的时效性。智能会计核算系统利用计算机程序处理技术及网络传输技术，实现会计数据处理的高度自动化，实现会计信息资源的高度共享，相关会计信息使用者可以根据授权从会计信息系统中直接获取所需的会计信息，大大提高会计信息产生与提供的时效性。主动、实时地报告会计信息，使得会计信息成为企业管理信息的核心，保证企业的业务核算和业务控制能实时进行，管理人员能及时地做出决策。

四、人机交互智能化

智能会计核算系统在人机交互上将改变传统用键盘、鼠标输入的交互方式，采用图像识别、语音输入等方式，在提升会计数据电子化效率的同时，让会计人员与计算机之间的人机交互更加自然。2007 年，当乔布斯发布第一代 iPhone 时，他推翻了当时主流手机试图在有限的手机空间上放下一个全尺寸键盘的设计理念，主张去掉实体键盘，取而代之的是一个超大的、可多点触控的手机屏幕，使得手机屏幕可以显示更多的内容。可多点触控的屏幕是手机在人机交互方面的一次重大升级，人机交互的优化极大地提升了手机的智能化水平。让人和机器用最自然的方式进行交流，无论是先前计算机操作系统上的图形界面、鼠标的使用，还是后来多点触控、智能语言助手，都是人机交互领域尖端科技的应用成果。智能手机操作系统领域的经验告诉我们，在一个信息系统当中，人与机器之间交互得越自然，该系统的智能化水平就越高。

第四节　智能会计核算系统的设计原则

一、符合会计人员思考习惯

智能会计核算系统是一种交互式、开放式的系统，它是通过一种人机交互可视化技术，按照一定的步骤和方法，记录企业生产经营过程并将其转化为会计信息的系统。因此，在构建系统的过程中，要充分考虑会计人员思考的习惯、知识储备、操作流程等因素，越是能够适应人们本能水平思维的设计就越会被人们接受。

二、操作便捷化

用户对会计信息系统智能交互可视化最为重视的就是便捷、可操作性和多样化原则。作为一连串的操作，系统技术的运用过程对于用户来说非常重要。所谓的便捷、可操作性，主要是指在操作中是否能够让用户产生更好的体验，是否可以将操作任务更加高效地完成，不会产生额外的时间成本、空间成本和过多的掌握成本。首先，在采用多种信息采集技术时，应优先考虑能方便操作的技术。其次，应尽可能构建更加友好的操作界面，在设计开发时集思广益，从不同使用者的角度分析对比，简化操作流程和步骤，将一些频繁的操作或功能设置在显眼或便捷的地方，例如多设置右键选项等。同时要考虑简化系统初始化、输入输出操作，实现批量导入数据或重复性动作操作等。最后，运用 RPA 技术，实现基于流程和规则的多项操作一键自动完成。

三、可交互

满足人机交互的需要是满足用户情感需要的一个非常重要的方面。在用户的日常工作中，会计信息系统是一个不可缺少的组成部分。智能会计核算系统保证核心功能与人机界面两者之间的协调工作。将企业的决策者和会计工作人员等各种用户都作为系统的用户进行考虑，对不同用户的不同需求进行综合考虑，专注于用户体验策略与研究、服务创新设计、产品交互设计和产品界面设计等。此外，要对会计信息系统的易用性进行充分考虑。用户在具体的使用过程中，可以通过人性化的可视界面的相关按钮和菜单，快速掌握运用系统的技巧和方法，在构建智能交互可视化会计信息系统的时候，需要对用户的体验进行充分考虑，这样就能够在会计信息系统中对用户体验设计的各种技术进行推广。

四、可扩展

从会计信息系统的周期操作过程来看，总体上可将其分为输入、处理、输出三个阶段。即首先是 Input，也就是输入数据；其次是 Process，也就是中间处理的环节；最后是 Output，也就是输出有助于决策的相关信息。所以，从系统论整体观的角度进行分析，构建智能会计核算系统时，必须要对上面三个因素进行综合考量。

在输入方面，必须要关注运用多途径的信息采集与处理系统，例如数据射频识别采集方式、红外感应器、语音识别技术、激光扫描技术和扫码识别技术，从而能够做好随时对账目进行记录，并且确保人与机实现良好的交互。在处理过程方面，要应用专门的信息管理技术、信息处理技术对数据进行集中管理和处理，同时也能够确保输出结果交互可视化的实现。在输出方面，要实现由单一报表升级转化成为报表历史成本频道、报表实时频道、竞争力对比频道、方案比选频道、现金流预测频道等会计频道。① 同时要将选择器滑块、仪表盘等运用在整个界面中，真正做到让数据说话，并且利用信息创造更多的价值。

---

① “会计频道”一词是由薛云奎首次提出的，出自《网络时代的财务会计：管理集成与会计频道》，《会计研究》，1999年第 11 期，第 30—35 页。

第五节　智能会计核算的应用范围

智能会计核算系统的功能要实现从业务系统数据到财务系统的无缝对接和自主传输，通过建立核算标准库，预置标准凭证模板，建立业务事项、预算指标、会计科目、辅助核算项目、现金流量项目等的对照关系，实现从业务制单、审核到财务凭证生成的系统自动化处理，包括核算流程、业务单据自动提交审核、自动成本计算、自动生成总账凭证等功能。

智能会计核算的应用是一个网络系统。经济业务所引起的会计科目涉及多个会计要素。比如，采购活动涉及原材料、辅助材料、固定资产、工程物资等，涉及智能资产会计核算模块；而上述采购活动的支付或往来款，又要在智能资金会计核算模块体现等。销售活动既涉及产成品出库核算，又涉及资金结算，还涉及销售费用的报销等，也在不同的模块体现。

一、企业营运活动的智能会计核算

（一）采购活动

采购业务主要是为企业提供生产和管理所需的各种物料和设备，包括生产所需的各种原材料和设备工具，以及企业管理部门正常运作所需的办公设备等。智能会计核算系统与采购管理系统实现接口连接，数据互通。采购管理系统和智能会计核算系统各司其职。采购管理系统主要负责明确对物资质量、数量和到货时间等方面的要求，确保采购需求合理有效，选择合适的供应商，协商合理的价格，并及时签订采购合同，检验到货商品，确保采购需求能够有效执行，有效控制采购到的商品，保证物资的安全完整。

智能会计核算系统的主要功能是，在采购流程发起时要通过预算系统进行初审，待采购的物料、存货、固定资产等验收入库后，要判断是否随货收到发票：如果没有收到发票，则要对采购的标的物进行暂估处理；已经验收且收到发票的物资，要正确、及时地付款，维护良好的企业信誉和稳定的物资供应。对采购、退回等活动进行账务处理，所涉及的付款、成本和费用的账务处理在相关业务模块同时自动实现。

在采购业务中，采购种类、资金结算方式、货物到达情况、付款方式等决定了会计核算分录的类型。在智能会计核算过程中，通过对经济业务的分类、识别、确认和计量，编制出记账凭证，最后按照一定的方法编制会计报表。经济业务核算账簿登记的智能化判断，通过智能会计核算系统的记账凭证自动生成模块已完成。

（二）生产活动

首先，采购、生产、库存、销售等部门成本发生的单据和引起成本发生的各种动因量单据，先是从 ERP 系统的其他模块传输到成本核算模块，成本核算模块中的单据转换存储规则对其进行相应的处理，使其转换为成本核算模型所需要的单据，并存入单据存储表，接着成本核算系统中的动因归集规则将对传输过来的单据上的动因进行分离提取，并且将动因量数据存入动因量存储表中。

其次，转化后的内部单据从单据存储表中提取出来，进行如下处理：(1)对于可直接归入某成本对象的单据，进行记账规则处理，形成借贷会计分录，制单入账，并存入账务明细表中，即针对直接材料、直接人工等成本信息的分配记账过程。(2)对不可直接计入成本对象的费用性单据，则先进行分配规则处理，形成待处理单据，并存入单据存储表中。待处理单据也将分为两种：一种是直接可以归入成本动因而无须进行不同作业间的分配；另一种是还需要多次进行归集分配才可进行成本信息的记账处理，对于该种单据，由分配规则再次进行分配处理，直到该单据可进行记账处理为止。接着，从成本核算系统中的辅助生产明细账务表中对辅助作业的生产成本进行归集，进而利用分配规则将其进行分配处理，并将生成的结果数据转入单位成本表数据库和完工产品成本明细表数据库。

最后，从成本核算系统中的产品成本明细账务表中对当期生产成本进行归集，并结合期初、期末在产品成本，形成作业生产总成本，然后利用分配规则，完成对完工产品与在产品之间的成本分配。

（三）销售活动

传统会计信息化条件下的销售核算系统应是一个由人、电子计算机系统、网络系统、数据及程序等有机结合的应用系统。它拥有友好的界面，不仅包括会计核算系统，还包括更高层次的会计决策支持系统。它多用于解决非程序化的偶发事件，以辅助人们进行决策。这种非程序化的问题是人们在实务中遇到的问题，而如何解决也必须由人来决策，它只能起到辅助决策的作用，而不能代替人的决策。但是由于未来的智能财务系统可以搜集到大量的数据，并对其加工处理成对决策有用的信息，因此，在充分占有信息的情况下，人们往往能做出更明智、更正确的决策。有关营运活动中供应、生产、销售的智能会计核算流程详见第七章“营运活动智能会计核算”。

二、商旅及报销的智能会计核算

费用核算自动化主要包括智能制单、自动业务转换、规则匹配、智能判断、人工复核、自动生成凭证等功能。

（1）智能制单：利用自动档案参照、单据参照、系统智能选取、电子发票数据读取、纸质发票扫描智能识别、系统自动计算等技术，实现费用报销单据的智能填制，最大限度减少人工填写的单据内容，在保证单据填写规范、准确的同时，提高单据的填写效率。

（2）自动业务转换：系统自动实现将报销单据的支出项目转换为对应的会计核算科目。

（3）规则匹配：按照凭证摘要、会计科目、辅助核算项目、现金流量项目等凭证的必要因素设置匹配规则，由系统按相应规则自动生成凭证信息。

（4）智能判断：系统智能判断报销单据的附件是否齐全、是否重复报销、是否超预算等。

（5）人工复核：将业务审批、财务稽核、费用支付的审批流程统一，形成标准化流程，以线上电子化单据及附件内容审批为主，以线下人工纸质单据及原始凭证附件审批为辅，在保证审批流程具有快速处理时效的同时，保证业务单据内容的真实性。

（6）自动生成凭证：根据相关报销单据，自动按凭证类别及预置凭证模板，生成对应的会计核算凭证。为提高共享作业时效，在业务人员发起费用报销单据的同时，系统即预先生成对应的会计凭证，共享中心作业稽核人员在稽核处理时，可以即时确认会计凭证的正确性，确认无误后，系统正式将凭证保存至总账系统。

有关细节详见第十一章“商旅与费用报销智能会计核算”。

三、资金收付的智能会计核算

在智能型会计核算系统中，资金管理模块可以细分为三个层次，分别为收入支出层、应收应付层和存量资金层。收入支出层是资金管理模块与业务模块的衔接点，是企业现金流产生的源头。销售部门、采购部门、库存管理部门以及固定资产管理部门等的行为都可能会触发收入支出层产生增减变动。应收应付层是资金管理模块的核心。应收应付的处理在企业资金链中所发挥的作用是不容忽视的。近几年，企业“资金链断裂”的经济现象比比皆是，由此而带来的一系列问题都让越来越多的企业不得不对这一处理环节给予高度的重视，甚至把保持资金链的畅通作为首要问题来抓。当一笔销售业务的发货行为在系统中生成发票，或者系统收到了一笔采购业务的供货发票信息时，这些行为都可能会触发应收应付层产生增减变动。而应收应付的处理则直接关系到资金流的顺畅与否。

资金收入、支出核算自动化是指通过签订企业、银行、客户“三方协议”实现“银企直联”打通，一方面，使系统自动接收银行收款流水数据，并自动生成收款单据及会计凭证，从而实现营业活动中销售收款的自动化核算处理。企业还可以通过系统建设实现自动收款，从而大大减少销售系统的人力资源占有，缩短资金周转周期，降低企业资金占用水平。另一方面，企业智能资金会计核算系统能够通过与银行签订代扣协议，实现由银行自动支付各种款项给收款方，并自动产生付款单据及会计凭证，从而实现营业活动中采购付款的自动化会计处理。特别是针对数量多、支付频率高、金额较小的商旅和报销业务，可以通过智能资金系统关联员工的账户，通过网络银行系统实现自动发放工资、福利，自动支付商旅报销款等。

现金会计核算智能化主要体现在多币种自动汇率采集，实现企业外币自动折算为记账本位币，并可通过资金集中支付、资金集中管理等手段实现资金余额跨地区、跨银行、跨账户自动归集，提高资金的管理集中度，有助于分析资金存量的合理性，进而帮助企业提高资金的使用效率。由于企业通过现金收付办理业务的规模大大缩小，因此，现金会计核算的智能化已经上升为一个管理会计话题，本章不再赘述。

上述智能核算系统主要实现自动生成业务单据、自动生成凭证、智能对账等功能。

(1)自动生成业务单据：由系统自动依据银行收款流水信息生成对应的收款单，并实现相关业务必输字段信息的自动录入。

(2)自动生成凭证：根据收款单据，自动按凭证类别及预置凭证模板，生成对应的会计核算凭证。

(3)智能对账：系统根据银行收款流水及银行回单，实现与企业银行存款日记账的自动汇总及比对，自动编制银行存款余额调节表，以保证业务数据和核算数据的一致性。

有关细节详见第九章“智能资金会计核算”。

四、智能资产会计核算

智能资产会计核算自动化主要包括除货币资金、应收款项以外的资产项目的智能会计核算，包括但不限于存货购进业务制单、自动生成资产领用表及自动计价、产成品自动转入、期末存货自动计价等，以及固定资产业务制单、自动生成资产购置报销单、自动转固、自动生成固定资产卡片、自动计提折旧、自动生成凭证等应用功能。以固定资产为例，说明智能资产会计核算的基本内容。

(1)业务制单:由资产管理人员负责在资产管理系统中填制相应的资产业务单据,如资产到货、资产维修、资产保险、资产变动、资产处置、资产报废等。

(2)自动生成报销单:按照不同的资产业务,系统自动判断是否需要生成报销单。需要走报销流程的,系统自动按照资产业务生成资本性支出报销单、付款单等报销单据,推送至报销系统进行报销流程处理。

(3)自动转固:系统自动将新增资产转为固定资产。

(4)自动生成固定资产卡片:系统根据资产购买合同等文件自动识别关键信息,生成对应的固定资产卡片。

(5)自动计提折旧:系统定期自动完成固定资产累计折旧的计算、分配。

(6)自动生成凭证:系统自动根据相关资产业务单据,按资产业务类别及系统内预置的凭证模板,生成对应的记账凭证。

有关细节详见第十章“智能资产会计核算”。

五、智能税务会计核算

税务会计核算的智能化,可以实现增值税税金核算从发票取得、发票验伪防重、增值税进项自动转出、自动开票到税金自动结转计提的全流程自动化,企业所得税自动计提、自动申报,个人所得税自动扣缴、自动申报,以及涉税业务记账凭证自动编制等智能化处理。

有关细节详见第八章“智能税务会计核算”。

六、智能会计报表与电子会计档案

智能会计报表是智能会计核算系统的最后一个环节,以智能化的应用输出标准的、符合对外披露规则要求的会计报表。智能会计报表分为两个层面:一个是单体会计报表;另一个是合并会计报表。单体会计报表的产生是基于账簿体系,而合并会计报表的编制需要在智能会计核算系统中自动确定合并报表范围,根据合并报表规则,自动实现相关项目的合并和抵销。

电子会计档案以计算机等电子设备为载体来记录电子会计信息。其移交过程中的在线传送等都需要依赖计算机等电子设备为中介,否则无法形成电子会计档案。随着信息化的发展,电算化已逐渐应用于会计工作中,而电算化工作必须要求在计算机载体上进行,会计人员在进行电子会计信息的录入、电子会计档案的建立以及电子会计档案部门间的在线传送时都需要依赖网络下的计算机设备,这就对计算机网络环境提出了更高的要求。要确保在此过程中没有黑客攻击等意外情况的出现,使得电子会计档案的安全保管顺利进行,更好地维护企业的经济利益。会计档案包括会计凭证、会计账簿、财务会计报告和银行存款余额调节表等其他会计资料,而这些资料通常内容较多、涵盖信息范围广。电子会计档案的出现是对传统以纸质载体为中介的会计档案范围的延伸,且具备高速度、自动化的特点,在提高会计工作效率的同时,也在无形之中减轻了纸质会计档案工作烦琐、机械的手工任务量,为会计档案工作提供了便捷的工具和手段。

有关细节详见第十二章“智能会计报表与电子会计档案”。

第七章

营运活动智能会计核算

第一节　销售活动的智能会计核算

一、销售活动概述

销售是企业通过销售产品或提供劳务获得生产经营成果、实现企业价值的过程。销售在资金运动中表现为从产品转化为货币的过程。企业只有通过销售获得必要的货币资金，才能使资金周转循环过程持续下去，企业的再生产过程才能得以进行，因此，销售核算是企业会计核算的重要内容。

（一）销售活动的目标

销售智能化核算系统通过对客户关系、销售行动等环节的记录、管理与分析，使销售管理从经验走向科学，从企业销售管理的主要需求出发，可以为企业建立弹性化和灵活性的会计智能化核算流程。根据合同及订单中对质量、数量、交货时间和地点等方面的要求，向客户交付商品和服务。准确、及时收款，采用多种收款方式加速货款回收，核算销售过程中发生的收入、成本、费用。

（二）销售活动的内容

销售活动主要包括营销、接受客户订货、选择和准备交付商品和服务、装运/交付商品和服务、收款以及接受客户退货。根据市场预测编制销售计划，并监督销售合同的执行。完成销售的日常业务处理，包括销售报价和订货、销售出库、销售发货、销售退货、发票处理以及结算等日常工作。完成销售货款的收款以及应收账款的核算与管理包括：完成应收账款日常核算，全面反映企业各项债权的时点状况，便于及时催款；及时反映和监督各项赊销业务的货款收回情况，以尽量减少坏账损失，并对可能的坏账数额进行估计；按照企业既定的计提方法进行计提坏账处理，及时处理确实无法收回的款项，以及已经确认并已转销为坏账后又收回的款项。

销售活动除涉及销售活动本身之外，还涉及存货（库存商品）核算、资金核算（现金收入和往来核算）。销售可以按照是否收到现金，分为现销和赊销；按照是否直接销售，分为直运销售、委托代销、分期收款及受托代理等类型。而对于赊销中产生的应收账款，又可以分为发票收款、其他应收单收款、未收款退货、已收款未核销退款退货、已收款已核销退款退货、坏账处理、应收票据处理以及期末调汇等类型。

二、销售业务的关键因素分析

（一）业务性质

业务性质由主营业务和其他业务组成。主营业务收入主要是指企业从事某种主要生产、营销活动所取得的营业收入。其他业务收入是指企业除商品销售以外的其他销售及其他业务所取得的收入。它包括材料销售、技术转让、代购代销、固定资产出租、包装物出租、运输等非工业性劳务收入。

（二）交易方式

企业根据销售交易的方式不同，分为交款发货、货到付款、预收定金交易、赊销交易、分期收款 5 种方式。

（三）发货情况

对于不同的交易方式，发货状态不同，所形成的会计分录也不同。发货情况的分类如下：

1. 交款发货

（1）款到未发货：客户已经付款，供货企业按照订单去仓库准备货物，货物尚未发出。

（2）待发未发货：供货企业准备好订单所需的货物，并由仓库人员开出出库单，将以前尚未发出的货物发出。

（3）货款同时：收款时直接发货，如自己提货或者零售现款交易。

2. 货到付款

（1）已经发货：供货企业收到订单后去仓库准备货物，由仓库人员开出出库单，将货物发给客户。

（2）款到结算：客户收到货物确认没有任何问题后，将货款支付给供货企业，供货企业进行结算。

3. 预收定金交易

（1）款到未发货：客户已经预付定金，供货企业按照订单去仓库准备货物，货物尚未发出。

（2）待发未发货：供货企业准备好订单所需的货物，并由仓库人员开出出库单，将以前尚未发出的货物发出。

（3）发货结算：客户验货确认无误后，将剩余款项支付给供货企业，企业收款后进行结算。

4. 赊销交易

（1）赊销订货：客户暂时不支付货款，供货企业按照订单去仓库准备货物，并由仓库人员开出出库单，将以前尚未发出的货物发出。

（2）赊销结算：客户收到货物确认无误后，将货款支付给供货企业，企业收款后进行结算。

5. 分期收款

(1)销售实现小于 3 年:客户先支付首付,承诺货款在 3 年内支付完毕,供货企业发货,销售实现。

(2)收分期款大于 3 年:供货企业 3 年之内分期收到客户的货款,进行核算。

(四)收款形式

收款形式包括库存现金、银行存款、其他货币资金、暂不涉及。

1. 库存现金

客户和供货企业协商后,选择支付库存现金作为交易的支付方式。

2. 银行存款

客户和供货企业协商后,选择通过银行或者其他金融机构支付货款作为支付方式。包括银行汇票、商业汇票、银行本票和支票等,以及可以选择使用的结算方式主要有汇兑、托收承付和委托收款三种,还包括信用卡。另外,还有一种国际贸易采用的结算方式,即信用证结算。企业采用的支付结算方式不同,其处理手续及有关会计核算也有所不同。

3. 其他货币资金

客户和供货企业协商后,选择通过其他货币资金进行交易,包括外埠存款、银行汇票存款、银行本票存款、信用证存款、信用卡存款和存出投资款等。

4. 暂不涉及

交易过程中暂时不涉及收款。如赊销交易销售实现时,供货企业只是进行发货,没有进行收款,会计凭证涉及的内容为应收账款,而不是库存现金、银行存款或者其他货币资金。其他情况如应收票据、预收账款等也与此种情况相同。

由以上所介绍的每种判断因素可以看出,每种判断因素都是域,域是具有相同类型值的集合。域可以是有限集,也可以是无限集。如果域是有限集,则称域中的个数为域的基数。例如,业务性质{主营业务,其他业务},基数为 2;交易方式{交款发货,货到付款,预收定金交易,赊销交易,分期收款},基数为 5;发货情况{款到未发货,待发未发货,货款同时,已经发货,款到结算,赊销订货,赊销结算,销售实现,收分期款},基数为 9;收款形式{库存现金,银行存款,其他货币资金,暂不涉及},基数为 4。通过这四个域中元素的组合,剔除不可能发生的情况,组合符合经济业务的情况,最后得出 68 种有效组合,这 68 种有效组合构成了基本的销售业务所涉及的会计分录。归纳上述影响编制凭证的关键因素,如表 7—1 所示。

表 7—1　　一般销售活动智能会计核算的关键因素表

业务性质因素	交易方式因素	发货情况因素	收款形式因素
1. 主营业务 2. 其他业务(可比对主营业务处理)	1. 交款发货 2. 货到付款 3. 预收定金交易 4. 赊销交易 5. 分期收款(3 年以内、3 年以上)	1. 已经发货 2. 未发货 3. 待发未发货 4. 到货付款(结算、首付、收分期款)	1. 库存现金 2. 银行存款(其他货币资金收到后转为银行存款) 3. 其他货币资金 4. 暂不涉及(应收账款、预付账款等)

三、销售活动的业务流程

在此系统的设计中，我们采用以销售报价单为销售业务流程的起点。销售报价单是记录企业价格部门或者销售部门向外报价的单据。报价单信息与销售订单的信息基本相同，是向客户提供货品、规格、价格、结算方式等信息的文件。企业可根据客户信用资料、库存信息、应收账款信息、折扣信息，针对不同客户、不同存货、不同批量提出不同报价、不同折扣率。

如图 7—1 所示，企业向客户提出的报价单，经客户确认后，提交销售部门，由销售部门根据报价单填写销售订单。销售订单需经主管确认，然后提交开票人员进行销售开票。销售开票是由开票人员开具销售发票，销售发票是原始的销售单据，包括增值税专用发票、普通发票等。对于企业的销售业务流程，各企业的规定有所不同：有的企业是先开票后发货，有的企业是先发货再开票，有的企业是开票与发货同时进行。销售发票一式三联，需经专门的审核人员进行审核。一联交给客户作为提货的凭据，另一联交仓库由库管员进行出库处理，第三联交由财务部门进行账务处理。仓库管理人员收到由销售部门开出的销售发票后，即填写销售出库单，经仓库主管确认后即可进行出库处理。出库单也一式三联，一联交财务部门进行核算，另一联用来登记库存台账，第三联可作为填写发货单的依据。最后，将业务产生的合格的销售订单、合格的发票、合格的出库单都汇总于销售核算系统，进行凭证录入与财务核算。

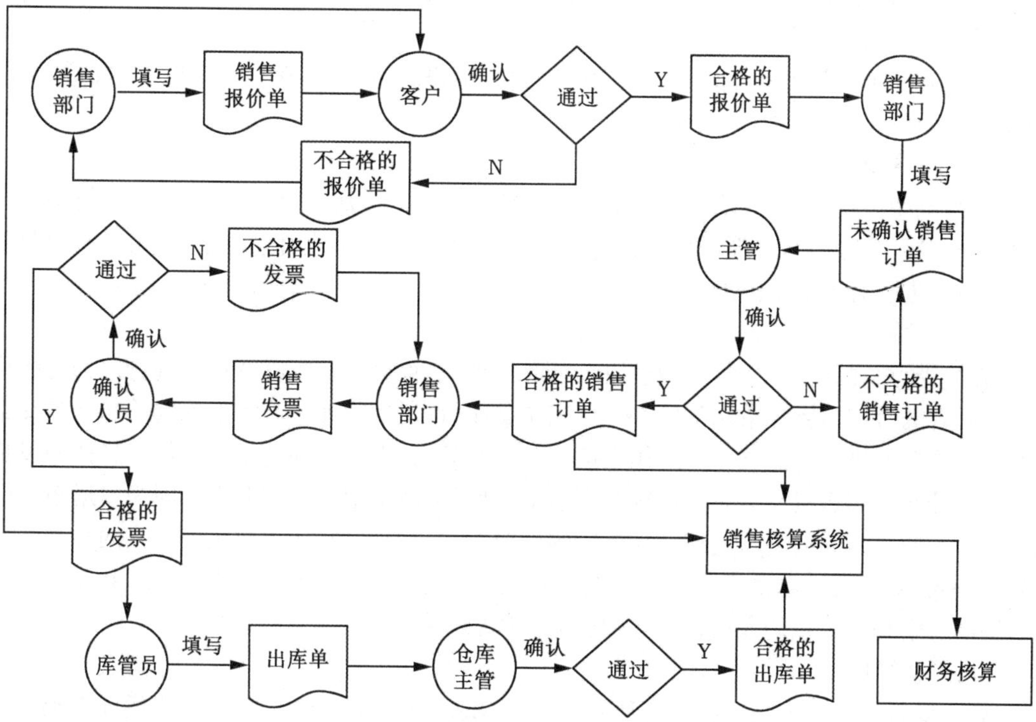

图 7—1　销售业务流程

四、销售活动智能会计核算系统

销售活动的智能会计核算系统不再是一个简单的、模拟手工方式的“傻瓜型”系统，而是一个人机交互作用的“智能型”系统。销售活动智能会计核算系统构成如图 7—2 所示。

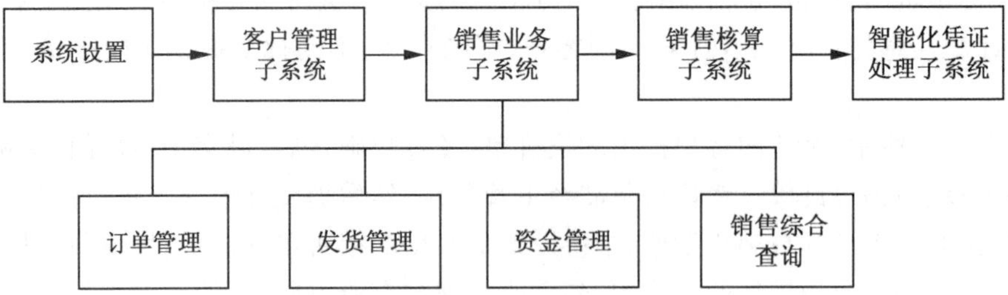

图 7—2 销售活动智能会计核算系统构成

(一)系统设置

该模块是进入销售管理系统的主界面，此模块中可以选择要进行的操作。可以通过下拉菜单选择，包括初始化、系统管理、重新登录、客户信息管理、订单信息管理、库存调配管理、报价管理、销售统计分析、帮助等。

(二)客户管理子系统

主要包括客户档案管理、客户列表、客户分组、联系人档案管理、联系人列表。

(三)销售业务子系统

销售业务子系统主要是对客户之间的机会和销售进行管理，包括订单管理、发货管理、资金管理、销售综合查询 4 个子模块。

1. 订单管理

本系统中，订单管理模块由订单申请、订单审核、订单生成、订单维护和应收款管理 5 个子模块构成。首先由客户提出订单申请，经过订单审核之后生成有效订单，然后生成应收款明细，最后进行订单的维护工作。

2. 发货管理

在接受订货的同时，发货管理模块按照产品品种、存放的仓库以及货位进行拣选任务优化，之后自动打印出拣选单和货签。准备工作完成后，发货管理办公室把拣选单和货签交给操作人员，开始进行产品拣选。操作人员拣选完产品后，由管理办公室的工作人员按照发货地点的不同，打印送货发运单。当货车到达工厂后，由司机把发运单取走。因为发运单上标明了编号，所以当天就能够追踪货物运输的情况。在此模块中，还需要区分发货的类型。预付定金和收款后发货需要进入资金系统查询是否已经收到资金才能发货。如果是货到付款，则需要管理办公室的人员在查询到货物到达后进行催款。

3. 资金管理

资金管理模块需要与智能化凭证处理系统、账务处理系统进行对接，记账凭证自动生成模块的数据就来源于此模块。资金管理模块产生的财务凭证数据直接传入账务系统进行审核、记账及财务账表的查询。

4. 销售综合查询

对于企业使用的销售管理软件来说，系统最重要的应用在于对公司的销售订单、客户、仓库、产品价格、发货等各个方面实现了全面的管理。因此，在管理企业的应用系统中需要实现对数据的综合查询。

(四)销售核算子系统

销售核算子系统在整个销售智能化核算系统中起到汇总和统筹的作用。资金管理模块只能针对当前的销售票据、销售金额等进行统计，而销售核算子系统可根据企业自身的需要，通过系统设置对若干年或若干月的数据进行汇总分析，并制定衡量企业销售业绩的各项财务指标。用户可以根据自己汇总的需要，输入相应的内容进行汇总；若是多条件组合进行查询，在选择各条件之间的逻辑关系"或"、"且"后，即可进行相应的分类汇总。用户可选一个条件，也可选多个条件进行组合。

(1)销售金额、销售成本、销售费用、销售数量：可通过设置月数、年数、产品名称、产品型号、产品规格、购买客户、销售人员、销售地区自由组合进行分类汇总。

(2)坏账总额：可通过设置月数、年数、购买客户、销售地区自由组合进行分类汇总。

(3)产品损坏数量：可通过设置月数、年数、销售地区自由组合进行分类汇总。

(4)客户资金回笼统计：可根据时间、合同年度汇总客户在企业的资金回笼情况。

(5)折扣总额：可通过设置月数、年数、购买客户进行分类汇总。

(6)税金总额：可通过设置月数、年数、产品类型进行分类汇总。

用户还可以根据自己的需要设置财务指标公式，计算企业销售过程中不同时期、不同地点的销售数量、销售金额等同比或环比的增加或者减少，也可以计算企业销售过程中的毛利率、销售周转率等财务比率。

(五)智能化凭证处理子系统

智能销售会计核算系统的运作机理是，当企业从客户那里接受采购订单时，一方面，通过企业的销售核算子系统将订单传递到企业的生产管理子系统和采购核算智能处理子系统分别进行相应的生产和采购；另一方面，智能财务处理子系统的探测器会自动收集该笔业务信息，将接收到的来自企业经营管理流程中各个环节的业务信息传递到凭证生成器，凭证生成器通过调用数据库中的凭证模板自动生成会计记账凭证，并将其储存到数据库中。

记账凭证自动生成模块是销售智能化核算系统的核心模块，通过将销售业务的经济特征进行归类，总结出 4 个关键因素，对关键因素编码后可以发现，不同的经济业务可以由不同关键因素的组合得出。智能会计核算系统可以对各业务类型进行判断，制定相应的凭证模板，生成记账凭证。

第二节　采购活动的智能会计核算

一、采购活动概述

采购业务主要是为企业提供营运活动所需的各种物料和设备，包括生产所需的各种原材料和设备工具，以及企业管理部门正常运作所需的办公设备等，并支付货款的过程。

(一)采购活动的目标

采购活动的目标是获取、维护和支付企业所需物资，做到保质保量采购，及时满足营运活动需要，选择合适的供应商，协商合理的价格，并保障所采购资产的安全完整。对已验收的物资，及时、正确地付款，维护本企业良好的信誉和稳定的物资供应。

(二)采购活动的内容

日常的采购业务活动包括采购入库、采购退货、发票处理和采购结算等日常处理。同时还要完成采购款项的支付，以及应付账款的核算与管理。具体包括采购所形成的应付账款业务的日常核算，全面反映企业采购资金的支付和应付情况，确定合理的中长期资金支付计划，及时记录并反映供应商状况，在保证准时且足量得到供货的同时降低采购成本。通过对采购活动的分析和统计，加强供应商管理、价格及供货信息管理、物料对应管理和质量检验管理工作。

采购工作是企业营运活动的重要环节。从销售和生产活动过程中得到对各种材料物资的需求，并结合库存数据，在预算管理的控制下形成有效的采购需求，为库存管理和存货核算提供入库成本和数量信息。同时，与资金管理系统对接，提出付款要求；与往来系统对接，实现往来款的核算与结算。

采购活动智能会计核算流程如图 7－3 所示。

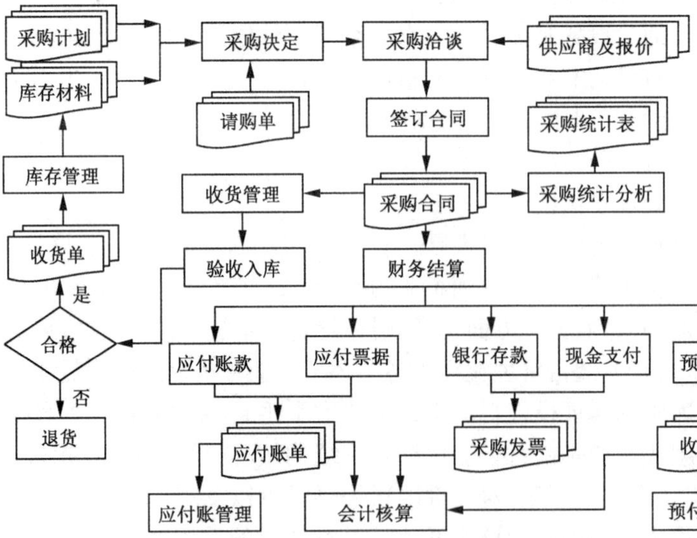

图 7－3　采购活动智能会计核算流程

二、采购业务的关键因素分析

影响并唯一确定采购核算凭证编制的 4 个关键因素如下：

(一)采购物资用途

由于采购物资的用途不同，会计核算中把它们分为原材料、商品、周转材料、固定资产、工程物资、无形资产 6 个类别。前三项为存货，属于流动资产；后三项为非流动资产，记入对应的会计科目，属于固定资产或无形资产。

(二)结算方式

结算方式可以分为交款发货、货到付款、预付定金、分期付款和赊购。

(三)收货情况

根据货物到达情况，可以将采购业务分为交款货未到、货款同期、货到未付款、支付定金、支付首付、分期付款、赊销订货等。

(四)付款方式

根据付款方式的不同，可以分为库存现金、银行存款、其他货币资金、应付账款、应付票据、长期应付款、预付账款等。

归纳上述影响编制凭证的关键因素如表 7—2 所示。

表 7—2　　采购活动智能会计核算的关键因素表

物资用途种类	结算方式判断	收货情况因素	付款形式因素
原材料 商品 周转材料 固定资产 工程物资 无形资产	1. 交款发货	交款货未到	库存现金、银行存款、其他货币资金
		货款同时	库存现金、银行存款、其他货币资金
	2. 货到付款	货到未付款	应付账款、应付票据
		货款结算	库存现金、银行存款
		货款同期	库存现金、银行存款、其他货币资金
	3. 预付定金	支付定金	库存现金、银行存款、其他货币资金
		货到结算	库存现金、银行存款、其他货币资金
	4. 赊购交易	赊购订货	应付账款、应付票据
		赊购结算	库存现金、银行存款、其他货币资金
	5. 分期付款	支付首付	库存现金、银行存款、长期应付款、未实现融资收益
		付分期款	库存现金、银行存款、长期应付款、未实现融资收益
		分期确认利息	未确认融资费用

三、采购活动智能会计核算系统

采购业务核算各种因素组合构成了编制采购业务核算各种会计分录的判断条件。其中，有些因素的组合可以编制出相应的会计分录，而另外一些因素的组合存在矛盾和抵触，不能编制出会计分录。会计核算的是经济活动的后果，理应是一种确定的状态，所以可以用确定状态的决策树方法分析条件是否成立，进而研究其应该编制出哪些相应的会计分录。在具体分析经济业务处理的情况与编制记账凭证时，我们初步把企业经济活动直接与会计记账凭证相关的部分划分为 18 种大类。每种经济业务再进行细分，对应 222 种典型会计业务处理。通过上述对采购业务特征的全面描述，分析采购业务编制核算凭证的规律，找出采购业务核算的关键因素，依据这些关键因素的组合，自动生成采购业务记账凭证。

第三节　智能生产活动会计核算

一、生产活动概述

生产活动是制造业企业经营活动的核心，即由生产工人利用机器设备对原材料进行加工和装配，生产出市场所需的各种产品。生产活动需要支付职工薪酬和其他生产费用，表现为资金支出。非制造类企业利用生产工具对生产要素进行加工的过程也可以称为生产活动。生产活动涉及企业会计核算的方方面面，如固定资产、存货、应付职工薪酬、销售、货币资金等。本节仅关注生产活动中如何进行智能成本核算。

面对激烈的市场竞争、复杂化的市场环境及企业产品的日益多样化，落后的成本核算理论、繁重且效率低下的成本核算方法，以及所获得的不精确、不及时的成本核算数据，已经不能满足企业的实际需求。首先，在核算过程中，企业需要一种更为先进的成本核算理论对成本进行核算，该理论可以帮助企业寻找到更加贴近产成品成本实际的核算方法，进而使核算出的结果数据更加精确；其次，对于企业而言，如何快速、准确地得出成本信息，而且尽可能地避免人为因素导致成本失真，是企业迫切需要解决的问题；最后，传统的成本核算软件采用逐一处理的方法处理单据制单、入账的流程，面对现代成本核算中花样繁多的单据，这无疑加重了企业核算软件操作人员的负担，降低了核算结果数据的准确性和及时性。

二、成本核算的过程

（一）成本核算的目标

智能会计核算环境下的成本核算主要任务是，实现企业的成本核算智能化。首先，自动采集制造过程中的各种成本耗费，如原材料、辅助材料、人工费等。其次，按照智能成本核算的规则对这些费用进行自动归集和自动分配，从而实现产成品成本的自动计算、完工产品入库及在产品的核算。

（二）成本核算的内容

成本核算是将企业生产经营过程中耗费的各种资源，按照规定的成本对象进行归集和分配，进而获得各对象的总成本和单位成本的一种会计处理过程和方法。成本核算是成本管理的基础，也是成本管理的核心环节。为了正确地核算成本，必须从生产计划、车间管理、仓库、设备、人事管理等处采集成本数据，然后按照事先设定的分配率和选定的成本计算方法进行成本计算，并将计算结果送达需要的业务环节。在正确核算成本的基础上，为了加强成本控制，还需要进行成本预测、决策，并按照需要对成本核算结果进行分析处理。

传统成本核算主要目标就是为了满足财务会计报表的上报，其特点是，通过某种企业认为合理的成本核算方法对成本进行归集与分摊，完成对产品成本最终计量。产品成本核算，就是成本归集和成本分配两大工作。首先是成本归集，然后是成本分配。两者是密切联系、交错进行的。具体可划分为直接材料、直接人工的成本归集和分配，辅助生产费用、制造费用的归集和分配，以及生产费用在完工产品和在产品之间的分配。各种费用的归集与分配都有各自的特点与方法。比如制造费用的分配，有生产工时比例法、生产工人工资比例法、机器工时比例法等。在产品的计算方法，根据企业自身生产特点与产品特点，主要有不计算在产品成本法、只计算原材料费用法、定额成本法、定额比例法以及约当产量法等。辅助生产费用的分配主要有直接分配法、交互分配法、计划成本分配法和代数分配法等。成本计算方法主要有品种法、分批法和分步法等。

成本核算的一般程序是指对企业在生产经营过程中发生的各项生产费用和期间费用，按照国家会计政策及企业规章制度对成本核算的要求，逐步进行各个项目的归集和分配，最后整理计算出各产品的生产成本和各项期间费用的过程。根据前述成本核算要求和生产费用、期间费用的分类，可将成本核算的一般程序归纳如下：

(1)审核要素费用，即审核费用是否应该开支、应开支的费用是否计入生产成本；

(2)按照权责发生制的要求，将由本月应负担摊销的费用计入生产成本和管理费用；

(3)如果企业生产涉及多个产品，还应将计入本月产品的各项生产费用在各种产品之间进行分配；

(4)对于月末既有完工产品又有在产品的企业，将产品的生产费用在完工产品与月末在产品之间进行分配，从而得出产品的成本信息。

三、成本核算的环境

现代科学技术的最新成果在生产制造的环境下得以充分体现，其主要的表现就是生产全过程的自动化和管理过程的智能化两个特征。机器人加入生产过程使生产更为快捷准确，同时由各种计算机控制的材料处置系统使材料使用更加节省、信息更加准确。计算机设计系统、计算机控制的制造系统、计算机管理信息系统为厂商提供了更为宽广的发展空间，减少了人工成本，节省了生产时间并提高了工作效率，使生产力大幅提升，成本大幅降低，质量也大幅提高。相应地，公司的生产管理结构也必须随之转化，产品成本的核算对象、核算方法等都将产生极大的变革。

随着科技的发展，面对企业新制造环境的冲击、工业生产模式的不断变迁，传统成本核算弱点日益突出。传统的成本核算只是注重产品生产过程核算，而并没有将产品管理过程的成本核算考虑在产品成本中。传统的成本核算只注重对最终产品等核算对象的成本核算，而对生产过程中的关键环节，诸如车间、部门等责任部门并未进行相关的成本核算。在传统的成本核算技术与方法下，产品成本计算结果相对来说正确率下降。在新的生产制造环境下，人工成本比重逐渐下降，制造费用相对增加且变得多样化。在传统的成本会计下，多将实际发生成本与标准成本相比较。而在新制造环境下，这一控制系统的功能将大打折扣。由于机械化普及生成的各个环节，实际成本与计划成本的差异将逐渐变小。

四、智能成本会计核算系统

成本核算的归集与分配过程就是一个将成本费用资料不断地整理，不断地根据规则判断，从而进一步归集，直至每一个资源消耗全部分配到成本核算的终点即产品上的过程。如果能将专家系统技术与大型数据库技术都应用到成本核算中，实现成本核算的智能化将成为可能。大型数据库可以储存不断发生的资源消耗且进行分类等待进一步处理，随后可以根据预先设定的分配规则进行专家判断，进而作下一步的分解分配，从而达到智能分配和归集的效果。

(一)直接成本的智能核算

1. 直接材料的智能归集

直接材料费的计算基础是制造物料清单(BOM),也就是常说的产品结构。原材料作为产品结构的最底层,是直接材料费计算的基础。如果企业的原材料是外购产品或者是外包加工原料,那么该层次的费用计算就包括原材料的采购价格及其运费、装卸费、存储费等间接费用。在直接材料计量的准确性和自动化程度均较高的企业,BOM结构各个层次的直接材料费的计算其实就是下层直接材料费用层层卷积的过程。

本层半成品的直接材料费=∑下层半成品的直接材料实际耗用量×材料的价格×产量+∑下层使用原材料的实际耗用量×材料的价格×产量

实际生产活动中,由于质量、多领、生产过程中的损耗等原因,车间领用原材料数量会大于计划生产的产品数量所需要的材料数量。此时,需要办理退料手续。退料可以分为因原材料质量问题退料、因多领用退料。无论哪种退料方式,从材料的领用量中减去即可。由于生产中的技术原因产生的合理损耗也要从材料的领用量中减去,剩下的即为原材料实际耗用数量。退料和损耗部分原材料都要填报相应的退料申请表或原材料损耗核销表进行核算。

假退料也是经常采用的一种退料方式。由于生产过程是持续进行的,其原材料消耗不能中断,但是因为会计核算的要求,必须于月末进行原材料核算和盘点,所以也可以办理假退料。即填报退料申请表,但是原材料实体仍然停留在车间。这样,就需要做好假退料部分的核算和盘点工作,以做到账实相符。

2. 直接材料的智能分配

涉及的单据主要为领料单,根据受益对象不同,将原材料费用分别归集到"基本生产成本"、"辅助生产成本"、"制造费用"、"销售费用"、"管理费用"等科目。其中,归集到"基本生产成本"和"辅助生产成本"的费用,还要按照一定的方法将费用分配到产品中去;归集到"制造费用"科目的费用,还要继续分配到产品。领料单是原材料分配的重要依据,它的关键因素是部门、用途及产品。在信息化管理体系下,生产领用的材料完全可以细化到成品。未使用完的原材料,可填写退料单,退料单数据处理同领料单一样输入信息管理系统中,以保证材料领用数据的真实、完整。

3. 直接人工费智能核算

企业一定时期内支付给职工的劳动报酬总额,称为工资总额。凡属工资总额的组成内容,均通过"应付职工薪酬"账户核算。只有与企业生产活动有直接关系的生产工人、分厂或车间管理人员、工程技术人员以及为生产活动服务的人员等职工的工资可以计入产品制造成本,其余则应计入其他相关费用。直接从事产品生产而发生的人工费用可直接计入产品成本。计算公式如下:

各层直接人工费=人工费率×工资小时数(工艺路线文件)

直接人工费用的卷积计算实际就是利用产品的工艺路线文件及产品结构文件(BOM),按照工艺路线图计算各个节点的人工成本,然后按照产品结构图将成本从底层向高层累加。

从直接成本的卷积核算中，我们得到启示：当间接成本分配至产品后，可视其分配后的成本为直接成本，进而和真实的直接成本进行共同卷积操作，实现成本的统一核算。由于卷积过程是个0、1判断的简单问题，故有利于计算机语言的表达。

(二)废品损失的智能核算

废品损失是指在生产过程中发现的、入库后发现的各种废品的报废损失和修复费用。废品的报废损失是指不可修复废品的生产成本扣除回收的材料和废品价值后的损失。废品的修复费用是指可修复废品在返修过程中所发生的修复费用。废品损失核算的关键是质量检验部门填制的废品通知单，列明废品的种类、数量、产生废品的原因和过失人等。不可修复的废品核算既可按实际费用计算，也可按定额费用计算。按实际费用计算的废品损失分配率可更加客观地展现废品损失，故这里使用废品率的概念处理不可修复废品损失的核算。

(三)间接成本智能归集和分配

间接成本是指不能明确分清用于哪个具体物料上的费用。其中，与产量有一定关系的称为变动间接费用，如动力、燃料等费用；而与产量无直接关系的称为固定间接费用，如非直接生产人员的工资、办公费、房屋折旧与照明等。间接费用是指企业在生产过程中发生的除直接材料、直接人工以外的一切生产费用。间接材料耗用是指为组织、管理生产或保证生产正常进行而耗用的各种辅助材料、燃料、动力、修理用备件等。产品制造过程中耗用的直接材料和间接材料都应计入产品制造成本。而间接材料成本不能直接计入某一成本计算对象，而是按材料耗费的地点先归集于间接性的制造费用中，期末通过制造费用分配再计入某一成本计算对象。间接人工不能直接计入某一成本计算对象，而是按人工费用先归集于间接性的制造费用中。其他制造费用是指车间发生的不属于材料和人工的各种与产品制造有关的费用，包括厂房及机器设备的折旧费用、修理费用、车间办公费、邮电费、差旅费、租赁费、季节性及修理期间的停工损失等。

间接成本不能随着票据或凭证进行实时记录，因而对它的核算不能像计算直接材料费与直接人工费那样按物料清单及工艺文件层层卷积获得，需要按照专家系统原理设计分配规则。分配规则包括分配依据、分配率、计算规则三个部分。这部分按照作业成本法的核算原理来设定即可。作业成本法(ABC法)的采用应遵循两个基本原则：第一，作业消耗资源，产品消耗作业。第二，生产导致作业的产生，作业导致成本的发生。作业成本核算方法是一个先进的成本核算理论，它将成本要素划分为资源、作业、成本对象、成本动因和分配路径五大要素。成本动因是成本分配的重要依据。不能完全归集到某个产品的间接费用，可以分配到成本动因中，以求分解分配，同时作业成本法有利于计算机语言的实现。

基于上述分析结果和对智能化成本核算实现过程的关键流程的分析，我们结合直接费用的卷积分配、作业成本法对间接费用的动因分配，以及关键流程与分配规则，找到智能化成本核算计算机实现的突破口，并且产生新的计算机模型，能够有效地支持智能化成本核算理念。

(四)折旧费的智能分摊

折旧费用归集和分配在固定资产核算子系统中完成。在固定资产核算子系统中，将折旧费用归集到“管理费用”、“制造费用”、“辅助生产成本”和“销售费用”科目中。其中，归集到“基本生产成本”和“辅助生产成本”的费用，还要按照一定的方法将费用分配到产品中去；

归集到“制造费用”科目的费用，还要继续分配到产品。固定资产管理卡是折旧分配的重要依据，它的关键因素是部门、折旧方法、年限及产品。在信息化管理体系下，固定资产的管理完全可以细化到部门。

(五)动力费的智能分摊

动力费用是指外购的电力、热力等动力费用。动力费用有的是从外部购入的，也有的是企业辅助生产车间提供的，这里的分配指的就是外购部分的分配。如果企业所有动力均来自企业辅助生产车间，则此步骤可省略。如果有多种动力费用需要分配，则重复此步骤，从不同的角度获取原始数据。动力费用分配表是动力费用分配的重要依据，它的关键因素是部门、产品生产工时和辅助部门的产品定额信息。只有把这些信息充分地准备好，才能准确地分配动力费用。

(六)职工薪酬的智能分摊

从 ERP 工资核算系统中可以得出职工薪酬的数据信息。职工薪酬分配按照不同的工资制度有不同的分配方法，如计件、计时单品种、计时多品种等。计件工资形式与计时单品种的工资形式，由于其工人的工资与产品成本直接对应，可根据工资结算凭证直接计入产品的基本生产成本。该过程的关键因素是部门、产量和单位定额工时。

(七)辅助生产费用的智能分摊

完成料工费的归集和分配后，辅助生产车间发生的费用已全部归集完毕，下面的工作是要根据其提供的劳务量多少和价格，按其受益对象，将辅助生产费用分配到“生产成本”、“制造费用”、“销售费用”和“管理费用”科目中去。辅助生产费用分配的基本思想是，先计算单位劳务的成本，再用受益量乘以各部门的劳务或产品，即可得出各部门的成本。

辅助生产车间提供的产品包括两方面：材料和服务。材料包括工具、备件等，服务包括动力、机修、运输等。材料辅助生产车间生产产品时，严格按照定额费用生产。其产品入库时，辅助生产成本转入“原材料”和“低值易耗品”科目。如果入库时发现材料入库成本超过定额成本，其超支额转入“材料成本差异”的借方；反之，转入贷方。领用时，按照原材料领用模块处理。这里的分配主要针对劳务辅助生产进行分配。由于各辅助车间之间也相互利用对方的劳务，故这里有很多分配方法，如直接分配法、一次交互分配法、计划成本分配法、代数分配法和顺序分配法。在这里，最适合电算化辅助生产成本分配的方法是代数分配法。该方法计算分配辅助生产费用，首先要能够建立动态线性方程组，使线性方程组的解成为辅助产品的单位成本，这样才能完成辅助生产费用的分配。

(八)制造费用的智能分摊

完成辅助生产费用的分配之后，制造费用也已经全部归集完毕，接下来就是分配制造费用。分配方法：(1)生产工人工时比例法；(2)生产工人工资比例法；(3)机器工时比例法；(4)按预计的年度计划分配率分配(年末结平“制造费用”科目)。在电算化条件下，机器工时可以准确地计量，且现代企业机械化程度比较高，所发生的制造费用如折旧费、修理费、消耗性的材料费等都与机械运转时间的多少有直接的联系，所占比重也比较大，分配结果比较合理，故使用机器工时比例法可以简单而且准确地分配制造费用。按机器工时方法分配制造费用的关键是各产品耗用的机器工时，在电算化条件下，机器工时记录可以比较确切地得到。

(九)生产成本在完工产品和半成品之间的分配

通过上述各项费用的归集和分配，基本生产车间在生产过程中发生的各项费用，已经集中反映在“生产成本——基本生产成本”科目及其明细账的借方，并按成本项目予以反映。如果企业或车间月末没有在产品或不计算在产品成本，则这些费用就是完工产品的总成本。如果月末既有完工产品又有在产品，那么应由本月产品负担的费用(包括月初在产品成本，加上本月发生的应由本月产品负担的生产费用)就要在本月完工产品和月末在产品之间进行分配，以求得本月完工产品成本。

生产费用在完工产品与在产品之间的分配，在成本计算工作中是一个重要而又比较复杂的问题。企业应当根据产品的生产特点，如月末结存在产品数量的多少、月末在产品结存数量变化的大小、月末结存在产品价值的大小、各项费用在成本中所占比重的大小，以及企业定额管理基础工作的扎实与否等，结合企业的管理要求，选择既合理又简便的分配方法。通常有6种用于分配生产费用的方法，分别是：(1)不计算在产品成本；(2)在产品成本按年初数固定计算；(3)在产品成本按其所耗用的原材料费用计算；(4)约当产量法(约当产量法分为原料一次投入和分次投入、单工序和多工序。该过程需要得到各工序的定额机器工时，还有完工产品个数和在产品个数信息，这是成本核算的关键因素)；(5)在产品成本按定额成本计算；(6)定额比例法。

企业发生的各项生产费用，按照成本核算的要求，划清各种费用界限，即经过分类、归集和分配。其中，应计入本月各种产品成本的各项费用，按照成本项目直接计入或分配计入各种产品的成本；计入各种产品成本的生产费用，又经过在完工产品和月末在产品之间的分配，从而求得月末在产品的成本和完工产品的成本。

五、生产成本数据库

企业的业务管理系统包括采购管理模块、销售管理模块、库存管理模块、薪酬管理模块、财务管理模块、生产管理模块等，它们都直接或间接地相互提供信息，数据流在它们之间相互传递。成本核算系统是财务管理模块的二级子系统。从整个ERP系统来看，库存管理模块、薪酬管理模块、财务管理模块、生产管理模块等与成本核算系统存在着直接的数据关系。

成本核算需要的原材料、低值易耗品等物资的领料信息依靠库存管理系统提供；员工薪资、福利费和保险费等信息及其所属部门等划分类别的信息来源于薪资管理系统；机器工时、生产工时、折旧成本等数据信息以及产品结构树的信息全部来源于生产管理系统；财务管理系统则提供其他费用性支出信息，比如生产车间的管理费用、修理费用等成本投入信息。上述不同来源的数据构成了成本核算系统数据库。

六、成本核算记账凭证的自动生成

在成本核算过程中，不同的费用成本有不同的归集科目，这个归集的过程也就在各个科目的各种会计分录中体现。在成本核算过程中涉及的基本会计分录如表7-3所示。

表 7—3　　成本核算基本会计分录列表

项　目	会计分录
原材料费用分配	借:生产成本——基本生产成本——甲产品等(材料领用表) 生产成本——辅助生产成本——辅助生产车间 制造费用 贷:原材料
应付职工薪酬分配	借:生产成本——基本生产成本——甲产品等 生产成本——辅助生产成本——辅助生产车间 贷:应付工资
其他费用分配(修理费用、保险费、差旅费、水电费等)	借:生产成本——辅助生产成本——辅助生产车间 制造费用、管理费用 贷:银行存款 现金
累计折旧分配	借:生产成本——辅助生产成本——辅助生产车间 制造费用、管理费用 贷:累计折旧
辅助生产费用分配(多个辅助生产车间费用分配)	1. 直接分配法 借:生产成本——基本生产成本 制造费用、管理费用 贷:生产成本——辅助生产成本——辅助生产车间 2. 交互分配法 借:生产成本——辅助生产成本——辅助生产车间——甲 ——乙 贷:生产成本——辅助生产成本——辅助生产车间——乙 ——甲 借:生产成本——基本生产成本 制造费用、管理费用 贷:生产成本——辅助生产成本——辅助生产车间——甲 ——乙 3. 计划成本分配法 借:生产成本——基本生产成本 生产成本——辅助生产成本——辅助生产车间 制造费用、管理费用 贷:生产成本——辅助生产成本——辅助生产车间 借:管理费用(超支) 贷:生产成本——辅助生产成本——辅助生产车间 借:生产成本——辅助生产成本——辅助生产车间(节约) 贷:管理费用 4. 顺序分配法 借:生产成本——基本生产成本 制造费用、管理费用 贷:生产成本——辅助生产成本——辅助生产车间——甲 借:生产成本——基本生产成本 制造费用、管理费用 贷:生产成本——辅助生产成本——辅助生产车间——乙

续表

项 目	会计分录
	5. 代数分配法 借:生产成本——基本生产成本 　　生产成本——辅助生产成本——辅助生产车间——甲 　　　　　　　　　　　　　　　　　　　　　——乙 　　制造费用、管理费用 　　贷:生产成本——辅助生产成本——辅助生产车间——甲 　　　　　　　　　　　　　　　　　　　　　　　——乙
制造费用分配	借:生产成本——基本生产成本——甲产品 　　　　　　　　　　　　　　——乙产品 　　贷:制造费用
产品损失	1. 废品损失 可修复废品损失发生修复费用 借:生产成本——基本生产成本——废品损失——甲 　　贷:原材料 　　　　应付职工薪酬等 结转应收赔款和残料价值 借:其他应收款 　　原材料 　　贷:生产成本——基本生产成本——废品损失——甲 废品净损失计入产品成本 借:生产成本——基本生产成本——甲(废品损失) 　　贷:生产成本——基本生产成本——废品损失——甲 不可修复废品损失 结转废品成本 借:生产成本——基本生产成本——废品损失——甲 　　贷:生产成本——基本生产成本——甲 回收残料 借:原材料 　　贷:生产成本——基本生产成本——废品损失——甲 结转废品净损失 借:生产成本——基本生产成本——甲(废品损失) 　　贷:生产成本——基本生产成本——废品损失——甲 2. 停工损失 借:生产成本——基本生产成本——停工损失 　　其他应收款 　　贷:应付职工薪酬 　　　　制造费用 借:生产成本——基本生产成本 　　营业外支出 　　贷:生产成本——基本生产成本——停工损失

续表

项　目	会计分录
在产品盘盈/盘亏	盘盈 借:生产成本——基本生产成本 　贷:待处理财产损溢——待处理流动资产损溢 盘盈处理 借:待处理财产损溢——待处理流动资产损溢 　贷:管理费用 盘亏或毁损 借:待处理财产损溢——待处理流动资产损溢 　贷:生产成本——基本生产成本 回收毁损的在产品残料价值 借:原材料 　贷:待处理财产损溢——待处理流动资产损溢 盘亏毁损核销 借:管理费用(批准计入产品成本的损失) 　其他应收款(赔偿) 　营业外支出(非常损失) 　贷:待处理财产损溢——待处理流动资产损溢
产成品入库	借:产成品——甲产品 　　　——乙产品 　贷:基本生产成本——甲产品 　　　　　——乙产品

成本核算的所有业务梳理清楚之后，将业务与记账凭证的对应关系维护进规则数据库，打通业务数据和智能会计核算系统之间的数据接口，就可以完成记账凭证的自动化生成。

第四节　营运活动的智能应用场景

一、原始凭证信息智能识别

原始凭证信息智能识别是指运用影像系统、OCR识别系统等将纸质的原始凭证转变为可以用来编制记账凭证的结构化数据的过程。

原始凭证是会计核算的起点和基础，是记账的原始依据，是确保会计信息真实性的第一基石。然而，相对于会计报表与会计账簿等其他会计信息载体而言，原始凭证数量繁多、来源各异，既不便于会计人员审核，也不易于外部审计人员检查。《会计法》第十四条赋予会计机构、会计人员对原始凭证具有审核职责。内容包括原始凭证的合法性、真实性、合理性和完整性，会计机构、会计人员对不真实、不合法的原始凭证有权不予受理，并向单位负责人报告。

由于会计原始凭证具有基础性、外部性、末端性的特征，特别是内部性和非电子性的特征直接导致有些内部审核名存实亡，仅仅是形式上走过场，难以落实审核责任。而外部审计与监督受时间条件所限，原始凭证被抽查的概率很低。审计常用的穿行测试、询问函证、抽样检查的凭证样本覆盖率都相当有限，造成原始凭证审核存在核对风险、甄别风险、错位风险和舞弊风险。

麦科特案带给大家的教训非常深刻，原始凭证的审核环节必须引起高度重视。究其原因，主要是原始凭证既是会计核算的起点和基础，也是会计造假最易侵蚀的环节之一，其基础性、重要性不容置疑。在原始凭证环节，内部人特征越强，会计造假的可能性越大，越不容易被查到。信息公开是防止内部人的最佳途径，原始凭证非电子化及不可追溯性直接影响信息公开及核实。完善会计信息全链条，补足原始凭证电子化的短板，必将更好地发挥会计的比对校验作用。

进入 21 世纪以来，科学技术飞速发展，特别是信息技术，随着物联网、云计算等技术的日益成熟，为会计信息全面实施电算化创造了条件，更为会计信息互联互通、实现比对校验提供了技术支持、通过二维码识读设备、射频识别（RFID）装置、红外感应器、全球定位系统和激光扫描器等信息传感设备，按约定的协议，把任何物品与互联网相连接，进行信息交换和通信，以实现智能化识别、定位、跟踪、监控和管理的一种网络被定义为物联网。而基于物联网等信息技术，可以利用二维码、射频识别技术等为会计原始凭证注入信息，进而实现识别、解析、分类、比对校验等功能，赋予会计原始凭证乃至会计信息以全生命周期的活动。

运用影像系统，将各种待识别的原始凭证通过扫描等手段处理成可以待识别的影像，再通过智能技术对影像进行识别，提取出可供继续处理的业务活动原始信息，以便自动编制记账凭证。影像系统整合了影像采集设备、识别技术、存储设备等，以电子数据流代替了实物数据流，通过影像标识和加密技术，可以实现原始凭证，跨区域安全传递、审单、操作。

待识别的原始凭证包括企业自制的原始凭证、资质文件、合同文档、名片、钱币、证件、银行卡、汽车牌照等。系统对原始凭证进行分类，提取结构化信息，将原始单据和发票上的信息通过智能技术进行识别。

由原始凭证的生成人员或提交人员在原始凭证电子化平台中扫描上传原始凭证，对于非结构化原始凭证，直接存储相关凭证影像到非结构化平台，生成会计凭证时直接以附件方式挂接原始凭证；对于结构化原始凭证，则通过 OCR 扫描，系统自动识别出结构化信息，将结构化信息存储到 ERP 系统数据库中，同时将凭证影像信息存储到非结构化数据平台中，在后续生成会计凭证时直接使用结构化信息，同时以附件形式挂接原始凭证。

二、记账凭证自动化生成

基于多系统集成自动取数和票据智能识别技术，可以实现自动生成凭证的方法，其包括以下步骤：

（1）将票据上传进行智能识别，提取关键信息，并根据提取到的关键信息对票据进行分类处理，使关键信息与票据关联并存储。

（2）在凭证模板系统中，预置业务类型数据库、规则集数据库、凭证模板数据库，建立运行规则。凭证模板的来源主要包括人工生成、系统生成以及临时模板转换生成。

（3）匹配模板，生成凭证。

在记账凭证自动生成的智能会计核算系统条件下，对通过智能识别取得的电子数据进行整理、保存，建立索引关系，根据分类匹配凭证模板，生成准确、有效的凭证信息，并将凭证信息与原始票据关联，从而减少会计人员的工作量，提高工作效率，将会计人员从繁杂的发票海洋中解脱出来。特殊情况下，极少数记账凭证需要手工处理。这些特殊的记账凭证经过手工处理之后，需要对其进行分析，并维护企业的业务类型数据库、记账凭证数据库，修改规则集和推理机。

自动生成记账凭证的原理详见第六章“智能会计核算概论”的相关内容。

三、业务领导和财务领导在线移动审批

在线审批也称为“移动审批”，是指在PC端审批系统的基础上，利用移动互联技术，通过对业务需求进行有效总结，在外网状况下，促进用户对智能终端进行积极运用，登录账号，针对审批待办任务进行实时查看，并实行有效的审批操作，能够将待办任务的数字提示和消息推送给用户，实现跨越时空限制、实时审批待处理事项的自动化程序。

（一）传统审批的不足

集团公司机构具有体积庞大、机构众多、关系复杂、审批制度完备、流程过长、要求工作的程序严格等特点，而集团公司目前保守、落后的审批业务方式已经成为限制企业发展的“瓶颈”，具体存在的问题主要体现在以下几个方面：

1. 审批的决策链过长

原始纸质文件的传递和流转，必须通过线下有人专门负责传递、沟通、协调，过长的决策审批链，无论是沟通还是传递都会存在实效性的问题。

2. 审批的时空资源受限

传统的方式要求文件必须到达对应部门，并在签署的负责人在场的前提下才能完成，时间无法预估。传统的方式在审批横跨区域或空间的时候，更会给审批业务带来阻碍和困难。传统审批文件如果需要会签的内容，就必须具备现场的统一场所、环境、人员、时间等多方面的因素才能进行，尤其是大型企业，要满足这样的实施条件，需要消耗更多的时间、资源、成本去支持和筹备。

3. 审批受纸质载体限制

审批过程需要痕迹化、过程化，但纸质文件很难实现过程化记录、修改可追溯、结果可共享的要求。审批应具有高效化，审批业务本身是耗费资源、时间和人力的一个过程，为节省管理和运营成本的要求，必须提高审批的效率和质量。但原纸质文件因受到时间、人员、空间等多方面因素的限制，无法提高响应的速度，必须借助信息化、移动化的科技手段才能实现。

（二）在线审批平台的功能目标概述

新型的审批模式必须彻底改变传统的线下作业模式，由传统的线下审批，实现线上的流转与签批。新型审批模式的平台构建必须支持线上的手写电子签名和批阅，只有满足在线批阅和签名的条件，在线审批才具有实际的意义和价值。新型审批模式的平台必须支持电子印章技术的实施与应用，随着电子印章技术的不断成熟，它也得到了国家和相关部门的认可和监管，为电子印章技术得以推广与实施提供了必要的支持和基础。科学地构建审批流程，让审批流程化、可配置化，加强信息化审批的灵活性和可操作性。

新型审批模式的平台必须支持移动化的作业要求和条件。只有移动化才能打破原有的

时间和空间的限制，确保可随时随地进行审批工作。新型的审批模式必须建立统一的数据、文件存储中心，只有这样才能实现共享、共用、可追溯、供查阅。

新型的审批模式及工具必须保证在线审批的合法性、唯一性、有效性等要求，目前国家相关部门已经出台相应的法律条款，线上签批具备法律效力。新型的审批模式必须要求企业建立和完善相应的制度和管理办法，配合其推广与实施。

【案例】

在中国银行“跨越式、倍增”发展战略的指引下，广东省地区分行零售贷款业务发展迅猛，传统的单笔受理、单笔审批、单笔管理的手工作坊式操作模式已经不能适应业务发展和风险控制的需要。为适应零售贷款业务的高速发展，提高零售贷款业务的经营管理水平和风险控制能力，根据中国银行建设零售贷款中心的要求，结合广东地区的实际情况，中国银行将在二级行和广州地区成立零售贷款中心，所有零售贷款将集中在中心进行审批，同时所有零售贷款的放款及档案管理将集中在二级行放款管理部，实现零售贷款前、中、后三台的完全分离。为确保零售贷款中心建设和零售贷款业务流程改革的顺利进行，中国银行提出了零售贷款在线审批系统的开发需求。

期望通过中国银行零售贷款在线审批系统的正式投入使用，可以有力地支持零售贷款业务改革和发展的三方面需求：业务流程改革的需要、提高市场竞争能力的需要、风险控制的需要。为了最终满足以上需要，广东省地区分行根据实际情况，对零售贷款业务流程进行重整，逐步建立经办机构受理贷款、零售贷款中心审批贷款、放款管理部发放贷款的前、中、后三台分离的操作模式，以达到释放一线营销力量、精简中后台操作人员、加强风险控制和贷后管理、提高服务水平等目的，在此过程中，中国银行零售贷款在线审批系统将发挥积极的促进作用。

通过在线审批系统的开发，有效地减少资料传送时间，提高贷款审批效率；可在规范审批标准和加强风险控制的同时提高审批效率，使集中审批具有可操作性；可实时跟踪贷款的审批过程，监督各审批环节的工作，确保各环节的有效衔接，同时可为审批人员的考核提供依据；实现各系统间的信息共享，减少重复录入；对档案的影像文件进行系统的电子档案管理。

四、发票与订单自动核对

发票与订单自动核对是一个典型的 RPA 程序。自动执行发票与采购订单的核对流程，自动识别发票与采购订单之间的价格和数量的不匹配或异常，为会计人员提供下一步行动建议，以便解决未结算发票问题。

从发票到付款流程涉及许多人工对账工作和团队之间的沟通工作。在手工处理流程中，企业需要花费大量的时间来梳理发票、核对发票与订单的一致性，并处理付款事宜，可能无法保证按时付款给供应商。某公司每年要与数千家供应商发生交易，交易金额高达数十亿美元，这些交易每年会产生约 200 万张发票，采购部必须立即处理这些发票，并支付相应的款项。它们以电子方式接受发票并支付资金，但是有时因为发票与相关采购订单之间的不一致，财务部门无法按照发票上的金额支付资金，而消除这些流程障碍需要大量人工干预，严重影响发票处理的效率。

针对流程的每个步骤、每个动作进行研究，设计最可行的解决方案，自动核对发票与订单的机器人应用可以提高流程处理效率，提高客户满意度。

实施发票与采购订单核对流程自动化的收益如下：大大减少需要人工干预的发票和订单数量，超过 90%的发票被自动核对，自动化流程可以全天候进行，极大地节约了时间。通过加快处理发票，缩短发票周转时间，每张发票的处理周期由 30 分钟缩短到 90 秒。因此，为企业带来了极大的资金占用收益。发票自动验证核对，有效规避了人工查验的疏漏和风险，提高了发票核对流程的处理质量。

【案例】 增值税发票开具流程自动化

某企业在中国大陆拥有超过 1 万名员工，产品销往 50 个海外国家，随着企业规模的不断扩大，销售业务不断拓展，公司财务部门专职负责开票的员工每月需要收集全国 600 余家销售客户的数百万份销售记录，按照客户的需求开具 5 000 余张增值税专用发票。每到月末，财务部门需要加班到深夜，以完成平日 3—5 倍的工作量才能保证月结顺利结束。

在开票过程中，财务人员需要收集并识别符合开票标准的销售单类型，再根据客户需求选择特定金额的销售单，从数据库中导出待开票的数据，经手工修改特定要求后，导入发票管理系统中完成开票操作，并将开票完成的记录回传数据库，才能最终完成一份开票操作。为了提高财务部门人员配置的合理性和有效性，该企业基于如下标准，设计相应的程序，运用财务机器人优化了财务开票的流程。

在充分了解客户需求、全面梳理业务流程的基础上，对复杂的事务进行优化、顺序调整或合并，以达到减少人机交互次数、缩短跨部门和跨业务等待时间的目的。

在拆分细化复杂事务、形成模块化流程的基础上，对简单的流程规范操作步骤定义执行标准、统一管理模式，以获得最佳的运营秩序和规模效益。

在操作环节结构化、操作步骤规范化的基础上，进行机器人自动化设计、开发和测试，并对自动化运行的结果进行记录，以期达到解放重复性劳动力、实时监控运营状况的目的。

开票流程自动化的收益如下：在运行增值税发票自动开具后，每个开票流程可由 20 分钟缩短到 5 分钟，每个全职员工每天的工作时间可缩短 6 小时，效率提升 75%，而且在月末关账的峰值时段，机器人 7×24 小时的不间断工作能够很好地缓解财务人员的工作压力。自动化实施后，大多数开票操作由财务机器人自主完成，财务工作人员只需负责在发票打印完成后审核盖章，从机械的劳动工作者转变成机器人的管理者，提高了财务部门人员配置的合理性和有效性，达到了人力资源和工作强度的“削峰填谷”。

五、电子发票自动验真

电子发票可以无限次打印，就产生了重复打印、重复报销的可能性。如员工 A 前几个月的电子发票已经报销过了，这个月又打印了一次拿来报销。这可能是故意的，也可能是无意的。又如员工 A 发生费用取得的电子发票，A 报销了一次，A 又把电子发票的 PDF 文件发给员工 B，B 把电子发票打印出来，又报销了一次。

目前防范电子发票重复报销的手段主要是完全靠发票审核人员主观记忆、主观判断。

如果升级公司的 OA 系统(或报销系统),则成本高、周期长,可能还会改变公司的报销管理流程,增加管理成本或招致员工的抱怨。也有的企业财务部工作人员自建 Excel 表,人工把报销的电子发票逐一录入,人工比对查重。这也是一种可行的方法,但效率低、速度慢不说,发票上那么多数字,很容易出错。

(一)防止电子发票重复报销的工作原理

电子发票上二维码包含的主要信息如下:发票代码、发票号码、金额、开票日期、校验码等。通过发票代码、发票号码的组合,可以确定发票的唯一性。软件通过扫描发票二维码,把二维码主要信息转换成数字,存储在电脑里,再通过电子发票的唯一性,自动比对查重。扫描已经报销过的电子发票,软件会自动报警提示,从而实现防止重复报销。

(二)电子发票查验真伪的工作原理

存储在电脑里的发票信息,可以通过"发票查验真伪"按钮,自动链接到"国家税务总局全国增值税发票查验平台"页面,实现发票查验真伪,无须手工输入。

综上所述,软件有两大功能:查重、验真。一是扫描二维码,发票信息自动录入、自动保存、自动比对查重、重复报销自动提示。当有重复报销的电子发票时,软件会自动提示,从而防范电子发票重复报销的情况发生。二是发票查验真伪(一键实现、免人工填写),同时适用于增值税电子发票、纸质增值税发票。软件内置"发票查验真伪"功能,录入软件的发票可一键自动填写至国家税务总局的"发票查验"页面,无须手工输入,方便、快捷、准确。

首先,有效的财务风险防控工具杜绝了电子发票重复报销的可能性,防止员工犯错误,减少财务风险。其次,方便快捷、准确高效,提升工作效率。二维码扫描录入发票数据,实现自动录入、自动保存、自动比对查重、重复报销自动提示,提高财务人员的工作效率。与完全靠发票审核人员记忆判断或手工录入自建的 Excel 表相比,不但节省人工、节省时间,关键是准确。最后,快捷实现"发票查验真伪",防止电子发票被篡改、造假。

六、返利管理流程自动化

以某药企为例,机器人自动化实施前,企业的返利管理流程主要面临两个方面的痛点:一是人工耗时长。客户每月需要处理约 1 400 条返利申请,平均耗时 184 小时,人工成本投入巨大。二是信息处理中出错率较高。该流程需要将关键的返利申请信息输入客户的返利管理系统,人工输入导致出错率较高,从而增加后期修改以及审核时间。

自动化返利流程如下:

(1)应收账款会计定期从客户管理团队获取返利申请汇总表,并将所有的支持性文件扫描至文件内部。机器人在系统中按文件名进行搜索,形成可直接追溯这些文件的网络链接并写回至返利申请表中。

(2)机器人登录返利系统,将返利申请表中的返利申请逐条输入该系统,并生成申请号码。

(3)机器人输入结束后,流程负责人登录系统进行人工检查,确保输入信息的准确性。

(4)机器人进入系统将第三步生成的订单状态修改为待审批,并将订单号以及其他重要信息写入邮件,发送至相关审批人进行审批申请。

返利流程自动化可以节约人力成本,大大提高数据输入的准确性,实现流程标准化,提高审批效率，增强流程的管控性。

七、精准采集成本数据

企业进行成本核算是为了满足企业经营管理的需要，其提供的成本信息应当以满足企业决策管理需要为目标。划分各种费用界限是成本核算的前提，划分过程就是产品生产成本的归集计算和各项期间费用的归集计算过程。

产品制造过程中的成本主要体现为产品的原材料、机器成本、厂房成本、管理成本等。这个过程主要是对设计和产品投产前阶段的成本进行控制，其受到前一阶段对产品功能和市场定位的影响而产生相应的成本。比如，在较常用的产品之中，家用电器由于要明确符合产品消费者的个性需求和总体上对功能的需要，所以其设计思路较复杂、设计环节较多，在产品制造的全过程中成本随着功能的复杂和深化而增加。在产品生产后阶段，其成本包括产品包装、运输、广告投入、市场营销、售后等方面，属于利润的实现环节，对于成本的投入更加固定。依据成本的费用构成区分，产品的费用构成也是成本的主要来源之一，其成本费用构成包括原材料、工人工资、生产费用、管理费用等。

对成本费用的构成进行区分，有利于更好地进行相应标准的制定。如原材料成本是企业产品在生产和销售的全过程中无法避免的成本之一，同属于这类成本的还有运输费用成本、管理费用成本等，成本的来源不同，但是都与产品的生产和销售以及企业的管理实践有关。一些成本（如原材料成本和管理成本）可以通过适当减少投入和加强成本管理水平来进行有效管理，但是另一些成本（如人员成本和机器损耗成本）则随着企业规模的扩大和生产产品的产能扩大而变得逐渐庞大。

产品成本的核算主要是控制与反映产品在生产过程中发生的成本，是企业成本管理的基本活动。为了保证产品成本信息的质量，企业成本核算需遵循实际性原则、重要性原则、相关性原则、一致性原则等。成本核算分为两大工作：首先是成本归集；其次是成本分配。两者之间密切相关，成本核算是对材料、人工成本、生产费用、制造费用等的归集与分配，根据分配的成本数额再利用生产工时比例法、机器工时比例法等确定成本的大小，完成成本核算的过程。

首先，成本核算前要做好产品生产过程的流程分析以及产品 BOM 的核实与修订工作。其次，制订各种物资的计量、收发和盘点计划及各种资源消耗价值的计量计划。再次，做好各种资源使用量的原始记录工作。最后，做好定额资料制定和修订工作。

前已述及，直接材料费的计算基础是制造物料清单（BOM），也就是常说的产品结构。原材料作为产品结构的最底层，是直接材料费计算的基础。如果企业的原材料是外购产品或者是外包加工原料，那么该层次的费用计算就包括原材料的采购价格及其运费、装卸费、存储费等间接费用。某产品 BOM 结构各个层次的直接材料费的计算其实就是下层直接材料费用层层归集加总的过程，也就是直接成本的计算过程。

直接人工费用的卷积计算实际就是利用产品的工艺路线文件及产品结构文件（BOM），按照工艺路线图计算各个节点的人工成本，然后按照产品结构图将成本从底层向高层累加，直到 BOM 顶层从而合并计算直接人工费。

从直接成本的归集核算中，当间接成本分配至产品后，可视其分配后的成本为直接成本，进而和真实的直接成本进行共同卷积操作，实现成本的统一核算。由于归集过程是一个0、1判断的简单问题，故有利于计算机语言的表达。

专家系统是一种模拟人类专家解决领域问题的计算机程序系统。专家系统内部含有大量某个领域的专家水平的知识与经验，能够运用人类专家的知识和解决问题的方法进行推理和判断，模拟人类专家的决策过程来解决该领域的复杂问题。如果能够利用会计人员的知识和经验来实现对经济业务的判断，从而便可以实现凭证的自动填写。

信息集成是指在采购、生产、销售等业务的处理过程中，系统自动采集业务数据，自动选择总账科目和分账科目，自动生成记账凭证。ERP系统的集成会计业务处理，包括采购集成、销售集成、库存集成及生产集成会计业务处理。相应的会计业务在订单的处理过程中自动生成记账凭证，进行会计处理。ERP为智能成本核算提供了准确的数据支持。

八、成本核算智能化

智能成本核算的基础数据来源于利用直接成本归集法和间接成本归集法进行统计与整理而得到的数据。

成本核算系统是财务管理模块的二级子系统，在智能会计核算体系中实现其基础数据的整理和数据库的设计。成本核算需要的原材料、生产性物资、员工薪资、福利费、生产性设备的损耗、现金支出、管理费用等，都需要以数字文件的形式存放在企业的财务大数据库中，在大数据库中增设专门的产品成本小数据库，明确数据库的存储逻辑、查找逻辑、设计容量、标识性字段名等，并与相应的ERP系统连接，实现终端查找与输出。

成本核算需要的原材料、低值易耗品等物资的领料信息依靠库存管理系统提供；员工薪资、福利费和保险费等信息及其所属部门等划分类别的信息来源于薪资管理系统；机器工时、生产工时、折旧成本等数据信息以及产品结构树的信息全部来源于生产管理系统；财务管理系统则提供其他费用性支出信息，比如生产车间的管理费用、修理费用等成本投入信息。

领料单是原材料分配的重要依据，它的关键因素是部门、用途及产品。在信息化管理体系下，生产领用的材料完全可以细化到产成品。未使用完的原材料，可填写退料单，退料单数据处理同领料单一样输入信息管理系统中，以保证材料领用数据的真实、完整。

固定资产管理卡是折旧分配的重要依据，它的关键因素是部门、折旧方法。在信息化管理体系下，固定资产的管理完全可以细化到部门。

规则是对核算中的操作和处理过程的知识性描述。智能成本计算流程涉及的规则有单据转换存储规则、动因归集规则、记账规则、分配规则。单据转换存储规则是将采购、生产、库存、销售等成本核算系统外部单据的数据格式转换为成本核算系统中所需要的数据格式，并对其关键因素进行相应的存储操作与处理过程的知识性描述；动因归集规则是从成本核算系统外部单据中获取成本核算时所需要的作业及其动因量，并对动因量进行存储操作的过程描述；记账规则主要描述了依据可以进行制单记账的单据，进行记账处理形成会计分录的操作过程；分配规则是针对制造费用等间接成本、辅助生产成本在产成品中进行分配的过程描述。随后，基于专家系统的推理引擎根据业务数据选择相应的规则并按顺序执行，形成会计人员所熟悉的会计结果库。

在智能成本核算系统中，定义了核算对象、成本项目、分摊方式、物品转账科目等，从而获得计算机核算系统所能识别的核算对象文件、成本数值文件、分摊方式文件等，再根据相关的文件进行对应模块的计算与分析，进而形成在电脑终端操作的智能化成本核算体系。具体而言，智能成本核算系统具备以下功能：

(1)费用数据的导入。智能成本核算系统摆脱了以往传统成本核算方式中需要分别计算不同类目成本数值的方式，改用数字化查询和联合计算的方式，对固定资产和相关账务处理子系统中提取的数据(如工人的工资、折旧率等)进行计算。

(2)原始数据实时获取。通过生产环节和会计计算环节进行生产数据的获取，包括制造过程中的材料消耗、产品产量以及工人工时的投入等。

(3)成本核算。这是智能成本核算体系中的关键环节，其按照一定的方法计算产品单位成本与总成本，并将相应的计算结果计入成本计算单中。

(4)成本数据的输出。将计算完成的成本数据进行打印输出，包括生产性费用的分配表、制造费用、管理费用等。

(5)成本项目的查询。智能成本核算体系需要具有一定的历史数据记录功能，方便在未来的某个时候对之前类似产品的生产成本以及与生产有关的各项费用、各个环节和各个阶段的支出等进行查询，为之后的生产管理提供便利。

(6)核算成果实现企业资源管理系统平台的实时共享。

九、电子发票自动打印归档

打印发票是最常见的业务，各行各业都涉及。但是，当每次打印上万张，甚至几十万张时，仅靠传统的手工输入地税系统进行打印的方式不仅效率低下，而且准确率也难以保证，短时间内完成这项业务是很困难的。本文给出了一个发票批量打印的实现方法，该技术能够在初始化各项参数后，自动批量打印发票明细、发票代码、发票号码，并且能够保证发票纸质上的发票代码和发票号码与系统中的发票代码和发票号码一一对应，在打印过程中，发票号码自动增加，达到无人值守、自动化的实施效果。同时具备生成 XML 格式的已打印发票信息数据功能，能够与地税系统进行无缝对接。

(一)发票打印系统简介

发票打印系统是一款基于 Delphi 语言开发的 C/S 模式的财务发票管理软件。它包括开票管理、功能设置、字典管理三大功能模块。其中，开票管理模块包括数据导入、初始化代理、上传代理、查询代理、导出代理数据、导入代理数据、发票打印、发票管理等功能；功能设置模块包括打印机设置、修改密码、软件注册、发票号码起始值设置等功能；字典管理模块包括全局数据设置、客户管理、客户数据导入、用户管理等功能。

(二)数据导入模板设计

开票管理模块中的数据导入是以 Excel 标准模板为基准的。该模板具有的标题列明付款方编号、付款方名称、开票日期、开票内容、单价、数量、金额、折扣额、金额合计、备注、行业代码、发票代码、发票号码等。而且它分为两大类型：一种类型是开票明细为单项数据的，比如只有一行开票内容为“快件费”的明细信息，这在打印的发票内容区域中只有这一行信息；另一种类型是开票明细为多项数据的，开票的总额等于各明细项的金额之和。例如，开票内容除有一项“快件费”的明细之外，还有一项“报关费”的明细，这张发票就是具备两条明细信息的发票了。为了使得系统能够识别多行明细信息，通过在Excel模板中加入一列“发票序号”的方式来实现。发票序号为“1”代表第一条明细，如果还有明细，发票序号就设置为“2”；如果没有了，就是下一个开票信息的发票序号，同样也是以“1”开始。按照这个模板设置的Excel数据表，通过开票管理的数据导入功能，可将数据导入系统数据库中，供批量打印时使用。

（三）数据库设计

针对每张发票信息可对应多项发票明细的情况，设计了两个表：一个是发票信息表；另一个是发票明细信息表。发票信息表主要由以下字段组成：唯一发票标识、流水号、发票代码、发票号码、开票日期、行业代码、行业名称、发票序号、付款方编号、付款方名称、金额、备注、币种、汇率、外币金额、开户银行、银行账号、开票人姓名、收款方名称、纳税人识别号、验证码、发票状态、作废人代码、作废人名称、作废日期、原发票代码、原发票号码、航班、起运地、目的地、到/离港日期、装货港、卸货港、牌价日、内网编号、导入时间、打印时间、编辑时间、提交状态、请求时间、响应时间、报文流水号、打印状态等。发票明细信息表主要由以下字段组成：唯一ID、序号、提单号、明细项目代码、明细项目名称、单价、数量、折扣额、行金额、是否扣除、主表流水号、附注等。通过发票明细信息表中的外键（主表流水号），使得主表能够储存多条明细信息。

（四）批量打印关键技术设计

要保证批量打印成功运行，首先需要通过初始化设置，然后对导入的数据进行管理，并对查询出来的数据进行核实整理，最后进行批量打印。设计的整体流程如下：

第一步：设置好财务专用打印机和发票代码以及发票起始号码，并且核实打印机中发票纸张上的发票号码与系统中的发票起始号码是否相同。

第二步：将以导入模板为基础整理好的待打印发票信息导入系统中。

第三步：在发票管理界面中，将需要打印的所有未打印发票信息查询出来，并根据显示的总信息条数来确定本次批量打印的数量是多少张，进而确定需要循环打印多少次。对于每张发票信息，系统通过调用唯一流水号，确定其发票明细，并将需打印的表单信息提交给打印机进行工作。

十、自动关账

期末关账是指财务人员在期末结账时，不允许业务人员再次录入单据，保证所有数据都真实、合法、有效。在关账之前要确保账簿记录正确，必须实行期末对账，以便实现账实相符。期末对账是指把业务系统数据与财务总账系统进行核对，查找差错。以存货核算为例，期末对账就是核对仓储管理系统中的期末结存数与“存货”科目的期末结存数之间是否存在差异。若对账不平，用户可以从以下几方面查找原因：(1)还有仓库单据未生成凭证。(2)凭证模板设置不正确，存货收发未与“存货”科目借贷相对应。(3)总账中有直接录入的涉及“存货”科目的凭证。(4)暂估冲回后未继续暂估或生成外购入库凭证。(5)异价调拨单是否生成凭证。值得注意的是，仓存与总账对账时，仓存取的是存货收发存汇总表的数，总账取的是科目余额表的数。

截至本期核算单据的处理如下：计算本期的存货余额，并将其转入下一期，同时，系统确定关账时间点以后的业务在下一会计期间处理。期末结账前，会对本期核算单据进行检查，从而判断物流业务是否已处理完整；若不完整，会给出相应的提示，并可在该模块联查相关的序时簿和报表。

期末关账以后，只能进行当前会计期单据的修改及审核工作，不能在当期会计前期新增单据，所有新增单据都将归入下一个会计期。在填制新单据时，系统自动把单据填制日期改成下一个会计期的日期。关账后，当前期间并不改变，但不允许录入当前期间的出入库单据、计划价调价单和金额调整单。关账分为期末关账、业务模式更改关账两种。为提高客户服务质量，要求一般情况下期末关账不能中断业务进行。必要情况下，才进行业务模式更改关账，此时应中断业务进行。

业务模式更改关账时，事先通知相关部门、人员，必要时需向社会公告，解释服务中断原因。业务模式更改关账应避开敏感时间点，尽量减少对客户服务、业务的影响。关账时，不允许有未处理结束的当前会计期间业务。

十一、智能审核

（一）原始凭证智能审核

为了正确地反映和监督各项经济业务，确保会计资料真实、正确和合法，必须对原始凭证进行严格认真的审核。各种原始凭证除由经办业务部门审核以外，还要由会计部门进行审核。

原始凭证智能审核必须划定智能审核范围。智能会计核算系统可以设定审核凭证的范围，并提供可审核凭证的查询、添加、删除等功能。

此外，还要确定审核的主要内容，具体包括以下项目：

1. 审核原始凭证的内容和填制手续是否合规

主要核实凭证所记录的经济业务是否与实际情况相符，凭证必须具备的基本内容是否填写齐全，文字和数字是否填写正确、清楚，有关人员是否签字盖章。审核中若发现不符合实际情况、手续不完备或数字计算不正确的原始凭证，应退回有关经办部门或人员，要求他们予以补办手续。

2. 审核原始凭证反映的经济业务内容是否合理、合法

主要查明发生的经济业务是否符合国家的政策、法令和制度，有无违反财经纪律等违法乱纪的行为。

3. 技术性审核

根据原始凭证的填写要求，审核原始凭证的摘要和数字及其他项目是否填写正确，数量、单价、金额、合计是否填写正确，大、小写金额是否相符。若有差错，应退回经办人员予以更正。

财务对报销凭证进行财务审核时，应注意以下几点：

一是形式审核。确认票据是否符合财务规定，是否按公司财务规定填制内部凭证，是否有正式发票，对于各类内部收据、印章不全或伪造变造的票据不能报销。报销凭证应由报销人亲自填写，并将原始发票单据整齐地粘贴在报销凭证左上角的背面，若是用支票支付的款

项，还应将支票存根粘贴在发票后。

二是内容审核。审核各类凭证的项目、金额、日期等事项是否属实，是否符合公司财务制度规定，是否有经办人签字，原始发票和各项票据的合计金额是否与报销凭证上的金额一致，并与采购单、合同等其他相关资料进行核对。此外，还应审核原始票据各项内容是否填写齐全，发票业务类别是否与支出事项一致。

三是授权审核。出纳应认真审核报销票据是否符合公司审批规定，并经公司各级领导签章确认。

四是完整性审核。出纳应认真审核原始票据的完整性，对于如差旅费、市内交通费及其他定期汇总报销的单据，出纳应认真清点报销凭证所附发票、定额发票、车票等原始票据的数量，确保原始票据汇总金额与报销凭证上的金额一致。

五是预算审核。出纳应随时察看各项支出是否已达当月该项费用预算限额，如已达到或超过预算则不应支出，待修改预算并经公司审批后再支出。

(二)记账凭证智能审核

记账凭证审核在登记账簿之前，会计人员对于记账凭证要进行严格审核，包括：审核其记录的经济业务与所附的原始凭证内容是否相符；审核各借、贷账户的名称、金额及其对应关系是否正确无误；审核记账凭证中有关项目的填列是否规范、齐全，有关人员是否签字盖章，审批手续是否完备。只有经过审核无误的记账凭证，才能作为登记账簿的依据。

记账凭证智能审核需要首先制定智能审核规则。智能会计核算系统设立审核规则数据库，实现审核规则的建立、修改、生效日、审核范围、删除等操作。根据审核要求初始化建立审核规则，也可以根据权限，由管理员按照工作需要自主设定审核规则。

其次，系统设定执行审核任务的条件。达到条件则自动运行审核规则，审核通过的系统将自动标记为“审核通过”，否则系统将自动产生未通过审核凭证汇总表，并标明未通过审核的原因。管理员可以根据未通过审核凭证汇总表进行逐一复查并改正。所有的未通过审核凭证改正完毕后，系统则提示可以进行下一步程序。

利用计算机进行记账凭证审核的一般步骤如下：

第一，可以根据摘要中的关键字来判断会计分录是否正确，主要是解决会计科目串户问题，确保每笔会计分录的输入正确无误。比如，在摘要中发现了“托儿费”，那么就可以据此确定该笔分录应借记“应付福利费——托儿费”科目。

第二，可以比照会计分录模型来判断经济业务和会计分录是否完整。例如，折旧是否已计提、应缴纳的各种款项是否已缴纳等。其目的主要是解决复合分录不完整的问题。

第三，可以检查所有记账凭证的编号是否连续。

第四，可以检查所有记账凭证的类别、科目编码、支票号以及其他会计数据是否与约定的编码相符。

第五，可以检查本期应当处理的会计业务是否已经处理。例如，预提、摊销业务等。

第八章

智能税务会计核算

第一节　增值税会计核算流程

一、增值税会计核算概述

增值税是对商品生产和流通、劳务服务中各个环节的增值额计算征收的一种流转税。实行增值税的国家，据以征税的增值额都是一种法定增值额，并非理论上的增值额。法定增值额一般采用税款抵扣的办法计算，即根据货物、劳务和服务的销售额，按规定税率计算出销项税额，然后再从中扣除上一环节已缴纳增值税款，其余额即为纳税人应缴纳的增值税税额。

一般而言，增值税的会计核算需要按如下步骤进行：第一，确认增值税纳税义务；第二，确认并计量增值税销项税额；第三，确认并计量增值税进项税额；第四，计算增值税应纳税额。此外，增值税发票是增值税会计核算的重要依据，销项和进项的具体税额均登载在增值税发票上。企业发票管理的水平往往影响其增值税核算的效率，因而发票管理也是增值税会计核算的重要内容。

全面实施“营改增”后，凡在我国境内销售货物或者提供加工、修理修配劳务，销售服务、无形资产或者不动产，以及进口货物的单位和个人，均为增值税的纳税义务人。这意味着，增值税是我国覆盖范围最广的税种，大多数企业需要缴纳增值税。伴随着税制改革的步伐，近年来增值税税制要素不断调整，增加了会计核算的难度。比如，税率调整前后纳税义务发生时点如何确认、抵扣范围改变后进项税额如何计算等，在实务中常常给财务人员带来困扰。在这样的改革背景下，智能化技术在提高增值税会计核算效率上的优势日益凸显。本节将介绍增值税会计核算的一般流程，并阐述在智能税务会计条件下，如何通过优化增值税会计核算流程来增强核算的准确性和便捷性。

二、增值税会计核算的一般流程

增值税会计核算的一般流程如图 8－1 所示。

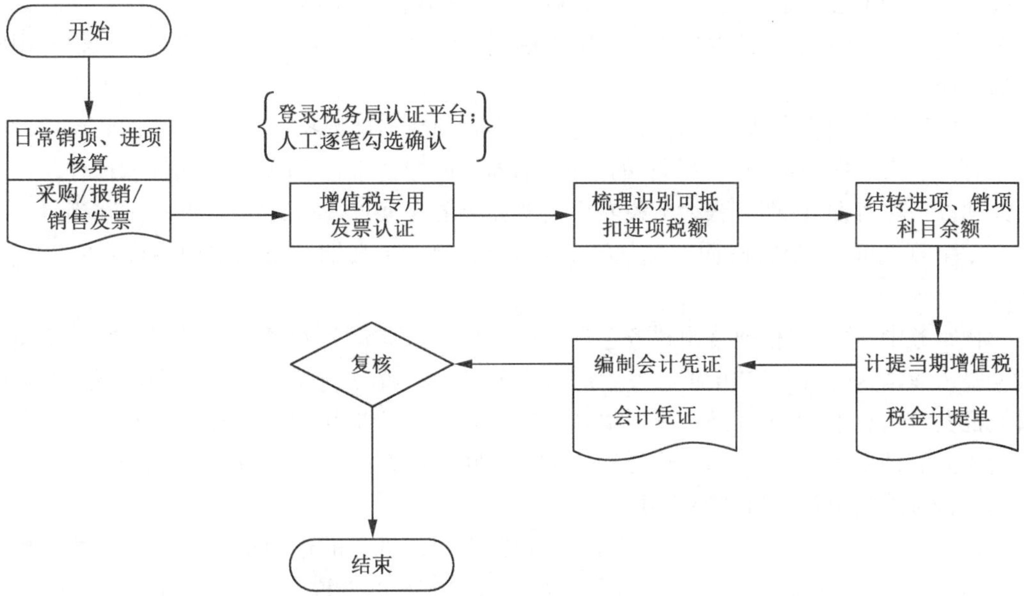

图 8—1　增值税会计核算的一般流程

(一)日常销项、进项核算

在增值税涉税业务发生时,由核算会计整理涉税原始凭证(采购、报销、销售发票等票据)并开具记账凭证,完成增值税进项和销项的日常核算工作。

(二)增值税专用发票认证

增值税专用发票认证是指通过增值税发票税控系统对增值税发票所包含的数据进行识别、确认。认证方式主要有三种:

1. 上门认证

纳税人携带增值税专用发票抵扣联等资料,到税务机关申报征收窗口或者办税机(ARM 机)进行认证。上门认证是传统的认证方式,认证结果可以实时确认,但需要纳税人往返于税务大厅,办税成本较高。

2. 远程认证

由纳税人自行扫描、识别专用发票抵扣联票面信息,生成电子数据,通过网络传输至税务机关,由税务机关完成解密和认证,并将认证结果信息返回纳税人。

3. 勾选认证/确认

随着金税三期的发展,增值税发票电子底账系统不断完善,从 2016 年开始国家税务总局逐步推行取消增值税发票认证。起初仅适用于纳税信用等级为 A 的一般纳税人,后逐渐扩展到 B 类、C 类纳税人。根据国家税务总局 2019 年第 8 号公告,目前已面向所有增值税一般纳税人取消发票认证。增值税一般纳税人取得销售方使用增值税发票系统开具的增值税发票[包括增值税专用发票、机动车销售统一发票、增值税电子普通发票(通行费)],可不再进行上门认证或扫描认证,而只需在网上勾选认证/确认。勾选认证是纳税人通过“增值税专用发票选择确认平台”(2019 年下半年各地陆续升级为“增值税发票综合服务平台”),

查询升级版增值税开票系统开具给自己的增值税发票信息，以逐票勾选的方式(可同时勾选多份发票)选择次月征收期内用于申报抵扣的增值税进项发票清单信息，实现增值税专用发票的认证。

增值税专用发票在认证后方可纳入抵扣，且必须在当期抵扣，已认证未抵扣的专用发票将不得在以后申报期抵扣。“当期”的范围，不同认证方式略有不同：上门认证和远程认证的认证期以自然月划分，即某张增值税专用发票如果要在某月抵扣进项税额，必须在当月 1 日至 30、31 日期间完成认证；而勾选认证的认证期，为上个征期结束到本期纳税人实际申报前。

在实务中，这项工作通常由税务会计完成。以勾选认证为例，税务会计登录“增值税专用发票选择确认平台”(或“增值税发票综合服务平台”)，在该平台列示的已开具给本企业的增值税发票信息中，手工逐条选择需要在当前申报期进行抵扣的增值税专用发票。对于业务量较大的纳税人，这项工作需要耗费较多的时间和精力，并且存在出错的风险。

(三)梳理识别可抵扣进项税额

进项税额分为允许抵扣与不允许抵扣两类，不允许抵扣的进项税额又分为两种：(1)进项税额直接计入相关成本费用。一是采用简易计税方法的纳税人，不得抵扣进项税额；二是采用一般计税方法的纳税人，在涉税行为发生时就能明确是用于非增值税应税项目、免税项目、集体福利、个人消费的，即使取得的是专用发票，其进项税额也应直接计入相关成本费用。(2)进项税额抵扣后，因税法调整或改变用途，用于不得抵扣项目，或计税方法改为简易计税方法，原已抵扣的进项税额应予转出。

在实务中，不得抵扣进项税额的增值税专用发票，经认证后作进项税额转出处理。认证后，在填报增值税纳税申报表时，在附表二填列“本期认证相符且本期申报抵扣”，同时将不得抵扣的这部分在该表下方“二、进项税额转出额”中的“集体福利、个人消费”栏填列。在账务处理方面，根据财会[2016]22 号文规定，一般纳税人购进货物、加工修理修配劳务、服务、无形资产或不动产，用于简易计税方法计税项目、免征增值税项目、集体福利或个人消费等，其进项税额按照现行增值税制度规定不得从销项税额中抵扣的，取得增值税专用发票时，应借记相关成本费用或资产科目，借记“应交税费——待认证进项税额”科目，贷记“银行存款”、“应付账款”等科目，经税务机关认证后，应借记相关成本费用或资产科目，贷记“应交税费——应交增值税(进项税额转出)”科目。

在税务会计核算未实现智能化的情况下，可抵扣进项税额及进项税额转出的梳理识别，需要税务会计人工完成。一方面，税务会计对税收法规的了解程度和理解能力参差不齐，容易出现应抵未抵或超范围抵扣的问题；另一方面，进项税额是否可以抵扣与产生该笔进项税额的业务属性密切相关，如果财务人员难以充分掌握相关业务信息，就很难作出准确的判断。

(四)结转进项、销项科目余额

平时，企业通过“应交税费——应交增值税”明细账核算增值税涉税业务。由于增值税涉及明细科目较多，并且有借、贷方之分，月末要以一个明细科目反映应纳税额的情况，因此，要将各个明细科目归结到一起，进行结转。

一般情况下，体现在增值税贷方的明细科目有“销项税额”、“进项税额转出”，另外出口企业还有“出口退税”；体现在借方的明细科目有“进项税额”、“已交税金”、“转出未交增值税”，出口企业还有“出口抵减内销产品应纳税额”。月末，除了“已交税金”还有涉及出口企业的科目，其他全部转入“转出未交增值税”。

此项工作由税务会计完成，在使用会计信息系统的企业，税务会计可从账务系统中取数，并结出借、贷方发生额合计和余额。

（五）计提当期增值税及附加

若月末结转后，“应交税费——应交增值税”账户为贷方差额，表示本月有应交税金，需要缴纳增值税；若为借方差额，则不需缴纳增值税。一般来说，借方差额无须进行会计处理，贷方差额应计提增值税及附加，由税务会计填制税金计提表。

（六）编制会计凭证并复核

完成增值税结转和计提后，核算会计根据税金计提表，编制相应的会计凭证。由会计人员复核（或稽核）凭证，复核有误则退回“月末结转”流程重新核算增值税，复核无误则可据以记账并进入税款申报缴纳流程。

三、增值税会计核算的智能化流程

税务会计核算的智能化，可以实现增值税核算从发票取得、发票验伪防重、进项自动转出、自动开票到税金自动结转计提的全流程自动化、智能化处理。本节将增值税智能会计核算分为进项税、销项税、税金计提三组流程分别列示。

（一）进项税

进项税会计核算智能化流程如图8－2所示。

1. 采集发票信息

在采购、报销等可能产生进项税的各类业务发生时，若取得纸质发票，在取得发票的环节即将纸质发票扫描至影像系统，避免纸质发票的层层传递。扫描时，一般须将原始凭证粘贴至贴签，再使用高拍仪或高扫仪扫描贴签，录入系统。这项工作可以由指定的经办人员统一扫描，若企业允许使用便携式移动电子设备拍照扫描原始凭证，也可以由业务人员在取得相关票据后使用手机自行扫描。扫描完成后，系统会自动对纸质票据进行图像识别，提取全票面信息。若取得的发票为电子发票，则可跳过发票扫描环节，直接通过系统提取票面信息。

2. 发票验伪防重

在获取全票面信息的基础上，系统可以通过与税务局发票查验平台对接，同时也可以自动进行票据查重，防止出现假票、废票或重复票据。此步骤完成后，票据进入发票票夹留存，成为电子会计档案的一部分，同时继续进项税抵扣判断、发票认证等流程。

3. 进项税抵扣

影像系统将与进项税额抵扣有关的发票信息推送至税务管理系统（若为电子发票，则无须推送，直接写入系统）。在智能化场景下，税务管理系统可以对进项税进行智能判断，全自动或辅助人工完成进项税的抵扣计算。这一步的判断对象有两个：一是增值税专用发票是否符合抵扣条件；二是取得的非增值税专用发票是否符合抵扣条件（如高铁票等）。完成智能判断后，在税务管理系统中计算进项税抵扣额，其他不得抵扣的进项税额由账务系统直接

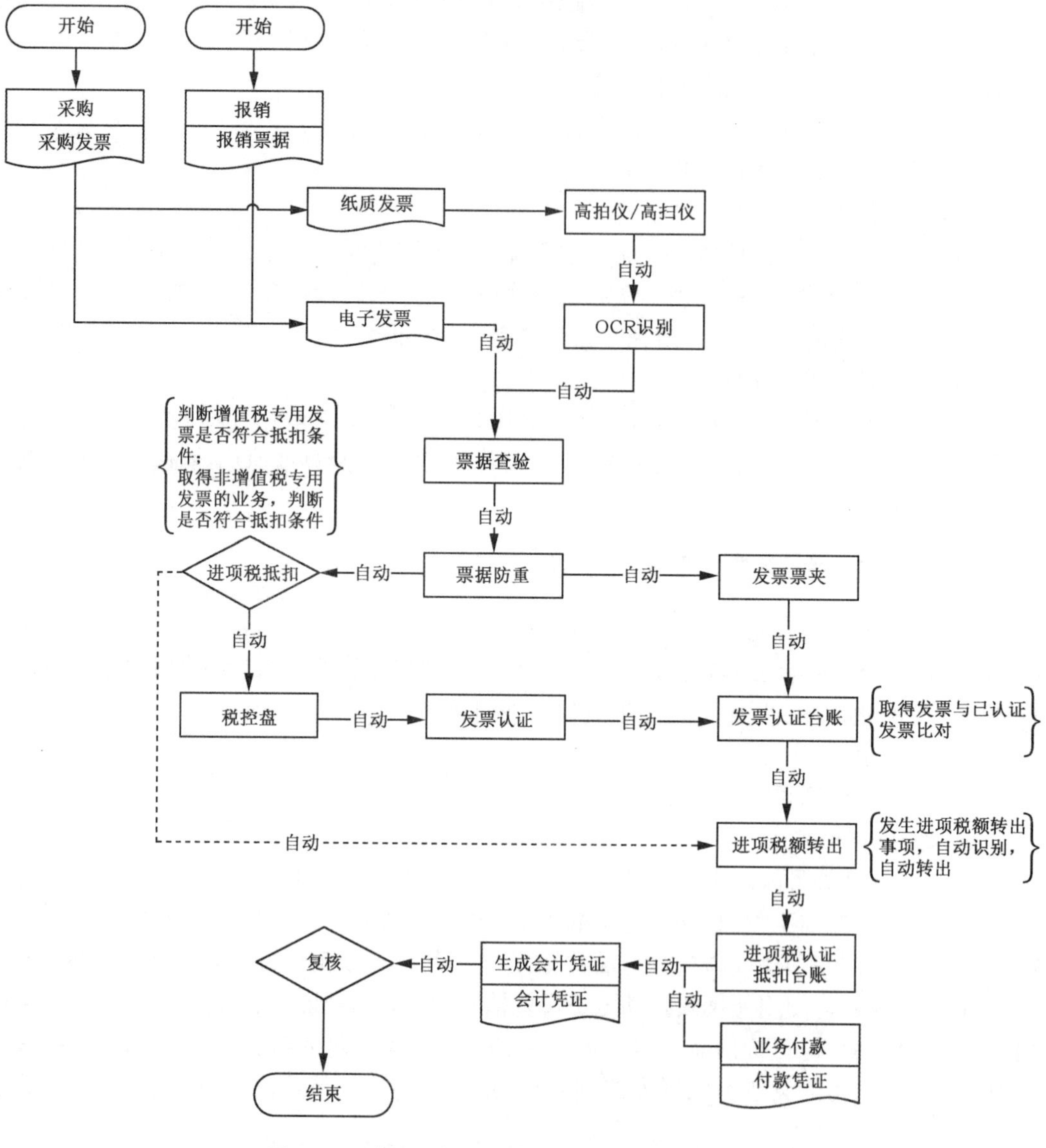

图 8—2　增值税会计核算智能化流程——进项税

计入成本费用。

4. 发票认证

对于符合抵扣条件的增值税专用发票，登录“增值税发票综合服务平台”，机器人可自动完成信息比对和勾选确认，无须人工逐项比对勾选。对于符合抵扣条件的非增值税专用发票，比如取得国家税务总局 2018 年第 18 号公告中规定的购进国内旅客运输服务未取得增值税专用发票的其他可抵扣票据，目前无须认证。

认证完成后，系统生成发票认证台账（电子档案），将取得发票与已认证发票进行智能比对匹配。机器人还可以对即将到期的未认证票据作智能预警，防止超期未认证的情况发生。

5. 进项税额转出

已认证的增值税专用发票,如果属于不得抵扣进项税额的范围,需要在认证后作进项税额转出处理。此外,如果由于税法调整、改变用途,已抵扣的货物或资产用于不得抵扣项目,或计税方法改为简易计税方法,原已抵扣的进项税额应予以转出。在相关规则完整嵌入系统后,发生进项税额转出事项时,系统可以自主识别、自动转出。

6. 生成会计凭证并复核

完成进项税抵扣的确认和进项税额的计算后,生成进项税认证抵扣台账(电子档案),并自动生成会计凭证。由系统自动复核,无误后入账。

(二)销项税

销项税的智能会计核算流程如图 8-3 所示。

1. 应税业务申请开票

业务活动发生时,可根据应税商品销售订单、出库单等单据自动生成增值税专用发票开票申请单。通过与企业 ERP 系统对接,税务系统可进行业务信息与开票信息的自动对账,确认开票申请的真实性和正确性。

2. 开具发票

系统可直连税控盘,将待开数据输入税控系统,自动开票。如有“开票机器人”协助,还可继续完成发票批量自动打印、分联、盖章、存档,全程无须手工操作,避免了大量重复劳动。

3. 纸质发票扫描归档

要实现从发票管理到会计核算的全流程智能化操作,需要将纸质发票扫描上传至影像系统,自动识别提取全票面信息并录入底账,同时将扫描后的发票信息归入电子票夹。如果开具的是电子发票,则系统将自动接收电子发票,并发送电子发票链接至收票人,无须进行扫描归档。

4. 生成会计凭证并复核

账务系统自动完成对业务信息、开票信息和收款信息的稽核,无误后可生成销项税核算的会计凭证。由系统自动复核,无误后入账。

(三)税金计提

增值税(及其附加税)税金计提的智能会计核算流程如图 8-4 所示。

1. 结转进项、销项科目余额

根据“应交税费——应交增值税”明细账,账务系统月末自动结转增值税进项、销项科目余额,核算当期应交增值税,自动生成会计凭证并复核。

2. 计提当期增值税

月末结转后,不再需要税务会计从账务系统中人工取数,系统会自动取数计提当期增值税,并根据增值税税额计提各项附加税,自动生成税费计提单和税金计提的会计凭证。

上述两个动作完成后,会计凭证经系统自动复核无误即可据以记账,并进入税款申报缴纳流程。

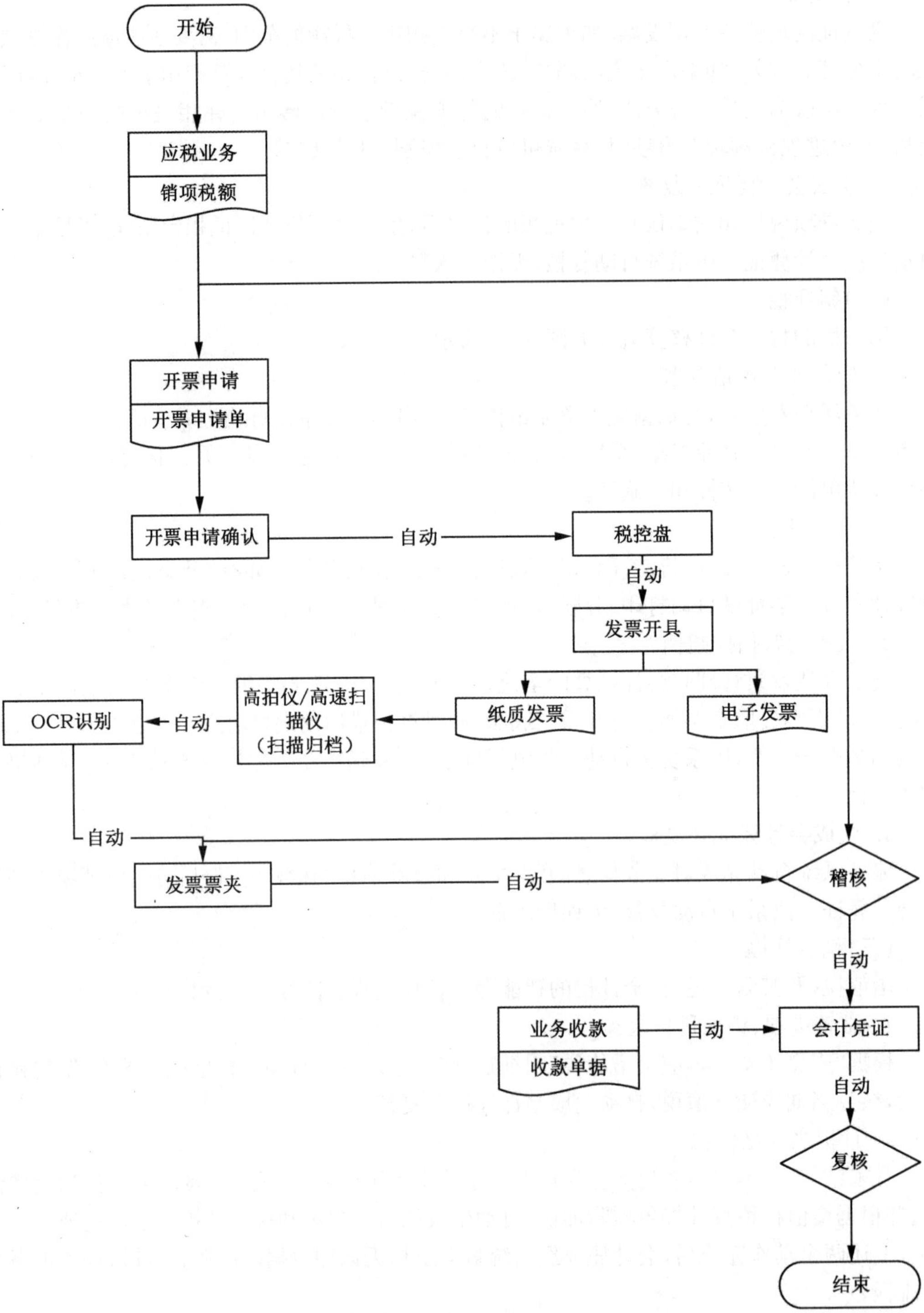

图 8—3　增值税会计核算智能化流程——销项税

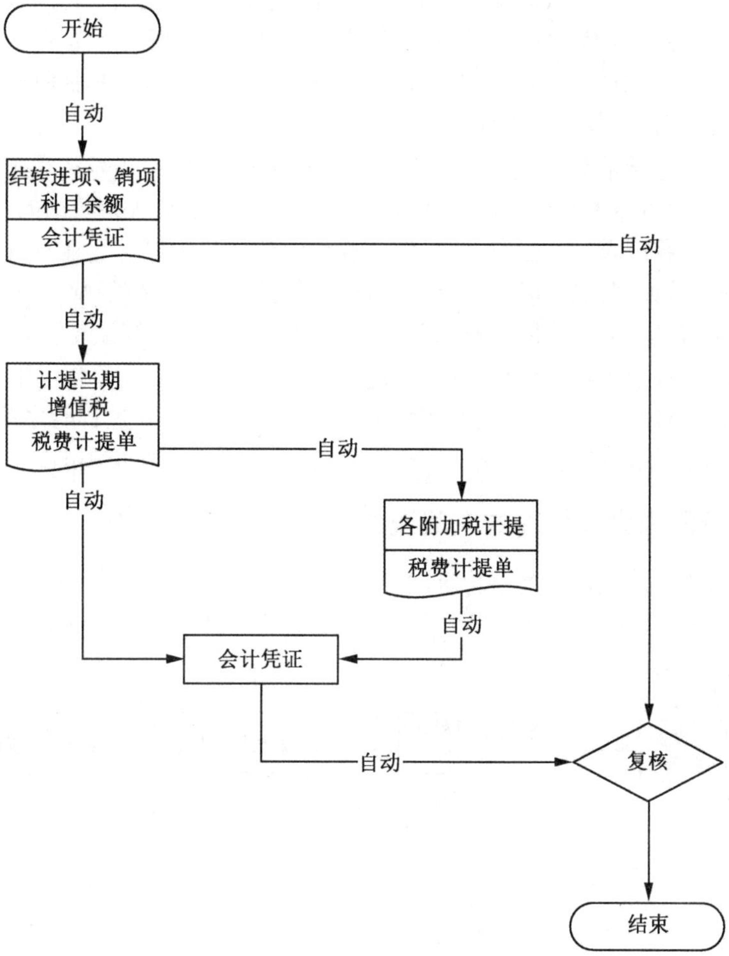

图 8—4　增值税会计核算智能化流程——税金计提

第二节　企业所得税会计核算流程

一、企业所得税会计核算概述

企业所得税是对我国境内的企业和其他取得收入的组织的生产经营所得和其他所得征收的一种直接税。企业分为居民企业和非居民企业，本书主要讨论居民企业的会计核算流程。居民企业应当就其来源于中国境内、境外的所得缴纳企业所得税，所得包括销售货物所得、提供劳务所得、转让财产所得、股息红利等权益性投资所得、利息所得、租金所得、特许权使用费所得、接受捐赠所得和其他所得等。

在一般情况下，企业所得税的纳税主体与会计核算主体是一致的，应纳税所得额的计算以财务会计核算的结果为基础。但是，由于税法与财务会计的目标不同，客观上两者存在某种程度的分离。财务会计的目标是为了真实、准确、完整地反映企业财务状况、经营成果和现金流量，为会计报表使用者提供决策有用的信息。税法的主要目的是及时、足额地为国家筹集财政资金，适当调节经济和社会发展，保护纳税人的合法权益，其征收管理的要点在于防止企业少计应税所得、少缴所得税。

目标和原则的差异带来了税法与财务会计的适度分离，致使按税法规定应该确认为收入的，在财务会计中可以不确认为收入，而按税法规定不应该确认为费用的，财务会计却可能确认为费用。在我国，确定应纳税所得额要遵循税法优先原则。企业在计算应纳税所得额时，企业财务会计处理办法同税收法律、行政法规的规定不一致的，应当依照税收法律、行政法规的规定进行纳税调整，并据纳税调整后的应纳税所得额计算缴税。

本节将介绍企业所得税会计核算的一般流程，并阐述在智能税务会计环境下，如何通过优化企业所得税会计核算流程，帮助企业合规缴税，尤其是如何通过智能化系统辅助人工判断，帮助会计人员更加准确地识别纳税调整事项，从而降低企业所得税的纳税风险。

二、企业所得税会计核算的一般流程

企业所得税会计核算的一般流程见图8—5。

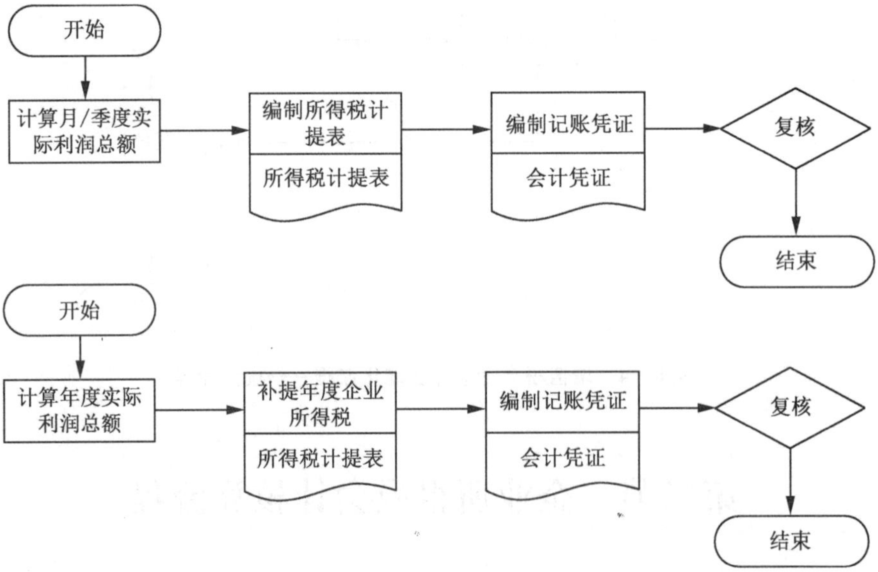

图8—5 企业所得税会计核算的一般流程

（一）计算月/季度实际利润总额

企业分月或季度预缴企业所得税时，应当按照月度或季度的实际利润额预缴。“实际利润额”为按会计准则核算的利润总额减去以前年度待弥补亏损以及不征税收入、免税收入后的余额。

（二）编制所得税计提表及记账凭证

根据上一步计算的实际利润总额，按照税法规定，计算当期预缴所得税的金额，编制所得税计提表，借记“所得税费用”，贷记“应交税费——应交企业所得税”，编制记账凭证并复核、入账。

(三)计算年度实际利润总额,补提年度企业所得税

第四季度时,按税法规定应先预缴税款,再汇算清缴。汇算清缴时,要进行“调表不调账”的一般纳税调整:不对财务会计记录调整,只在纳税申报表中进行调整,影响的只是企业应纳所得税,不影响企业的账面利润。企业按税法规定进行调整后,依法计算本企业年度应纳税所得额,进而计算本年度应纳税额、实际应纳税额和应补(退)所得税额。根据年度企业所得税的缴纳和应补(退)所得税额,编制记账凭证并复核、入账。

三、企业所得税会计核算的智能化流程

(一)季/月度企业所得税会计核算的智能化流程

企业所得税会计核算智能化流程(季/月度)如图 8—6 所示。

1. 自动取数计算季/月度实现利润

应用智能助手查报表功能,从季/月度利润表对应科目取数,并按照系统内嵌的核算规则自动计算季/月度实现利润,同时在税务管理系统中生成相应的记录文件。

2. 计算应交税金并计提,生成凭证

自动计算季/月度需预缴企业所得税额并计提,生成企业所得税计提表,根据所得税计提结果,自动生成会计凭证,系统自动复核无误后入账。

(二)年度企业所得税会计核算的智能化流程

企业所得税会计核算智能化流程(年度)如图 8—7 所示。

1. 纳税调整事项识别标记及数据采集

在日常经济业务、报销等事项发生时,即从账务系统、报销等系统中获取涉税业务数据,对纳税调整事项进行自动识别、标记。

2. 税会调整项目台账

将各类涉税业务数据自动归集到所得税各类管理台账。税会调整台账包括视同销售业务台账、非税前支出业务台账、资产业务台账、资产损失业务台账、投资收益业务台账等,以及递延所得税、弥补亏损管理等。同时,根据调整台账及核算数据,生成各类满足税务核对及业务需要的工作底稿,底稿明细可追溯至台账或核算明细,并自动校验工作底稿数据,实现数据追溯校验的功能。

3. 递延所得税资产/负债计提

在资产负债表债务法下,当企业所得税纳税调整时,如果不通过“递延所得税资产(负债)”账户处理,虽然既不影响流转税计缴,也不影响企业所得税的计缴,但可能出现因遗忘可抵扣暂时性差异而多缴企业所得税的情况。因此,需要从账务系统中自动获取递延所得税相关科目年初、年末余额,自动分析判别应补提/冲销递延所得税资产/负债的情况,生成递延所得税资产/负债计提表,为年度汇算清缴做好准备。

4. 税款计算及补提

将上述纳税调增、调减项目及金额归集,从年度利润表对应科目取数,并统计年度已预缴企业所得税额,计算出汇算清缴应补提(冲销)的企业所得税额。自动生成会计凭证,复核无误后入账。

图 8—6　企业所得税会计核算智能化流程(季/月度)

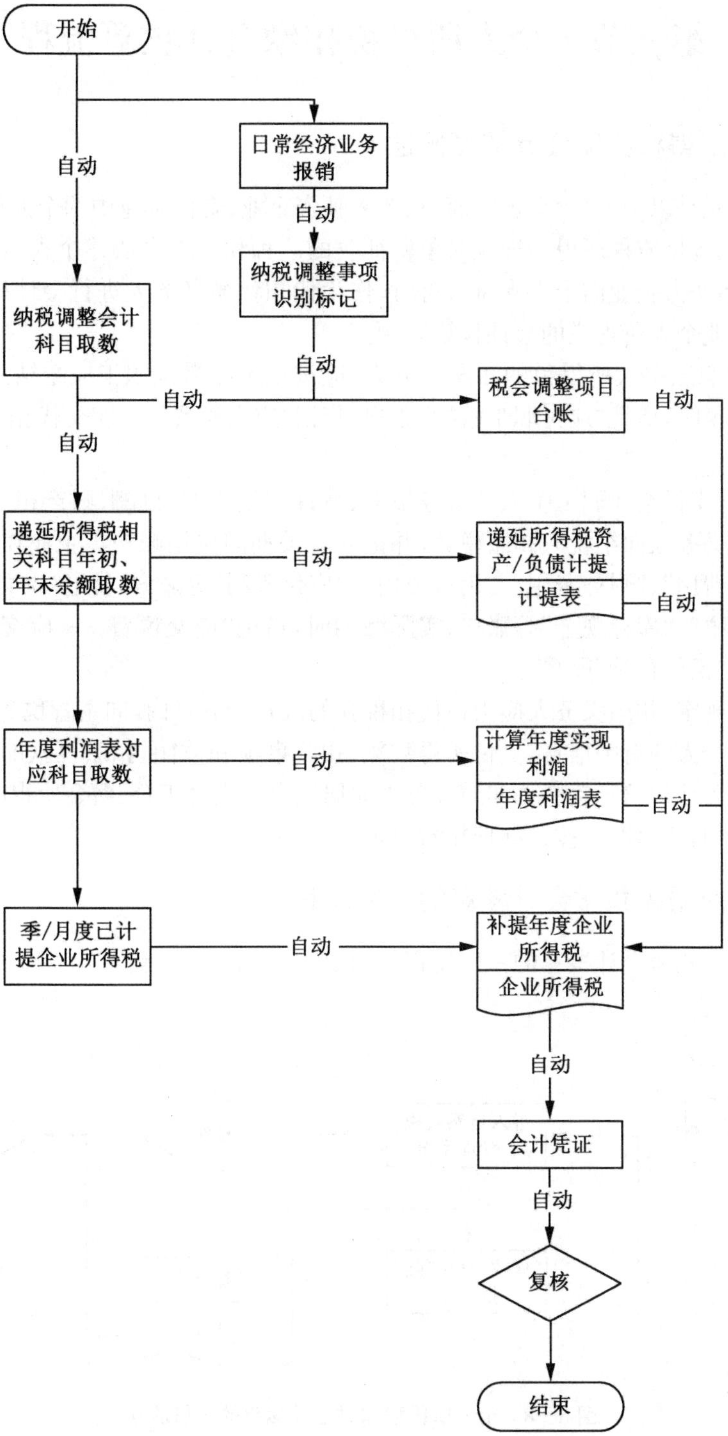

图 8—7　企业所得税会计核算智能化流程(年度)

第三节　个人所得税扣缴会计核算流程

一、个人所得税扣缴会计核算概述

个人所得税是以个人(含个体工商户、个人独资企业、合伙企业中的个人投资者、承租承包个人)取得的各项应税所得为征税对象所征收的一种税。本书所述个人所得税扣缴会计核算流程,是指法人企业向个人支付所得时,作为代扣代缴义务人进行会计核算的流程,不涉及非法人企业个人所得税的会计核算问题。

企业作为职工个人所得税的扣缴义务人,应按规定扣缴该职工应缴纳的个人所得税。代扣个人所得税时,借记“应付职工薪酬”账户,贷记“应交税费——应交代扣个人所得税”账户。

另外,企业支付给非职工个人的劳务报酬、特许权使用费、稿酬、财产租赁费等,由支付单位作为扣缴义务人向纳税人扣缴税款,并记入有关期间费用账户。企业在支付上述费用时,借记“管理费用”、“财务费用”、“销售费用”、“应付股利”等账户,贷记“应交税费——应交代扣个人所得税”、“库存现金”等账户;实际缴纳时,借记“应交税费——应交代扣个人所得税”账户,贷记“银行存款”账户。

按照现行规定,扣缴义务人应当在代扣税款的次月十五日内,向主管税务机关报送其支付所得的所有个人的有关信息、支付所得数额、扣除事项和数额、扣缴税款的具体数额和总额以及其他相关涉税信息资料。扣缴义务人向居民个人支付工资、薪金所得时,应当按照累计预扣法计算预扣税款,并按月办理扣缴申报。

二、个人所得税扣缴会计核算的一般流程

个人所得税扣缴会计核算的一般流程如图 8—8 所示。

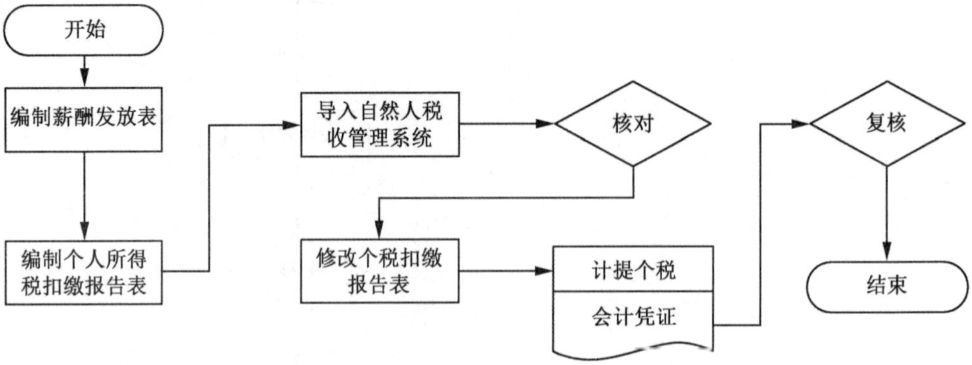

图 8—8　个人所得税扣缴会计核算的一般流程

(一)编制薪酬发放表

生成工资表数据,编制薪酬发放表,与此同时,应代扣代缴个人所得税的金额也被计算

出来。该动作一般由企业的人力资源管理人员完成。

(二)编制个人所得税扣缴报告表

税务会计根据人力资源部门计算出的个人所得税代扣代缴数据,编制个人所得税扣缴报告表。

(三)导入自然人税收管理系统,核对修改

税务会计将编制好的个人所得税扣缴报告表导入税务局自然人税收管理系统,进行核对。按照2019年实施的新《个人所得税法》及其相关规定,若当期有员工新增或修改专项附加扣除事项,需要重新计算个人所得税代扣代缴金额,并修改个税扣缴报告表。

(四)计提个税,生成凭证

税务和总账会计审核人力资源系统税金计算正确性后,由总账会计计提税金、编制凭证,复核无误后入账。

三、个人所得税扣缴会计核算的智能化流程

个人所得税扣缴会计核算的智能化流程与非智能化场景下的一般流程相近,但可以通过自动化、智能化手段的应用,达到核算准确、操作简便的目的,如图8—9所示。

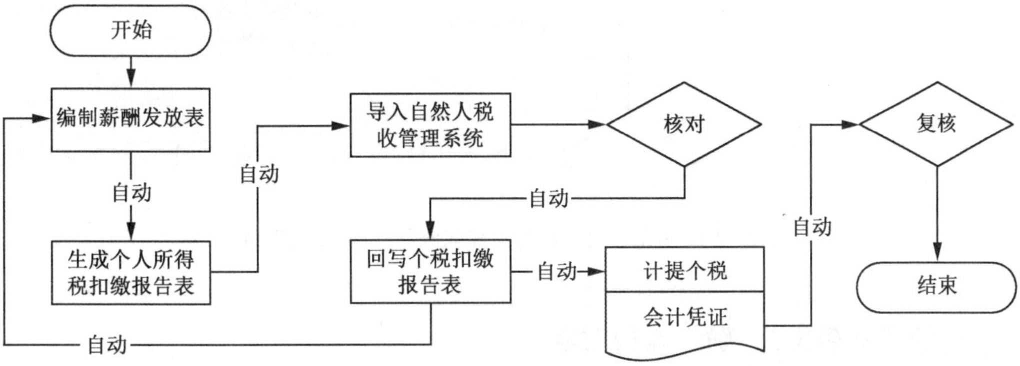

图8—9　个人所得税扣缴会计核算的智能化流程

(一)自动生成个人所得税扣缴报告表

税务系统根据人力资源系统推送的薪酬发放表数据,以及其中的个人所得税代扣代缴数据,自动生成个人所得税扣缴报告表。

(二)自动导入自然人税收管理系统,比对回写

应用智能流程机器人,将个税扣缴报告表导入税务局自然人税收管理系统进行比对。若当期有员工新增或修改专项附加扣除事项,系统可以自动将结果回写入个税扣缴报告表,并自动更新薪酬发放表,重新计算个人所得税代扣代缴金额。在无智能化手段辅助的情况下,税务会计通常需要在编制个税扣缴报告表时、导入自然人税收管理系统时、次月申报缴纳时多次登录税务局系统核对员工的个税信息。因此,该流程的优化可以明显减少人工核对的工作量和可能出现的遗忘或错漏,提高财务人员的工作效能。

(三)计提个税,生成凭证

账务系统根据核对后的个税扣缴报告表,自动计提税金并生成凭证,系统自动复核,无误后入账。

第四节　其他税会计核算流程

其他税种的会计核算在流程上共性较强,此处以消费税及其附加税为例,简要介绍其他税种基本通用的会计核算智能化流程,如图 8—10 所示。

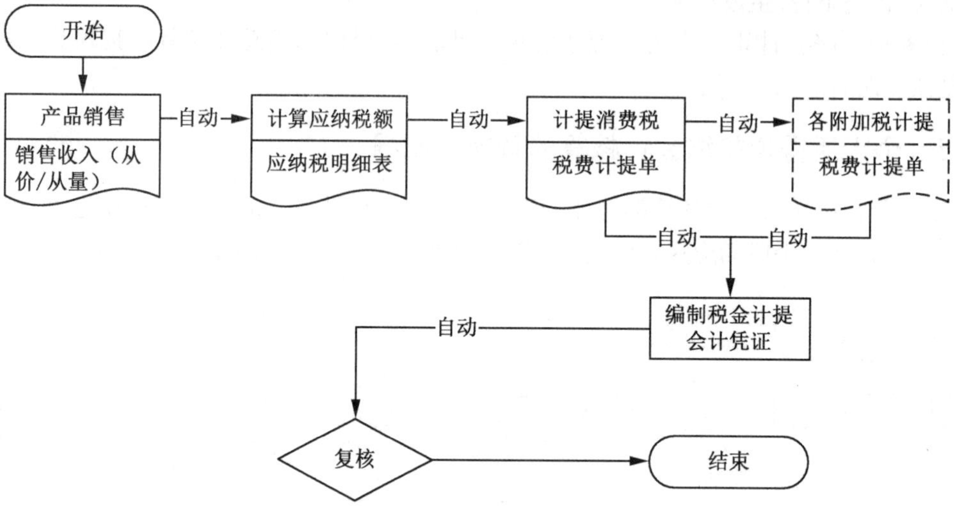

图 8—10　其他税会计核算智能化流程(以消费税为例)

一、涉税业务发生,确认课税对象

涉税业务发生后,首先要确认课税对象,明确纳税义务。以消费税为例,企业销售消费税应税产品,需缴纳消费税。在销售业务发生后,取得销售收入时,由系统自动梳理商品类别,明确应税商品的种类和销售金额。

二、按照计税依据,计算应纳税额

在消费税中,不同类别的商品适用不同税率或税额(区分从价征收或从量征收),如果人工操作,需要分别核算应纳税额并编制应纳税明细表,工作量较大且容易出错。而在智能化流程下,机器人自动根据业务数据和相关会计凭证,按照税法的具体规定,分门别类地计算某个税种的应纳税额,并按要求生成底账,保存在税务管理系统中。

三、税金计提,编制会计凭证

应纳税额计算完成后,系统将自动进行税金计提并出具记账凭证,经复核或稽核无误后入账。

第五节　税收申报缴纳流程

纳税申报是指纳税人在发生法定纳税义务后，按照税法或行政法规所规定的内容，在申报期限内，以书面形式向主管税务机关提交有关纳税事项及应缴税款的法律行为。对于企业而言，增值税、企业所得税、消费税、城建税等各个税种，都需要进行申报缴纳，作为个人所得税的代扣代缴义务人，也需要进行扣缴申报，然后缴入国库。税收申报缴纳是税务会计工作的最后一环，也是工作量最大、难度最大、最为重要的一环。本节将阐述税收申报缴纳的一般流程，并介绍智能化条件下对税收申报缴纳流程的优化。

一、税收申报缴纳的一般流程

税收申报缴纳的一般流程如图 8—11 所示。

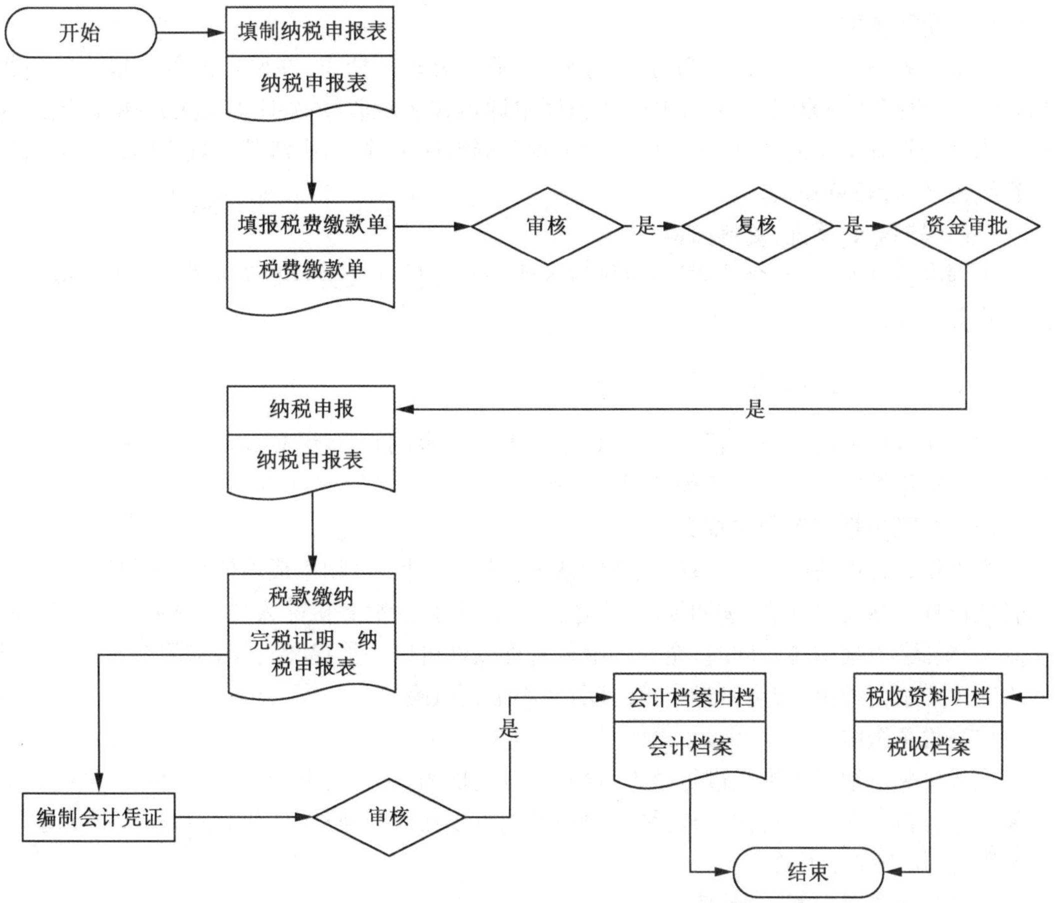

图 8—11　税收申报缴纳的一般流程

(一)填制纳税申报表

税务会计根据税金核算计提金额,按照所申报税种的纳税申报表要求,逐项整理、计算、填列。由于申报表栏目与账务系统并非一一对应,税务会计常常需要进行大量的计算和调整。

(二)填报税费缴款单

申报表填制完成后,根据本期申报缴税金额,填报税费缴款单,申请缴纳税费。缴款单一般需要由稽核会计或复核会计进行审核、复核,再由财务负责人进行资金审批(依企业管理制度而定)。

(三)纳税申报

目前,我国各地税务机关一般要求纳税人经由电子税务局平台,通过互联网申报纳税。税务会计需要将申报数据输入税务申报平台进行申报,税务机关对纳税申报表进行核查,再确定应纳税额。税务会计需要人工打印及导出经税务局核查后确定的应纳税额,据以调整本期应纳税金额。

(四)税款缴纳

若纳税人与税务局签订有银行、税务局、企业三方划款协议,在网上纳税申报确认缴款后,税款将直接从企业账户划入国库,银行回单即可作为税收缴款书,应定期去银行领回入账。未办理划款协议的,纳税申报时上门去税务局打印缴款书,在缴款书规定的缴款期内到银行缴税,银行盖章确认。

(五)编制会计凭证,资料归档

根据缴款金额,编制会计凭证,审核后入账。完税凭证交会计档案存档,税收申报表一般由税务会计留存。

二、税收申报缴纳的智能化流程

智能化场景下的纳税申报,可以实现企业纳税报表的自动生成和纳税申报的无纸电子化。税收申报缴纳的智能化流程见图 8—12。

(一)纳税申报表填制与推送

根据税费计提情况,依照系统预置的纳税申报表模板,自动生成增值税、所得税、其他税等各类税种的纳税申报表,按期提取、推送。在申报时,由财务机器人自动登录电子税务局,实现“一键式”申报纳税。同时,企业的财税管理软件可以添加提醒功能,提醒企业在什么时间内需要缴纳何种税,防止错过申报时间,减小纳税风险。

(二)税费缴纳

税务机关对纳税申报表进行核查,再确定应纳税额,企业由电子支付系统把应纳的税款上缴至税务机关账户。这样一来,纳税申报缴纳可以在任何地点、任何时间完成,不受时间、空间限制,从而提高了效率。

(三)生成电子档案、会计凭证

在申报纳税并取得税收完税证明(缴款书)后,应通过影像系统将纳税申报表和完税证明上传并进行 OCR 识别,提取信息,将税款申报缴纳结果回写,并进行资料存档,进入电子会计档案。系统可通过银企直联自动完成对账,并生成会计凭证,自动复核后入账。

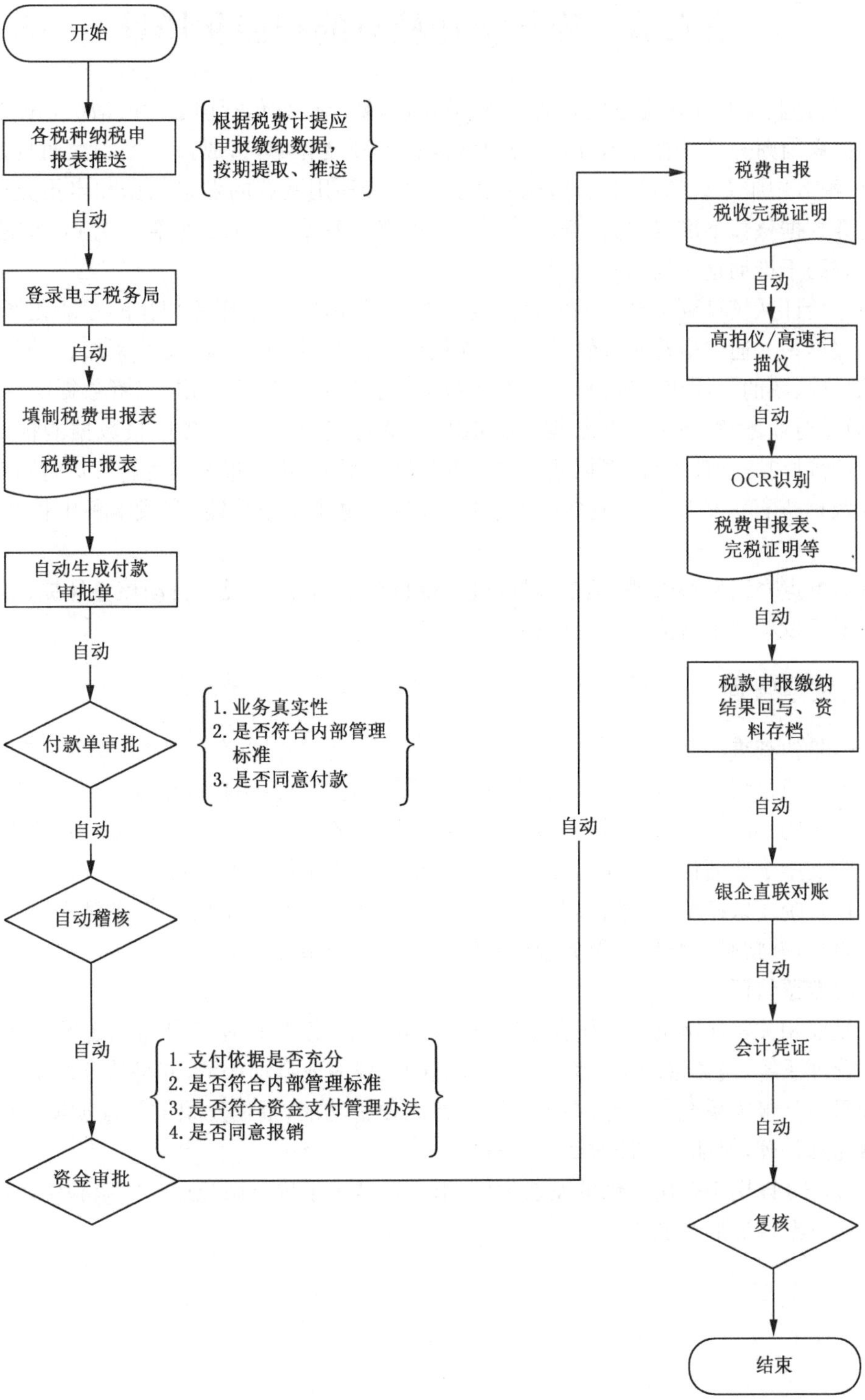

图 8—12　税收申报缴纳的智能化流程

第六节　税务会计核算的智能化场景

目前，企业普遍存在税务核算缺失、核算不清、缺乏信息化管理手段的情况，其主要原因是税务核算与财务核算存在差异，且税收政策在不断变化中，造成核算困难。而且，由于税控机具、税务申报系统的封闭设计，纳税人无法直接利用既有的发票数据和申报数据，造成企业税务数据核算不准确，与税务局掌握的数据产生差异。而我们欣喜地看到，智能化手段的应用有助于推动这一局面的改变。

税务会计从核算到申报缴纳的全流程智能化，是由一个个环环相扣的智能化场景所组成的完整体系。通过搭建税务管理平台，连接业务系统、财务系统、发票系统、工资系统，采用业、财、税、票的一体化管理设计，从业务数据、财务数据、发票数据、工资数据等原始数据入手，通过对业务、财务和发票数据的抽取和勾稽对应，实现对税务申报数据的精确核算。申报前，通过税务管理平台，根据嵌入的税务规则及财务、税务报表间逻辑等进行自动校验，对申报数据进行审核后形成最终申报数据，并通过电子申报功能，完成纳税申报和税款缴纳。

本节重点介绍发票管理、发票开具、进项税自动抵扣转出、税金自动核算计提、自动纳税申报及电子发票 6 个智能化应用场景。

一、发票管理

(一)验伪查重

制单人或报账人获取发票后，对实物单据进行扫描(可使用扫描枪或手机扫描增值税发票上的二维码，或者纸质发票扫描录入、电子发票直接导入等方式)，利用图像识别(OCR)技术获取发票全票面信息。同时，系统将发票信息抓取至报账单界面，并将发票信息推送至税务管理系统发票模块，税务管理系统通过与税局的接口将发票信息传递至税局底账库进行发票验真，并将验真结果经税务管理系统回写至报销系统。

(二)专票认证

经授权相关领导审批及稽核会计审核记账通过后，系统在月底自动推送发票认证指令至税务管理系统，税务管理系统对已验真通过的发票完成自动认证，并将认证结果经税务管理系统回写至报销系统。此外，系统可嵌入智能预警功能，根据发票的认证期限，在即将到期前做提醒处理，保证企业按时认证发票。

图 8—13 以用于费用报销的发票为例，形象地展示了税务系统进行发票验伪、查重及增值税专用发票认证的智能化场景。

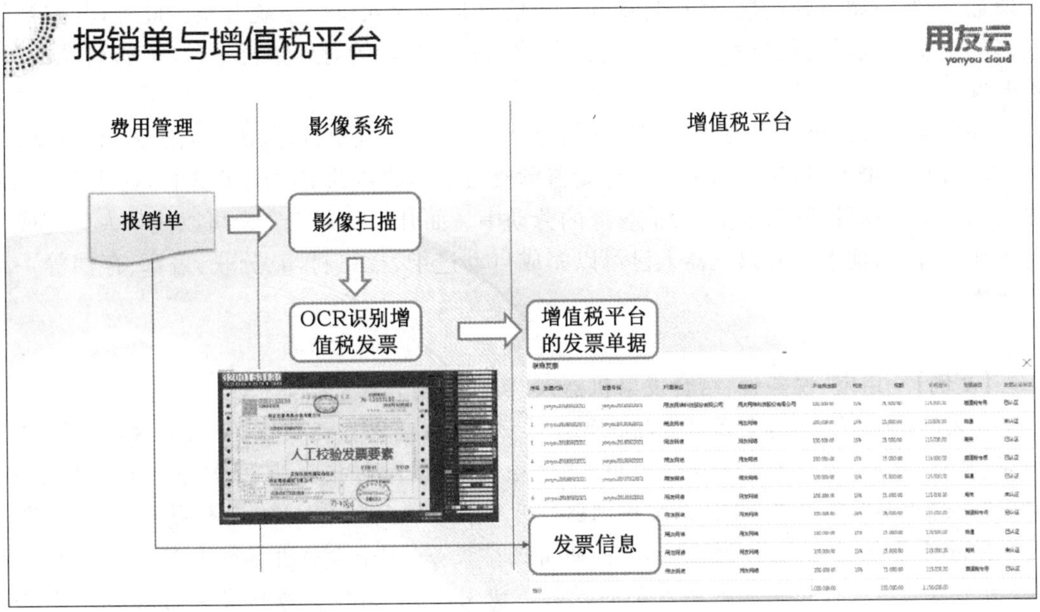

资料来源："用友云"产品推介材料。

图 8—13　发票验伪、查重及认证场景

【案例】　增值税进项发票管理的机器人流程自动化(RPA)

增值税进项发票管理的现有流程包括 10 个工作环节，应用 RPA 技术可以替代每个流程的人工操作。

(1)查看纸质发票信息：利用 OCR 识别技术，可以变人工查看纸质发票为扫描识别发票。

(2)打开发票查验平台：机器人可自动登录异构系统，并打开税局发票查验平台。

(3)输入发票信息：机器人的上传功能可自动完成数据上传、数据输入。

(4)查验发票：利用机器人数据核对和错误识别功能完成发票查验。

(5)在 Excel 中记录结果：利用机器人数据下载功能在 Excel 中记录结果。

(6)登录发票综合服务平台：利用机器人异构系统贯通功能登录发票综合服务平台。

(7)下载批量勾选清单：利用机器人数据下载功能实现下载批量勾选名单。

(8)匹配发票清单并勾选：利用数据映射实现匹配发票清单并勾选。

(9)上传批量勾选清单并进行认证：机器人的数据上传功能支持上传批量勾选清单进行认证。

(10)确认勾选：通过数据验证实现确认勾选。

案例来源：陈虎，孙彦丛，赵旖旎，郭奕，白月. 财务机器人——RPA 的财务应用[M]. 北京：中国财政经济出版社，2019.

二、发票开具

发票开具可实现全流程的自动化、智能化。税务系统可以与业务系统数据互通，实现自动取数，获取发票待开信息，然后将待开发票信息自动导入税控系统开票。此外，开票数量较多的企业可以通过信息系统建设，将开票功能嵌入企业的对外销售平台，实现C端的“自助开票”。

除了人工开票可能出现开具错误的情况外，手工进行发票打印，需要人工送纸、裁切、分联、盖章，开票量大时，机器卡纸、错位、漏盖章或盖章不清晰的情况屡屡发生，使财务人员大量时间都陷入这种琐碎、重复、价值量低的劳动中。而开票机器人完全可以代替人工完成上述工作，目前市面上的开票机器人已可以完成自动进纸、批量打印、分联、盖章、存档等一系列操作。

【案例】 用友“税务云”结合发票机器人，实现自动开票

用友“税务云”服务，全面融合增值税发票机器人，实现直连税控、一键开票，自动打印、分联、盖章、存档，如图8—14所示。用友“税务云”可同时对接企业ERP系统与税控系统，实现“一键开票”：从企业ERP系统中调取待开数据导入税控系统，自动取得开票信息，避免人工录入开票数据可能出现信息不准确的情况；“税务云”平台将开票信息传递至发票机器人，由发票机器人自动完成纸质发票的开具。使用发票机器人，每份发票的自动开具仅需12秒，1小时可处理360份发票；连续进纸，批量打印，自动切纸，整个流程全自动，无须人工干预；盖章清晰稳定，连续进纸不易卡纸，大大减少财务人员工作量，提高工作效率。

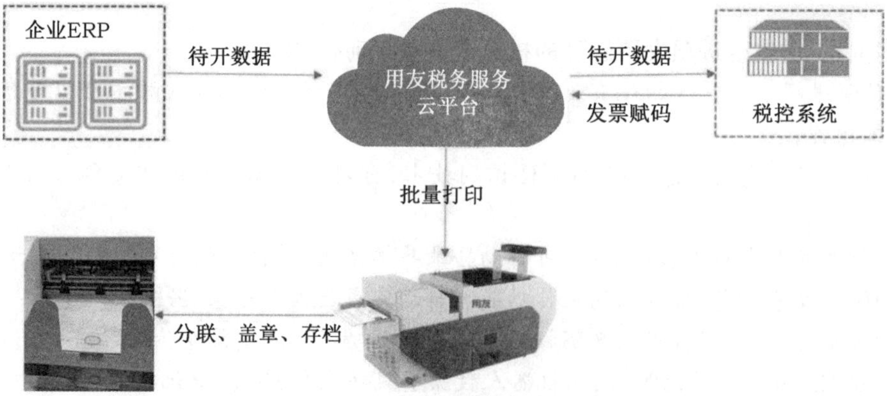

图8—14 用友自动开票解决方案

案例来源：用友官方网站，https://www.yonyoucloud.com/product.php? id=9.

三、进项税自动抵扣转出

通过将税收制度要素嵌入智能财务系统，由系统在业务端自动识别该笔业务涉及的发票或相关票据（如旅客运输服务的行程单、火车票等）是否属于可以作为进项抵扣的范围：若属于员工福利等不可计提进项，则不予抵扣；若属于企业经营业务发生的票据，不属于政策明确规定不可抵扣范围的，则准予抵扣。然后，将这一流程嵌入后续发票管理流程中，完成增值税进项的自动转出和记账处理，进而正确核算每月进项税额。

在影像系统完成发票识别（OCR技术）的基础上，系统自动判断该发票是专票还是普票，同时系统已内嵌符合抵扣范围的判断规则，从而智能判断此项业务能否抵扣。可以抵扣的，在验真及稽核岗稽核通过后，可传递至税务管理系统待抵扣任务池；系统判断不能抵扣的，则在验真及稽核岗稽核通过后，系统不会将此发票传递至税务管理系统待抵扣任务池。

四、税金自动核算计提

税费计提中，企业可以充分利用信息化处理的优势，根据税法设计出合适的模型，系统提供统一的税费计提模板，嵌入财务及税务管理系统中，对税费计提业务进行规范。固化的模型可以统一每一类业务处理的流程、标准，只要找到相关经济事项的数额，便可快速通过计算机系统统计出来，实现自动计提。计提完成后，生成相应的税费计提凭证并留存在系统中，以备了解和检查。

在商品交易环节，对于增值税，伴随着商品或者应税劳务的交易，一般纳税人增值税销项和进项的具体税额均记载在增值税发票上，财务或税务管理系统可以直接提取出发票上的税金数额。小规模纳税人采用简易计税方法，系统可以提取出企业的总销售额。又如消费税，如果是从价计征的应税消费品，系统需要提取消费额；对于从量计征的应税消费品，系统需要提取销售数量。

在财产买卖和使用环节，如果发生了车辆购置，系统可以从交易中获取车辆的购置价格，未来车辆使用期间也要按照相关规定缴纳车船税；转让土地使用权和房屋必须缴纳土地增值税，如此一来，需要注意房地产开发成本、费用、房屋评估价格、转让环节缴纳的税金等信息的提取；获得土地和房屋权属需要缴纳契税，这时成交价格是重要的计税基础；房屋使用过程中需要缴纳房产税，如果是自用房产，要提取房产原值，如果是从租计征，需要收集房屋租金收入。

对所得税的计提，主要关注纳税调整事项。如本章前述，系统可以提取利润表中最后核算出的数据，然后根据之前整理的税务备查簿，逐条调整企业的应纳税所得额，大幅节省企业的汇算清缴时间。

下文以进项销项差额表提醒流程自动化为例，介绍增值税核算计提智能化流程的具体应用场景。

【案例】　进项销项差额表提醒流程自动化

某大型央企客户遍及全球100多个国家和地区，该企业将一些数据量大、重复性高、可以流程化的日常工作交给财务机器人处理，从而极大提升了税务及财务工作效率，减少了工作错误率。进项销项差额表提醒机器人，就是该企业正式部署的财务机器人之一。

在进项销项差额表提醒流程中，税务机器人定期从SAP系统、开票系统、进项税票管理系统及PDF文件4个数据源中生成提醒表格，并将结果发邮件反馈给业务人员，实现了多数据源核对整理，极大地提升了税务工作效率并降低了错误率。

具体的进项销项差额表提醒流程自动化如图8—15所示，包括：税务机器人自动登录SAP系统获取各部门进销项报表数据，自动登录税务认证网络获取认证通过的税额合计，然后远程访问开票系统获得当月实际开票税额，自动访问获取申报表中上月留抵税额，进行本月实际差额的计算，并将生成的差额表存入指定文件夹且邮件发送给相关人员。

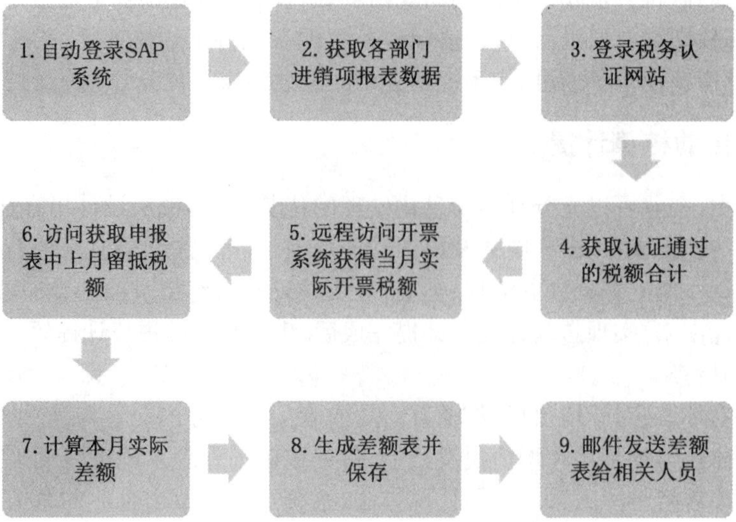

图 8—15　某企业进项销项差额表提醒流程自动化

进项销项差额表提醒流程自动化的财务机器人实施周期大约为 5 周，场景类型为多数据源流转自动化，涉及的自动化操作包括财务系统信息读取、外部网站登录和信息读取、远程登录及信息获取、Excel 文件操作、文件保存和邮件发送。通过引入机器人来替代高频、重复、时间长且附加值低的人工操作，财务机器人自动登录系统、获取数据、计算进销项差额，流程设计标准化、操作速度快且准确性高，直接将处理结果发送给财务人员检查和进一步使用，节约了大量时间。

案例来源：陈虎，孙彦丛，赵旖旎，郭奕，白月. 财务机器人——RPA 的财务应用[M]. 北京：中国财政经济出版社，2019：140. 本书根据原文进行了适当改写。

五、自动纳税申报

目前，企业纳税申报数据主要还是以手工梳理、计算、填写为主，工作效率低，准确性差，表内、表间数据逻辑不清，导致纳税申报出现错报、漏报、延迟上报、重复申报，以及少缴或多缴税款的情况，造成企业不必要的损失。

近年来，税务部门持续深化"放管服"改革，不断推进"互联网＋税务"行动，逐步开放电子申报数据接口。于企业而言，逐步建立电子申报手段，依托税务局提供的标准税务申报接口，实现税企互联互通，完成企业内部信息化系统与税务局信息化系统对接，势在必行。

目前实现电子自动化申报有两种技术途径：一是通过 API 方式，即将企业申报数据按申报接口要求生成标准电子报文，并将报文发送给税局端接收。由于目前各省市申报数据接口不统一，API 电子申报方式需要逐步建立。二是通过 RPA 方式。RPA 是指以机器人作为虚拟劳动力，依据预先设定的程序与现有用户系统进行交互并完成预期的任务。报税机器人的设计思路是，通过自动执行的脚本模拟原有的报税操作，实现申报系统自动登录、申报数据自动填写、数据合规性自动判断、税务申报自动完成。

【案例】 中兴新云纳税申报自动化

中兴新云采用RPA方式实现纳税申报自动化。由RPA实施的纳税申报过程被细分为四大子过程，即数据准备、处理能力、业务流程、成果输出。

其中，数据准备主要是指与本地数据(如税务主体信息、开票信息、财务信息等)的交互；而处理能力指的是与税局系统的交互，如登录、数据填写、提交等动作；业务流程则是纳税、缴税的账务化反映；成果输出包括效果评估、人工审查及识别改进(见图8—16)。

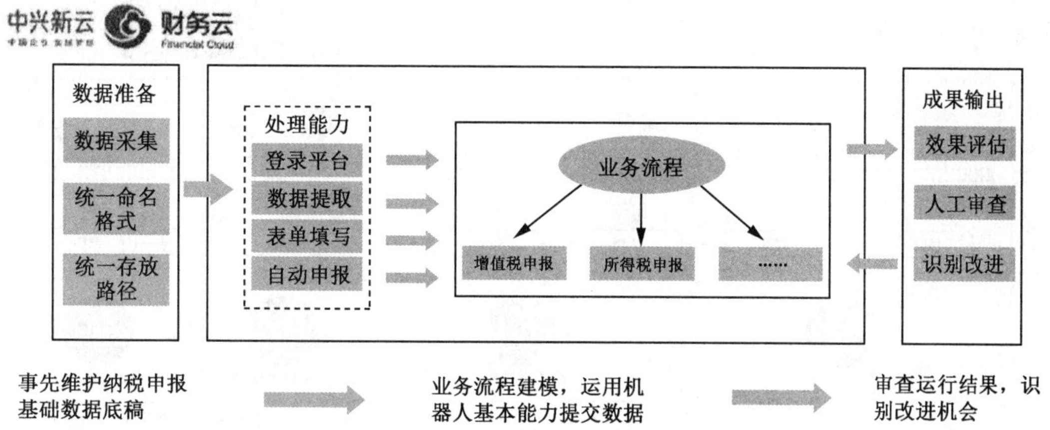

图8—16 中兴新云的纳税申报自动化

- 数据准备：(1)利用RPA工具，通过脚本的预定义，期末机器人自动登录账务系统，比如试算平衡表、固定资产子账目等，税务系统按照税务主体批量导出财务数据、增值税认证数据等税务申报的业务数据；(2)机器人自动获取事先维护好的企业基础信息，用于生成纳税申报表底稿；(3)对于需要调整的税务差异、会计差异、进项数据差异、固定资产进项税抵扣差异、预交税金等，自动通过设定好的规则进行调整，借助预置的校验公式进行报表的校验，如财务科目与税务科目的数字校验等；(4)机器人将处理好的数据放到统一的文件夹，统一命名格式，统一存放路径，由人工进行审查或干预。
- 处理能力：(1)对于核对审查无误的数据，执行脚本，由机器人按照公司主体自动登录税务申报系统；(2)执行纳税申报底稿的读取；(3)表单填写，自动导入底稿相关数据；(4)自动申报，执行纳税申报表提交，完成纳税申报，并将相应的信息保存在本地。
- 业务流程：(1)税务分录的编制与自动输入：根据纳税、缴税信息完成系统内税务分录的编制；(2)计算递延所得税并完成分录的编制与输入：对于涉及递延所得税的，自动进行递延所得税资产或负债的计算并完成系统内的入账。
- 成果输出：对财务机器人纳税申报的效果进行评估，某些易错点由人工进行审查，将识别出的待优化节点进行优化。

案例来源：陈虎，孙彦丛，赵旖旎，郭奕，白月. 财务机器人——RPA的财务应用[M]. 北京：中国财政经济出版社，2019：138.

六、电子发票

发票一直被认为是企业信息化过程中的最后一道鸿沟。长期以来，在纸质发票使用过程中，常出现数据无法直接利用，需手工录入或技术手段识别，打印错误且容易丢失损毁，邮寄成本高、时间长，入账归档操作复杂，无法实时查询等问题。电子发票的出现解决了这一系列难题。基于 ERP 系统与电子发票的融合，可以实现实时开票、收票，将企业上下流的数据连接贯通，解决了原来纸质发票使用成本高、效率低的问题。图 8－17 是电子发票在用友税务云解决方案中的作用。

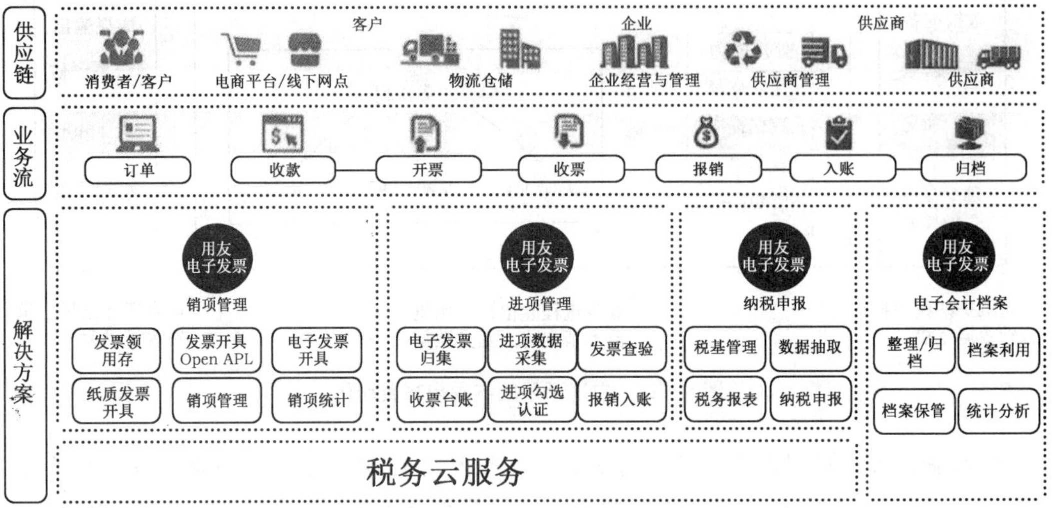

资料来源：用友网络科技股份有限公司．企业数字化：目标、路径与实践[M]．北京：中信出版集团，2019：251.

图 8－17　电子发票在用友税务云解决方案中的作用

电子发票通过两层密码技术来保证发票的安全性。一层是通过增值税防伪税控系统中“数字防伪密码”，采用税控专用算法，将发票上的主要信息以加密形式体现。另一层是通过第三方认证的电子签章，采用非对称加密算法，主要用于确认开票企业的身份、开票时间、开票内容和金额。

电子商务是电子发票应用最广泛的领域。电子发票解决了线上购物体验最后一公里的问题，实现了数字化的交易凭据和售后维权保障，解决了消费者对线上购物没有售后服务保障和无法维权的后顾之忧，推进了数字化商业市场的公平、透明和安全。在电子支付已经得到广泛应用的现状下，电子发票与支付的应用结合是一个必然趋势。通过电子发票与包括网银支付、第三方支付、快捷支付等在内的各类支付渠道的对接，可以帮助企业快速实现支付与开票一体化应用，缩短交易时间，为消费者带来良好的交易体验。

供应链是电子发票应用最广泛的领域。电子发票将产业上下游数据信息连接起来，通过统一税收商品编码，可清晰追溯商品从原材料、初级产品、中级产品到最终商品的整个生产链条，把从采购原材料、制成中间产品，到销售最终产品的全过程连接起来，将供应商、制造商、分销商、零售商和最终用户连成一个整体。通过为供应链上下游企业提供电子发票开具、流转、接收、入账、归档的全程电子化应用，可以帮助供应链上下游企业梳理资金流、物流、信息流之间的对应关系，解决信息共享流程缓慢、信息不完整、对账复杂等问题，加速商品流转，促进商业进程。

【案例】　京东集团推动电子发票发展

2013 年 4 月，北京市国税局等四部门选择京东开展电子发票应用试点。6 月 27 日，京东商城开出了中国内地首张电子发票。同时，京东集团自营电子商务平台向北京地区个人消费者销售图书、音像类商品时，实现开具电子发票。2014 年 6 月 27 日，在成功开具中国电商领域首张电子发票一周年之际，京东与北京市国税局电子发票服务平台、中国人民财产保险股份有限公司正式对接，成功开具中国首张对公可报销电子发票，并以电子化方式入账。

2015 年 7 月 31 日，京东集团顺利开出了全国第一张电子增值税普通发票。2015 年 12 月 3 日，京东集团、金蝶集团、航天信息在北京联合举办"国家税务总局增值税发票系统升级版电子发票全国推广暨可报销启动仪式"，现场展示了企业电子发票的取得以及报销入账的全闭环流程，从电子发票的开具、接收、报销申请到 ERP 自动记账和归档，完整实现了升级版电子发票无纸化报销入账的全流程。

2017 年 5 月 9 日，京东开放平台电子发票服务正式上线，以共享电子发票的服务模式为京东 16 万开放平台商家小微企业提供电子发票服务。

推行电子发票之前，京东等大型电商企业自营电商平台会为消费者开具纸质发票，发票购买、打印、分拣，场地租赁、员工聘请以及物流配送等环节都需要企业相应的支出。据了解，京东在纸质发票上的支出是每年 2 亿元。推行电子发票之后，只需经过消费者的鼠标点击即可形成数据，企业不再需要打印、分拣、递送、仓储等烦琐劳动，提高了企业的生产效率，减少了成本支出。2016 年、2017 年京东已经累计开具超过 10 亿张电子发票，节省发票综合成本 2.4 亿元。此外，电子发票入账极大提升了财务信息化管理的水平，帮助企业提高经营效率。

案例来源：蔡磊. 互联网＋财税[M]. 北京：中国财政经济出版社，2017.

【案例】　广东省税务局：自建代开电子发票平台正式上线

"哇！动动手指，就能轻松在手机上取得由税务机关代开的增值税电子普通发票了。"来自广州的舞蹈老师钟女士"尝鲜"代开电子发票后表示，"我经常会被一些单位临时聘请教授舞蹈，以前都需要本人到办税服务厅代开发票，现在好了，在手机上代开发票，全程不到 5 分钟，再也不用跑税务局了！"

按照全面深化"放管服"改革工作要求，为进一步优化税收营商环境，针对纳税人代开普票"最后一公里"问题，国家税务总局广东省税务局创新自建了网上代开增值税电子普通发票平台，代开普票迈向了"线上申请＋自助缴税＋自助出票＋自动推送"全程自助新模式。经充分试点验证，该功能已于 2019 年 7 月底正式在全省范围内推广上线。

● "一次都不用跑"，全流程"一气呵成"

代开发票一直是办税服务厅的高频业务之一。据统计，2018 年广东省自然人代开增值税普票共 213.67 万份，自然人必须上门才能领取纸质发票，流程烦琐，耗时较长。因此，纳税人和税务干部都对提升代开发票业务效率有迫切需求。

针对代开发票存在的痛点，广东省税务局于今年 3 月份开展了网上代开电子发票项目建设，代开发票申请、多渠道缴税、电子发票开具以及版式文件生成、发票推送及下载等全流程均自主创新开发，无须依赖第三方电子发票平台。经记者实测，申请、缴税、开票全流程一气呵成，自然人足不出户代开增值税发票成为现实，大大节省了纳税人的时间成本。

“代开增值税电子普通发票技术创新，结合支付宝、微信、云闪付等第三方快捷支付，真真切切将代开发票由线下的排队等候转化为线上的‘零等待’，有效促进了征纳双方‘双减负’，实现了办税效率‘双提升’。”广东省税务局征管和科技发展处负责人介绍。

● 办税智能化，提升信息管税能力

据了解，广东省税务机关网上代开增值税电子普通发票具有三大便利：系统“智能审核”，实现代开发票申请的商品品目及税率自动配比审核，无须税务人员干预，代开发票精准高效；系统“自动预警”，对代开发票相关参数系统实时监控，促使代开票各环节合法合规，降低涉税风险，同时应用实名认证、加密防伪等技术，确保发票数据真实完整、不可篡改、保密性强；信息“绿色共享”，信息管理高效便捷，纳税人代开票资料自动电子归档，发票数据统一存储，既保障了代开票数据安全规范，又可随时随地下载使用，节省资源。

广东省税务局征管和科技发展处负责人表示：“代开增值税电子普通发票平台不但实现了从‘线下窗口办’到‘线上智能化’，还完善了业务风险规则，提升了信息管税能力和服务水平，产生了‘1+1>2’的倍增效应。”

案例来源：国家税务总局微信公众号 2019 年 8 月 8 日报道。

第九章

智能资金会计核算

第一节　资金会计核算概述

一、资金会计核算的意义

资金是企业的血液。顺畅的资金流动是企业生存的首要条件。企业运营过程中如果没有资金的保障，就好像人体进入贫血状态一般。企业生存、发展、获利的很多问题与资金的核算和管理息息相关。调查发现，中国有40%以上的企业面临资金监控不力、无法管控资金动向、无法及时了解资金收付、内部资金闲置无法调配的情况。这种情况在集团化经营、子孙公司众多、银行账户管理混乱、资金黑洞普遍存在的企业中尤其严重。造成这种情况的原因在于，纷繁复杂的资金收付业务和相互分割的数据掩盖了资金风险。这种风险还表现为企业高存款、高贷款、高财务成本，资金价值严重偏低，企业内部的资金余缺不能相互满足和调剂。

智能资金会计核算系统是指建立在先进技术和最佳实践基础上，自动、实时、高效地管理和利用资金的信息平台。智能资金会计核算系统能够帮助企业实现资金核算的自动化、实时化、网络化、集约化。它主要包括资金结算、信贷管理、现金流预算管理、票据管理、网上监控查询、银企对账、电子回单、数据分析、报表管理等模块。公司应用软件系统包括财务公司业务系统与银行的银企直联系统、数字安全认证系统、电子签章系统。

首先是资金动态智能化。借助统一的、集中的智能资金会计核算系统，实现资金信息透明化，通盘掌握资金动向，对资金的性态、存量、结构、流量、流向以及信用、计划等信息实时动态地了解查询。

其次是资金集中管理智能化。通过高效便捷的自动化手段来集中管理企业资金。统筹调度集团资金使用，挖掘沉淀资金，调剂平衡资金需求，做到集团内部结算基本不动用现金，对外结算高效及时。

最后是资金风险控制智能化。通过严格的计划、限额及授权、审批和访问控制来实现资金有序运行，防止资金体外循环，并通过资金结构、流动性、期限、成本收益及风险管理来确保资金流动过程中安全与高效的均衡，预测与防范资金风险。

二、资金管理的特征

企业中资金管理的特征：第一，核算的及时性要求高。要及时反映往来款项的动态信息，使企业管理者和决策者做出合理决策。第二，要提供各种管理或决策所需信息。除了为日常核算提供资金往来款项的动态信息外，还要利用账龄分析等方法加强销售管理，防止坏账损失。同时还要进行市场预测，为市场营销提供多层次、多角度的决策信息。第三，应与其他会计子系统联系密切。

三、资金管理的层次

在智能型会计信息系统中，资金管理模块可以细化为三个层次，分别为现金层、收入支出层和资金往来层。现金层是指企业货币资金的账户管理、流入流出管理、余量管理等。收入支出层是资金管理模块与业务模块的衔接点，销售活动是企业现金流产生的源头，采购活动是企业现金流出的重要渠道之一。销售、采购、库存管理以及固定资产管理等部门的行为都可能会导致收入支出层发生增减变动。资金往来层是资金管理模块的核心。当一笔销售业务的发货行为在系统中生成发票，或者系统收到了一笔采购业务的供货发票信息时，都可能会导致资金往来层发生增减变动，而应收应付的处理则直接关系到现金流的顺畅与否。

企业资金的来源分为自有资金和外来资金。自有资金的来源主要有投资者投入和企业经营获取的利润中留给企业自用的部分，自有资金存在的主要形式是货币资金和应收款。企业为了获取更多的资金用于自身的发展，往往会选择向银行贷款或是运用其他金融工具筹集资金。上述资金来源首先表现为负债的增加，同时企业的货币资金也会增加。为了实现债务的还本付息，营运资金的管理就显得尤为重要。比如企业通过降低库存、保有最低限度的库存来盘活流动资金，为企业争取到更多的可以在短期内周转使用的资金资源。在购销活动中，企业会形成应收款项和应付款项。应收、应付款项反映了收入和支出在形成现金流量之前以短期债权和债务存在的临时状态。应收账款的处理关系到企业资金的流入，应付账款则关联着企业资金的流出，如果应收账款长期不能收回，而应付账款又要按时支付，长此以往，企业可能面临流动资金枯竭的风险。一个企业没有稳定的现金流以及债权债务关系，就意味着面临破产的危险。

在生产经营过程中，企业必然要与金融机构、其他经济实体发生大量的经济往来，经常会出现一些待结未结的应收、应付账款，即往来款项。与这些往来款项的产生及其后续处理相关的经济业务都被称为资金往来业务，包括应收账项（应收账款、应收票据、预付账款、其他应收款、长期应收款）、应付账项（应付账款、应付票据、预收账款、其他应付款、长期应付款）等。

四、企业往来的构成

企业的往来构成主要是应收款项和应付款项。

（一）应收款项

一般来说，企业发生应收账款的主要原因是扩大销售、增强竞争力，那么其管理的目标就是求得利润。应收账款是企业的一项资金投放，是为了扩大销售和盈利而进行的投资。而投资肯定要发生成本，这就需要在应收账款信用政策所增加的盈利与这种政策的成本之间做出权衡。只有当应收账款所增加的盈利超过所增加的成本时，才应当实施应收账款赊销；如果应收账款赊销有着良好的盈利前景，就应当放宽信用条件增加赊销量。

除此之外，企业应收款项还包括应收票据、预付账款、其他应收款、长期应收款等。

（二）应付款项

应付账款是企业流动资金的一项重要来源。控制应付款的意义在于取得"不用付息的借款"。企业占用外来资金的途径有两个：一是从银行或其他途径取得有偿的借款，即除了需要偿还本金外，还要偿还相关的利息费用；二是占用应付款，获得供货商提供的无息贷款。这种"无偿性"受控于该笔应付款的付款条件。付款条件一般是伴随采购业务活动产生的，采购物料时，除了物料的品种、规格、价格、质量、数量外，最重要的莫过于付款条件了。什么时候付款、怎么付、付多少、要不要预付定金或货款、预付定金或货款的比例怎么定等，都将有可能影响到该项采购业务触发的记账凭证生成的类型。因此，控制应付款应从付款条件开始，它是应付账款形成的起点，也是激发应付凭证自动生成的关键因素之一。

除此之外，企业应付款项还包括应付票据、其他应付款、预收账款和长期应付款等。

职工薪酬是企业购买人力资源及其劳动和服务、激励职工的主要手段，为了保证生产的效率与质量，企业应该充分积极地运用工资手段调动每一个职工的工作积极性。不仅如此，职工薪酬的核算也是考核成本的重要方面。所以，提升企业职工薪酬核算的水平，保证职工薪酬计提的合理与完整性、工资发放的准确与及时性，有助于提升企业人力资源的价值，增强成本核算的准确性与完整性。

企业购买固定资产通常在正常信用条件期限内付款，但也会采用如分期付款方式购买资产，且在合同中规定的付款期限比较长，超过了正常信用条件。此项购买行为则具有了融资的性质。在与卖方签订了购货合同后，企业就要确定一笔在未来规定期限内应分期支付的货款，即长期应付款。与应付账款及其他一些短期应付款不同，这笔长期债务需要企业在未来还款期限内分期支付，并为延期支付的货款付出一定的代价，即未确认融资费用。

企业往来款项与货币资金关系密切。一方面，应收账款的收回形成货币资金流入，而应付账款的支付又会导致货币资金流出；另一方面，应收账款的形成会导致货币资金的增加被递延到后期，而应付账款的形成又会缓解企业货币资金的支付压力，将支付时间递延到以后各期。所以，货币资金是企业应收款项和应付款项的桥梁和纽带。

五、银行往来的构成

现代市场经济中，银行担负着融通资金、借贷资本的功能，并具有为各种各样的经济实体结算资金往来的重要作用。按照我国有关规定，凡是独立核算的单位都必须在当地银行开立账户。企业在银行开立账户以后，除按核定的限额保留库存现金以外，所有超过限额的现金都必须存入银行；除了在规定的范围内可以用现金直接收付款项以外，在经营过程中所发生的一切货币性收支业务都必须通过银行存款账户进行结算。由此企业必然与开户银行产生资金往来关系。

银行和企业之间经常是债权债务的复合关系：一方面，当企业在银行开立账户，将资金

“存入”银行时，实际上是将所有权转移给了银行，同意银行对该资金进行运用，银行是企业的债务人。但是，这种往来关系实质上并不属于企业资金管理的范围，当企业把现金存入银行或者从银行中取出现金时，并未造成现金流量的增加或减少，只是改变了资金的存在形式。另一方面，在企业与银行的资金往来关系中最为普遍的则是企业从银行获得贷款，银行则成了企业的债权人。

六、智能资金会计核算系统构建

（一）智能货币资金会计核算

影响货币资金会计核算的关键因素有收付业务种类、收付方式、收付币种、收付款用途或事由、业务种类。

（1）收付业务种类。是指该笔业务是导致货币资金流入还是流出，若为流入则为收款业务，反之则为付款业务。

（2）收付方式。是指收付款以现金形式、银行转账或者是其他货币资金形式收付。

（3）收付币种。是指收付活动是在人民币账户以人民币记账，还是在外币账户进行，以人民币记账。

（4）收付款用途或事由。是指该业务的起因是采购（付款）还是销售（收款），是采购或销售存货，还是支付、结算往来款，或者是其他事项。

（5）业务种类。是指该业务的具体性态。有时一笔业务会涉及多次收款，每次收款的确认计量方式不同。

智能资金会计核算关键因素判断表如表 9—1 所示。

表 9—1　　智能资金会计核算关键因素判断表

<table>
<tr><th>项 目</th><th>收付方式</th><th>币种</th><th>事由</th><th>业务种类</th><th>业务说明</th></tr>
<tr><td rowspan="6">1. 收款</td><td rowspan="6">1. 库存现金
2. 银行存款
3. 其他货币资金</td><td rowspan="6">1. 人民币
2. 美元
3. 英镑
4. 欧元</td><td rowspan="6">1. 销售商品
2. 收取押金
3. 结算往来款
……</td><td rowspan="2">1. 先收款后发货</td><td>1. 收款</td></tr>
<tr><td>2. 货款结算</td></tr>
<tr><td>2. 赊销</td><td>0. 款到结算</td></tr>
<tr><td rowspan="2">3. 分期收款</td><td>1. 收头期款</td></tr>
<tr><td>2. 收分期款</td></tr>
<tr><td>4. 其他情形</td><td></td></tr>
<tr><td rowspan="6">2. 付款</td><td rowspan="6">1. 库存现金
2. 银行存款
3. 其他货币资金</td><td rowspan="6">1. 人民币
2. 美元
3. 英镑
4. 欧元
5. 其他外币
……</td><td rowspan="6">1. 购买存货
2. 支付定金
3. 结算往来款
……</td><td rowspan="2">1. 先付款后发货</td><td>1. 缴款货未到</td></tr>
<tr><td>2. 货款同时</td></tr>
<tr><td>2. 赊购</td><td>0. 货款结算</td></tr>
<tr><td rowspan="2">3. 分期付款</td><td>1. 支付首付</td></tr>
<tr><td>2. 付分期款</td></tr>
<tr><td>4. 其他情形</td><td></td></tr>
</table>

（二）智能应收款会计核算

企业经济业务中涉及应收应付核算处理的有资金业务处理规则、采购与付款业务处理规则、销售与收款业务处理规则等。企业中资金流与物流的集成性，决定了应收、应付核算业务与销售、采购核算业务的不可分割性。例如，在与客户、供应商的往来交易中，附有现金折扣条件的销售方式，货到付款、分期付款的采购方式，预收预付货款方式等。具有融资性质的固定资产购入等业务的发生，也伴随着往来资金业务的确认及后续处理。对应收应付业务从产生到核销的后续处理进行完整的判断规则设计，会与本教材其他相关章节的各业务模块有部分重复，因此，本章仅描述智能资金会计核算的基本原理。

根据对应收业务的分析发现，业务类型、业务细分是决定应收账款智能会计核算的关键因素。

根据上述关键因素编制的判断表及相对应的会计分录举例如表9—2所示。

表9—2　　智能资金会计核算会计分录判断表

业务类型	业务细分	会计分录
赊销产品	确认销售收入	借：应收账款 　贷：主营业务收入 　　应交税费——应交增值税（销项税额）
	代垫费用	借：应收账款 　贷：银行存款
	发生现金折扣	借：银行存款 　财务费用 　贷：应收账款
	销售退回	借：主营业务收入 　应交税费——应交增值税（销项税额） 　贷：应收账款
	销售折让	借：主营业务收入 　银行存款 　应交税费——应交增值税（销项税额） 　贷：应收账款
委托代销商品	收到代销清单	借：应收账款 　贷：主营业务收入 　　应交税费——应交增值税（销项税额）
	代销手续费	借：销售费用 　贷：应收账款
其他方式	受托加工代收代缴消费税	借：应收账款 　贷：应交税费——应交消费税
	经营租赁资产确认租金	借：应收账款 　贷：租赁收入
	融资租赁资产收到或有租金	借：应收账款 　贷：租赁收入
	应收票据转入	借：应收账款 　贷：应收票据
坏账处理	确认坏账	借：坏账准备 　贷：应收账款
	冲销坏账	借：应收账款 　贷：坏账准备

七、应收应付业务处理的关键因素分析

通过初步研究，找到了影响应收应付款处理的记账凭证的关键因素。此外，当日后出现资金链上的问题，或是与客户和供应商的往来管理出现问题，需要一步步追溯经济业务发生的相关责任归属及其影响因素。这样一来，每一笔应收应付处理业务，从它的产生（业务模块）到后续处理（应收应付处理模块）的行为都被存储在生成的记账凭证中。一旦出现问题，系统可以马上寻找引起该变动的关键因素。由此信息的有效性与及时性就得到了充分的发挥，企业真正成为信息驱动型的实时企业。应收应付业务关键因素的初步分类如表 9—3 所示。

表 9—3　　应收应付业务关键因素判断表

核销方式	核销时间	业务来源	现金实际归属期间
①库存现金	①信用期内	①销售—主营业务	①本会计期间
②转账支票	②信用期外	②销售—其他业务	②以前会计期间
③商业汇票	③会计期末	③固定资产	③预收
④计提坏账		④期间费用	
⑤减免金额		⑤成本	
⑥原材料抵债		⑥税费	
⑦产成品抵债		⑦工资	
⑧固定资产抵债			
⑨确认新债			

据统计，在资金管理中，应收应付核算使用了 46 个会计科目。理论上，它们可能构成 2 070 种分录，利用智能会计核算理论，可以从中寻找到规律，形成逻辑化、条理化的解决方法，找到关键的判断因素，经过判断、查重后，可以将涉及应收应付的会计分录限定在一个有限的范围内，形成数据集。智能会计核算系统通过数据集和规则集对经济业务进行类似人工的职业判断，自动生成记账凭证并完成后续的会计程序。

八、智能资金管理系统

智能资金管理系统的第一个成果是自动生成现金流量表。当系统通过资金智能核算自动生成记账凭证时，资金管理模块会判断这笔业务是否会对现金流量产生影响。与此同时，系统会自动判断现金流的状态：是已经转变为现金，还是暂时以应收应付等债权债务形式存在着。若一笔经济业务所涉及会计科目的借、贷方至少有一方可以归为现金层，而另一方属于收入支出层或应收应付层中的任一层面，则该笔经济业务引起的资金变动金额就可以实时地记入现金流量表内现金或现金等价物的增加或减少项。

此外，智能资金管理系统还可以帮助企业建立一个更切合企业实际的资金预测模型来做数据支持。它的数据既可以是系统维护人员定期输入的企业历史财务信息，也可以是企

业实时的财务、业务信息。资金核算信息可以同步传递用于优化企业资金预测模型，以及进行预警模型的判断，对比是否与预设标准或者预测模型发生了偏离，为下一步的资金决策模块奠定基础。

第二节　智能化场景

一、自动付款

付款业务是财务部门日常工作中最重要的流程之一，也是风险较大的业务流程之一，传统工作模式下的付款流程主要依赖人工操作。对于大型企业集团来说，由于合作银行众多，付款主体多，存在诸多痛点：第一，需要人工频繁切换登录多家不同银行的网银进行付款操作，集团企业可能存在多种支付方式和明细指令类型，操作烦琐耗时，操作效率较低。第二，人工处理付款数据差错率较高，带来较大的资金管理风险。第三，资金支付指令发布后，银行不能实时返回成功或失败结果，需要人工不定期登录查询。第四，银企对账需要财务人员将各家银行网银导出的数据与内部系统数据逐笔核对，耗费大量时间。第五，大量重复操作带来较高的人力成本，无法释放财务人员的精力去从事管理会计工作。

自动付款机器人基本取代了付款环节的人工操作，大致工作流程如下：

(1)自动登录网银。财务机器人自动登录付款账户银行网银，支持接受动态码登录操作。

(2)付款数据输入与提交。财务人员按照预设路径，保存按照规范模式命名的付款清单表格，付款机器人从清单中逐笔读取数据，根据企业设置的编码规则，针对每笔付款数据生成付款码，然后机器人会自动将付款数据输入网银，将生成的付款码填入网银的备注框，提交付款审批。

(3)反馈执行结果。财务机器人执行完付款表中的代付款数据后，向用户反馈每笔执行结果，并生成付款执行结果表。

(4)查询银行付款情况。财务机器人定时查询网银付款信息，将已支付的付款数据标记为已出账状态，未支付的付款数据保持未出账状态。

(5)系统入账。财务机器人将已输入、已出账的付款数据导入系统，匹配单据号、发票号，生成相应的凭证。

(6)对账。

自动付款机器人的优势是显著提高付款效率，促进企业成本节约、风险降低和顾客满意度提升，增加员工价值。

二、自动收款

收入核算自动化通过打通银企直联，使系统自动接收银行收款流水数据，并自动生成收款单据及会计凭证，从而实现销售收款的自动化核算处理。主要实现自动生成业务单据、自动生成凭证、智能对账等功能。

(1)自动生成业务单据：由系统自动依据银行收款流水信息生成对应的收款单，并实现相关业务必输字段信息的自动录入。

(2)自动生成凭证:根据收款单据,自动按凭证类别及预置凭证模板,生成对应的会计核算凭证。

(3)智能对账:系统根据银行收款流水及回单,自动汇总及比对,保证业务数据和核算数据的一致性。

【案例】

某电力企业财务与营销电费管理信息系统集成实现了对电力销售收入的实时监控和规范管理。即通过数据采集工具,自动归集营销数据库中电费信息,通过网络传输整合到财务电费核算系统,高度共享相关数据,统一重组电费业务管理流程,将营销数据库中的应收电费、预收电费、销售折让、预收款退回、坏账核销、实收电费、预收转实收电费、价外政府收费、营销业务报表等电力销售信息自动传递到财务电费系统,自动完成本公司与银行之间营销、财务数据的对账,加快了售电收入资金进账速度,实现了电费业务管理的信息化。

三、银企直联付款

银企直联是一种全新的资金管理服务,它的出现是为了满足集团企业资金集中管理的需要。众所周知,大型集团企业实现资金集中管理与银行之间有着一个永恒的矛盾:银行的标准化服务与企业的个性化需求无法调和。然而,随着银行主要客户的需求与银行系统的稳定运行之间的矛盾日渐凸显,为了解决这一矛盾,银行推出了一种新型的服务——银企直联。

银企直联是通过系统接口,将集团企业的内部资金管理系统或资金管理平台与商业银行核心的网银系统相连接。通过银企直联这种新型服务方式,企业可以自行实现对外付款、账户信息明细查询、交易明细查询等操作。

银企直联一般包括两种模式:银企直联和银企互联。银企直联是指由银行每个企业大客户提供 ERP 系统接口标准,银行配合企业客户 ERP 系统进行接口的接入;而银企互联是指由银行提供标准接口,企业客户按照银行提供的接口标准进行接入。

银企直联系统应用的实现是以防火墙为边界,将企业端的资金管理系统与银行端的前置机进行相连,进而完成彼此间的数据交换。在这个过程中,任何环节都不能出现任何漏洞,必须要确保整个系统的无懈可击,进而保证整个运行环境的绝对安全。为了实现整个过程的安全通畅,银行启用访问控制技术、数字签名技术、完整性技术等多重安全技术对其提供安全保证。

银企直联方式的优点是:

(一)银企直联付款方式便捷、高效

银企直联付款方式的流程较以前的传统方式有所简化,它只需要在 A、B、C 三个节点由操作人员进行点击操作便可实现支付。每笔业务整个过程耗时较传统方式节省将近半天的时间。而在业务集中的月底及年底,出纳可避免打印票据错误,同时也可避免退汇等情况的发生,由此可见,银企直联付款方式使得付款业务的效率有所提高,它带给集团公司的一大改变便是传统付款方式将逐步被取代。

(二)银企直联有力保障资金的安全流动

银企直联系统是通过众多技术支撑，进而创造出整个应用环境的绝对安全，这样的环境模式使得企业的资金安全有了显著的提高。但另一方面，在 USBkey 使用过程中对资金安全提出了另外层面的要求。因此，银企直联在资金安全方面给集团公司带来的改变主要是财务人员的道德建设及监督机制的完善。

(三)银企直联完善资金集中管理体制

银企直联系统的使用使得企业对资金的集中管理更加完善，企业在资金管理方面能够更好地掌握主动权。银企直联的使用使得企业资金池更加充实，资金的调配效率也有提高，并有效地减少了资金闲置。总之，银企直联在集团公司的全面启用，使集团公司的资金从真正意义上达到集中管理。

【案例】

山西省高速公路联网运营有限公司成立于 2009 年，主要是对高速公路通行费进行清分、结算，下属 2 个子公司、38 个交通卡客服中心。随着山西省高速公路建设的快速发展，山西省高速公路收费系统规模逐渐扩大，山西省高速公路联网运营有限公司的银行业务也在不断增加。因收费业务的需要，联网公司收费系统在全省多家银行开通的现金收费账户达 77 户，电子收费账户也有 21 户。因日常工作需求，联网公司另有银行账户十多个。

公司虽然已经开通了互联网电子银行业务，财会人员在公司内部即可进行银行业务，但公司在多家银行拥有账户，总账户数过百，公司内部系统与电子银行物理隔绝，信息流转完全通过人工操作，资金转账划拨业务依赖员工执行，公司内部系统无法监控管理。

银企直联是网上银行系统和企业财务系统间在线互联的方式，借助互联网和专线互联技术实现银行与企业间平台的相互平滑连接和融合。

银企直联系统可以打破物理壁垒，将银行业务引入公司内部，与公司业务系统融为一体，从而提高信息传递速度，增加资金监管力度，减少人工操作。

为了加强资金安全监管和内部控制，完善现金收费和电子收费账户资金的划转流程和权限控制，减少人工干预，提高生产效率，将拟与合作银行开展银企直联相关业务。

银企直联系统可以解决以下问题：

第一，将银行系统与高速公路交通卡收费结算系统相连，在一个系统内完成结算、拆分相关工作，减少结算工作流程，加快资金归集和拆分，缩短拆分间隔期，提高结算工作效率。

第二，减少人工信息查询、录入、编制报表等程序，提高交通卡信息、银行账户资金信息的准确性。

第三，提高山西省高速公路交通卡信息系统和银行系统的核对、监管，提高交通卡结算系统的功能优化和信息资源共享，保证资金安全和高效利用。

山西省高速公路联网公司与现金收费、电子收费结算工作签约银行签订协议，提高公司的管理水平及效率，直接或者间接带来经济效益。

四、自动对账

自动对账是指运用智能会计核算系统，在不需要会计人员干预的情况下，按照智能对账规则完成账项之间、账表之间的核对，并反馈对账结果，提示不一致信息。

以银企对账为例，银企对账需要按银行、按账户逐个进行，一个单位存在多个银行账户，每个账户的对账都需要重复各操作步骤。首先要登录网银或者资金管理系统，下载银行对账单，然后把对账单整理好后转换到Excel格式，接下来登录自己的财务核算系统，把这个对账单导入进去，执行对账操作。重复地进行对账操作，这种反复的人工操作就不可避免要下载大量的文件、数据，导致下载数据和文件耗时长，人工对账也需要大量时间，效率低下，还存在一定疏漏风险。如果我们把看似非常简单的重复性操作转变成流程机器人操作，就可以有效地降低重复劳动，同时提高效率，减少差错，提高员工满意度。实施自动银企对账之后，财务机器人自动登录网银获取银行对账单信息，并自动登录财务核算系统获取财务数据，自动执行对账操作，再将结果记录至银行存款余额调节表，重复所有的操作直至所有账户循环完毕。自动对账财务机器人每日自动完成15家银行80个银行账号的对账和调节表打印工作，全部过程无须人工干预。

实施自动化对账后，机器人可以按照定制化需求，导出银行对账单，并且可以实现对账单的合并与汇总，并把最终结果按所要求的格式上传到系统中。

为保证资产的完整和会计信息的质量，智能会计核算系统可以实现自动对账。以银行存款为例，目前，银行存款对账手段包括纸式对账、电子对账、计算机系统自动对账三种。纸式对账是指银行发送纸式对账单及副本账页、回收纸式对账回单的对账方式。电子对账是指利用电子化手段发送、回收对账信息的对账方式。智能会计核算系统自动对账是指由计算机系统采集双方账户数据，自动核对并输出核对结果的对账方式。

在登记账簿完成之后，系统自动生成银行存款日记账对账文件。然后通过银企直联系统，与开户银行的资金流水单进行自动匹配。根据对账所运用的技术不同，对账的策略也会产生差异。如果银行和企业的系统中都记录了交易单号、交易时间以及金额等信息，则可以实行金额和交易代码信息逐一核对法。如果只有金额信息，则可以核对某个唯一金额的交易笔数，如果笔数一致则为对账成功，不一致的将形成未达账项。未达账项核对包括金额唯一的未达账项和金额重复的未达账项。

银企自动对账带来的收益体现在：降低重复劳动；提升流程运行效率和质量；加快资金循环，提高客户满意度；降低人工风险，减少企业损失。

【案例】 某三甲医院第三方平台智能对账

随着智慧医疗的兴起、互联网移动终端的蓬勃发展、自助式一体化全流程医疗服务的开展，患者越来越多地使用基于移动终端的网络平台、手机APP、支付宝、微信、自助机等多样化的支付方式。这些支付方式在适应时代的发展以及给患者提供很好的医疗服务的同时，也给传统方式的财务管理带来挑战。在新形势下，传统的财务对账方式存在着隐患，要求财务对账系统进行信息化变革。S市某三甲医院每天非现金交易逾万笔，患者在体验非现金交易便捷的同时，医院财务人员的对账压力剧增。

该医院同时使用银联、银医通、支付宝、微信四种非现金渠道收款，且后两种结算方式交易占比已经超过60%。微信与支付宝的对账相对比较优化，对账界面会标记出有问题的交易记录，核对后可以进行及时退款，操作简单，但还是存在以下问题：一是支付宝与微信必须在不同的界面浏览其交易记录；二是对于大金额的退款还需要通过平台，由平台核对无误后发起退款，其退款的时间上较难控制，患者往往对此产生不满；三是由于支付宝、微信医院所使用的是一个账号，多院区间门诊、住院和体检等业务均有不同的人员进行对账，若有出入需全部进行排查，会消耗大量的人力和精力。由于对账、退款流程存在脱节，部分患者退款时间较长，患者投诉时有发生，给医院精神文明考核带来一定影响。在新项目的开发过程中，由于对账系统的不完善，导致实际发生的费用发生误退费，给医院造成了损失。

鉴于第三方支付工作的广泛运用及不断推进，对账工作成为财务的重要风险点，搭建统一的对账平台将是统一支付平台的重要基础，是统一支付平台正常运行的重要保障。无论是出于安全、便捷等考虑，还是从医院长远发展来看，都是当务之急，医院必须做到每日账平，报表和银行提现金额相符。可将所有第三方支付的差异汇总并导出，优化对账流程，有效减轻财务人员的对账压力。同时，将第三方支付的差错率通过平台得以展现及对比，促进不同支付平台间的优化与改进。

将医院现有银联 POS、微信、支付宝、银医通四种非现金交易记录与医院信息系统(HIS)交易记录通过对账平台实现自动比对，可自动查询异常交易记录，并可对异常的交易进行处理。通过平台显示每月、每天的财务汇总，如果医院信息系统和第三方支付流水汇总对不上，则自动标识。日对账明细按照所有支付方式在统一的平台实现，能主动区分各程序、各支付方式的账务及明细，并枚举所有导致差异的类型，对差异账目进行自动备注，包括交易日期时间差、该退未退的交易事项(备注账户余额不足、程序网络问题等)、多收费等。同时对异常处理作汇总报表，用于推动第三方交易的持续优化。

案例来源：许冠吾．第三方平台支付智能对账开发与实践[J]．中国总会计师，2018(185)：108－109.

第十章

智能资产会计核算

第一节　资产会计核算概述

一、资产概述

资产是指由企业过去的交易或事项形成的、由企业拥有或者控制的、预期会给企业带来经济利益的资源。不能带来经济利益的资源不能作为资产，是企业的权利。资产按照流动性可以划分为流动资产、长期投资、固定资产、无形资产和其他资产。其中，流动资产是指可以在1年内或者超过1年的一个营业周期内变现或者耗用的资产，包括现金、银行存款、短期投资、应收及预付款项、待摊费用、存货等。长期投资是指除短期投资以外的投资，包括持有时间准备超过1年(不含1年)的各种股权性质的投资、不能变现或不准备变现的债券、其他债权投资和其他长期投资。固定资产是指企业使用期限超过1年的房屋、建筑物、机器、机械、运输工具，以及其他与生产、经营有关的设备、器具、工具等。无形资产是指企业为生产商品或者提供劳务出租给他人，或为管理目的而持有的没有实物形态的非货币性长期资产。其他资产是指除流动资产、长期投资、固定资产、无形资产以外的资产，如长期待摊费用。

二、资产的特点

(一)资产是一项由过去的交易或者事项形成的资源

资产必须是现实的资产，而不能是预期的资产。这里所指的企业过去的交易或者事项，包括购买、生产、建造行为或其他交易或者事项。也就是说，只有过去的交易或事项才能形成资产，企业预期在未来发生的交易或者事项不形成资产。例如，企业有购买某存货的意愿或者计划，但是购买行为尚未发生，就不符合资产的定义，不能因此而确认为存货资产。“过去形成”原则在资产的定义中具有举足轻重的地位，这也是传统会计的一个显著特点。尽管现有的一些现象，特别是衍生金融工具的出现，已对“过去形成”原则提出了挑战，但这一原则仍然在实务中得到普遍的接受。

(二)资产必须由企业拥有或控制

由企业拥有或者控制，是指企业享有某项资产的所有权，或者虽然不享有某项资产的所有权，但该资源能被企业所控制。例如，融资租入的固定资产，按照实质重于形式的要求，也应将其作为企业资产予以确认。

（三）资产预期会给企业带来经济利益且其成本可以可靠计量

预期会给企业带来经济利益，是指直接或间接导致现金和现金等价物流入企业的潜力。资产必须具有交换价值和使用价值。没有交换价值和使用价值、不能给企业带来未来经济利益的资源不能确认为企业的资产。

企业可以根据会计法规的要求设立会计科目，也可以根据统一的规定对外报送会计报表。会计科目和报表中涉及的资产项目众多，本章因篇幅所限无法一一列举其智能核算的原理。目前，财政部正式发布实施的企业会计准则具体准则中涉及企业资产的会计准则项目主要有7个，分别是《企业会计准则第1号——存货》、《企业会计准则第2号——长期股权投资》、《企业会计准则第3号——投资性房地产》、《企业会计准则第4号——固定资产》、《企业会计准则第5号——生物资产》、《企业会计准则第6号——无形资产》、《企业会计准则第7号——非货币性资产交换》。

其他准则中也涉及对相关资产项目核算的规定。由于资产所涵盖的项目众多，本章不对其进行逐一讲解，仅仅通过举例的方式讲解某个资产项目如何实现智能会计核算。

第二节　智能固定资产会计核算

一、智能固定资产会计核算概述

智能固定资产会计核算要解决的首要问题是如何将经济业务原始信息自动生成记账凭证，即如何将会计职业判断过程智能化。如前所述，以关键成功因素分析法（KSF）为基础，以关键因素为基点，对固定资产核算系统进行智能化设计。为达到会计凭证自动生成的目的，抓住固定资产原始数据与记账凭证之间的联系，对企业所有涉及固定资产的经济业务按照业务类型、业务途径、业务过程、业务操作逐级、逐层划分，并由下至上归纳反映固定资产核算的关键因素，形成关键因素判断表，以此表为基础设计及研发固定资产智能化核算系统，实现固定资产大部分业务记账凭证的自动生成。

固定资产核算原始资料为与固定资产交易相关的合同、文件、单据等，其整理的正确与否直接关系到固定资产记账凭证自动生成程度的高低，关系到固定资产后续核算的准确性。

固定资产业务类别可具体划分为取得、管理、处置三大类别。每个业务类别均含有独特的数据来源，称之为业务途径。固定资产取得具体可划分为购置、自营建造、出包工程、融资租赁、非货币性资产交换、其他等业务途径；固定资产管理包含计提折旧、计提减值、后续支出等业务途径；固定资产处置包含报废毁损出售、盘亏、投资转出、租赁、非货币性资产交换、其他等业务途径。

虽然固定资产不同业务类别拥有不同的原始凭证，但是蕴含在这些原始凭证中的数据元素却是基本相同的，无论是企业外部取得的合同、单据，还是企业内部生成的文件、决议、记录，均会含有文件编号、文件名称、企业名称、交易类别、责任人签字、资产类别、资产型号、资产数量、资产金额、涉及税额、使用部门、使用寿命、预计净残值、折旧方法等数据元素。除了以上共性元素外，不同的资产类别还蕴含着自身特有的数据元素。如资产取得包含着付款方式、运输方式、交货地点、验收方式等数据元素；资产管理蕴含着费用记录、维修记录、验收记录等数据元素；资产处置蕴含着批准签字、处置方式、处置状态、处置费用等数据元素。

经过分析可知，固定资产原始数据和记账凭证核算信息均含有共性及个性元素，如将两者的相同元素进行一一对应、连接，便可实现原始数据向记账信息的过渡，如能应用现代信息技术以及专家系统等智能化核算模型将该过程程序化、机械化，那么原始数据向记账信息的自动过渡便可实现。

原始数据与记账信息之间有着错综复杂的关系，在记账信息中，摘要、借贷方科目、金额是决定后期会计处理的关键，而原始数据中的交易类别、资产类别、付款方式、验收方式、维修记录、处置方式、处置状态决定着记账凭证中的摘要及借贷方科目关键元素，原始数据中金额、税额、运输方式、费用记录、处置费用等元素决定着记账凭证中金额的计算，由此构建出原始数据与会计分录乃至记账凭证之间一一对应的两条主线。

主线一为原始数据抽象出会计分录的借贷方科目，进而确定记账凭证的摘要和借贷科目；主线二为根据原始数据确定分录的记账金额。两条主线原始数据与会计分录乃至记账凭证元素之间的对应，展示了会计人员职业判断的主要依据，体现了由原始数据生成记账凭证的一般规律，清晰的主线为本文用计算机语言程序化处理提供了可能。只有将这一步完全程序化、计算机化，才能真正实现记账凭证由原始数据自动生成，进而实现固定资产核算智能化。

以固定资产取得中的自营建造固定资产方式为例，来说明如何设定关键因素判定，如表10—1所示。

表10—1　　自营建造固定资产业务核算关键因素判断表

业务类型	业务途径	业务过程	业务操作	涉税因素	简要说明
1. 取得	2. 自营建造	1. 开始	1. 初始费用		
			2. 购买工程物资	1. 银行存款	
				2. 其他货币资金	
		2. 施工	1. 领用工程物资	1. 进项税	
				2. 其他税	
			2. 领用材料	1. 可抵扣	如领用本单位购入的原材料、库存商品等
				2. 进项转出	
			3. 发生费用		如人工费、辅助生产费用
			4. 盘亏报废毁损		
		3. 完工	1. 验收		如发生成本、试生产产生的收益和损失
			2. 试生产		
			3. 剩余物资转出		
			4. 待摊支出分摊		
			5. 完工结转		

根据上述关键因素，将各种业务及其会计分录进行逐一对应，有关固定资产自营建造过

程中的所有会计分录如表 10－2 所示。

表 10－2　　自营建造固定资产业务会计分录判断表

编码	分　录	含　义
1211	借：预付账款	自营建造固定资产，使用银行存款支付期初费用。除此之外，用其他货币资金也可以支付期初费用。
	贷：银行存款	
1212	借：工程物资	用银行存款购买工程物资用于自营建造，按抵扣凭证上的增值税记入“应交税费——应交增值税（进项税额）”，其余金额记入“工程物资”。
	借：应交税费——应交增值税（进项税额）	
	贷：银行存款	
1221	借：在建工程	
	贷：工程物资	自营建造固定资产领用工程物资。
1222	借：在建工程	
	贷：原材料	自营建造，领用原材料，如果固定资产为生产经营用设备，原材料进项税额可以抵扣，其他则需要进行增值税进项税额转出。
	贷：库存商品	
1222－1	借：应交税费——待抵扣进项税	对于领用原材料用于自行建造不动产的，除处理领料外，需进行进项税额转出。
	贷：应交税费——应交增值税（进项税额转出）	
1223	借：在建工程	
	贷：应付职工薪酬	自营建造过程中发生本单位人工费用。
	贷：生产成本——辅助生产成本	自营建造过程中耗用本单位的辅助生产（水、电、气）。
1224	借：在建工程——待摊支出	建设期间发生的工程物资盘亏，扣除应收赔偿款、残料价值，损失计入在建工程成本，工程完工后发生的工程物资的盘亏损失计入营业外支出。
	借：其他应收款	
	借：原材料	
	贷：工程物资	
1231	借：在建工程——待摊支出	
	贷：银行存款	
	贷：原材料	自营建造完工验收，试生产发生成本。
1232	借：库存商品	产生收益部分。
	贷：在建工程——待摊支出	

续表

编码	分　录	含　义
1233	借:原材料	
	贷:工程物资	自营建造完工后剩余工程物资转入原材料中,如果工程物资中含有进项税,应当转入应交税费(进项税额)中。
1234	借:在建工程——X 工程	自营建造完工后分摊待摊支出至各个工程。
	贷:在建工程——待摊支出	
1235	借:固定资产	
	贷:在建工程——X 工程	自营建造完工后结转入固定资产。

二、智能固定资产核算智能化场景

(一)自动转固

自动转固是指智能会计核算系统可以自动实现将新增的在建工程或者需要安装后方能使用的资产转为固定资产。如果企业固定资产信息不完备,对固定资产管理手段仍停留在手工或半手工等落后阶段,则固定资产相关信息传递缓慢,固定资产价值管理与实物管理相分离,固定资产实物管理部门、财务部门、使用部门职责不明,固定资产存在闲置浪费,固定资产处置环节缺乏严密的审核机制等。究其原因,导致该问题的关键是企业固定资产核算未真正实现完全智能化。

《企业会计准则第 4 号——固定资产》规定,已达到预定可使用状态但尚未办理竣工决算的固定资产,应当按照估计价值确定其成本,并计提折旧,待办理竣工决算后再按实际成本调整原本的暂估价值,但不需要调整原已计提的折旧额。

固定资产转固的方式有两种:一种是直接采购或其他途径获得后就可以直接投入使用的,在采购后就可以做固定资产的会计核算,并按规定在使用的第二个月开始计提折旧;另一种固定资产采购后不能直接使用,需要设备安装或者进行工程施工建造,如需安装的设备、需建造的厂房等建筑物和构筑物等。这类固定资产因为尚不具备实际使用状况,在这之前是不能作为固定资产核算的,一般先通过“在建工程”会计科目来核算并归集相关的采购原价和建造成本。需安装或建造的设备或建筑物、构筑物,在安装或建造完成后,通过验收或调试试运行,达到了正常使用状况(也称竣工验收),会计上,依据竣工验收相关资料,将原来“在建工程”核算的内容冲销,并转到“固定资产”科目来核算,按固定资产来管理,这个投产使用前的验收及会计账务处理过程,在专业上就称为“固定资产转固”。在建工程转固定资产,首先必须收集所有的工程支出发票,没有发票不能记入“在建工程”科目;在固定资产完工后,要有工程验收记录、工程结算单(竣工结算单),需要强制检测安全性的固定资产(如压力管道、配电设备等)还必须取得相关主管部门的检查认定报告。以上单据齐全,就可以将在建工程结转为固定资产。

在实际工作中,固定资产的购置、自行建造、投资者投入、融资租入、更新改造、无偿调入等事项都是由相关业务部门(如设备科或基建科)负责办理。只有在需要付款的时候,业务部门才将相关单据提交给财务部门进行付款与账务处理。而在固定资产达到预定可使用状态时不一定会有款项支付，业务部门出于省事的考虑，一直到工程通过审计决算后需付款时才将单据传递给财务部门，这样就会导致延期转固。或者因为业务部门相关人员工作繁忙、出差等原因，未能及时将固定资产已达到可使用状态的情况通知财务部门，也会造成延期转固的现象。

如果是新增固定资产，则可以凭暂估价清单或说明、验收单(达到可使用状态的证明)、购货合同以及业务部门填制的资产卡片作为原始单据，经财务审核后智能会计核算系统自动生成转固记账凭证。

如果达到固定资产后续支出资本化的条件，需办理固定资产增值，应当由业务人员在系统中填写“资产管理—资产变动管理—资产原值变动单”，再将其与暂估价清单或说明、验收单(达到可使用状态的证明)、购货合同等纸质原始单据经影像系统扫描上传，交由财务人员审核后，总账系统根据业务类型自动选择凭证类型，并自动生成转固记账凭证。

(二)自动计提折旧

自动计提折旧是固定资产系统的主要功能之一。执行此功能，系统将根据事先录入的资料自动计提每个资产当期的折旧额，并将当期的折旧额自动累加到累计折旧，生成折旧分配表，并自动制作记账凭证，自动传入智能会计核算系统，审核登账后再返回来登记资产卡片。

影响折旧计算的因素包括原值(变动)、累计折旧调整、净残值(率)调整、折旧方法调整、使用年限调整、使用状况调整。当发生与折旧计算有关的变动后，加速折旧法在变动生效的当期以净值为计提原值，以剩余使用年限为计提年限计算折旧，以前修改的月折旧额或单位折旧的继承值无效；而直线法还以原公式计算(因公式中已考虑了价值变动和年限调整)。当发生原值调整、累计折旧调整、净残值(率)调整时，当月计提的折旧额不变，下月按变化后的值计算折旧；当发生折旧方法调整、使用年限调整、工作总量调整时，当月按调整后的值计算折旧。

对计提折旧额不足的处理：系统若发现固定资产可折旧额小于本期应计提折旧时，将可折旧额作为本期计提折旧额处理；或本月不自动计提折旧，把这种情况作为特例交给手工处理。

调整以前累计折旧采用追溯调整法。通过补提折旧的方式实现追溯调整法。所谓补提折旧，实际上是资产变动的一种特例，补提折旧在当期即发生变化。当固定资产发生政策性调整或使用年限、折旧方法等变动时，我们要对以前年度的折旧额作一个调整，通过此操作来增加或减少折旧额。

关于能否重复计算本期折旧的问题，系统统一设定为：凡是本期已计算了折旧，并且已自动填制了记账凭证传入智能会计核算系统，该记账凭证已审核登账了的，绝对不允许重复计算。特殊情况需要重复计提折旧时应遵循的几条原则：(1)智能会计核算系统在一个期间内可以多次计提折旧的操作，每次计提折旧后，只是将计提的折旧累加到月初的累计折旧，以便不影响折旧计算的正确性。(2)如果上次计提折旧已制单把记账凭证登记在智能会计核算系统，则必须删除该凭证才能重新计提折旧。(3)计提折旧后又对账套进行了影响折旧计算或分配的操作，这时系统在结账前自动提示必须重新计提折旧，否则系统不允许结账。

当固定资产使用工作量法计提折旧时，每月计提折旧前必须知道资产当月的工作量，系统通过调用相关系统接口数据的方式来实现工作量的输入。也有使用输入工作量的方式实现工作量法下的计提折旧。当某些资产的本月工作量与上月相同时，可以采用继承上月工作量模式，资产的本月工作量将自动录入上月工作量。在选择继承上月工作量情况下，如果上期期末累计工作量加上本期继承值大于工作总量，则系统不执行继承上月工作量，而是自动计算：本月工作量＝工作总量－上期期末累计工作量。如果对自动计算的值不满意，可手工修改。

期末结账后，智能会计核算系统可以自动生成与固定资产有关的内部报表。与固定资产有关的报表包括固定资产清单、固定资产增减表、固定资产变动情况表、固定资产明细表、固定资产折旧表等。同时，智能会计核算系统还提供自主设计内部固定资产报表的功能。

第三节　智能存货会计核算

一、存货概述

存货是指企业在生产经营过程中为销售或耗用而储存的各种资产，包括商品、产成品、半成品、在产品，以及各种材料、燃料、包装物和低值易耗品。它是保证企业生产经营过程顺利进行的必要条件。为了保障生产经营过程连续不断地进行，企业要不断地采购、领用、消耗、转化后再入库存货。

二、存货的分类

存货的构成内容很多，且各有其特点，在不同的企业中，对各种存货的管理要求也不尽相同。为了便于加强对存货的核算和管理，企业应科学合理地对存货进行分类，存货可以从不同角度分类。一般情况下，存货可以按照其经济内容、存放地点分类，还可以按照企业性质、经营范围并结合存货的用途进行分类。我们这里以制造型企业为例，按照存货的经济内容进行分类。

（一）原材料

原材料是指企业通过采购或者其他方式获得的，在生产过程中经加工改变其形态或性质并构成产品主要实体的各种原料及主要材料、辅助材料、修理用备件、包装材料、燃料及外购半成品等。其中，原料和主要材料通常指购入的自然资源和农副业产品，如木材厂需用的木材、炼铝用的铝矿石、织布厂用的棉花等；辅助材料指在企业生产过程中起辅助作用、与最终产品不是直接有关的或不构成产品主要实体的各种材料，如水泥厂用的钢铁、化工厂使用的催化剂、生产设备机器上用的润滑油、照明用的灯泡等；外购半成品指从其他企业购入的已经加工成型的零件、部件或已经完成一定生产程序的半成品，这些零件、部件和半成品经过本企业继续加工处理，就能构成本企业产品的主要实体，如汽车制造厂购入的轮胎、方向盘、座椅等；燃料指通过燃烧发热而提供热能的各项物质，包括液体燃料、固体燃料和气体燃料。燃料在制造型企业生产过程中应用范围非常广泛，有的为提供生产动力所消耗，如内燃机使用的柴油等，有的为创造正常的生产环境所消耗，如取暖使用的煤等，有的为产品生产工艺过程所消耗，如炼钢使用的焦炭等。

(二)在产品

在产品是指在本企业生产各个阶段尚未加工完成、需要进一步加工且正在加工中的产品。

(三)自制半成品

自制半成品是指在本企业已完成一定生产过程，可以验收入库，但需要进一步加工的中间产品。

(四)库存商品

库存商品是指经过一定的生产过程并已验收合格交付入库，可以按照合同规定的条件送交订货单位，或可以作为商品对外销售的产品。

(五)代销商品

代销商品是指企业委托其他单位代销的商品以及企业接受其他单位委托代销的商品。

(六)包装物

包装物是指为包装本企业产品而储备的和在销售过程中周转使用的各种包装容器，如桶、箱、瓶、坛、麻袋等。

(七)低值易耗品

低值易耗品是指不能满足作为固定资产核算的各种用具物品，例如办公用品、工具、劳保用品等。

(八)外购商品

外购商品是指购入的不需要任何加工即可对外销售的商品。

三、存货核算的目的

企业的库存业务连接着采购部门、销售部门、计划部门、生产部门、财务部门等，在企业生产中处于一个“中枢”纽带。在激烈的现代市场中，如何最大限度地降低成本、加快企业的发展步伐，使企业屹立于强手林立的国际市场，这是企业能否生存的关键所在。此外，库存核算与管理的数据量非常大，数据处理和分析方法复杂，纯粹依靠人工管理和简单的计算机处理相关业务已经无法满足市场迅速变化的需求，迫切需要采用一种适合自身发展的智能会计核算与管理信息系统对库存数据进行核算与管理。在保证生产和销售顺利进行的同时，要尽可能地降低企业库存成本，促使库存物资数量的准确记录和库存资金的合理使用。

四、制造型企业库存业务活动关键因素分析

我们根据这样的特征定义库存业务关键因素，将库存业务的经济业务分为三大类：一是入库业务活动；二是出库业务活动；三是盘点业务活动。在这三种库存业务活动中，每一种都有一些更为具体的活动类型。例如，入库业务活动具体可以细分为采购入库处理、委托加工入库处理、自制入库处理、暂估入库处理、其他入库处理五样处理；出库业务活动具体可以细分为销售出库处理、管理领用处理、在建工程领用处理、委托加工出库处理、生产领用处理五样处理；盘点业务活动具体可以细分为存货盘盈处理、存货盘亏处理、摊销核算处理三样处理。

根据现行企业会计核算的一般分类，库存管理的对象可以分为原材料、库存商品和周转材料三类。对于原材料而言，其成本随着领用或销售而结转。在处理生产领用原材料时，我们还需要分清是基本生产车间领用，还是辅助生产车间使用，以便进行生产成本的核算，我们在设计系统的时候也要考虑如何与其他核算管理模块的衔接。对于周转材料而言，在某些情况下需要进行摊销处理，例如当管理部门领用、在建工程领用和生产车间领用的时候，其中有一次摊销、五五摊销两种方式。如果是分期摊销，最后要全部摊销完。

五、入库业务关键因素

企业的入库活动可以具体分为采购入库、暂估入库、委托加工入库、自制入库以及其他形式的入库等。其中，采购入库是最基本的入库方式，必须要做到对于质量、数量、规格等符合企业要求的才能入库，如果产品不符合企业的要求，例如在质量、重量等方面与企业订购时不相符合的，不能批准入库，只有全部检验合格后才能开验收单。入库单上应有供货单位、日期、库存编号、名称、规格、单位、数量、存放货位、单价、金额和摘要说明等项内容。

开完验收单后，企业根据结算单据和发票是否都收到进行会计处理，由于涉及企业核算采用的计价方法不同，还要根据具体企业采用不同的计价进行不同的会计处理。例如，采用计划成本的企业，对于会计科目的选择，贷方要贷记“材料采购”；采用实际成本的企业，则贷方要贷记“在途物资”。

在入库业务过程中，我们首先把“入库业务”作为一个关键因素，它是库存业务下的一个大类，然后在大类下我们对业务作进一步细分。入库业务的经济活动有很多种，我们究其相关的资料，发现主要可以分为采购入库、暂估入库、委托加工入库、自制入库等。此外，通过像非货币性资产交换、债务重组、企业合并、投资者投入、捐赠等发生的入库方式，由于发生的情况较少，我们将其归为一个关键因素，即“其他形式的入库”。我们之所以将其归入“其他形式的入库”，一方面是这些具体的业务在中小企业中用得很少，另一方面是为了在设计计算机程序时方便简单。这样，我们就再次定义了基于具体活动类型下的入库业务，这是对入库业务的进一步细分。此外，对于每一种发生的经济业务，都有相关的存货种类与其对应。存货的一般分类有原材料、在产品、半成品、产成品、商品、周转材料等。由于我们在第一个大类中对于库存业务定义了“入库业务”，那么我们就可以根据入库业务，把在库存中的产品都给予一个总的定义，即“库存商品”，由此存货的分类就可以分为原材料、库存商品和周转材料。

六、出库业务关键因素

企业出库业务可以具体分为销售出库、管理领用、在建工程领用、委托加工领用、生产领用等出库方式。企业出库是根据具体的用途进行分类的，只有分清具体的出库方向，才能进行准确的会计核算，对于企业的出库业务，必须要核算准确。因为企业的出库涉及生产领用，是企业进行成本核算的中间产品依据，只有准确地进行会计记录，才能为成本的精确核算提供数据。此外，还有销售出库，也是企业进行成本配比的依据，因此，出库业务必须认真对待。

在出库业务过程中，同样需要我们首先把“出库业务”作为一个关键因素，它是库存业务下的一个大类，然后在大类下我们对相关的业务作进一步细分。出库业务的经济活动有很多种，我们查阅相关的资料，发现主要可以分为销售出库、管理领用、在建工程领用、委托加工领用、生产领用等。其中，管理领用包括车间管理部门领用、厂部管理部门领用、销售管理部门领用。生产领用包括基本生产车间领用和辅助生产车间领用。这样，我们就再次定义了基于具体活动类型下的出库业务，这是对出库业务的进一步细分。此外，对于每一种发生的经济业务，都有相关的存货种类与其对应。由于在出库业务中涉及原材料和库存产品领用的后续处理，因此，我们必须定义第四层，即后续处理方式。对于库存商品和周转材料，在会计处理方式上是有所区别的。库存商品的领用，由于领用的部门不同，我们必须对它作进一步的细分；对于周转材料，会计上的处理方式是在领用时进行摊销，即一次摊销和五五摊销。

七、盘点存货

盘点业务具体包括存货盘盈、存货盘亏以及对于盘盈盘亏的处理等。存货的盘点业务在中小制造型企业中占据很重要的地位。因此，有必要对库存盘点业务进行详细的说明。

对于库存的盘点业务，首先，应该做好盘存前的准备工作，包括要建立良好且合适的货位系统、制订好将要进行的盘存计划和盘存清单、准备好盘存工具等。

其次，将由领导人员、清点人员和监督人员共同来完成盘存流程和步骤。(1)按计划仔细盘存每种货物，每种货物至少要清点两次。在清点的同时，也要看货物的存放时间，是否是长期不用或者因为时间太久产生质量问题，查清后要在盘存表的备注栏中做好详细说明，并且要等盘点工作结束后，申请主管部门做出合理的处置意见。(2)认真登记盘存表。盘点物品时，清点人员应依据盘点人员的实际盘点数，将清点货物的实数一一填写在盘存表的“实盘数”一栏中，并每小段应核对一次，无误者于该表上互相签名确认；若有出入者，必须重新盘点。(3)领导人员验收盘存结果，必要时进行抽验，直至所有清点人员对盘点的结果都认可，清点的工作才算结束。

需要注意的一点就是，盘点期间最好停止一切日常的接货、发货工作，但如果不能够完全停止，在仓库的某个位置，根据先前收发货的历史记录，合理评估一个客户需要的安全数量，事先将公司供货的产品按照名称、型号、数量单独放置并明确标识，对于成品在盘点期间不能移动，必须标识清楚。

再次，盘点工作完成以后，接下来就需要对前面清点的工作进行汇总，要得出盘点的结果。仓管人员的仓库明细账经仓管人员核实无误后，将准确的库存数量和库存金额记录到盘存表中，按照盘存货物的规格、型号，将仓库明细账如实填写到盘存表中“账面数量”和“账面金额”栏中。然后，将每一种货物清点的实数与账面数作比较，正数为盘盈，负数为盘亏。

最后，我们要进行盘点结果的确认。(1)由相关人员对盘点结果反映出的差异情况进行确认。其中，分公司盘点结果应由财务人员、仓库保管员、仓库负责人、分公司经理和督查员再次验证，核实差异后签字确认；总部库房盘点结果应由仓管员、仓库主管、财务人员和督查员再次验证，核实差异后签字确认。(2)对因疏忽导致错误盘点结果的，将盘点纸上数据誊写至盘点表格内的信息项不得修改，若需修改，必须经以上所指的所有盘点人签字确认，方能生效，否则将追究其相关人员责任；但可以在备注栏内说明具体原因，以体现盘点工作的严肃性，加强盘点工作的责任感。(3)相关盘点人员对盘存表所反映出的盘盈、盘亏结果数据负责，对认定的盘盈、盘亏做出签字确认。(4)账外货物，必须在盘点前上报财务入账，并由财务台账单独列表存档；未单独列表存档的商品均作为盘盈处理，进入仓库库存账，如果需领出，必须由当事人报分公司经理、销管部经理，经层层审批，由财务调整数据后，当事人凭单方可至仓库办理出库手续及领货；同时，对相关责任人进行处罚。

库存盘点业务一共涉及 4 种经济业务，即存货盘盈处理、存货盘亏处理、摊销核算处理、减值处理。对于存货分类，有原材料、库存商品、周转材料等。由于在“库存盘点”中涉及对所有产品进行的盘点处理，因此，我们必须定义第四层：后续处置方式。

存货的价值随着市场价格的波动可能发生减值。根据《企业会计准则》的规定，当存货的账面价值和可变现价值出现背离，可以按照孰低法计提存货跌价准备。为了便于分类，我们将减值业务也归类于存货盘点业务之中。

上述三大业务的关键因素分析判断表如表 10—3 所示。

表 10—3　　存货业务会计核算关键因素判断表

业务大类	具体活动	存货种类	计量与摊销	支付、处置方式
1. 入库业务	1. 采购入库 2. 暂估入库 3. 委托加工 4. 自制入库 5. 投资者投入 6. 接受捐赠	1. 原材料 2. 库存商品 3. 周转材料	1. 计划成本 2. 实际成本	1. 现付 2. 赊购
2. 出库业务	1. 销售出库 2. 委托加工 3. 管理领用 4. 在建工程领用 5. 生产领用		1. 一次摊销或结转 2. 五五摊销 3. 计划成本 4. 实际成本	1. 现销 2. 赊销
3. 库存盘点	1. 存货盘盈 2. 存货盘亏 3. 摊销核算 4. 减值核算		1. 实际成本 2. 一次摊销或结转 3. 五五摊销 4. 账面价值与可变现净值孰低	1. 上报 2. 处置 3. 减值 4. 转回 5. 结转

此外，根据库存核算关键因素及其编码，可以判断经济业务和会计分录之间的对应关系，完成智能判断的过程，当发生编码相应的经济业务时，智能会计核算系统可以自动生成相应的记账凭证。

根据存货核算关键因素编码编制的库存业务会计分录汇总表如表 10—4 所示。

表 10－4　　存货核算会计分录判断表

编　号	会计分录	备注说明
11111	借:材料采购(实际成本) 　应交税费——应交增值税(进项税额) 　贷:银行存款	以银行存款支付材料采购款,计划成本
	借:原材料(计划成本) 　贷:材料采购(计划成本) 　　材料成本差异(节蓝超红)	结转材料成本差异
11112	借:材料采购(实际成本) 　应交税费——应交增值税(进项税额) 　贷:应付账款	赊购原材料,计划成本
	借:原材料(计划成本) 　贷:材料采购(计划成本) 　　材料成本差异(节蓝超红)	
11121	借:原材料 　应交税费——应交增值税(进项税额) 　贷:银行存款	现购原材料,实际成本
11122	借:原材料 　应交税费——应交增值税(进项税额) 　贷:应付账款	赊购原材料,实际成本
11211	借:在途商品(实际成本) 　应交税费——应交增值税(进项税额) 　贷:银行存款	现购库存商品,计划成本
	借:库存商品(计划成本) 　贷:在途商品(计划成本) 　　商品进销差价(节蓝超红)	
11212	借:在途商品(实际成本) 　应交税费——应交增值税(进项税额) 　贷:应付账款	赊购库存商品,计划成本
	借:库存商品(计划成本) 　贷:在途商品(计划成本) 　　商品进销差价(节蓝超红)	
11221	借:库存商品 　应交税费——应交增值税(进项税额) 　贷:银行存款	现购库存商品,实际成本
11222	借:库存商品 　应交税费——应交增值税(进项税额) 　贷:应付账款	赊购库存商品,实际成本
11311－11322	比照 11111－11222 的处理	
12111	借:原材料 　贷:应付账款——暂估	暂估入库
	借:应付账款——暂估 　贷:原材料	冲回暂估

续表

编 号	会计分录	备注说明
	借:材料采购(实际成本) 　应交税费——应交增值税(进项税额) 　贷:银行存款	按发票价格入账
	借:原材料(计划成本) 　贷:材料采购(计划成本) 　　材料成本差异(节蓝超红)	按计划价格结转差异
12112	借:原材料 　贷:应付账款——暂估	暂估入库
	借:应付账款——暂估 　贷:原材料	冲回暂估
	借:原材料(实际成本) 　应交税费——应交增值税(进项税额) 　贷:银行存款	按发票价格记账
12211—12222	比照 12111—12112 处理	
13110	借:原材料 　贷:委托加工物资	收回委托加工物资
13210	借:库存商品 　贷:委托加工物资	
13310	借:周转材料 　贷:委托加工物资	
14110	借:原材料——甲产品 　贷:生产成本——甲产品 　　制造费用	自制原材料入库
14210	借:库存商品——甲产品 　贷:生产成本——甲产品 　　制造费用	自制产成品入库
14310	借:周转材料 　贷:生产成本——甲产品 　　制造费用	自制周转材料入库
15110	借:原材料 　应交税费——应交增值税(进项税额) 　贷:实收资本 　　资本公积	投资者投入原材料
15210	借:库存商品 　应交税费——应交增值税(进项税额) 　贷:实收资本 　　资本公积	投资者投入商品

续表

编 号	会计分录	备注说明
15310	借:周转材料 　应交税费——应交增值税(进项税额) 　贷:实收资本 　　资本公积	投资者投入周转材料
16110	借:原材料(入账价值) 　应交税费——应交增值税(进项税额) 　贷:营业外收入 　　银行存款 　　应交税费	接受捐赠原材料
16210	借:库存商品(入账价值) 　应交税费——应交增值税(进项税额) 　贷:营业外收入 　　银行存款 　　应交税费	接受捐赠商品
16310	借:周转材料(入账价值) 　应交税费——应交增值税(进项税额) 　贷:营业外收入 　　银行存款 　　应交税费	接受捐赠周转材料
21111	借:银行存款 　贷:其他业务收入 　　应交税费——应交增值税(销项税额)	现销原材料
	借:企业业务成本 　贷:原材料	
21112	借:应收账款 　贷:其他业务收入 　　应交税费——应交增值税(销项税额)	赊销原材料
	借:企业业务成本 　贷:原材料	
21211	借:银行存款 　贷:主营业务收入 　　应交税费——应交增值税(销项税额)	现销库存商品
	借:主营业务成本 　贷:库存商品	
21212	借:应收账款 　贷:主营业务收入 　　应交税费——应交增值税(销项税额)	赊销库存商品
	借:主营业务成本 　贷:库存商品	

续表

编 号	会计分录	备注说明
22111	借:管理费用 贷:原材料	管理领用原材料
22211	借:管理费用 贷:库存商品	管理领用库存商品
22311	借:管理费用 贷:周转材料	管理领用周转材料
22322	借:管理费用 贷:周转材料——摊销	摊销
	借:周转材料——在用 贷:周转材料——在库	领用
	借:管理费用 贷:周转材料——摊销	报废
23111	借:在建工程 贷:原材料 应交税费——应交增值税(进项税转出)	在建工程领用原材料
23211	借:在建工程 贷:库存商品 应交税费——应交增值税(进项税转出)	在建工程领用库存商品
23311	借:在建工程 贷:周转材料 应交税费——应交增值税(进项税转出)	在建工程领用周转材料
23312	借:在建工程 贷:周转材料——摊销	在建工程领用周转材料且五五摊销
	借:周转材料——在用 贷:周转材料——在库	
	借:在建工程 贷:周转材料——摊销	
24111	借:委托加工物资 贷:原材料	委托加工原材料
24211	借:委托加工物资 贷:库存商品	委托加工库存商品
24311	借:委托加工物资 贷:周转材料	委托加工周转材料
25111	借:生产成本——基本生产成本 制造费用 贷:原材料	生产领用原材料

续表

编 号	会计分录	备注说明
25211	借:生产成本——基本生产成本 　制造费用 　贷:库存商品	生产领用库存商品
25311	借:生产成本——基本生产成本 　制造费用 　贷:周转材料	生产领用周转材料
26111	借:生产成本——辅助生产成本 　贷:原材料	辅助生产领用原材料
26211	借:生产成本——辅助生产成本 　贷:库存商品	辅助生产领用库存商品
26311	借:生产成本——辅助生产成本 　贷:周转材料	辅助生产领用周转材料
26321	借:制造费用 　贷:周转材料——摊销	辅助生产领用周转材料且五五摊销
26322	借:周转材料——在用 　贷:周转材料——在库	
26323	借:制造费用 　贷:周转材料——摊销	
31111	借:原材料 　贷:待处理财产损溢	原材料盘盈
31112	借:待处理财产损溢 　贷:管理费用	处置
31211	借:库存商品 　贷:待处理财产损溢	库存商品盘盈
31212	借:待处理财产损溢 　贷:管理费用	处置
31311	借:周转材料 　贷:待处理财产损溢	周转材料盘盈
31312	借:待处理财产损溢 　贷:管理费用	处置
32111	借:其他应收款 　管理费用 　营业外支出 　贷:原材料	原材料盘亏
32112	借:管理费用 　贷:待处理财产损溢	处置

续表

编 号	会计分录	备注说明
32121	借:其他应收款 管理费用 营业外支出 贷:库存商品	库存商品盘亏
32122	借:管理费用 贷:待处理财产损溢	处置
32131	借:其他应收款 管理费用 营业外支出 贷:周转材料	周转材料盘亏
32132	借:管理费用 贷:待处理财产损溢	处置
33110—33310	借:管理费用 贷:待摊费用	按合同规定日期分期摊销
34143—34343	借:资产减值损失——计提的存货跌价准备 贷:存货跌价准备	计提存货跌价准备
34144—34344	借:存货跌价损失 贷:资产减值损失——计提的存货跌价准备	转回存货跌价准备
34145—34345	借:存货跌价准备 贷:主营业务成本/其他业务成本	结转计提准备的存货成本

在全面描述经济业务的条件下,这些判断可依据规则自动生成会计凭证。例如,委托原材料按计划成本入库,只需向计算机输入判断条件码 13110,计算机便可自动生成相关凭证。

八、智能存货核算智能化场景

物联网是新一代信息技术的重要组成部分。随着物联网技术的高速发展,我们生活的整个社会智能化程度将越来越高。在不久的将来,物联网技术必将引起我国社会信息的重大变革,与社会相关的各类应用将显著提升整个社会的信息化和智能化水平,进一步增强服务社会的能力,从而不断提升我国的综合竞争力。物联网是在计算机互联网的基础上,利用RFID、无线数据通信等技术构造一个覆盖世界上万事万物的互联。在这个网络中,物品(商品)能够彼此进行"交流",而无须人的干预。其实质是利用 RFID 技术,通过计算机互联网实现物品(商品)的自动识别和信息的互联与共享。以下我们主要介绍智能盘点。

仓管人员可通过手持终端 PDA 接入无线网络,利用"盘点 APP"终端应用扫描商品条码,快速、准确地收集盘点数据,实时上传到服务器,在无线网络覆盖不够理想的仓库也支持离线模式盘点。全程无须纸笔记录,大大提高盘点速度;精准的条码识别功能,可将盘点出错率降低至零。整套方案既节约了人力,又提高了准确性,真正实现轻松盘点。

RFID 技术正在为仓储盘点管理领域带来一场巨大的变革，以识别距离远、快速、不易损坏、容量大等条码无法比拟的优势，简化繁杂的工作流程，有效改善仓储管理中的效率和透明度。RFID 技术对库存盘点管理等各个作业环节的数据进行自动化采集，保证各个环节数据输入的速度和准确性，确保企业及时、准确地掌握库存的真实数据，合理保持和控制企业库存量。RFID 技术在仓库盘点管理中的应用环节如下：

(1)精准明确地标识了每批次物料的所有信息。凭借 RFID 的技术优势可以在标签中大量存储物料信息，并且可以实现数据实时同步，避免了人工录入带来的信息滞后性和错误问题。

(2)库存量及货架信息的完全掌控。通过为每一个货架安装电子标签，可以在物料上架或下架的时候同步更新信息，让每一位管理者可以很方便地了解库存率等问题。

(3)盘点流程的全面简化。无论是分区轮盘法、最低存量盘点法还是联合盘点法，RFID 技术都可以将流程简化，提升效率。通过系统与手持端的全面绑定，盘点人员可以轻松地前往盘点所在地进行盘点，并用手持机对物料进行远距离一次性扫描，与系统数据进行比对，完成盘点工作。

将 RFID 技术应用到企业的仓库盘点管理中是历史的必然选择，物联网技术目前在全球范围内正在以不可阻挡的趋势发展，中国正面临着不可多得的发展机遇，在这样的背景下，大力发展 RFID 技术将会是未来提升各个行业生产力的关键一步。

第十一章

商旅与费用报销智能会计核算

第一节　智能商旅平台的应用

一、智能商旅平台产生背景

商旅可以理解为由于商务需要而进行的外出旅程，包括出行、食宿、招待等各种行为活动的总和。商旅俗称“出差”，出差期间发生的各种活动并非个人行为，也就必然要纳入企业管理的范畴，对出差人的行为要进行规范，对成本支出要制定相应的规则。但由于出行活动非常分散、零碎，很可能与出差人的个人活动掺和在一起，带来管理和报销流程中的复杂性和工作量。商旅管理，又称差旅管理，是指企业将自己的差旅费用和管理全部交给专业的管理机构，由其整合资源，提供包括预订酒店、机票、会务、租车等全方位的服务，并执行有效的差旅政策，利用先进的数据分析系统，规范公司差旅行为，降低公司差旅成本的管理活动。

企业商旅管理大致经历了以下四个阶段：自发性阶段、经验性阶段、制度化阶段、专业化阶段。

(一)第一阶段：自发性阶段

在企业发展初期或小型企业，由于商旅活动的数量少、花费小，在企业成本费用中所占比重极低，因此，企业管理者一般对此不予关注，对商旅活动的管理处于放松的状态，不会控制或合理考核商旅计划、预算、效率等方面的业务或指标。员工出差通常是由出差人员自行安排相关事宜，而企业对其在差旅活动中的合理要求也很有可能无条件满足，主要原因是商旅管理费用相对于企业核心业务收入而言比例较小，众多管理者关注度较低，未引用商旅资源并且关注员工出差过程管控。

(二)第二阶段：经验性阶段

随着企业管理观念的发展，差旅活动频繁发生，管理者开始关注对商旅费用的控制，试图以最低的成本完成员工每一段差旅活动。在这一阶段，部分企业通过购买旅游代理商的商旅产品以降低成本，或制定商旅费用等级以限制员工花费等措施来控制差旅成本。但是，这种商旅管理方式一般以管理者个人意志作为决策的标准，个人因素和经验性很强，可能导致商旅费用的极度浪费、滋生腐败等问题。

(三)第三阶段:制度化阶段

商旅政策的制度化是现代企业内部核心管理能力的重要特征之一。在这一阶段,企业倾向于以商旅管理制度的方式管理员工商旅行为,相关的商旅事项必须严格遵循企业相关制度规定。商旅管理的制度化是企业商旅管理实现科学化、规范化、透明化发展的先行条件,也成为商旅代理市场发展成熟的标志。

(四)第四阶段:专业化阶段

随着生产专业化和贸易国际化的发展,企业的商旅需求与日俱增,并呈现区域范围扩大化和商旅需求多样化、个性化的特点。考虑到管理效率、成本控制等因素,大多数大型企业倾向于将非核心的商旅业务和管理流程外包给专业的商旅管理公司,获得完善、快捷的差旅服务,从而节约差旅费用,减轻企业相关人员负担。此外,商旅管理公司还将提供差旅管理报告,帮助企业控制差旅费用,提升企业的整体管理水平,为企业带来实际收益,从而对企业增加差旅管理需求提供正向激励。

虽然差旅管理已发展到第四阶段,很多企业的出差流程目前还是基于纸张的:出差前需要填写申请报告,需要填写车次、机票信息等;出差完成后仍需要填写相应的报告,完成报销和差旅总结事宜。对于报告的审批往往需要经过多次传递并经过多个部门,经常会造成时间的延误和审批的错误。此外,纸张的记录对于日后的统计分析以及时间回溯来说异常困难。

目前的商旅管理存在以下问题:

一是效率问题。差旅和报销系统反应缓慢,使用体验较差。例如,由于不能通过手机来提交和审批出差、报销等日常流程申请,必须用 PC 端基于 VPN 来登录系统,进行行程预订及单据报销,导致各流程环节审批效率不高,同时也带来了预订成本的显著增加。

一般来说,在原有的差旅报批系统操作背景下,员工从提交报销申请到全部流程审批完成,通常需要花费的时间超过 30 天。此外,由于原有的系统无法支持多语言需求,因此在一定程度上难以满足员工的境外报批需求,对业务的持续、高效率开展形成了一定的延迟影响。

二是合规隐患。一方面,销售报销的费用很高,特别是海外的差旅行程,却无法保证每一笔报销支出能够进行追源、确认;另一方面,差旅申请时也无法判断预算的使用情况,而且申请与实际报销常常无法达到实时进度反馈。

三是财务分析。在原有的“财务—业务”管理体系下,由于没有对供应商数据进行持续性、系统性的统计,无法有效压缩相关的管理和运营成本,也未能针对不同区域、客户、项目进行分类并作专业的相应费用分析。

伴随着信息技术的进步和企业管理能力的不断提高,企业对于差旅管理系统的要求已经逐渐不再局限于简单的订票过程。对参与商旅活动的每一个个体来说,商旅活动全流程的体验非常重要,尤其是随着互联网发展成长起来的年轻人,对商旅管理的要求势必带着天然的互联网思维,也会把在消费领域的数字化经验带入商旅管理的体验。因此,从出差申请到审批、从报销到入账整个流程希望效率高、速度快。从员工角度来讲,员工最不满意的因素就是报销,要自己垫资和整理发票,报销的时长至少在一个月以上。员工希望企业能够统一支付，不用垫付。审核渠道更加优化、高效，免去自己整理发票这样烦琐的工作。

而对企业来说，随着规模的扩大，商旅支出的数额越来越大，对公司成本控制的要求越来越高。因此，对商旅管理的合规性要求也会越来越细，对财务人员的工作效率要求也会更高。从企业管理和员工体验两方面来看，都对商旅管理的数字化、智能化转型提出了迫切需求。

在企业数字化浪潮下，商旅管理的数字化一直都在进行之中，经历了数字化 1.0 到数字化 4.0 的过程。商旅数字化 1.0 是“个人预订＋报销”模式，就是个人根据差旅需求自己订机票、酒店，再拿回来报销。2.0 时代则是商旅管理公司（TMC）线下模式，由单一的 TMC 电话预订统一结算。3.0 时代为 TMC 线上模式，企业开始引入第三方服务机构，把商旅活动专业化。企业通过选择一个 TMC，用 TMC 提供的 APP 与企业内部管理系统打通。随着数字化进程的推进，企业和整个商旅行业的动态发展会进入 4.0 阶段，即企业通过自建或者选用第三方的商旅管理平台，去连接一家或者多家 TMC 等相关资源，并与内部管理系统深入打通和融合，解决企业在管控、合规、协同、效率等商旅管理方面现存的难题。

对于未来的商旅管理，全球差旅管理公司 Carlson Wagonlit Travel 的一项名为“更快、更智能、更好”的研究发现，对未来商旅发展影响最大的 5 个趋势分别是移动技术、定制化、分享经济、新的预订解决方案和虚拟支付。

商旅管理的数字化、智能化需要做好以下事情：

第一，整合资源。必须把供应商的商品服务直接连接到管理平台，让员工能看到、选到。所有资源都经过采购、行政部门的合规确认，所有员工能够直接选择使用这些服务，而不需要经过烦琐的审计和申请，只要有预算且合规，符合公司战略支持的，都可以畅通无阻地使用这些资源。

第二，提升体验。员工的用户体验、管理部门的用户体验都要人性化。

第三，优化流程。把为了管控而管控的流程，通过机器学习、算法规则，融入服务当中，让员工感受不到有降低效率的管控流程的存在。

第四，分析数据。把流程交易的数据、管理的数据透明、实时地写入财务核算数据库中，写入面向数据分析的仓库中，支撑后面对交易行为的分析以及对成本的分析和管理。把方方面面的数据沉淀下来，作为深入了解、洞察企业所有消费行为特征的基础，找到降低成本、提高效率更有效的方法。

二、智能商旅平台的功能及业务结构

随着互联网、大数据、人工智能等技术的应用普及，智能化的商旅管理对传统商旅管理存在的问题有了更好的解决方案。智能商旅平台为企业提供了一个符合时代发展需要的运营管理平台。通过网络协同赋能商旅市场满足企业一站式数字化智能管理需求，用集成化、自动化、智能化、大数据技术打造一体化的商旅管理生态圈，为更多商旅行业合作伙伴打开了一个互惠互利的合作模式。

（一）智能商旅平台的功能

为了分析智能差旅平台的功能，此处引入“差旅生命周期”概念图，即将差旅管理职能分为差旅前、差旅中与差旅后三个阶段，形成首尾相接的循环活动链，并将相应的活动划归两个层次——战略层与运营层(如图 11－1 所示)。其中,战略层级活动与运营层级活动涉及采购、行政、财务等多部门的合作。运营层主要涉及差旅日常活动,例如,行政部门或差旅人员依据差旅政策和协议价格预订产品,差旅人员出行并支付费用,并由财务部门统一结算;而战略层的活动以制定差旅政策为起点,差旅经理、采购部门等根据差旅政策的要求和企业采购标准与供应商进行协商议价,签订差旅产品采购合同,差旅经理通过分析差旅报告,回顾、分析并评估差旅管理的实施绩效,提出改善计划,并根据分析结果定期完善差旅政策。

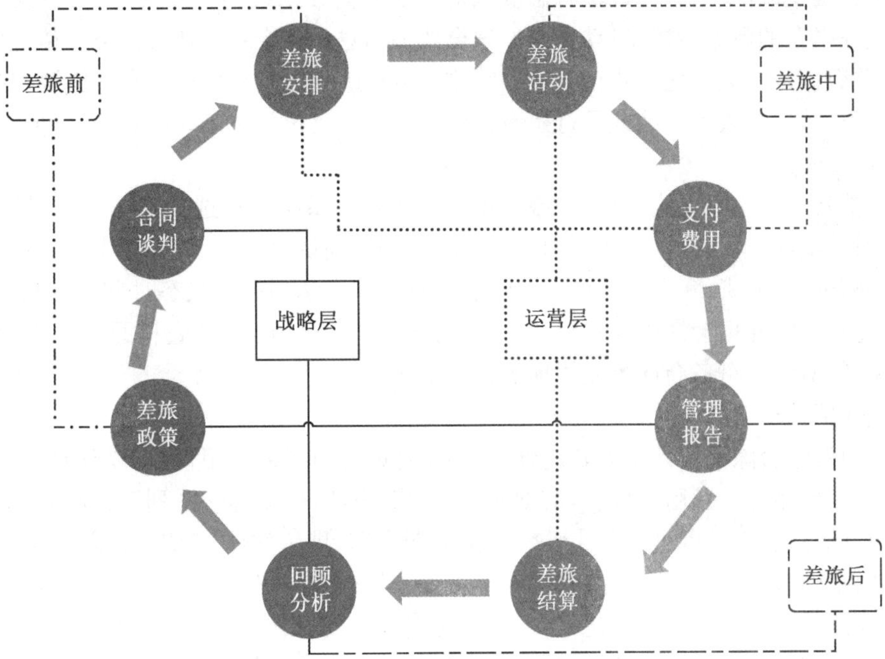

图 11－1　差旅生命周期

商旅平台是为了满足差旅活动需要,提供与差旅活动相关的商务旅行资讯、工具和外延服务平台的开放式 IT 系统。为了实现差旅生命周期中的管理职能,智能商旅平台需要具备以下功能:

1. 差旅预订

商旅消费平台业务包括预订机票、车票、船票、酒店、打车等,集成了与企业日常消费息息相关的功能。通过与标准电商平台合作,商旅平台统一预订,解决了传统差旅预订存在的弊端,实现了与企业内部业务审批、财务报销流程无缝对接。

2. 采购与审批

商旅消费平台采用平台采购、平台付款、生成凭证模式。以机票订购为例,出差申请人在界面填写出差申请单,选择出行航班。其订单受企业的预算控制和采购标准控制:如果订单金额超标,界面提示是否需要特殊审批,选择“是”,则启动审批流;选择“否”,则回到机票查询界面。不超标准、不超预算的订单,校验是否有票,系统自动出票,预算冻结,企业钱包支付本单费用,申请人会收到短信和微信通知。产生的消费记录次日自动导入个人消费记录内，每一项消费记录都会进行费用分摊，将费用归属到指定部门、项目，准确合理。利用差旅政策规则与费用事前控制，平台对员工在线消费实行事前控制，加强了管控效果。另外，系统支持碎片化审批，多条线平行审核，缩短了流程，提高了审批效率。

3. 财务结算

在费用报销方面，系统采取自动结算模式。出票成功则视为订单完成，执行预算扣减。交易发生后，供应商与企业统一结算账款(预存、月结)，无须员工垫付。结算时，系统内已记账的订单自动生成清单，进行订单状态的核对。供应商在系统内核对清单、开具发票，平台通过与税务平台的数据对接，自动获取发票全票面信息。在全新的业务财务一体化体系下，订单、发票数据以全数字化形式记录在系统中，消除了大量人工作业。统一预订与结算，不仅方便了员工，还省去了出纳或是订票专员碎片化处理支付订单的时间，节约了成本。

4. 对账核算

商旅消费平台实时在线管理，差旅支出一目了然。系统自动选择对账公司、供应商、消费类型、对账期间，触发自动对账功能进行自动对账；确认订单号、订单日期、供应商、订票人、乘机人、金额、航班、状态一致的，对账成功，订单状态达到指定状态时自动生成凭证。另外，平台能够及时导出会计凭证及付款凭证，将报销与记账连接，彻底打通了企业费用管理的最后一环，避免了财务会计重复烦琐的记账工作。

5. 管理报告

商旅消费平台除了统计个人费用外，还会统计财务口径的费用科目，以及业务口径的部门费用、项目费用等。利用大数据，借助交易、对账、发票、付款等一系列流程环节，系统将采集到的数据通过管理维度进行归集、展示，生成四套账，即资源账、管理账、会计账、监管账，供会计、财务经理、财务总监、企业管理者等相关人员查看。利用人工智能、发票电子化等技术手段，商旅消费平台作为电商化平台，可以与多家电商合作，对传统消费采购和财务流程进行再造，颠覆了企业传统报销模式，真正实现了对企业差旅费用等支出的有效管控。

(二)智能商旅平台的业务结构

根据智能商旅平台的功能，可以将智能商旅平台的业务结构概括为以下 5 个方面：

1. 收集差旅供应信息

通过商旅平台主动收集来自差旅服务供应商发布的实时信息，包括各类机票、火车票、长途客运客票、租车信息等，以及酒店发布的住宿信息、餐厅发布的用餐信息等。

2. 匹配需求与供应信息

商旅平台选择来自商旅供应商的供应信息、差旅人员的差旅需求信息、差旅企业的差旅政策信息，完成对差旅需求和供应信息的交换和匹配。

3. 收集和反馈差旅执行信息

商旅平台收集差旅人员的差旅业务过程信息，供差旅人员和差旅企业进行查询，并将款项结算信息反馈给差旅企业。

4. 款项结算和对账

商旅平台按结算方式和期限，通过第三方支付平台、网上银行方式完成与差旅企业的款项结算，待差旅企业完成服务确认和评价后，最终将结算款项分配给相应的差旅供应商。过程中，商旅平台会定期提供对账信息与差旅企业核对。

5. 差旅管理信息查询

商旅平台收集了差旅过程信息后，能提供人员、部门、区域、价值、效率、满意度、第三方评价、行业对比等多维度报告，也可根据差旅管理人员需要定制个性化报告，供差旅管理分析使用。

三、智能商旅平台的特点及优势

（一）智能商旅平台的特点

智能商旅平台的最大特点是智能化与共享化。用一个商旅平台连接企业外部的供应商、服务商和企业内部的员工、行政/财务管理两端的用户需求，实现纵向连接企业与各优质商旅供应商，横向打通“预算管控—行为审批—消费管控—智能审单—入账—支付”的全部管理流程。

（二）智能商旅平台的优势

在这一特色下，智能商旅平台与传统商旅管理系统相比，具有以下优势：

1. 打破企业商旅管理围墙

智能商旅平台打通从商旅预订到财务自动化的一站式平台，支持财务、采购、行政一体化的共享模式，拥有海量商旅资源，可以实现多平台比价，实现事前管控。

2. 方便员工出行，简化报销

员工在智能商旅平台统一界面上可以方便地选择出行方式（飞机、火车、用车）、选择协议酒店，完成出差申请和预订动作。整个过程中，员工无须手动填写出差申请单，无须贴票报销。

3. 领导审批快捷

通过 APP、手机短信及邮件等方式，领导会实时收到员工出差申请，并了解出差目的和相关行程，可帮助领导及时、快捷地做出审批决定，并作为事后报销审批的依据，迅速完成报销审核流程。

4. 财务自动高效

由于智能商旅共享平台是与财务共享平台无缝连接的，数据共享和流程对接是其最大的特色。可按企业财务需求配置各部门预算管控金额，及时掌握每个员工的出行成本，并与部门、公司预算结合起来，实行预算滚动和执行控制的有效比对。财务全流程自动结算，无须处理大量零散发票，不必担心错票。企业统一结算，预存、月结灵活选择。在线日清对账，实时生成财务凭证；在线确认月度账单，发票自动获取入账。

5. 行政服务轻松

商旅管理很多时候由企业的行政部门来执行，在没有系统帮助下，行政部门无法为碎片化的、大覆盖面的商旅活动提供有效服务，更不要提有效管理和分析了。利用智能商旅共享平台，行政部门可以观察到每位员工的出行计划，也就能更好地提供服务管理。

6. 企业管控优化

由于智能商旅共享平台上留存有大量实时数据，企业可以非常方便地从不同维度对员工商旅活动进行数据化分析，并给出相应的管理报告，给企业管理者和员工本人提出更好的建议，降低成本，提高效率。

四、智能商旅平台举例

(一)元年 E7 商旅共享平台

元年 E7 商旅共享平台是基于商旅环境大变革应运而生的企业资源管理模式,镶嵌于企业内部财务共享平台,与企业内、外部应用系统进行 IT 资源整合,通过集成化商旅企业管理模式,为企业提供一站式从出差申请、费用报销、结算付款到财务核算等服务。企业通过共享平台,将业务操作者、业务管理者、合作方、资源获得者及资源配置者放在一起,通过建立资源配置体系完成对交易过程的管控,同时形成资源账、管理账、财务账和监管账。

元年 E7 商旅共享平台通过 API(Application Programming Interface,应用程序接口)形式连接优质商旅平台,员工通过手机 APP 自动在线订票,公司统一结算,差旅和报销系统一体化集成在一起。元年 E7 商旅共享平台通过供应商优选,满足了采购部门的采购管理需求;通过智能对账,业务数据直接对接财税系统,满足了财务部门的管理会计需求;多维度数据给出公司管理和战略方向的问题,为企业制定来年的全面预算和管控措施提供了有效的决策依据。

元年 E7 商旅共享平台集成多平台的全闭环模式如图 11—2 所示。

图 11—2 元年 E7 商旅共享平台

(二)阿里商旅

阿里商旅为广大中小企业和机构客户提供商务旅行相关产品与服务。

中小企业员工出差的痛点切实地摆在眼前,从申请出差获批、请款或者垫款、比价购买机酒产品、催促供应商寄出发票、把一大沓发票贴好,到给行政、财务签字,最后报销排队可能还要耽误几天。阿里旅行针对中小企业差旅的痛点,推出了阿里商旅服务,通过该服务,用户可以在移动端享受免垫钱、免发票、免报销的出差新体验,节省整个差旅环节的时间。

阿里商旅沿用了一贯的平台模式,为保障并统一服务的品质,将通过自营团队来承接服务。阿里商旅实现了与钉钉企业服务打通的无线审批流,在机票退改签等售后服务上也打通了阿里旅行现有的用户体验，全部在线自助完成。

第二节　智能费用报销核算系统

一、智能费用报销核算系统的特点

智能费用报销核算系统在整个智能财务系统中处于核算层的财务运营系统部分。智能费用报销核算系统与企业其他核算层财务系统都存在数据交互关系。具体而言，智能费用报销核算系统的前端业务报账信息可自动取数于各前端其他业务系统；智能费用报销核算系统应当与电子影像系统高度集成，依赖电子影像模式传递实物单据信息；智能费用报销核算系统中的报账信息会导入会计核算系统生成会计凭证，同时会计核算系统也会将后续状态反馈回智能费用报销核算系统。

（一）信息采集规范化

智能费用报销核算系统可以有效克服基于纸面的数据采集方式的种种不足，通过全面、及时、高效采集信息，使会计信息系统达到支持决策的目的。智能费用报销核算系统在报账活动中触发了相应的信息记录过程，不会因为人工收集和其后会计凭证确认的局限性对信息有较大的取舍，避免了信息的滞后和丢失。智能费用报销核算系统通过对传统会计信息系统的延伸，不再是通过对原始凭证的汇总整理后才能把数据纳入会计信息系统，为后续的实时处理和信息反馈创造了基础。

（二）信息成本节约

智能费用报销核算系统可以大大降低会计信息的处理成本，不仅仅是纸张本身的费用，节约的企业管理费用更为可观。传统的会计信息系统理论上或许可以通过核算项目的增加来收集关于业务活动的所有特征，但在实际操作中是不现实的，因为触发记录行为的是脱离业务过程的会计人员。而智能费用报销核算系统通过将信息触发过程前移到业务人员和相关的业务系统，使会计信息系统能够收集到关于业务活动的所有信息特征，而不仅仅是价值或者金额方面的信息，从而满足决策或者管理过程中的信息需求。例如，企业差旅费用信息中，发生的时间、记录的相关事件、地点、发生人、发生频率等信息，在传统的费用确认过程中，经过复式记账处理只能提供一段时间内费用发生的总额，其他相关信息都消失了；而使用与商旅平台对接的智能费用报销核算系统后，这些信息都会存储于企业数据库中，可以实现任何时间、任何维度的汇总分析，大大提升信息价值。

（三）信息传递自动化

智能费用报销核算系统使会计确认程序化成为可能。传统的会计信息系统解决了从记账凭证到会计报表的所有工作，使用财务软件，财务人员的最大“价值”体现就是从原始凭证到记账凭证的会计确认和输入过程。这种价值使得财务人员在低水平的基础工作上耗费大量时间，同时，会计确认对于会计人员的个人主观判断依赖过多，会计信息质量无法保障。在智能费用报销环境下，记录过程的标准化和电子化为会计确认的自动化提供了机会。智能费用报销核算系统会根据既定的规则生成记账凭证，会计人员只需要维护相应的分类和汇总机制，就可以实现从数据采集到数据输出全部工作的会计信息系统化，大大减少了会计人员的基础工作量。

(四)审批流程电子化

通过电子报账单和相应附件的电子化流转,以及与企业办公系统的待办事项集成,在保证审批质量的同时加快了审批流程,实现了电子化自动推送的审批模式,从而大大提高审批效率。

(五)财务流程高效化

智能费用报销核算系统可以通过减少纸张流转,提高企业内部流转效率,减少会计核算过程中的人为判断和计算错误等,减少企业的管理费用。

(六)信息展示追踪化

智能费用报销核算系统使得电子审计线索更加便利、高效。智能费用报销核算系统将企业的费用支付数据完全电子化,并建立了账务系统的单一标识。利用信息技术再现原始业务活动,从记账凭证追溯到原始业务活动的来龙去脉变得高效。高度集成的会计信息系统为每笔支出建立了单独的审计线索,环环相扣的链接关系使得原始业务的再现更为方便易行。

二、智能费用报销核算系统的功能

企业的精细化管理要求更多的业务活动与财务管理结合起来,让业务数据变成管理会计的数据来源和重要的组成部分。因此,业务、财务和税务管理数据一直处于强关联性,企业管理的一个重要内涵就是要实时掌握这几方面数据的互动、共享,并为更多维度的数据分析提供基础条件。

智能商旅共享平台本质上是企业业务活动的重要体现,其各项支出也是企业采购管理需要覆盖到的内容,通过互联网、大数据等信息化手段,把碎片化、全覆盖的商旅活动成本支出管理起来,这也是企业总体支出(BSM)管理的重要内容,必须融入企业整体的业财税一体化管理体系中(如图 11－3 所示)。我们将在业财税一体化背景下讨论差旅费用报销核算流程。

智能费用报销核算系统功能应当包括以下内容:

(一)费用预算

费用预算管理是组织、目标、过程控制的有机统一,通过费用预算管理模型的应用,树立企业全员费用预算意识,加强费用管控,降低企业费用成本,全面提高企业竞争力。通过智能费用报销核算系统实现的预算控制分为额度控制和预算控制两类。额度控制是指员工的部分报销事项存在额度要求(额度上限或标准额度),对此类报销在系统的单据模板中进行额度控制。预算控制是指智能费用报销核算系统将报账单据中与预算相关的、需要进行预算控制的报账项目信息提供至预算管理系统,预算管理系统对需要进行控制的数据进行检查核实后,将预算控制结果返回智能费用报销核算系统,从而实现后续的预算控制。

(二)业务申请管理

业务申请是指员工对某一业务事项的申请,例如出差、采购等,这些业务一般都需要在执行完成后进行报销。单位可以规定某些报销必须经过事前业务申请,在费用报销时,需要相关的业务申请单据。智能费用报销核算系统一般可提供费用类、资金类事项的业务申请

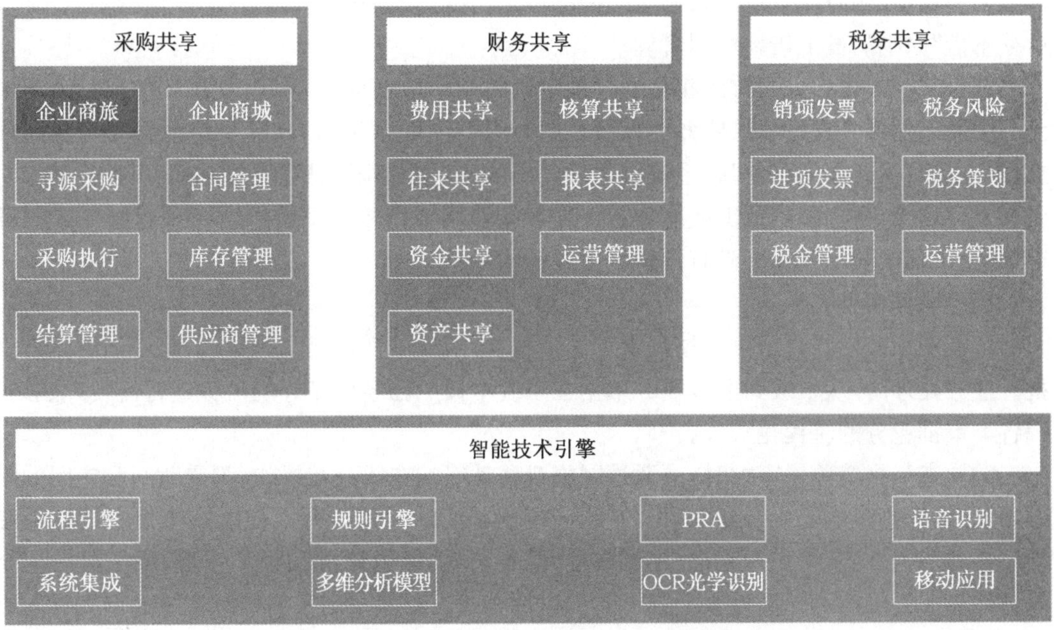

图 11—3　智能商旅平台融入业财税一体化管理体系

功能，但物资采购类、工程结算类等其他类的业务申请更多地在独立外围的业务系统中提出，员工在智能费用报销核算系统中提交单据进行报账申请时，需要关联其相关的业务申请单据。

(三)报账申请管理

报账申请环节实现了财务报账信息的原始采集，完成了信息从业务人员直接获取的问题。对于报销而言，各个企业的特点是不同的，有的企业差旅业务比较多，有的企业业务招待比较多，因此，报账申请单据模板的定制便很有讲究。总的来说，报账申请模板可以分为固定模板和可配置模板两种。

通常情况下，企业自行开发的或者外购的智能费用报销核算系统产品会采用固定模板的形式。固定模板形式下，系统需要根据每个公司不同的业务情况进行报销模板的定制化开发，如差旅费报销模板、业务费报销模板等。固定模板具有开发速度快、业务吻合度高的特点，同时可以将业务逻辑、报销标准等可标准化的业务规则嵌套入模板内，减少员工制作报销单时输入的工作量和审批人员的判断点。但由于其定制开发的背景，当业务需求发生变化时，需要修改程序以适应这种变化，这势必造成变化过程的延误。这种情况下，需求的变化如需迅速在模板上调整实现，可采用可配置模板，但其所存在的问题就是初始开发成本较高，需要投入资源开发模板配置工具和嵌入工具。

(四)借还款、预付款管理

员工借款是指单位内部员工基于业务需要从单位暂时借出的款项，员工借款在所办业务完成后应尽快核销或者归还。智能费用报销核算系统一般通过提供专用于员工借款和员工还款两个业务的单据进行借还款的管理，提供可支持按总额或单笔金额等多维度组合的借款限额管理、实时提示借款余额及限额的员工借款全周期管理，以及遵守“借款前款不清，后款不借”原则的员工借款控制管理。

预付款一般包括公司按照相关合同规定预付给供应商的款项，以及在日常经营活动中无合同而需要预先支付给供应商的款项。针对有合同的预付款，其预付申请需要与合同信息挂钩；针对无合同的预付款，系统可提供定向的预付业务限制控制或严格的审批控制。对已有预付款的供应商，当员工或财务会计在智能费用报销核算系统中进行预付报账或财务审核时，系统可显示并提醒尚有预付款未核销的信息。

（五）业务审批管理

智能费用报销核算系统通过提供工作流平台，实现可视化定义跨单位、跨部门的流程审批。业务处理时，从下级到上级业务单据在系统中按照已经定义好的流程进行流转，能够实现各类审批业务的流程化管理。

领导进行报销单据审批时，可通过网络或移动终端在线进行操作，不受时间和空间的限制，同时审批过程电子化、流程固化，有利于报销制度的规范执行。智能费用报销核算系统支持多种审批方式，如代理审批、加签审批、业务会签、回退审批和跳转审批，系统可根据企业具体业务要求在不同流程中配置不同的审批方式。智能费用报销核算系统的审批界面也可灵活定义，如支持特殊审批流程的人工推送功能，即遇特殊事项报销，可由特定人员将报销单推送给相关业务审批人进行审核。此外，随着移动办公技术的发展，智能费用报销核算系统已可支持移动审批，实现了多个平台工作流的待办任务审批、驳回、查看单据、查看日志、查看流程图等功能，满足及时性和便捷性的需求。

（六）任务分配管理

智能费用报销核算系统可将各种待处理的业务以任务的形式放在作业池中，由作业人员以单据提取模式从作业池中提取待处理单据，通过灵活设置各类任务分配规则，将系统内各类单据在各组织与用户间进行分工，并对任务的处理过程进行详细记录，以备后续对单据的处理结果进行绩效考核。

（七）财务审核管理

财务审核工作主要是针对已经通过领导审批的单据，审查系统中填写的单据详情与提交人实际送交的发票是否吻合，包括金额、票据张数等。审核完成后，系统可自动发送付款信息到资金管理系统完成付款的业务办理，同时可根据系统中预设的凭证模板在核算系统中自动生成财务凭证。

（八）账务处理

账务处理功能具体包括财务数据的预处理、状态管理和银行支付文件三个子功能。财务数据的预处理功能是对待导入核算系统的数据按照系统对各个字段的要求逐个校验，以达到核算系统自动生成会计凭证的要求。状态管理功能是对单据从智能费用报销核算系统导出过程中的各个状态进行管理、监控和异常处理。财务审核和账务处理完毕后，下一个环节是银行支付。智能费用报销核算系统可根据银行所要求的数据标准格式生成付款文件，通过网上银行支付文件上传的方式或者银企互联方式将系统数据传递至银行，完成最终的支付业务。

(九)查询分析管理

智能费用报销核算系统针对业务人员、业务领导、财务人员均提供了丰富的报表查询分析功能,使得各环节的业务处理更有效率,整个流程更加透明,并有充足的数据支持共享服务中心的运营管理。

(十)移动应用

智能费用报销核算系统的移动报销及审批功能主要基于移动互联网随时随地的信息快速传递特点,将报销申请、审核、查询、流程监控等过程连接起来。通过整合移动设备以及第三方信息,为用户整个费用活动提供人性化服务。

(十一)基础数据

智能费用报销核算系统中的基础信息主要包括人员、公司组织的基础信息以及与报销相关的业务规则。与报销相关的业务规则通过在系统中进行维护的方式,可以在员工填单时就自动进行控制,系统的自动控制降低了员工填单出现差错的可能性,也减少了财务人员在审核时的判断点。

三、对公报销核算流程

对公报销核算流程的具体活动及流程描述如图 11—4 所示。

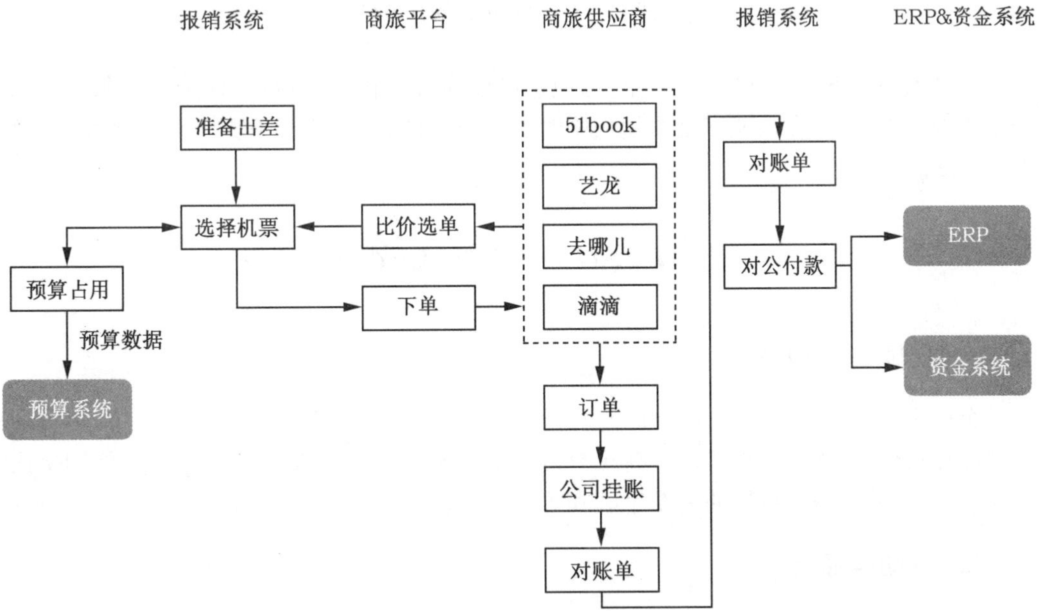

图 11—4　对公报销核算流程

在对公模式下,企业统一结算,日清对账,实时生成财务凭证。由差旅管理部门统一负责报销,员工无须贴票报销,财务不再担心错票。

四、对私报销核算流程

对私报销核算流程的具体活动及流程描述如图 11—5 所示。

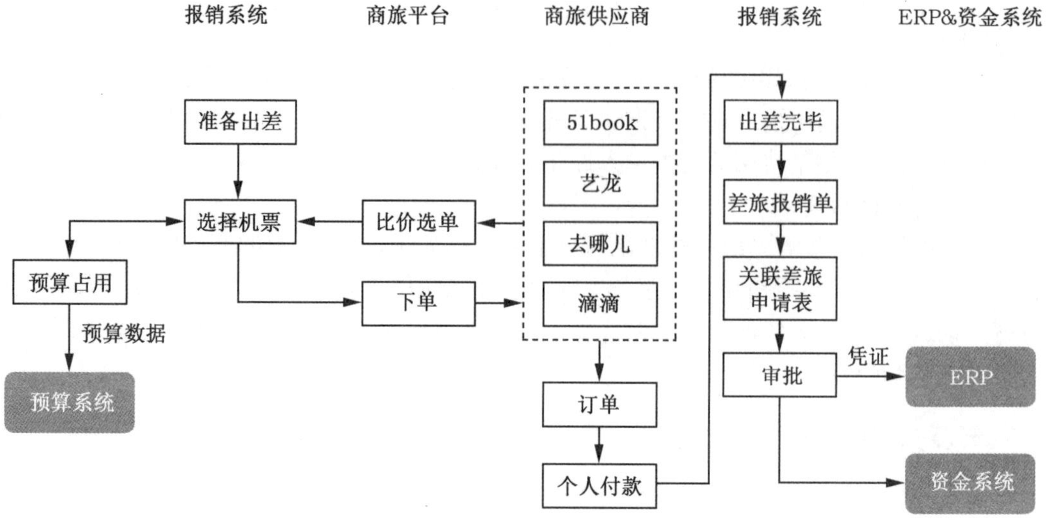

图 11—5　对私报销核算流程

在对私模式下，员工经常需要垫资，但也可以通过优化报销流程，使个人无须进行烦琐的贴票报销工作，并在保证审批质量的同时加快审批流程，从而提升财务流程效率，提高员工满意度。

第三节　智能化场景

一、智能出差申请

企业员工在智能商旅平台预订差旅行程，会自动在系统中生成差旅申请单，审批通过后，智能商旅平台将自动出票。平台充分帮助企业员工和管理人员简化整个差旅和费用管理流程，极大减少费用报销的复杂手续和等待时间。

二、自助差旅报销

员工在完成差旅消费之后，智能商旅平台将员工的实际差旅消费数据传到企业的差旅管理系统；差旅管理系统再将差旅消费数据传到企业自己的财务管理系统；企业的财务管理系统根据这些数据与差旅供应商进行差旅费用的结算，并依据这些数据结合其他信息向出差员工发放出差补贴。

三、费用合规审核

对于出差人员的相关信息，将自动导入机票、酒店等服务预订系统内，为避免员工重复填写个人信息，可灵活配置人员信息。对于差旅标准、差旅目的地，系统可在应用层灵活配置限制参数来限定标准，减少人为判断，避免错误，如果特殊情况下需要超过差旅标准时，则可通过配置特殊审批流程来实现。

员工从差旅行程、差旅标准、差旅补助到预订房型等差旅活动的全过程信息透明展示，并请领导透明审批。由于所有的住宿标准为系统及后台经过审核后直接推送至商旅结算平台中，避免了员工将非差旅标准消费外的其他个人消费夹杂在住宿费中报销，为企业差旅规范化管理提供强有力的工具。另外，差旅标准由系统管控，超过员工差旅标准的舱位、酒店或火车座席均在系统中进行过滤，同时为员工提供广泛的在差旅标准范围内可选择入住的酒店，有效节约企业差旅成本，杜绝浪费。

四、智能商旅预订

利用大数据及云计算技术对差旅行为及差旅成本对照分析，为员工定制差旅服务整体解决方案。员工差旅事项审批通过后，系统根据员工岗位级别信息，匹配相应的差旅标准；根据员工消费习惯相似度、差旅标准，结合价格信息、距离信息、时间信息、用户评价信息，通过系统内置的推荐系统模型进行测算，按照推荐得分由高到低自动排序，并自动向用户推荐经济、便利、舒适的差旅整体解决方案。

员工的差旅预订行为对差旅成本影响较高，如提前一周预订机票则机票的折扣率将远大于出行前一天预订，入住当天预订酒店则无房率远高于提前三天预订。员工差旅单审批通过后，系统自动扫描可推荐的机票和酒店的价格变化情况，并结合历史数据测算出价格趋势，向用户推送整体方案的同时，提醒出行员工及时预订差旅服务，以便保障员工出行安排，优化差旅成本。

五、票据识别导入

票据识别导入功能可提供强大的图像处理功能，并充分利用集成设备的特性实现影像效果优化。扫描操作员通过图像处理功能，可以实现图像的合并、旋转等操作。这些功能可以有效地保证图像的质量，具体来说，包括影像合并、去除黑边、自动纠偏、自动方向转正、影像压缩等。此外，通过智能 OCR 技术和智能版面分析技术，将自动判别分类增值税专用发票，并智能提取增值税专用发票的关键要素信息，供其他业务系统进行数据利用，在较大程度上节省人工录入的时间，同时降低了手工录入错误的风险。

六、电子发票多渠道导入

对发票进行自动处理，账期结束后，针对对账成功的订单做发票申请，供应商开具发票后，线上回传发票信息并将发票邮寄到指定地址；线上回传发票信息后，进行发票检验、发票认证以及进项税转出等；线上验证信息以及纸质发票邮寄后，做相关关联并存档。

七、凭证自动生成

通常，凭证自动生成需要借助记账凭证生成模板。记账凭证生成模板模型大致可以归纳为四种：一是根据业务备查簿或业务报表生成记账凭证。从业务备查簿生成记账凭证，是指业务软件根据业务单据登记业务备查簿，当需要生成记账凭证时，再根据已登记的业务备查簿按照预设的记账凭证生成模板自动生成。二是根据通过财务审核的业务单据自动生成记账凭证。从通过财务审核的业务单据自动生成记账凭证，是指业务软件在处理业务单据的过程中设置财务审核功能，并且在财务审核的同时就可以按预设的生成模板自动生成记账凭证并传递至账务系统。因此，采购业务比较适宜采用此法生成记账凭证。三是根据财务软件提供的自动转账功能自动生成记账凭证。从财务软件提供的自动转账功能自动生成记账凭证，是指财务软件本身提供功能较强的自动转账机制，这类自动转账机制能支持多借多贷的会计分录的生成。借助此类机制就可以完成某些与业务有关的记账凭证的自动生成。四是根据业务软件提供的记账凭证生成功能自动生成记账凭证。从业务软件提供的记账凭证生成功能自动生成记账凭证，是指当生成凭证时，除了需要满足财务软件提供的自动转账机制功能外，还需要从业务单据中取得某些单据要素信息时，就需要采用此类方法。

完成领导审批流程的业务单据会在审批流程结束后自动推送至核算中心，按照系统初始化前已经设置好的网报科目与核算科目映射关系自动生成记账凭证，核算人员再根据每张单据的具体情况，审核自动生成的凭证并做适当微调，不落地的业务流程大大缩短了核算人员的单位凭证核算时间，提高了工作效率，也为每位业务人员同时负责几家公司账务核算提供了技术前提。

八、报销数据分析

企业不仅能够监控已审批的支出，还能监控实际支出情况，获得更完整、更准确的数据分析，加强管控。系统将会抓取报销中的异常情况，如出差前批准机票与出差后上报机票存在的出入。在数据分析方面，平台生成的费用报告将囊括机票、酒店、火车票等，包括个人支付与公司账号支付。

在企业的财务管理体系中，形成更具动态的多维度、可视化、实时性财务数据收集与分析功能体系，更是在财务数据类别管理上加以细化，包括集团层面报销、出差员工地点统计、员工和部门报销排名、出差投入产出分析、合规性分析、可疑费用分析、预算使用情况分析、供应商分析等，让财务部门真正做到对差旅花费一目了然。

九、数字支付

智能费用报销核算系统未来可以考虑采用区块链技术提高结算效率，节约支付成本。差旅服务中，每笔差旅服务交易清算支付都要借助于银行，每家酒店及机票等差旅服务供应商都有自己的账务系统。如在预订酒店时，需要有授信额度，每笔交易需要在酒店开户银行生成一条记录，每月还要与企业进行清算和对账等，导致速度慢、成本高。与传统支付体系相比，区块链支付是在双方之间直接进行，不涉及中间机构，即使部分网络瘫痪也不影响整个系统运行，成本低廉。

区块链技术及数字支付方式保证了差旅服务的支付安全。数字货币在每个交易过程中起到一个类似保证金和交易费的作用。企业可为员工配置有限额的区块链钱包，企业员工出差入住酒店，离店时，员工使用区块链钱包内的数字货币直接同酒店进行支付，完成清算。

交易完成后，员工支付所用的数字货币被销毁，无须总账进行支付。通过去中心化、限额控制、钱包密码控制、数字货币支付销毁，可大为提高恶意攻击者的攻击成本，以保证运行安全。

第十二章

智能会计报表与电子会计档案

第一节　会计报表编制流程

一、财务报表简介

我国《会计法》[①]规定，财务会计报告由会计报表、会计报表附注和财务情况说明书组成。向不同的会计资料使用者提供的财务会计报告，其编制依据应当一致。财务会计报告应当根据经过审核的会计账簿记录和有关资料编制，并符合《会计法》和国家统一的会计制度关于财务会计报告的编制要求、提供对象和提供期限的规定；其他法律、行政法规另有规定的，从其规定。

《企业会计准则——基本准则》第四十四条规定，财务会计报告是指企业对外提供的反映企业某一特定日期的财务状况和某一会计期间的经营成果、现金流量等会计信息的文件。《企业会计准则第 30 号——财务报表列报》(以下简称《财务报表准则》)第二条规定，财务报表是对企业财务状况、经营成果和现金流量的结构性表述。财务报表至少应当包括资产负债表、利润表、现金流量表、所有者权益变动表(或股东权益变动表)和附注，且这些组成部分之间具有同等的重要程度。

(一)资产负债表

资产负债表是反映企业在某一特定日期的财务状况的会计报表，反映了某一特定日期关于企业资产、负债、所有者权益及其相互关系的信息。

《财务报表准则》第三章对资产负债表的列示做出了规定：资产和负债应当分别流动资产和非流动资产、流动负债和非流动负债列示。

资产负债表中的资产类至少应当单独列示反映下列信息的项目：(1)货币资金；(2)以公

---

① 《中华人民共和国会计法》，1985 年 1 月 21 日第六届全国人民代表大会常务委员会第九次会议通过，1993 年 12 月 29 日第八届全国人民代表大会常务委员会第五次会议《关于修改〈中华人民共和国会计法〉的决定》第一次修正，1999 年 10 月 31 日第九届全国人民代表大会常务委员会第十二次会议修订，2017 年 11 月 4 日第十二届全国人民代表大会常务委员会第三十次会议《关于修改〈中华人民共和国会计法〉等十一部法律的决定》第二次修正。

允价值计量且其变动计入当期损益的金融资产；(3)应收款项；(4)预付款项；(5)存货；(6)被划分为持有待售的非流动资产及被划分为持有待售的处置组中的资产；(7)可供出售金融资产；(8)持有至到期投资；(9)长期股权投资；(10)投资性房地产；(11)固定资产；(12)生物资产；(13)无形资产；(14)递延所得税资产。

资产负债表中的负债类至少应当单独列示反映下列信息的项目：(1)短期借款；(2)以公允价值计量且其变动计入当期损益的金融负债；(3)应付款项；(4)预收款项；(5)应付职工薪酬；(6)应交税费；(7)被划分为持有待售的处置组中的负债；(8)长期借款；(9)应付债券；(10)长期应付款；(11)预计负债；(12)递延所得税负债。

资产负债表中的所有者权益类至少应当单独列示反映下列信息的项目：(1)实收资本(或股本)；(2)资本公积；(3)盈余公积；(4)未分配利润。在合并资产负债表中，应当在所有者权益类单独列示少数股东权益。

(二)利润表

利润表是指反映企业在一定会计期间的经营成果的会计报表，反映了企业经营业绩的主要来源和构成。

《财务报表准则》第四章对利润表的列示做出了规定：企业在利润表中应当对费用按照功能分类，分为从事经营业务发生的成本、管理费用、销售费用和财务费用等。

利润表至少应当单独列示反映下列信息的项目，但其他会计准则另有规定的除外：(1)营业收入；(2)营业成本；(3)营业税金及附加；(4)管理费用；(5)销售费用；(6)财务费用；(7)投资收益；(8)公允价值变动损益；(9)资产减值损失；(10)非流动资产处置损益；(11)所得税费用；(12)净利润；(13)其他综合收益各项目分别扣除所得税影响后的净额；(14)综合收益总额。金融企业可以根据其特殊性列示利润表项目。

(三)现金流量表

现金流量表是指反映企业在一定会计期间的现金和现金等价物流入和流出的会计报表。《企业会计准则第 31 号——现金流量表》(简称《现金流量表准则》)对单体现金流量表的编制和列报进行了规范。第四条规定，现金流量表应当分别经营活动、投资活动和筹资活动列报现金流量。第五条规定，现金流量应当分别按照现金流入和现金流出总额列报。

《现金流量表准则》第三章对经营活动现金流量的列示做出了规定：企业应当采用直接法列示经营活动产生的现金流量。经营活动，是指企业投资活动和筹资活动以外的所有交易和事项。直接法，是指通过现金收入和现金支出的主要类别列示经营活动的现金流量。经营活动产生的现金流量至少应当单独列示反映下列信息的项目：(1)销售商品、提供劳务收到的现金；(2)收到的税费返还；(3)收到其他与经营活动有关的现金；(4)购买商品、接受劳务支付的现金；(5)支付给职工以及为职工支付的现金；(6)支付的各项税费；(7)支付其他与经营活动有关的现金。

《现金流量表准则》第四章对投资活动现金流量的列示做出了规定：投资活动，是指企业长期资产的购建和不包括在现金等价物范围的投资及其处置活动。投资活动产生的现金流量至少应当单独列示反映下列信息的项目：(1)收回投资收到的现金；(2)取得投资收益收到的现金；(3)处置固定资产、无形资产和其他长期资产收回的现金净额；(4)处置子公司及其他营业单位收到的现金净额；(5)收到其他与投资活动有关的现金；(6)购建固定资产、无形资产和其他长期资产支付的现金；(7)投资支付的现金；(8)取得子公司及其他营业单位支付的现金净额；(9)支付其他与投资活动有关的现金。

《现金流量表准则》第五章对筹资活动现金流量的列示做出了规定：筹资活动，是指导致企业资本及债务规模和构成发生变化的活动。筹资活动产生的现金流量至少应当单独列示反映下列信息的项目：(1)吸收投资收到的现金；(2)取得借款收到的现金；(3)收到其他与筹资活动有关的现金；(4)偿还债务支付的现金；(5)分配股利、利润或偿付利息支付的现金；(6)支付其他与筹资活动有关的现金。

(四)所有者权益变动表

所有者权益变动表是反映构成所有者权益的各组成部分当期的增减变动情况的报表。所有者权益变动表应当全面反映一定时期所有者权益变动的情况，不仅包括所有者权益总量的增减变动，还包括所有者权益增减变动的重要结构性信息，有助于报表使用者理解所有者权益增减变动的根源。

《财务报表准则》第五章对所有者权益变动表的列示做出了规定：所有者权益变动表应当反映构成所有者权益的各组成部分当期的增减变动情况。综合收益以及与所有者(或股东，下同)的资本交易导致的所有者权益的变动，应当分别列示。与所有者的资本交易，是指企业与所有者以其所有者身份进行的、导致企业所有者权益变动的交易。

所有者权益变动表至少应当单独列示反映下列信息的项目：(1)综合收益总额，在合并所有者权益变动表中还应单独列示归属于母公司所有者的综合收益总额和归属于少数股东的综合收益总额；(2)会计政策变更和前期差错更正的累积影响金额；(3)所有者投入资本和向所有者分配利润等；(4)按照规定提取的盈余公积；(5)所有者权益各组成部分的期初和期末余额及其调节情况。

(五)附注

附注是对在资产负债表、利润表、现金流量表和所有者权益变动表等报表中列示项目的文字描述或明细资料，以及对未能在这些报表中列示项目的说明等。

《财务报表准则》第六章对财务报表附注的列示做出了规范：附注应当披露财务报表的编制基础，相关信息应当与资产负债表、利润表、现金流量表和所有者权益变动表等报表中列示的项目相互参照。

附注一般应当按照下列顺序至少披露：(1)企业的基本情况；(2)财务报表的编制基础；(3)遵循企业会计准则的声明；(4)重要会计政策和会计估计；(5)会计政策和会计估计变更以及差错更正的说明；(6)报表重要项目的说明；(7)或有和承诺事项、资产负债表日后非调整事项、关联方关系及其交易等需要说明的事项；(8)有助于财务报表使用者评价企业管理资本的目标、政策及程序的信息。

(六)合并财务报表

为了规范合并财务报表的编制和列报，财政部根据《企业会计准则——基本准则》，制定了《企业会计准则第 33 号——合并财务报表》(以下简称《合并财务报表准则》)。

《合并财务报表准则》规定，合并财务报表，是指反映母公司和其全部子公司形成的企业集团整体财务状况、经营成果和现金流量的财务报表。其中，母公司，是指控制一个或一个以上主体(含企业、被投资单位中可分割的部分，以及企业所控制的结构化主体等，下同)的主体。子公司，是指被母公司控制的主体。

《合并财务报表准则》规定，母公司应当以控制为基础编制合并财务报表，合并财务报表至少应当包括下列组成部分：(1)合并资产负债表；(2)合并利润表；(3)合并现金流量表；(4)合并所有者权益(或股东权益，下同)变动表；(5)附注。企业集团中期期末编制合并财务报表的，至少应当包括合并资产负债表、合并利润表、合并现金流量表和附注。

二、个别财务报表编制流程

编制会计报表的基本步骤如下：

(一)核实资产

核实资产是企业编制财务报表前一项重要的基础工作，而且工作量大。主要包括：(1)清点现金和应收票据。(2)核对银行存款，编制银行存款余额调节表。(3)与购货人核对应收账款。(4)与供货人核对预付账款。(5)与其他债务人核对其他应收款。(6)清查各项存货。(7)检查各项投资的回收利润分配情况。(8)清查各项固定资产的在建工程。

编制财务报表中，在核实以上各项资产的过程中，如发现与账面记录不符，应先转入"待处理财产损溢"账户，待查明原因，按规定报批处理。

(二)清理债务

企业与外单位的各种经济往来中形成的债务也要认真清理及时处理。对已经到期的负债，要及时偿还，以保持企业的信誉，特别是不能拖欠税款；其他应付款中要注意是否有不正常的款项。

(三)复核成本

编制财务报表前，要认真复核各项生产、销售项目的成本结转情况。查对是否有少转、多转、漏转、错转成本，这些直接影响企业盈亏的真实性，并由此产生一系列的后果，如多交税金、多分利润、使企业资产流失等。

(四)内部调账

内部调账(转账)是编制财务报表前一项很细致的准备工作。主要有如下几点：(1)计提坏账准备。应按规定比例计算本期坏账准备，并及时调整入账。(2)摊销待摊费用。凡本期负担的待摊费用应在本期摊销。(3)计提固定资产折旧。(4)摊销各种无形资产和递延资产。(5)实行工效挂钩的企业，按规定计提"应付职工工资"。(6)转销经批准的"待处理财产损溢"。财务部门对此要及时提出处理意见，报有关领导审批，不能长期挂账。(7)按权责发生制原则及有关规定，预提利息和费用。(8)有外币业务的企业，还应计算汇总损益调整有关外币账户。

(五)试算平衡

在完成以上准备工作之后，还应进行一次试算平衡，以检查账务处理有无错误。

(六)结账

试算平衡后的结账工作主要有以下几项：(1)将损益类账户全部转入"本年利润"账户。(2)将"本年利润"账户形成的本年税后净利润或亏损转入"利润分配"账户。(3)进行利润分配后，编制财务报表的年终会计决算报表。

三、合并财务报表编制流程

母公司应当以自身及其子公司的财务报表为基础，根据其他有关资料，编制合并财务报表。母公司编制合并财务报表，应当将整个企业集团视为一个会计主体，依据相关企业会计准则的确认、计量和列报要求，按照统一的会计政策，反映企业集团整体财务状况、经营成果和现金流量。

《合并财务报表准则》第三章规定了合并程序：(1)合并母公司与子公司的资产、负债、所有者权益、收入、费用和现金流等项目。(2)抵销母公司对子公司的长期股权投资与母公司在子公司所有者权益中所享有的份额。(3)抵销母公司与子公司、子公司相互之间发生的内部交易的影响。内部交易表明相关资产发生减值损失的，应当全额确认该部分损失。(4)站在企业集团角度对特殊交易事项予以调整。

合并财务报表的编制涉及多个子公司，为了使编制的合并财务报表准确、全面反映企业集团的真实情况，必须做好一系列的前期准备工作，主要包括以下几个方面：(1)统一母、子公司的会计政策；(2)统一母、子公司的资产负债表日及会计期间；(3)对子公司以外币表示的财务报表进行折算；(4)收集编制合并财务报表的相关资料。

合并财务报表编制的一般流程如下：

(一)设置合并工作底稿

合并工作底稿的作用是为合并财务报表的编制提供基础。在合并工作底稿中，对母公司和纳入合并范围的子公司的个别财务报表各项目的数据进行汇总、调整和抵销处理，最终计算得出合并财务报表各项目的合并数。

(二)将个别财务报表的数据过入合并工作底稿

将母公司和纳入合并范围的子公司的个别资产负债表、个别利润表、个别现金流量表及个别所有者权益变动表各项目的数据过入合并工作底稿，并在合并工作底稿中对母公司和子公司个别财务报表各项目的数据进行加总，计算得出个别资产负债表、个别利润表、个别现金流量表及个别所有者权益变动表各项目的合计数额。

(三)编制调整分录和抵销分录

根据《合并财务报表准则》第三十条、第三十四条、第四十一条和第四十五条等编制调整分录与抵销分录。进行调整、抵销处理是合并财务报表编制的关键和主要内容，其目的在于将因会计政策及计量基础的差异对个别财务报表的影响进行调整，以及将个别财务报表各项目的加总数据中重复的因素等予以抵销或调整等。

(四)计算合并财务报表各项目的合并金额

在母公司和纳入合并范围的子公司个别财务报表项目加总金额的基础上，分别计算合并财务报表中各资产项目、负债项目、所有者权益项目、收入项目和费用项目等的合并金额。其计算方法如下：

1. 资产类项目

其合并金额根据该项目加总的金额，加上该项目调整分录与抵销分录有关的借方发生额，减去该项目调整分录与抵销分录有关的贷方发生额计算确定。

2. 负债类和所有者权益类项目

其合并金额根据该项目加总的金额，减去该项目调整分录与抵销分录有关的借方发生额，加上该项目调整分录与抵销分录有关的贷方发生额计算确定。

3. 有关收入、收益、利得类项目

其合并金额根据该项目加总的金额，减去该项目调整分录与抵销分录的借方发生额，加上该项目调整分录与抵销分录的贷方发生额计算确定。

4. 有关成本费用、损失类项目和有关利润分配的项目

其合并金额根据该项目加总的金额，加上该项目调整分录与抵销分录的借方发生额，减去该项目调整分录与抵销分录的贷方发生额计算确定。

5. “专项储备”和“一般风险准备”项目

由于既不属于实收资本(或股本)、资本公积，也与留存收益、未分配利润不同，在长期股权投资与子公司所有者权益相互抵销后，应当按归属于母公司所有者的份额予以恢复。

(五)填列合并财务报表

根据合并工作底稿中计算出的资产、负债、所有者权益、收入、成本费用类以及现金流量表中各项目的合并金额，填列生成正式的合并财务报表。合并所有者权益变动表也可以根据合并资产负债表和合并利润表进行编制。

第二节　财务报表智能化场景

一、财务报表系统

本部分以用友 NC Cloud 为例，介绍单体财务报表应用架构(见图 12—1)和合并财务报表应用架构(见图 12—2)。

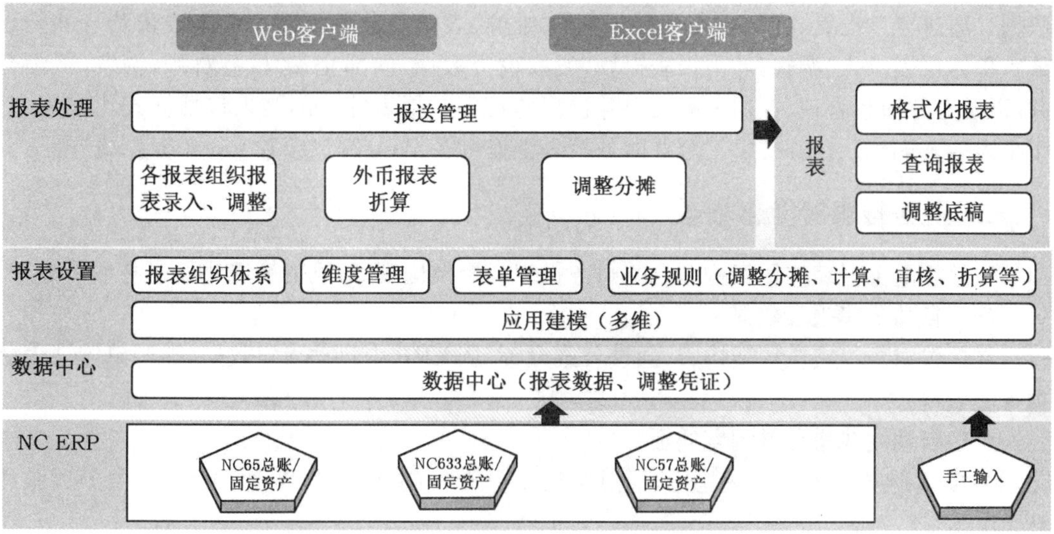

图 12—1　单体财务报表应用架构

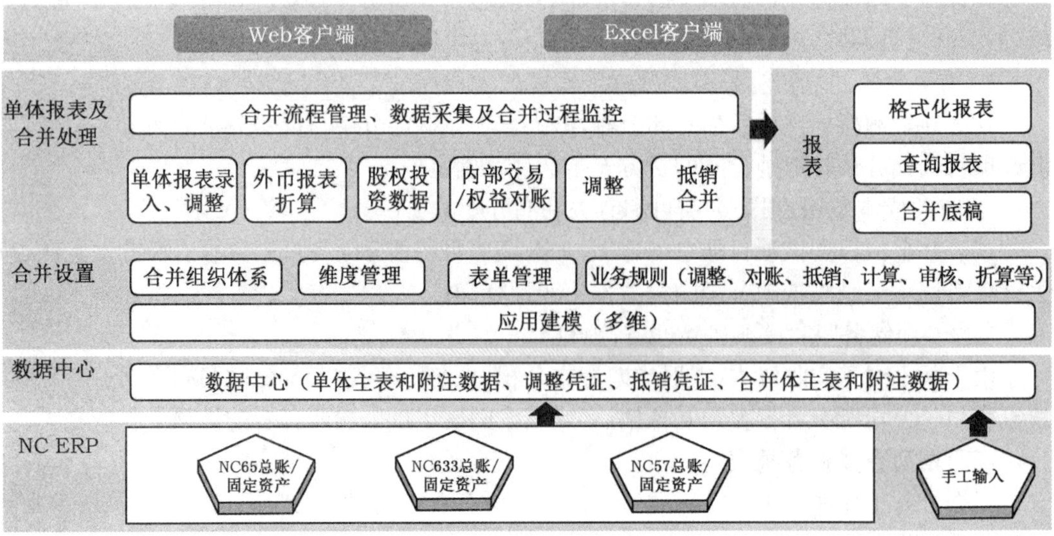

图 12—2　合并财务报表应用架构

在单体财务报表应用架构中，数据中心可从 NC ERP 或其他异构系统中自动或手工采集数据。数据中心主要包括报表数据和调整凭证。通过报表设置，可管理报表组织体系、维度、表单和业务规则。报表处理涵盖报表录入、调整，外币报表折算，调整分摊和报送管理。报表处理的结果包括格式化报表、基于报表的查询以及调整底稿。财务报表工作可在 Web 客户端和 Excel 客户端进行。

在合并财务报表应用架构中，数据中心可从 NC ERP 或其他异构系统中自动或手工采集数据。数据中心主要包括单体主表和附注数据、调整凭证、抵销凭证、合并体主表和附注数据。通过合并设置，可管理合并组织体系、维度、表单和业务规则。单体报表及合并处理涵盖单体报表录入、调整，外币报表折算，股权投资数据，内部交易/权益对账，调整，抵销合并，以及合并流程管理、数据采集及合并过程监控等。报表处理的结果包括格式化报表、基于报表的查询以及合并底稿。合并财务报表工作可在 Web 客户端和 Excel 客户端进行。

二、财务报表智能化场景

在单体财务报表应用架构和合并财务报表应用架构中，常见的智能化场景有如下 8 个：

(一)自动采集报表数据

在单体财务报表应用架构中，通过公式设置，从 ERP 中自动采集数据，提升单体报表数据采集效率。

(二)自动生成重分类调整凭证

在单体财务报表应用架构中，通过定义重分类等调整规则，自动生成重分类等调整凭证。

(三)内部交易自动对账

在合并财务报表应用架构中，基于内部往来账户的设置和使用，通过集团统一对账平台，可提高内部交易对账效率，根据不同差异原因在抵销时自动处理。对账时间可由 5 天缩短至30分钟。

(四)内部交易自动抵销

在合并财务报表应用架构中,通过设置抵销规则,自动实现内部债权债务、内部交易、权益投资的自动抵销。

(五)外币报表自动折算

在单体财务报表应用架构中,对于有外币业务的企业,通过设置外币折算规则,实现外币报表自动折算。

(六)特殊事项自动抵销

在合并财务报表应用架构中,通过维护股权投资类型、股权投资数据和基于两者的抵销规则,实现非同一控制、同一控制合并、处置公司等特殊业务的自动抵销和合并报表的快速编制。

(七)填报及合并状态查看

在合并财务报表应用架构中,不仅支持主表合并,还支持附注合并,且可方便查看到各单体公司的报表填报状态和各下级合并体的合并状态。

(八)合并过程可追溯

在合并财务报表应用架构中,通过审计线索维度,提供数据采集、个别报表调整(重分类、准则调整等)、对账调整、合并调整、抵销等完整的合并过程可追溯。通过合并底稿,可追溯到调整凭证、抵销凭证。

第三节　会计档案管理工作要点

一、会计档案管理简介

为了加强会计档案管理,有效保护和利用会计档案,财政部、国家档案局于2015年12月11日联合发布修订后的《会计档案管理办法》(以下简称《管理办法》),自2016年1月1日起施行。

《管理办法》第五条规定,单位应当加强会计档案管理工作,建立和完善会计档案的收集、整理、保管、利用和鉴定销毁等管理制度,采取可靠的安全防护技术和措施,保证会计档案的真实、完整、可用、安全。单位的档案机构或者档案工作人员所属机构(以下统称单位档案管理机构)负责管理本单位的会计档案。单位也可以委托具备档案管理条件的机构代为管理会计档案。

《管理办法》第二十九条规定,不具备设立档案机构或配备档案工作人员条件的单位和依法建账的个体工商户,其会计档案的收集、整理、保管、利用和鉴定销毁等参照本办法执行。

二、会计资料的收集

《管理办法》第三条指出,本办法所称会计档案,是指单位在进行会计核算等过程中接收或形成的、记录和反映单位经济业务事项的、具有保存价值的文字、图表等各种形式的会计资料,包括通过计算机等电子设备形成、传输和存储的电子会计档案。

《管理办法》第六条指出,下列会计资料应当进行归档:(1)会计凭证,包括原始凭证、记账凭证;(2)会计账簿,包括总账、明细账、日记账、固定资产卡片及其他辅助性账簿;(3)财务会计报告,包括月度、季度、半年度、年度财务会计报告;(4)其他会计资料,包括银行存款余额调节表、银行对账单、纳税申报表、会计档案移交清册、会计档案保管清册、会计档案销毁清册、会计档案鉴定意见书及其他具有保存价值的会计资料。

为此,单位在收集待存档的会计资料时,应注重同时收集纸质会计资料和电子会计资料。

三、会计档案的整理

《管理办法》第十条指出,单位的会计机构或会计人员所属机构(以下统称单位会计管理机构)按照归档范围和归档要求,负责定期将应当归档的会计资料整理立卷,编制会计档案保管清册。

《管理办法》第八条指出,同时满足下列条件的,单位内部形成的属于归档范围的电子会计资料可仅以电子形式保存,形成电子会计档案:(1)形成的电子会计资料来源真实有效,由计算机等电子设备形成和传输;(2)使用的会计核算系统能够准确、完整、有效接收和读取电子会计资料,能够输出符合国家标准归档格式的会计凭证、会计账簿、财务会计报表等会计资料,设定了经办、审核、审批等必要的审签程序;(3)使用的电子档案管理系统能够有效接收、管理、利用电子会计档案,符合电子档案的长期保管要求,并建立了电子会计档案与相关联的其他纸质会计档案的检索关系;(4)采取有效措施,防止电子会计档案被篡改;(5)建立电子会计档案备份制度,能够有效防范自然灾害、意外事故和人为破坏的影响;(6)形成的电子会计资料不属于具有永久保存价值或者其他重要保存价值的会计档案。

《管理办法》第九条指出,满足本办法第八条规定条件,单位从外部接收的电子会计资料附有符合《中华人民共和国电子签名法》规定的电子签名的,可仅以电子形式归档保存,形成电子会计档案。

四、会计档案的保管

《管理办法》第十一条规定,当年形成的会计档案,在会计年度终了后,可由单位会计管理机构临时保管一年,再移交单位档案管理机构保管。因工作需要确需推迟移交的,应当经单位档案管理机构同意。单位会计管理机构临时保管会计档案最长不超过三年。临时保管期间,会计档案的保管应当符合国家档案管理的有关规定,且出纳人员不得兼管会计档案。

《管理办法》第十二条规定,单位会计管理机构在办理会计档案移交时,应当编制会计档案移交清册,并按照国家档案管理的有关规定办理移交手续。纸质会计档案移交时,应当保持原卷的封装。电子会计档案移交时,应当将电子会计档案及其元数据一并移交,且文件格式应当符合国家档案管理的有关规定。特殊格式的电子会计档案应当与其读取平台一并移交。单位档案管理机构接收电子会计档案时,应当对电子会计档案的准确性、完整性、可用性、安全性进行检测,符合要求的才能接收。

《管理办法》第十四条规定,会计档案的保管期限分为永久、定期两类。定期保管期限一般分为 10 年和 30 年。会计档案的保管期限,从会计年度终了后的第一天算起。

《管理办法》第二十一条规定,单位分立后原单位存续的,其会计档案应当由分立后的存续方统一保管,其他方可以查阅、复制与其业务相关的会计档案。单位分立后原单位解散的,其会计档案应当经各方协商后,由其中一方代管或按照国家档案管理的有关规定处置,各方可以查阅、复制与其业务相关的会计档案。单位分立中未结清的会计事项所涉及的会计凭证,应当单独抽出由业务相关方保存,并按照规定办理交接手续。单位因业务移交其他单位办理所涉及的会计档案,应当由原单位保管,承接业务单位可以查阅、复制与其业务相关的会计档案。对其中未结清的会计事项所涉及的会计凭证,应当单独抽出由承接业务单位保存,并按照规定办理交接手续。

《管理办法》第二十二条规定,单位合并后原各单位解散或者一方存续、其他方解散的,原各单位的会计档案应当由合并后的单位统一保管。单位合并后原各单位仍存续的,其会计档案仍应当由原各单位保管。

五、会计档案的利用

《管理办法》第十三条规定,单位应当严格按照相关制度利用会计档案,在进行会计档案查阅、复制、借出时履行登记手续,严禁篡改和损坏。单位保存的会计档案一般不得对外借出。确因工作需要且根据国家有关规定必须借出的,应当严格按照规定办理相关手续。会计档案借用单位应当妥善保管和利用借入的会计档案,确保借入会计档案的安全完整,并在规定时间内归还。

六、会计档案的鉴定销毁

《管理办法》第十六条规定,单位应当定期对已到保管期限的会计档案进行鉴定,并形成会计档案鉴定意见书。经鉴定,仍需继续保存的会计档案,应当重新划定保管期限;对保管期满,且确无保存价值的会计档案,可以销毁。

《管理办法》第十七条规定,会计档案鉴定工作应当由单位档案管理机构牵头,组织单位会计、审计、纪检监察等机构或人员共同进行。

《管理办法》第十八条规定,经鉴定可以销毁的会计档案,应当按照以下程序销毁:(1)单位档案管理机构编制会计档案销毁清册,列明拟销毁会计档案的名称、卷号、册数、起止年度、档案编号、应保管期限、已保管期限和销毁时间等内容。(2)单位负责人、档案管理机构负责人、会计管理机构负责人、档案管理机构经办人、会计管理机构经办人在会计档案销毁清册上签署意见。(3)单位档案管理机构负责组织会计档案销毁工作,并与会计管理机构共同派员监销。监销人在会计档案销毁前,应当按照会计档案销毁清册所列内容进行清点核对;在会计档案销毁后,应当在会计档案销毁清册上签名或盖章。电子会计档案的销毁还应当符合国家有关电子档案的规定,并由单位档案管理机构、会计管理机构和信息系统管理机构共同派员监销。

《管理办法》第十九条规定,保管期满但未结清的债权债务会计凭证和涉及其他未了事项的会计凭证不得销毁,纸质会计档案应当单独抽出立卷,电子会计档案单独转存,保管到未了事项完结时为止。单独抽出立卷或转存的会计档案,应当在会计档案鉴定意见书、会计档案销毁清册和会计档案保管清册中列明。

第四节　会计档案管理智能化场景

一、电子会计档案管理系统

电子会计档案系统不仅要从技术层面实现对原始影像、业务系统的各项表单及财务系统的账表进行采集、存储、保管、利用，而且要严格遵从《会计档案管理办法》及相关政策文件要求。典型电子会计档案系统(如用友)[①]主要由4个功能模块构成，分别为系统管理、归档管理、档案利用和档案管理，下辖24个子功能。功能模块、功能名称和功能描述如表12—1所示。

表12—1　　电子会计档案系统的功能

功能模块	功能名称	功能描述
系统管理	单位管理	档案管理员对使用电子会计档案系统的单位信息的建立和维护，单位名称是本单位的名称，单位编码与NC系统中单位编码保持一致，全宗号是该单位的档案管理的全宗号。
	用户管理	超级管理员为该单位档案管理人员建立一个普通管理员用户，并为其分配该单位的档案处理权限。
	日志管理	查看日志，日志记载每个操作人员操作登录时间、操作和浏览的内容等。
	电子签章管理	电子会计档案的数字签名是使用单位的数字证书[②]对会计档案数据加密生成的签名值，用于档案使用者可靠地鉴别电子会计档案的安全性，防止抵赖，系统管理用户可通过此功能对本企业的电子签章进行维护。
	FTP接口设置	需选择正确的文件服务器地址，由普通管理员通过FTP接口的参数设置定义财务系统文件的元数据、配置文件路径等。
归档管理	立卷	未建档单位首次建档时，需立卷。由普通管理员设置全宗号、目录号、案卷号等信息。
	新增档案[③]	对一个月的待归档数据进行查看及归档。可以树状结构显示待归档数据。可对待归档数据进行查看，以确认待归档数据是否完整。
	电子数据采集	未在财务系统存储的附件，在归档时可通过附件采集[④]的方式作为电子会计档案系统的数据。
	档案装册	核心功能，可预览相应的待装册会计凭证、会计账簿、会计报表、其他会计资料等，并将资料装册、加盖签章。

① 本书以用友电子会计档案管理系统为例。

② 数字证书认证中心(Certificate Authority，CA)是保证电子会计档案安全的关键环节。它主要负责产生、分配并管理使用电子会计档案单位所需的身份认证数字证书。每一份数字证书都与上一级的数字签名证书相关联，最终通过安全链追溯到一个已知的并被广泛认为是安全、权威、足以信赖的机构——根认证中心(根CA)。

③ 通过与财务系统、业务系统的接口，将待归档数据推送至待归档数据库，在财务核算系统中的凭证、账表等功能节点增加归档按钮功能，当企业会计完成结账后，通过点击归档按钮，完成将待归档的数据推送到电子会计档案ftp文件服务器上。

④ 企业在进行会计数据归档时，可先通过会计软件输出符合《电子会计档案接口标准》的会计数据及其归档元数据，供会计资料归档使用。外部电子凭证(电子发票、电子支付凭证)作为财务软件记账凭证附件输入档案系统。外部纸质凭证可通过影像扫描，作为财务软件记账凭证附件输入档案系统。

续表

功能模块	功能名称	功能描述
	档案拆册	已装册档案可以重新装册，在系统中可以选择对应会计期间数据进行拆册，分为凭证拆册、账簿拆册、报表拆册和其他资料拆册。
	档案归档	核心功能，选择待归档单位，预览相应的待归档会计资料，并将会计凭证装册、加盖签章。凭证装册时，当月的会计账簿、报表会同时归档并加盖签章。
	重新归档①	电子会计档案系统中已归档的数据不能做任何的修改，但可以通过重新归档功能，删除最后一个月已归档数据，再对更新的待归档会计资料进行归档操作。
	数据清除	当 NC 系统推送数据不正确或手工采集数据错误时，可以全部清除数据，这个月及后面月份的全部数据都被清除，从外系统重新推送数据。
档案利用	档案查询	可根据单位、类型、范围、期间等信息对已归档资料进行档案查询。查询出的已归档资料，加盖签章后可下载或打印供外部使用。
	查阅申请	档案使用人员查阅档案之前，需要在登录页面填写查阅申请单，记录单位、查阅使用期间、查阅原因、查阅文档范围、申请查阅档案期间等信息。
	查阅审批	查阅申请单提交后，档案管理人员可登录电子会计档案系统对档案使用人员提交的查阅申请进行审批。档案使用人员可通过邮件接收审批结果，若审批未通过，可重新申请。
	档案查阅	档案管理人员审批通过后，档案使用人员可登录电子会计档案系统查看申请查阅单位的档案。
	档案借阅	档案借阅指对实体档案进行借出查阅管理。借阅人需录入借阅申请，按审批流设置进行审批。审批通过后，根据档案借出情况处理（已借出，则发出延期借阅通知，待档案归还后再发借阅通知；未借出，进行档案出库处理，并生成借阅记录）。会计档案借出后，根据借阅时间发出催还通知，档案归还后进行档案入库处理。
	模糊搜索	电子会计档案系统可根据会计凭证内的摘要、科目、金额、凭证编号等信息对已归档的凭证进行模糊搜索。搜索完成后，可查看符合查询条件的会计凭证和会计账簿等会计资料及其附件。
	收藏功能	档案使用人员查看已归档会计资料时，可通过收藏按钮收藏较重要或特殊的会计凭证、会计账簿、会计报表，方便下次查看。
	统计展板	支持档案利用情况统计（包括查阅或借阅档案的职能部门及人次、利用实体档案和数字档案的门类及数量、数字档案下载浏览量等），支持实体档案、数字档案归档数量的统计，支持按照统计年报要求通过统计饼图方式显示、打印统计报告。
档案管理	档案移交	档案管理人员可选择待移交单位的全宗，导出该单位全部归档资料（包括归档电子文件和元数据）并生成和打印档案移交清册，便于档案的移交工作。
	档案鉴定	系统根据档案保管年限自动生成待鉴定档案清单，档案管理人员启动鉴定流程后，由档案管理人员授权单位会计、审计、纪检监察等人员对档案进行查阅，并签署鉴定意见（也可打印）。根据鉴定意见，修改档案保存期、转存（修改保存路径），或进入销毁流程。
	档案销毁	鉴定通过需要销毁的会计档案，自动生成会计档案销毁清册。系统向单位负责人、档案管理机构负责人、会计管理机构负责人、档案管理机构经办人、会计管理机构经办人发出审核请求。审核通过后，销毁电子档案及元数据，打印会计档案销毁清册并盖章。

① 财务系统中会计资料变动时，电子会计档案系统中已归档的数据也要做相应更新，以保证电子会计档案系统中数据的真实性。

二、会计档案管理智能化场景

(一)自动归档

档案数据采集，是指按照预定规则，对财务核算系统的电子会计档案数据进行分类抽取、版式转换封装、电子签名，形成电子会计档案文件，通过档案归档统一接口，保存至电子会计档案系统。档案数据采集由系统后台进行自动操作，包括如下处理过程：一是数据抽取。按照预定的会计凭证、会计报表、会计账簿等样式，将财务核算系统的归档数据进行分类提取。二是版式转换封装。将抽取的归档数据封装成 PDF 格式的版式文件，使得归档数据转换为可被阅读、格式稳定、符合归档要求的电子档案文件。三是电子签章。对 PDF 格式的档案电子文件，按预设的电子签章样式(如归档章)进行电子签名，使得归档的电子档案文件具有防伪验证属性，满足电子档案生成、保管、利用的需要。四是文件归档。通过无缝融合的档案文件归档接口，自动将归档文件保存在电子会计档案管理系统中，并建立归档文件目录(元数据属性)。

(二)自动生成移交清册

电子会计档案在财务部门临时保存期满后，向档案管理部门(如办公室)进行移交。系统自动记录移交档案信息，并形成移交清册。

(三)档案灵活查询

详见表 12－1 中“档案利用”部分的“模糊搜索”功能。

(四)借阅档案自动催还

详见表 12－1 中“档案利用”部分的“档案借阅”功能。

参考文献

1. Appelbaum, D., A. Kogan, M. Vasarhelyi, Z. K. Yan. Impact of Business Analytics and Enterprise Systems on Managerial Accounting[J]. *International Journal of Accounting Information Systems*, 2017,25(C):29—44.

2. Baldwin, A. A., S. L. M. Williams. The Future of Intelligent Internet Agents in European Financial Reporting[J]. *The European Accounting Review*,1999,8(2):303—319.

3. Fahy, M. The Financial Future[J]. *Financial Management*,2005,21(5):210—219.

4. 编辑部. 射频识别技术(RFID)[J]. 软件,2018,39(5):228—229.

5. 财务报表的编制步骤,https://www.acc5.com/news-xinwen/detail_89733.html.

6. 财政部. 财会[2009]6 号. 财政部关于全面推进我国会计信息化工作的指导意见,2009—04—12.

7. 财政部. 财会[2013]20 号. 关于印发《企业会计信息化工作规范》的通知,2013—12—06.

8. 财政部. 财会[2014]10 号. 关于印发修订《企业会计准则第 33 号——合并财务报表》的通知,2014—02—17.

9. 财政部. 财会[2014]27 号. 财政部关于全面推进管理会计体系建设的指导意见,2014—10—27.

10. 财政部. 财会[2016]19 号. 关于印发《会计改革与发展"十三五"规划纲要》的通知,2016—10—08.

11. 财政部. 企业会计准则第 30 号——财务报表列报,2014—07—01.

12. 财政部. 企业会计准则第 31 号——现金流量表,2006—02—15.

13. 财政部. 企业会计准则第 33 号——合并财务报表,2014—07—01.

14. 陈虎等. 财务机器人——RPA 的财务应用[M]. 北京:中国财政经济出版社,2019.

15. 陈虎等. 财务就是 IT——企业财务信息系统[M]. 北京:中国财政经济出版社,2017.

16. 陈小鹏,杨占坡,谭阳波. 基于商旅管理系统的差旅管理变化与应对[J]. 财会月刊,2015(18):121—124.

17. 陈永丰. 基于区块链的数据访问控制方法及应用研究[D]. 电子科技大学,2018.

18. 成瑗. 采购业务核算的智能化信息处理研究[D]. 天津商业大学,2010.

19. 杜传忠,胡俊,陈维宣. 我国新一代人工智能产业发展模型与对策[J]. 经济纵横,2018(4):41—47.

20. 盖地. 税务会计学(第 8 版)[M]. 北京:中国人民大学出版社,2016.

21. 高德纳咨询公司. 2018 年十大战略科技发展趋势[J]. 竞争情报,2017,13(6):1—3.

22. 高洋,杨国梁,赵学丽. 企业信息系统分析与应用(第 2 版)[M]. 北京:北京理工大学出版社,2015.

23. 高哲. 基于 ERP 的应收应付智能化处理研究[D]. 天津商业大学,2010.

24. 郭英. 电子发票管理的现状及国际借鉴探析[J]. 财会通讯,2018(16):122—126.

25. 何湘智. 语音识别的研究与发展[J]. 计算机与现代化,2002(3):3—6.

26. 何瑛,周访. 我国企业集团实施财务共享服务的关键因素的实证研究[J]. 会计研究,2013(10):

59－66.

27. 何瑛. 基于云计算的企业集团财务流程再造的路径与方向[J]. 管理世界，2013(4)：182－183.

28. 黄荻，疏斌. 我国移动支付的发展现状及问题探究[J]. 江西通信科技，2018，142(2)：9－11.

29. 会计司. 从规范走向引导——企业会计信息化工作规范解读之三，2014－02－13.

30. 会计司. 管什么 怎么管——企业会计信息化工作规范解读之四，2014－03－14.

31. 会计司. 会计软件的规矩方圆——企业会计信息化工作规范解读之二，2014－01－09.

32. 会计司. 会计资料无纸化政策破冰——企业会计信息化工作规范解读之一，2013－12－23.

33. 会计司. 以创新引领会计信息化 助力会计工作转型升级——《会计改革与发展"十三五"规划纲要》解读之四，2016－12－16.

34. 李董，魏进武. 区块链技术原理、应用领域及挑战[J]. 电信科学，2016，32(12)：20－25.

35. 李端生，续慧泓. 论网络环境下的会计报告模式[J]. 会计研究，2004(1)：62－66.

36. 李永波. 大型集团公司 XBRL 与 ERP 的整合与效果分析[J]. 财会通讯，2019(8)：111－115.

37. 梁子乐. 二维码技术在客户关系管理系统的应用研究[D]. 中国海洋大学，2013.

38. 刘彩银. 移动互联网对财务管理方式的影响[J]. 财经界(学术版)，2017(1)：206，326.

39. 刘军，阎芳，杨玺. 物联网与物流管控一体化[M]. 北京：中国财富出版社，2017.

40. 刘梅玲，蔡磊，吴婧. 京东电子发票项目的建设与应用[J]. 会计之友，2018(24)：49－53.

41. 刘梅玲，杨周南. 会计信息化标准体系构建的理论框架和方法学研究[J]. 会计研究，2016(9)：3－10.

42. 刘勤，常叶青，刘梅玲，吕洪雁. 大智移云时代的会计信息化改革——第十三届全国会计信息化学术年会主要观点综述[J]. 会计研究，2014(12)：89－91.

43. 刘勤，刘梅玲，吴忠生，黄长胤等. XBRL 知识体验：理论、方法与实践[M]. 上海：立信会计出版社，2016.

44. 刘勤，杨寅. 改革开放 40 年的中国会计信息化：回顾与展望[J]. 会计研究，2019(2)：26－34.

45. 刘勤，杨寅. 智能财务的体系架构、实现路径和应用趋势探讨[J]. 管理会计研究，2018(1)：84－90.

46. 刘勤. 信息化正在给中国会计行业带来变革[J]. *Economia*，2017.

47. 刘蕊. 二维码在会计档案中的应用研究[J]. 兰台世界，2017(S2)：99.

48. 刘新红. 电子会计档案在企业中的实现与应用[J]. 信息系统工程，2018(2)：93.

49. 刘彦林. 电子商旅及报账系统设计与实施研究[D]. 天津大学，2013.

50. 刘玉廷. 论我国会计信息化发展战略[J]. 会计研究，2009(6)：3－10.

51. 刘岳华，魏蓉，杨仁良，张根红，李圣，肖力. 企业财务业务一体化与财务管理职能转型——基于江苏省电力公司的调研分析[J]. 会计研究，2013(10)：51－58，97.

52. 刘振亚. 国家电网公司信息化建设工程全书(八大业务应用典型设计卷，营销业务应用篇，营销需求规格设计)[M]. 北京：中国电力出版社，2008.

53. 鲁少勤，宋卫副，张学东，骆大伟. ERP 应用与实施[M]. 北京：国防工业出版社，2012.

54. 吕筱萍，胡永铨. 工商管理实验[M]. 浙江工商大学出版社，2009.

55. 穆瑞辉，付欢. 浅析数据挖掘概念与技术[J]. 管理学刊，2008，21(3)：105－106.

56. 潘正平. 关于移动支付对企业财务管理影响的研究[J]. 科学与信息化，2018(12)：154－155.

57. 戎小红，孙丞峰. RFID 技术在固定资产管理中的应用[J]. 财务与会计，2016(21)：56.

58. 上海国家会计学院，上海财经大学，金蝶软件(中国)有限公司，元年科技. 2018 年影响中国会计从业人员的十大信息技术评选报告，2018.

59. 上证所 XBRL 分类标准，http://www.sse.com.cn/services/information/xbrl/classification/.

60. 孙宝栋. LT 公司海外仓运营管理案例研究[D]. 首都经济贸易大学，2015.

61. 孙玉甫,刘梅玲."互联网+"时代的技术运用与会计转型升级——第十五届全国会计信息化学术年会主要观点综述[J]. 会计研究,2017(2):90—92.

62. 汤四新. 财务软件解析与导购[M]. 上海:立信会计出版社,2003.

63. 汤四新. 记账凭证自动生成模板模型研究——基于会计流程再造的分析[J]. 财会通讯,2010(1):119—120.

64. 唐清亮. 深入进行会计电算化的理论研究[J]. 会计研究,1986(4):50—54.

65. 滕立国. 中小型制造企业库存业务会计核算与管理智能化研究[D]. 天津商业大学,2010.

66. 万乐乐. 浅析移动互联网的发展现状及趋势[J]. 电脑迷,2018,103(8):249.

67. 王光宏,蒋平. 数据挖掘综述[J]. 同济大学学报(自然科学版),2004,32(2):246—252.

68. 王宏芳. 信息技术有效提升政企差旅管理[J]. 中国电信业,2017(1):64—67.

69. 王景新. 我国会计电算化事业的发展与回顾[J]. 会计研究,1994(6):53—56.

70. 王玲,张伟,邱洁威. 商务旅行服务专业化:国外差旅管理研究述评[J]. 旅游学刊,2017(3):117—126.

71. 王毛路,陆静怡. 区块链技术及其在政府治理中的应用研究[J]. 电子政务,2018(2):2—14.

72. 王文莲,张丽霞. 会计核算智能化的突破[J]. 会计之友,2009(2):37—38.

73. 王晓辉. 基于智能化成本核算的分析[D]. 天津商业大学,2010.

74. 王跃堂,毛旦霞,罗慧. 会计的核心竞争力:信息技术的挑战与展望[J]. 会计研究,2004(1):65—68.

75. 我国证券信息披露迎来质的飞跃——记《上市公司信息披露电子化规范》的制订实施,http://finance. sina. com. cn/stock/t/20050613/0839121817. shtml? from=wap.

76. 吴东辉. 信息技术发展与企业的实时报告系统[J]. 会计研究,1998(6):11—14.

77. 吴龙庭,肖聪. 基于自然语言的会计事项智能判断方法研究[J]. 财会通讯,2017(7):101—104.

78. 吴忠生. XBRL 财务报告与会计账簿研究:标准改进与数据集成[D]. 上海交通大学,2014.

79. 熊磊. 财务云研究的基础、价值与方向[J]. 财会通讯,2016(22):39—42.

80. 杨静. 会计信息系统中销售业务智能化核算研究[D]. 天津商业大学,2010.

81. 杨周南. 论会计信息化的 TMAIM 体系架构[J]. 会计之友,2009(12):23—36.

82. 杨周南等. 会计信息系统(第二版)[M]. 大连:东北财经大学出版社,2006.

83. 应唯,王丁,黄敏,王颖. XBRL 财务报告分类标准的架构模型研究[J]. 会计研究,2013(8):3—9,96.

84. 用友网络科技股份有限公司. 企业数字化:目标、路径与实践[M]. 北京:中信出版集团,2019.

85. 袁勇,王飞跃. 区块链技术发展现状与展望[J]. 自动化学报,2016,42(4):481—494.

86. 袁媛. 湖南移动电子商务基地手机支付业务财务结算管理研究[D]. 湖南大学,2011.

87. 曾东. OCR 发票识别应用浅述[J]. 福建质量管理,2017(1):280.

88. 曾莉. 谈固定资产暂估转固在用友 NC 系统中的处理[J]. 财会月刊,2016(19):86—88.

89. 曾雪云,马宾,徐经长,马添翼. 区块链技术在财务与会计领域的未来应用:一个分析框架[J]. 财务研究,2017(6):46—52.

90. 张俊民. 在线审计建模与实现[D]. 华北电力大学,2015.

91. 张丽霞. 基于关键因素的固定资产核算智能化研究[D]. 天津商业大学,2010.

92. 张利平. 汉语连续语音识别系统的研究与实现[D]. 西北大学,2010.

93. 赵京胜,宋梦雪,高祥. 自然语言处理发展及应用综述[J]. 信息技术与信息化,2019(7):142—145.

94. 赵凯萌. 会计原始凭证的识别和治理——基于会计信息全链条电子化的研究[J]. 财政监督,2014(33):19—22.

95. 中国会计学会会计信息化专业委员会. 辉煌历程——中国会计信息化 30 年[M]. 北京:中国财政经济出版社,2009.

96. 中华人民共和国财政部 国家档案局令第 79 号. 会计档案管理办法,2015－12－11.

97. 中华人民共和国财政部令第 76 号. 企业会计准则——基本准则,2014－07－23.

98. 钟永红. 商业银行柜面综合业务[M]. 北京:中国金融出版社,2016.

99. 周岩松. 互联网＋新型在线审批平台在铁路企业推广与应用研究[J]. 中国储运,2019(1):123－127.

100. 朱伟. 电子档案与纸质档案的关系及发展趋势[J]. 办公室业务,2017(17):96.

101. 邹永忠. 基于财务云的财务管理模式在 G 省烟草公司的应用[J]. 财务与会计,2018(5):60－62.